MOSEL

Mit Nancy, Metz, Trier, Bernkastel-Kues und Koblenz

Günter Schenk

TRESCHER VERLAG

2., aktualisierte Auflage 2024

Trescher Verlag
Reinhardtstr. 9
10117 Berlin
www.trescher-verlag.de

ISBN 978-3-89794-688-0

Herausgegeben von Bernd Schwenkros und Detlev von Oppeln

Reihenentwurf und Gesamtgestaltung: Bernd Chill
Lektorat: Corinna Grulich
Stadtpläne und Karten: Dorit Hahnewald, Martin Kapp, Bernd Chill, Ulla Nickl
Karten S. 123, 138, 150, 166, 219, 230 und 236 unter Verwendung von Daten von OpenStreetMap-Mitwirkende/www.openstreetmap.org

Gedruckt auf chlorfrei gebleichtem Papier
Printed in Germany
Alle Angaben in diesem Reiseführer wurden sorgfältig recherchiert und überprüft. Dennoch können Entwicklungen vor Ort dazu führen, dass einzelne Informationen nicht mehr aktuell sind. Gerne nehmen wir dazu Ihre Hinweise und Anregungen entgegen. Bitte schreiben Sie an post@trescher-verlag.de.

Titel: Pfarrkirche Sankt Peter in Zell, → S. 293
Vordere Umschlagklappe: Martkplatz in Bernkastel, → S. 264
Hintere Umschlagklappe: Cochem und Reichsburg, → S. 315

B
LUX
F

NIEUWE ZORG
NY 3892F

EXTRAS

An der Uferpromenade von Cochem

Vorwort

Drei Staaten, ein Fluss. Unterschiedliche Gesetze, eine Währung. Drei Landessprachen, ein Radweg. Man könnte so weitermachen. Denn die Mosel ist ein Musterbeispiel für ein Leben ohne Grenzen. Deshalb fügt auch dieses Buch touristisch Interessantes länderübergreifend zusammen, betrachtet den Fluss von der Quelle bis zur Mündung als eine Art Gesamtkunstwerk, als ein von verschiedensten Kulturen geprägtes Territorium, dessen Herrscher immer wieder wechselten. Geblieben aber sind die Menschen am Ufer. Viele Dutzend Kriege haben sie wegstecken müssen, Hunger und Elend ertragen. Aber aufgegeben haben sie nie.

Ein Großteil der Moselaner hat über die Jahrtausende Weinbau und Landwirtschaft betrieben, mal mehr und mal weniger. Andere haben sich als Handwerker oder Arbeiter verdingt und sich wie im Norden Lothringens auch der Industrialisierung nicht verschlossen, wo die Stahlindustrie ihre eigenen Reiche schuf. Und jetzt wächst dort die Zahl derer, die mit ihrer Arbeit und Ideen helfen, den Weg für ein nachhaltiges und umweltbewusstes Leben zu ebnen.

Wie wichtig das ist, weiß man an der Mosel besser als andernorts. Über Nacht nämlich können sich nach Starkregen die kleinen Nebenflüsse aus Hunsrück und Eifel in meterhohe Sturzbäche verwandeln und die Mosel in nur wenigen Stunden so anschwellen lassen, dass Straßen und Wege ebenso unter Wasser stehen wie viele hundert Keller.

Es sind viele Gesichter, die der Fluss auf seinem Lauf von Bussang bis Koblenz zeigt. Mal prägen seine Ufer mächtige Kathedralen, Dome oder Klöster, mal Burgen und Schlösser, längst aber auch moderne architektonische Bauten wie die neue Hochmoselbrücke. Meist aber sind es Wiesen und Wälder, die ihn säumen. Ihren besonderen Reiz hat eine knappe Autostunde südlich von Nancy die sogenannte Wilde Mosel. Nach jedem Hochwasser kann dieser Flussabschnitt anders aussehen. Es ist eine archaische Landschaft, die buchstäblich zeigt, dass Flüsse eigentlich immer in Bewegung sind. Weil man die Mosel aber auch als Transportweg gut gebrauchen kann, verpasste man ihr zuletzt grenzüberschreitend ein Korsett aus Schleusen, die in den nächsten Jahrzehnten weiter ausgebaut werden sollen. Häfen und Kraftwerke haben sich in der Folge zugesellt, ja sogar ein umstrittenes Atomkraftwerk im französischen Cattenom.

Die Mosel aber ist noch immer auch ein Sehnsuchtsort. Ein Platz für Kindheitserinnerungen und Räusche, für naturnahes Erleben und geselliges Miteinander. Eine Landschaft, in der sich die Hektik der Gegenwart für eine Zeitlang ausblenden lässt. Vor allem, wenn man den Fluss vom Wasser aus erobert – ganz gleich, ob auf einem Ausflugsschiff, im Kanu oder Ruderboot, die Perspektiven sind ganz andere als vom Ufer aus. Nochmal anders ist die Sicht auf den Fluss vom Moselsteig oder von einer der vielen Traumschleifen aus, die in den letzten Jahren zum Wandern angelegt wurden. Hoch oben über dem Fluss kann man seine Träume und Wünsche ihm leichter mitgeben, ist man doch hier auch dem Himmel ein kleines Stückchen näher.

Besondere Sehenswürdigkeiten

❶ Remiremont ▸
Zu den schönsten Städten an der Mosel zählt Remiremont am Fuß der Vogesen. Hinter lichten Laubengängen haben sich im Zentrum der Altstadt Geschäfte und Cafés eingerichtet. Wanderern und Radlern bieten sich zahllose Möglichkeiten zur Freizeitgestaltung. Und Freunde mittelalterlicher Kunst finden in der aus dem 11. Jahrhundert stammenden romanischen Krypta der Kirche Saint Pierre ein wahres Juwel. → S. 119

❷ Die Wilde Mosel ▴
Dass Flüsse immer im Fluss sind, beweist die Wilde Mosel: der Abschnitt zwischen Flavigny-sur-Moselle und Gripport. Hier gehört die Mosel meist ganz der Natur und ihren Pflanzen und Tieren. Breit ist ihr Tal, das bei Hochwasser im Frühjahr noch breiter wird. Und manchmal verlässt La Moselle auch ganz ihr Bett, um sich ein bequemeres zu suchen. → S. 135

❸ Kathedrale von Toul
Unübersehbar ist Touls Kathedrale mit ihrer über 60 Meter hohen Bilderbuchfassade. Nach jahrzehntelangen Restaurationsarbeiten strahlt sie erstmals wieder seit dem Zweiten Weltkrieg im alten Glanz: ein gotisches Prachtstück mit einem der größten und schönsten Kreuzgänge Europas. Zu Füßen der Kathedrale liegt die Mosel, die wenig flussaufwärts ihren westlichsten Punkt erreicht hat. → S. 157

❹ Altstadt von Metz ▾
Lothringens Metropole punktet mit einer großteils autofreien Altstadt. Ihre manchmal engen Gassen gehören so den Fußgängern, die hier nach Lust und Laune bummeln

können. Schlagader der Stadt ist die Rue Taison. Auf vielen Plätzen laden Cafés, Restaurants und Bistros zum Zwischenstopp. Sehenswerte Kirchen bieten Platz zum Innehalten – allen voran die mächtige Kathedrale, das Herz der Altstadt. → S. 175

❺ Römisches Trier ▲
Stolz nennt sich Trier die älteste Stadt Deutschlands. Das Label verdankt sie den Römern, die hier jahrhundertelang den Ton angaben. Mit Konstantin regierte zeitweise sogar ein Kaiser an der Mosel. Hinterlassen haben die Römer eine bis heute befahrene Brücke, die Porta Nigra, ein riesiges Stadttor, und einst moderne Freizeitanlagen wie die Thermen und ein großes Amphitheater. → S. 220

❻ Marktplatz Bernkastel ►
Fachwerkhäuser umranden den vielleicht schönsten mittelalterlichen Marktplatz an der Mosel. Seine Giebelhäuser gehören neben dem Rathaus aus dem frühen 17. Jahrhundert zu den populärsten Fotomotiven. Den heiligen Michael zeigt der eindrucksvolle Brunnen in seiner Mitte. Der berühmteste Sohn der Stadt, Nikolaus von Kues, war eine Zeitlang Pfarrer in der benachbarten Kirche. → S. 264

❼ Prinzenkopf bei Pünderich
Es sind die Schleifen, die die Mosel so attraktiv machen. Von oben hat man den besten Blick auf diese Windungen, so wie vom Prinzenkopf gegenüber Pünderich, auf dem ein haushoher Aussichtsturm steht. Er bietet einen der schönsten Panoramablicke zwischen Cochem und Bernkastel-Kues – auch auf ein sehenswertes Hangviadukt der Moseleisenbahn. → S. 291

❽ Cochem
Cochem steht im Sommer und Herbst für Trubel und Heiterkeit, für moselländische Geselligkeit, die vor allem kleine und große Gesellschaften zu schätzen wissen. Für stimmungsvolle Ausflüge sorgt eine Armada von Ausflugsschiffen, für ein bisschen Ritterromantik der Besuch der Reichsburg hoch über der Stadt. Und nicht weit weg liegt mit der Burg Eltz eine weitere touristische Perle. → S. 315

❾ Deutsches Eck Koblenz
Am Deutschen Eck nimmt Vater Rhein seine Tochter Mosel auf. Es ist der meistbesuchte Ort in Koblenz, was auch an Kaiser Wilhelm liegt, der auf einem Denkmal hoch über der Moselmündung auf einem tonnenschweren Pferd sitzt. Im Zweiten Weltkrieg schossen die Amerikaner den Monarchen vom Sockel. Doch inzwischen steht er wieder am Deutschen Eck – wenn auch nur als Kopie. → S. 345

Das Wichtigste in Kürze

Dieser Reiseführer ist einer der wenigen, der die Mosel über alle Grenzen hinweg beschreibt - so wie sie es eigentlich verdient hat. Längst nämlich ist der Fluss ein Stück Europa, an dessen Ufern seit Jahrhunderten Weltgeschichte geschrieben wurde (→ **Stadt-Land-Fluss**, ab S. 17). Hinzu kommt, dass an der Mosel Weine von internationalem Ansehen wachsen (→ S. 70).

Von der Quelle bis zur Mündung stellt das Buch alle wichtigen Orte und Sehenswürdigkeiten (→ **Reiseteil**, ab S. 113) entlang des Flusses vor. Dazu gehören Hinweise auf Touristikbüros, Museen und andere Erlebnisräume sowie Unterkünfte und Restaurants. Zusätzlich gibt es Empfehlungen, wo man Räder oder Kanus leihen kann sowie abwechslungsreiche Wandertipps. Sehenswertes ein paar Kilometer abseits der Mosel ist ebenfalls angegeben.

Spezielle Literatur zum Wandern, Radfahren oder zur Reise auf der Mosel selbst kann und will dieser Reiseführer nicht ersetzen, die Literaturhinweise im **Anhang** (→ S. 368) können aber weiterhelfen.

Informationen

Die Adressen der örtlichen Informationsstellen finden sich in den blauen Infokästen. Überregionale Auskünfte:

In Deutschland:
Mosellandtouristik GmbH
Kordelweg 1
D-54470 Bernkastel-Kues
www.visitmosel.de

In Frankreich:
Agence régionale du tourisme Grand Est - Destination Lorraine
Abbaye des Prémontrés, BP 97
F-54704 Pont-à-Mousson
www.explore-grandest.com

In Luxemburg:
Visit Moselle
52, route du Vin
L-5405 Bech-Kleinmacher
www.visitmoselle.lu

Beste Reisezeit

Terrassencafés und -restaurants starten ihren Betrieb meist am Osterwochenende, wenn auch die ersten Ausflugsschiffe gewöhnlich wieder fahren. Besonders gefragt ist der Moselurlaub im **Sommer und Herbst**. Die lothringischen Metropolen Épinal, Metz und Nancy, aber auch Moselstädte wie Koblenz, Trier, Cochem oder Bernkastel-Kues profitieren von ihren **Weihnachtsmärkten**. Spätestens nach dem Jahreswechsel aber fällt der Moseltourismus vielerorts in den Winterschlaf. Im Quellbereich der Mosel beginnt dann die wichtige **Skisaison**.

Anreise

Mit dem Flugzeug: Der zur Moselquelle nächstgelegene Flughafen ist der EuroAirport Basel-Mulhouse-Freiburg (EAP), Metz und Nancy sind über den Pariser Flughafen Charles de Gaulle (CDG) angebunden, Trier über den Aéroport de Luxembourg (LUX), die Moselmündung über Frankfurt (FRA) und Köln/Bonn (CGN).

Mit dem Auto: Zwischen Nancy und Koblenz ist fast immer eine Autobahn in Flussnähe; ins Quellgebiet führen gut ausgebaute Nationalstraßen. Bei der Anreise über französische Autobahnen fallen unter Umständen Mautgebühren an. In Frankreich und Luxemburg beträgt die Höchstgeschwindigkeit auf Autobahnen 130 km/h, bei Regen 110 km/h. Auf Landstraßen ist in Frankreich Tempo 80 km/h erlaubt, in Luxemburg Tempo 90 km/h. In Ortschaften ist das Tempolimit in allen drei Moselstaaten gleich.

Mit der Bahn: Die wichtigsten Eingangstore zur Moselregion wie Koblenz, Trier oder Metz haben einen Bahnanschluss mit meist schnellen Verbindungen. Radurlauber sollten wissen, dass sie in vielen Zügen, vor allem in den schnellen, keine Fahrräder mitnehmen dürfen. In den französischen Eisenbahnen müssen aus Sicherheitsgründen alle größeren Gepäckstücke gut sichtbar mit dem Namen des Reisenden versehen sein.

Radfahrer auf dem Weg nach Beilstein

Einreise und Zollbestimmungen

Selbst wenn die Grenzkontrollen abgeschafft sind: Wer die Mosel entlang reist, sollte Pass oder Personalausweis immer mit sich führen. Der sogenannte Warenverkehr innerhalb der Europäischen Union unterliegt Freigrenzen, die es bei grenzüberschreitenden Moselreisen zu beachten gilt.

Übernachten

Hotels, Hostels und Motels konkurrieren mit Jugendherbergen, Ferienhäusern und -wohnungen oder kleinen B & Bs. Gut aufgehoben ist man auch bei vielen **Winzern**, die ihre Häuser immer öfter für Übernachtungsgäste öffnen. Meist ist es direkt an der Mosel etwas teurer als im Hinterland. Einige Gemeinden, aber auch Campingplatzbetreiber, erheben zudem eine **Übernachtungsabgabe** – sie ist entweder pauschaliert oder orientiert sich prozentual am Übernachtungspreis. Am besten ist es, direkt beim Anbieter zu buchen, nicht über eines der vielen Buchungsportale.

Aktivurlaub

Aktivurlauber kommen entlang der Mosel fast überall auf ihre Kosten. **Radler** können den Fluss meist auf eigens ausgewiesenen Routen entlang fahren. Viele Orte bieten zudem Möglichkeiten, Räder für kurze oder längere Zeit auszuleihen. Auch **Motorradfahrer** entdecken die Gegend mehr und mehr.

Wanderern stehen eine Reihe von Strecken in allen drei Anliegerstaaten zur Verfügung: Routen aller Längen und Schwierigkeitsgraden.

Groß ist das Angebot an **Wassersportmöglichkeiten**. Sportbootfahrer sind auf der schiffbaren Mosel ebenso willkommen wie auf den Seitenkanälen. Auch Badefreunde nutzen den Fluss immer häufiger, auch wenn er manche Gefahren birgt. Modesport ist Stand-Up-Paddeln. Kanu- und Paddelboote gibt es vielerorts zu leihen. Wer sich allein nicht traut, schließt sich einer organisierten Tour an.

Wichtige Telefonnummern

Überall an der Mosel gilt die europäische **Notrufnummer 112** – gleich ob man aus dem Festnetz oder vom Handy aus anruft.

Polizei Frankreich: 17

Feuerwehr Frankreich: 18 (Handynutzer wählen in Frankreich die +33 vor)

Sperrnotruf Deutschland: +49/116116

Sperrnotruf Österreich: +43/12048800

Sperrnotruf Schweiz: +41/844888111

Vorwahl Frankreich: +33 (0033)

Vorwahl Luxemburg: +352 (00352)

Ausführliche Informationen in den Reisetipps von A bis Z ab → S. 356

»Die Mosel gehört zu den Landschaften, die durchfahren sein wollen. Denn ihre stärkste Lockung liegt im Mannigfaltigen, in der Vielzahl der Bilder, in der Folge der Eindrücke von steilem Fels und sanftem Hang, von Weinbergen, Feldern und Wiesen, von Dörfern im Tal und Burgen auf den Höhen, immer neu, immer anders und wechselvoller als jeder andere Fluß, den wir kennen.«

Vilma Sturm (1912–1995), deutsche Schriftstellerin

Blick auf Cochem und die Reichsburg

STADT-LAND-FLUSS

Steckbrief Mosel

Französische Flagge

Luxemburgische Flagge

Deutsche Flagge

Länge: 520 km, davon 394,1 km schiffbare Wasserstraße (Frankreich 152 km, Luxemburg 36 km, Deutschland 206 km)
Gesamtgefälle: 675 m
Einzugsgebiet: 28 286 km^2 (davon 54 % in Frankreich)
Quellgebiet: Vogesen, am Hang des Petit Drumont bei Bussang
Mündung: Rhein bei Koblenz
Größte Nebenflüsse: Moselotte, Vologne, Madon, Meurthe, Terroin, Esch, Rupt de Mad, Seille, Orne, Syr, Sauer, Saar, Ruwer, Kyll, Salm, Drohn, Lieser, Alf, Flaumbach, Elzbach
Wichtige Städte und Orte: Bussang, Remiremont, Épinal, Toul, Liverdun, Pont-à-Mousson, Metz, Thionville, Perl, Remich, Grevenmacher, Konz, Trier, Bernkastel-Kues, Traben-Trarbach, Zell, Cochem, Winningen, Koblenz
Öffentliche Binnenhäfen: Trier, Mertert, Metz, Thionville-Illange, Frouard
Größte Durchflussmengen: Grevenmacher 165 m^3/s, Palzem 150 m^3/s, Koblenz 380 m^3/s
Staustufen: 28 (in Deutschland und Luxemburg: 12, in Frankreich 16)
Engster Kurvenradius: im Bremmer Bogen, 350 m
Breite der Fahrrinne: mindestens 40 m
Durchfahrtshöhe unter Brücken: mindestens 6 m bei höchstem Schifffahrtswasserstand (HSW)
Zugelassene Schiffe auf der Großwasserstraße: Einzelfahrer bis 110 m (mit Sondererlaubnis 135 m) Länge und 11,45 m Breite und Schubverbände mit bis zu 2 Leichtern und einer Gesamtlänge von bis zu 172,10 m und einer Breite von 11,45 m
Flaggen: Alle drei Moselstaaten haben als Flagge eine Trikolore, also eine dreifarbige Fahne mit drei gleich breiten senkrechten oder waagerechten Streifen. Schwarz-Rot-Gold sind die Farben der Bundesrepublik Deutschland. Die Flagge Frankreichs zeigt die Farben Blau-Weiß-Rot. In Rot-Weiß-Blau zeigt sich die Flagge des Großherzogtums Luxemburg. Sie gleicht übrigens der niederländischen Flagge, die sich nur im Blauton, himmelblau statt ultramarin, von der luxemburgischen unterscheidet. Seit neuestem aber ist auch die Flagge mit einem roten Löwen auf dem Luxemburger Territorium zulässig, die bereits seit einem halben Jahrhundert auf luxemburgischen Schiffen weht. Während die Fahnen Deutschlands und Frankreichs auf jahrhundertealte Traditionen zurückgehen, schuf Luxemburg seine Nationalflagge offiziell erst 1972.

Geografie

Die Mosel erstreckt sich von den Vogesen bis zur Mündung in den Rhein bei Koblenz. Drei Staaten geben ihr auf ihrem Lauf Geleit: Frankreich, Luxemburg und Deutschland. In jedem hat sie ihren eigenen, weiblichen Namen: La Moselle, Musel und Mosel. Aus dem Quellgebiet fließt sie anfangs in oft feuchtem Wiesengrund nach Nordwesten Richtung Toul, dann nach Nordosten bis Frouard, wo die Meurthe unweit von Nancy einmündet. Vorbei an Metz nimmt La Moselle weiter den Weg Richtung Norden bis Thionville. Diedenhofen heißt die Stadt auf Deutsch, was zeigt, dass die Mosel hier langsam ins deutsche Sprachgebiet wechselt. Bei Perl erreicht sie schließlich die Bundesrepublik. Gegenüber liegt das luxemburgische Schengen, von wo an die Mosel ein Kondominium bildet, also ein von beiden Staaten gemeinsam verwaltetes Gebiet.

Spätestens von jetzt an spielen rechts und links des Ufers Wein und Tourismus gewöhnlich die Hauptrolle. In immer neuen Windungen und Schleifen – so, als ob sie es jetzt nicht mehr eilig habe – schleppt sich die Mosel Richtung Rhein. Vorbei an Trier, der ältesten deutschen Großstadt, und an vielen Dutzend romantischen Dörfern, die zu Füßen von Hunsrück und Eifel ihren Platz gefunden haben. Bernkastel-Kues, Traben-Trarbach, Zell, Cochem und Winningen sind die touristischen Aushängeschilder auf den letzten Kilometern der Mosel, ehe sie in Koblenz in den Rhein mündet. Die Menschen, die an ihrem Ufer leben, heißen übrigens Moselaner.

Die Moselquelle bei Bussang

Die Mosel auf der Landkarte

Geografie – früher Geographie geschrieben und altbacken als Erdkunde etikettiert – ist die Erforschung der Erdoberfläche. Eine Wissenschaft, die auch der Zeitgeist immer wieder neu geprägt hat. So nennen die meisten Deutschen den Moselabschnitt zwischen dem Dreiländereck in Perl und Trier noch immer Obermosel – und ignorieren dabei, dass die eigentliche Obermosel zu Füßen der französischen Vogesen liegt, dem Quellgebiet des Flusses.

Geografisch nüchtern betrachtet liegt die Mosel zwischen dem 47. und dem 51. Breitengrad und dem 5. und 8. Längengrad. Deutschland und Frankreich quert sie auf ihrem Weg von der Quelle zur Mündung – Luxemburg streift sie nur. Auf knapp 40 Kilometer Länge bildet sie dort nur die Staatsgrenze zwischen der Bundesrepublik und dem Großherzogtum. Die meisten Landkarten zeichnen die Trennungslinie zwischen Deutschland und Luxemburg in der Mitte des Flusses ein, was aber nicht stimmt, da die eigentlichen Grenzen an den beiden Ufern liegen.

Moselstaaten

Drei Staaten teilen sich das Ufer der Mosel: Deutschland, Frankreich und Luxemburg. Luxemburg und die Bundesrepublik können das sogar wörtlich nehmen, sind sie doch durch ein sogenanntes Kondominium miteinander verbunden. Das heißt: Während die Staatsgrenzen an schiffbaren Flüssen meist in deren Mitte verlaufen, beginnen sie hier erst am Ufer. Die Wasserfläche ist gemeinsames Eigentum der Anrainer. Grundlage des Kondominiums ist eine bei der Neuordnung Europas auf dem Wiener Kongress im Juni 1815 verabschiedete Formulierung: »Die Flüsse selbst gehören zu den angrenzenden Mächten gemeinsam, soweit sie die Grenze bilden.« Allerdings wurde die Festlegung, dass die Grenzgewässer beiden Staaten gemeinschaftlich gehören, immer wieder unterschiedlich aus-

Die Mosel bei Remich, das linke Ufer gehört zu Luxemburg, das rechte zu Deutschland

gelegt. 1938 schlug Deutschland deshalb in einem Vertragsentwurf Luxemburg vor, die Staatsgrenze in der Moselmitte festzulegen. Allerdings wurde der Plan nicht weiter verfolgt, nachdem die Nationalsozialisten im Zug des Zweiten Weltkriegs Luxemburg besetzt hatten.

Mit der Kanalisierung der Mosel aber rückte das alte Problem wieder auf die Tagesordnung, so dass man im Dezember 1984 einen neuen deutsch-luxemburgischen Grenzvertrag abschloss. In Artikel 1 definierte er die Grenze im besten Beamtendeutsch: »Das gemeinschaftliche Hoheitsgebiet umfaßt die Luftsäule oberhalb sowie den Erdsockel unterhalb der Wasserfläche innerhalb seiner seitlichen Begrenzung; dies gilt auch bei oberirdischen und unterirdischen Bauwerken und Anlagen jeder Art. Inseln im gemeinschaftlichen Hoheitsgebiet gehören zu diesem Gebiet. Die seitliche Begrenzung des gemeinschaftlichen Hoheitsgebiets ist die Schnittlinie der Wasseroberfläche mit der Landoberfläche, die sich bei Mittelwasserstand frei fließend, in Staubereichen durch den hydrodynamischen Stauspiegel bildet. Die seitliche Begrenzung in Schleusenbereichen ist die Wasserlinie, im Bereich von Kraftwerksanlagen und sonstigen Bauwerken die kürzeste Verbindung zwischen den Endpunkten der Begrenzung des gemeinschaftlichen Hoheitsgebiets im Oberwasser sowie im Unterwasser.«

Daraus folgten eine Reihe zwischenstaatlicher Regelungen wie etwa über den Unterhalt und Betrieb der Schleusen. Seit Mai 2004 wird das Kondominium in der amtlichen Statistik der Bundesrepublik zudem als gemeindefreies Gebiet der Bundesländer Rheinland-Pfalz und Saarland ausgewiesen.

Moselkommission

Alle drei Moselanrainer arbeiten in der Moselkommission, die ihren Sitz in Trier hat, eng zusammen. Das Gremium nahm 1962 seinen Betrieb auf, um den Schiffsbetrieb auf der Mosel zu regeln und den Unterhalt der Strecke zu koordinieren. Die Moselkommission auch war in den 1990er Jahren die treibende Kraft, die Fahrrinne von 2,70 Meter auf 3 Meter zu vertiefen. Dadurch konnten die großen Frachter bis zu zwanzig Prozent mehr laden.

Gemeinsam mit den nationalen Fachbehörden versteht sich die Moselkommission als multinationale Organisation. Sie ist Dienstleister und Interessenvertreter der Moselschifffahrt. In diesem Rahmen erstellt sie Vorschriften und Regeln, um den sicheren Verkehr auf dem Fluss zu garantieren. Dazu gehört vor allem die Gestaltung und Überwachung der Moselschifffahrtspolizeiverordnung, die regelmäßig überarbeitet wird. Außerdem entscheidet sie über die Höhe der Schifffahrtsabgaben, die sich aus Art und Umfang der Ladung sowie Herkunfts- und Zielort errechnen. Zum 1. Juli 2025 entfallen die Schifffahrtsabgaben, was vor allem die Wettbewerbsnachteile für die Häfen an der Mosel beseitigt. Ihre Abschaffung markiert gleichzeitig das Ende der Kommission, nicht aber den weiteren Schleusenausbau. Bei Rechtsstreitigkeiten, welche die Schifffahrt auf der Mosel betreffen, sind zunächst die nationalen Schifffahrtsgerichte zuständig. Im Berufungsfall kann in letzter Instanz der mit drei Richtern aus allen drei Vertragsstaaten besetzte Berufungsausschuss das Wort haben, weil die Betroffenen dann zwischen dem Gericht der Moselkommission und einem nationalen Berufungsgericht wählen können.

Der Lauf des Flusses

Johann Wolfgang von Goethe hatte Ende des 18. Jahrhunderts nach einer Moselreise den Flusslauf zwischen Trier und Koblenz und die Moselaner so beschrieben: »...denn obgleich das Wasser eigensinnig seinen Hauptlauf von Südwest nach Nordost richtet, so wird es doch, da es ein schikanöses gebirgisches Terrain durchstreift, von beiden Seiten durch vorspringende Winkel bald rechts, bald links gedrängt, so daß es nur im weitläufigen Schlangengange fortwandeln kann. Deswegen ist denn aber auch ein tüchtiger Fährmeister höchst nötig; der unsere bewies Kraft und Gewandtheit, indem er bald hier einen vorgeschobenen Kies zu vermeiden, sogleich aber dort den an steiler Felswand herflutenden Strom zu schnellerer Fahrt kühn zu benutzen wußte. Die vielen Ortschaften zu beiden Seiten gaben den muntersten Anblick; der Weinbau, überall sorgfältig gepflegt, ließ auf ein heiteres Volk schließen, das keine Mühe schont, den köstlichen Saft zu erzielen. Jeder sonnige Hügel war benutzt, bald aber bewunderten wir schroffe Felsen am Strom, auf deren schmalen vorragenden Kanten, wie auf zufälligen Naturterrassen, der Weinstock zum allerbesten gedieh ...«

Nüchterner und mit entsprechend wissenschaftlicher Distanz beschrieben die Lexika den Fluss – so wie der Brockhaus 1809. Für seine Autoren war er ein großer »Fluß, welcher in dem Vogesischen Gebirge, an den Gränzen von Elsaß, entspringt und sich bei Coblenz in den Rhein ergießt«. Drei Jahrzehnte später, in einer der nächsten Auflagen des bebilderten Conversations-Lexikons, fand auch das Ufer lexikalisch Erwähnung. »Hier wächst auch der größere Theil der Moselweine, welche nach den Rheinweinen zu den besten und angenehmsten und für den gewöhnlichen Verbrauch geeignetsten deutschen gehören...«

Heute windet sich die Mosel aus einem Hochtal der Vogesen nach Épinal, wo sich ihr der schiffbare Mosel-Seiten-Kanal (Canal des Vosges) zugesellt, der noch bis Anfang dieses Jahrtausends Canal de l'Est hieß. Immer Richtung Nordwesten

Noch ein idyllisches Flüsschen: die Mosel bei Messein

führt die Mosel ins lothringische Toul, wo sie schließlich den Weg nach Osten einschlägt. Spätestens in Thionville weiß die Mosel endlich, wo sie hinwill – zum Rhein, mit dem sie sich in Koblenz vereint. Ganz so, als wolle sie sich für diese Vermählung noch einmal auffrischen, quert sie gemütlich das viele Millionen Jahre alte Rheinische Schiefergebirge. Saar und Sauer, ihre beiden größten Nebenflüsse, bringen ihr das Wasser, das sie braucht, um ihren Weg zwischen Hunsrück und Eifel hindurch zu finden. Der ist nicht einfach und zwingt sie zu immer neuen Schleifen.

Erst kurz vor der Mündung weitet sich das Moseltal noch einmal. Fast so, als sei sie inzwischen ziemlich müde geworden, schleppt sich die Mosel die letzten Kilometer schließlich zum Rhein. Deutsches Eck heißt der Ort der Mündung, eine künstlich aufgeschüttete Landzunge.

Die Länge der Mosel

Bauten haben feste Maßen: Länge, Breite und Höhe. Flüsse nicht! Ihre Breite schwankt je nach Wasserstand, so wie ihre Höhe. Das gilt auch für die Mosel, die bei Hochwasser ihr Bett verlässt und sich am Ufer neuen Platz sucht, leider gern auch in den Kellern vieler Dörfer, die sich vor allem zwischen Trier und Koblenz dicht am Fluss drängen.

Auch die Länge eines Flusses schwankt. Das liegt nicht nur an unterschiedlichen Messverfahren, sondern auch daran, dass der Fluss auf seinem Weg zur Mündung immer neue Schleifen zieht. »Stromentwickelung« hieß das im 19. Jahrhundert. 1839 schrieb der Brockhaus, das damals populärste Lexikon: »Die ganze Länge der Mosel beträgt 80 Meilen, zwischen Trier und Koblenz wird sie jedoch durch Gebirgszweige des Hunsrück zu solchen Krümmungen genöthigt, daß sie mehr als das Doppelte dieser 22 Stunden betragenden Entfernung zurücklegt.« Nimmt man die damals gültige preußische Meile als Maß, die 7532,5 Meter entsprach, wäre das eine Gesamtlänge des Flusses von über 600 Kilometern gewesen. Als man schließlich im französischen Bussang die Moselquelle schuf, legte man auf einer Bronzetafel der Brunnenfassung die Länge der Mosel auf 550 Kilometer fest.

Die deutsche Wikipedia-Version listet derzeit die Mosel mit 544 Kilometern Fließstrecke. Dem folgen auch die Autoren des englischen Internet-Nachschlagewerks. Schon ein paar Zeilen weiter allerdings ist »the Moselle« 560 Kilometer lang, wenn man die dortigen Längenangaben aus Frankreich, Luxemburg und Deutschland addiert: » The length of the river in France is 313 km, for 39 km it forms the border between Germany and Luxembourg, and 208 km is solely within Germany«. Für die französischen Wikipedia-Autoren ist »la moselle« aktuell auf der gleichen Seite mal 560, mal 545 oder gar 544 Kilometer lang.

Offiziell freilich gibt es zur Länge der Mosel ganz andere Angaben. Etwa bei der Internationalen Moselkommission. Auf ihrer Webseite heißt es: »Die Mosel entspringt ca. 25 km südwestlich von Colmar auf dem Hauptkamm der Vogesen beim Col de Bussang und mündet bei Koblenz in den Rhein. Ihr Gesamtgefälle von 676 m erstreckt sich auf einer Gesamtlänge von 520 km.« Für das rheinland-pfälzische Umweltministerium ist die Mosel laut seiner Webseite freilich

544 Kilometer lang. Davon liegen 302 Kilometer km in Frankreich und 206 in Deutschland. 36 Kilometer bilden die gemeinsame Grenze zwischen Luxemburg und der Bundesrepublik.

Im Gegensatz zum Rhein, der seine Kilometer von der Quelle zur Mündung misst, zählt man entlang der Mosel wie auch an Main und Neckar die Kilometer flussaufwärts. Stromkilometer Eins also liegt vor der Koblenzer Altstadt.

Der Name der Mosel

La Moselle nennen die Franzosen den Fluss, Musel die Luxemburger und Mosel die Deutschen. Es ist ein Name, den nicht nur der Fluss trägt, sondern auch viele hundert Familien in rund 20 Ländern. Vor allem in Amerika ist man darauf stolz! Sogar als Vorname wird Mosel dort inzwischen akzeptiert. Der Name geht angeblich auf das keltische Wort »Mosea« zurück. Belege dafür freilich gibt es nicht. Höchstwahrscheinlich wurzelt die Bezeichnung im lateinischen »mosa«, mit der die Römer einst den Fluss Maas bezeichneten. Analog zu dem viel größeren und längeren Fluss weiter westlich nannten sie die Mosel schlicht »kleine Maas« – lateinisch eben Mosella.

Erstmals tauchte der Begriff Anfang des zweiten Jahrhunderts in den Historien und anschließend in den Annalen des römischen Historikers Publius Cornelius Tacitus (um 58–um 120) als Ortsbeschreibung auf. Im vierten Jahrhundert machte ihn dann der Dichter und Staatsdiener Decimus Magnus Ausonius (um 310–394) bekannt, der unter dem Namen »Mosella« eine Hymne auf die Mosel schrieb. In 483 Hexametern, dem klassischen Versmaß epischer Dichtung, pries der in Bordeaux geborene Gallier die Flusslandschaft.

Schon bald aber war der Fluss auch als Musella, Musalla, Mozella oder Mosela bekannt. Über verschiedene Zwischenstufen entwickelte sich schließlich im 16. Jahrhundert in Lothringen der Name Meuzelles, im heute luxemburgischen Raum die Musel, aus dem man in Deutschland die Mosel machte.

Moselschleife bei Leiwen

Woher kommt das Moselwasser?

Gleich mehrere Staaten liefern das Wasser für die Mosel. Es entstammt einem Einzugsgebiet von fast 30 000 Quadratkilometern. Das meiste kommt aus Frankreich, nämlich gut die Hälfte. Luxemburg bringt Wasser aus einem gut 2500 Quadratkilometer großen Areal, Belgien aus immerhin noch 767 Quadratkilometern. Den großen Rest liefert Deutschland, allen voran Rheinland-Pfalz und das Saarland. Das meiste Wasser freilich bringen die Zuflüsse aus den Vogesen wie die durch Nancy fließende Meurthe. Im Sommer sind es oft nur Rinnsale. Im Winter, nach langen Niederschlagsperioden und Tauwetter, aber können sie die Mosel stark anschwellen lassen. Mit 13,7 Kubikmeter Wasser pro Sekunde gilt die Moselotte, die aus den Vogesen kommend bei Remiremont in die Mosel mündet, als gewichtigster Wasserlieferant.

Wassertiefe und Pegelstände

Heute überwachen modernste Pegel die Wasserstände entlang des Flusses. Von der jungen Mosel bis zur Mündung garantieren ihre Messungen inzwischen eine weitreichende Hochwasservorsorge. Alle so gewonnenen Daten speisen eine Internetseite des rheinland-pfälzischen Umweltamtes (www.hochwasser.rlp.de/flussgebiet/mosel), das zahlreiche Pegelstände entlang des Flusses permanent anzeigt und ständig aktualisiert. Dazu gehören neben Pegeln in Perl, Trier, Cochem, Zeltingen, Wintrich, Ruwer und Detzem auch Wasserstandsanzeiger im französischen Épinal, Toul oder Custines und im luxemburgischen Stadtbredimus oder Grevenmacher.

Inzwischen haben die meisten Gemeinden entlang der Mosel entsprechende Hochwasserpläne in ihren Schubladen, die im Ernstfall regeln, was wann und wo zu tun ist: wo etwa Fußgängerstege aufgeschlagen oder Sandsäcke gestapelt werden. Besondere Beachtung verdient die Verankerung von Öltanks in den Häusern, die beim Bersten das Wasser verunreinigen könnten. Mit Pumpen allerdings helfen die Feuerwehren bei Hochwasser nicht immer. Vor allem im engen Inneren vieler Dörfer können die beim Leerpumpen von Kellern entstehenden Druckunterschiede die oft jahrhundertealten Mauern zum Einsturz bringen, was den Schaden statt mindern nur vergrößern würde.

Hochwassermarkierungen am Weingut Mönchshof in Ürzig

Große Hochwasser kommen gewöhnlich nur zustande, wenn ergiebige Regenfälle in den Einzugsgebieten der Mosel auf das Wasser der Schneeschmelze in den Vogesen treffen oder

An der Wilden Mosel bei Flavigny-sur-Moselle

sintflutartige Starkregen aus Hunsrück und Eifel sich wie ein Tsunami talwärts stürzen. Anhand von Modellrechnungen mit Daten vergangener Jahren lässt sich die Hochwasserlage entlang der Mosel so inzwischen meist gut einschätzen. Ab einem bestimmten Wasserstand muss der Schiffsverkehr ruhen. Für die Einstellung der Moselschifffahrt sind unter anderem die Pegel in Metz (4,20 Meter), Kœnigsmacker (7,80 Meter), Trier (6,95 Meter) und Cochem (5,95 Meter) maßgebend. Bei Erreichen dieser Wasserstände müssen die Schiffsführer ihre Fahrten einstellen.

Eine häufig gestellte Frage ist, wie die vielen Staustufen im engen deutschen Moseltal die Hochwasserfluten beeinflussen. Ob man etwa durch frühzeitiges Absenken der Wasserstände im Oberwasser der Schleusen mehr Platz für kommendes Hochwasser gewinnen kann? Nein, sagt die Bundesanstalt für Gewässerkunde (BfG) und weist darauf hin, dass man aus physikalischen und technischen Gründen das Oberwasser nie tiefer als den Wasserstand im Unterwasser der Staustufen absenken könne. Die erhoffte Wirkung würde also schnell verpuffen. Umgekehrt dagegen helfen die Schleusen bei Niedrigwasser, unter dem die Schifffahrt bis zur Moselkanalisierung immer wieder schwer zu leiden hatte – etwa 1921, als der Wasserstand in Bernkastel-Kues unter einem halben Meter lag.

Inzwischen aber muss die Moselschifffahrt nicht nur bei zu niedrigen oder hohen Wasserständen ruhen, auch der Unterhalt der Schleusen lässt sie jährlich im Mai oder Juni für gewöhnlich neun Tage für dringend nötige Bau- und Wartungsarbeiten pausieren. Die entsprechenden Termine legt die Internationale Moselkommission mehr als ein Jahrzehnt im voraus fest. Das erleichtert langfristig die Planung für alle Schiffseigner.

Schleusen-Sperrzeiten

JAHR	ZEITRAUM
2024	3.–12. Juni
2025	19.–28. Mai
2026	8.–17. Juni
2027	31. Mai–9. Juni
2028	15.–24. Mai
2029	4.–13. Juni
2030	20.–29. Mai
2031	12.–21. Mai
2032	31. Mai–9. Juni

Natur und Naturschutz

»Die Natur«, sagte der irische Schriftsteller Oscar Wilde einmal, »ist keineswegs die große Urmutter, die uns gebar. Sie ist unsere Schöpfung. Es ist unsere Einbildungskraft, die sie beseelt.« Angesichts des Klimawandels und des fortschreitenden Artensterbens wächst deshalb auch bei denen die Einsicht, der Natur mehr Aufmerksamkeit zu schenken, die bislang darauf setzten, dass sich alles irgendwie von alleine wieder einrenke. Um dieses Umdenken zumindest ein bisschen zu steuern, arbeiten Umweltschutzverbände mit den Umweltministerien der Moselanrainer immer enger zusammen. So ist der Naturschutz entlang der Mosel längst grenzübergreifend, was internationale Gremien wie die Europäische Union entsprechend fördern und finanzieren.

Größte Sorge der Naturschützer, vor allem in Deutschland, ist der Fluss selbst, weniger die an seinen Ufern heimischen Tiere und Pflanzen. Er nämlich verursacht mit seinen regelmäßigen Hochwassern immer wieder gewaltige Schäden. Und die könnten weiter wachsen: Berechnungen für mögliche Schadensszenarien in den nächsten Jahrzehnten gehen davon aus, dass es immer wieder Hochwasser durch plötzlichen Starkregen in den Sommerhalbjahren geben kann. Um rund 15 Prozent werden bis 2050 durch Klimawandel und weitere Flussbegradigungen die Hochwasser in den Winterhalbjahren zunehmen.

Eine Lösung dieses Problems ist nur durch internationale Zusammenarbeit möglich. Denn Retentionsräume, die das Schmelzwasser der Vogesen möglichst früh aufhalten, um im Ernstfall – wie nach zusätzlich ergiebigem Regen in Eifel und Hunsrück – Überflutungen der Moselorte zwischen Trier und Koblenz zu verhindern, müssen die Franzosen schaffen. Deshalb wäre es besonders fatal, die Mosel auf ihren ersten 200 Kilometern weiter zu begradigen oder gar zu kanalisieren. Es ist eine Erkenntnis, die sich allerdings nur langsam durchsetzt.

Immer stärker wächst auch die Einsicht, dass effektiver Naturschutz keine Grenzen kennen sollte. Schließlich nutzt es wenig, Pflanzen und Tieren auf der einen Flussseite zu schützen, auf der anderen aber nicht. Gerade deshalb hat man in den letzten Jahren wie im Dreiländereck bei Schengen grenzübergreifende Naturschutzgebiete ausgewiesen. Viele Moselregionen gehören heute zum internationalen Schutzgebiet »Natura 2000«, das inzwischen fast ein Fünftel der Landfläche der Europäischen Union umfasst. Diese vorwiegend zum länderübergreifenden Schutz wildlebender heimischer Pflanzen- und Tierarten und ihrer natürlichen Lebensräume geschaffenen Räume werden amtlich als FFH-Gebiet (Fauna-Flora-Habitate) bezeichnet.

Naturparks und Schutzgebiete

Der erste große Naturpark an der Mosel ist der Regionale Naturpark Ballons des Vosges (Parc naturel régional des Ballons des Vosges) mit rund 300 000 Hektar Fläche, von denen der Großteil östlich der Mosel Richtung Elsass liegt. Trotzdem gehörte die französische Gemeinde Remiremont 1989 zu den treibenden Kräften bei der Gründung des Schutzgebiets. Weiter flussabwärts folgt ein als »Wilde Mosel« bekanntes Naturschutzgebiet (Réserve naturelle régionale de la

Im Luxemburger Naturschutzgebiet Haff Réimech

Moselle sauvage → S. 135), das sich nördlich von Charmes bis Flavigny-sur-Moselle südwestlich von Nancy erstreckt und Teil des internationalen Schutzgebiets »Natura 2000« ist. Der Fluss kann in diesem Abschnitt immer wieder mäandrieren, was ihn besonders schutzwürdig macht.

Nicht weit ist es von der »Wilden Mosel« zum Regionalen Naturpark Lothringen (Parc naturel régional de Lorraine), dessen Ostflanke nördlich von Nancy bis südlich von Metz verläuft. Auch hier dominieren Feuchtgebiete, in denen sich Insekten und Reptilien wie Schlangen und Eidechsen besonders wohlfühlen.

Auch Luxemburg zählt einige Naturschutzgebiete. Dazu gehören das Haff Réimech (→ S. 194) in der Gemeinde Schengen, auch dies ein Natura 2000-Gebiet. Ein nach dem Luxemburger Politiker Camille Gira benanntes Besucherzentrum dient Naturfreunden hier als Informationsstation. Zudem ist es Startpunkt für interessante und ausgeschilderte Wanderungen in einem rund 100 Hektar großen Areal, das mehr als 250 Vogelarten beheimatet: von Haubentaucher und Drosselrohrsänger bis zu Kormoran und Beutelmeise. Ebenfalls ein beliebtes Ziel unter Naturfreunden ist das 132 Hektar große Naturschutzgebiet Manternacher Fiels bei Mertert. Es liegt an der Syr, einem Nebenfluss der Mosel, und die Wege führen großteils durch Wälder.

Mit gleich mehreren Naturschutzgebieten punktet man auf der Luxemburg gegenüber liegenden deutschen Moselseite. Der Nitteler Fels (→ S. 205) ist ein von Dolomitfelsen geprägter sogenannter Trockenrasen-Komplex. Kalkmagerrasen dagegen prägt das Langheck bei Nittel (→ S. 205). Wenig weiter auf dem Liescher Berg ist das Naturschutzgebiet Perfeist (→ S. 213) ein Paradies für Orchideenfreunde. Hier wachsen verschiedene Knabenkräuter, Ohnhorn, Kuhschelle, Herbstzeitlose, Blauer Enzian, Kornelkirsche und Schlüsselblume. Nördlich von Trier schließlich liegt die Kenner Flur, eine typische Talaue, die schon seit 1989 unter Schutz steht, zum Wohle von Haubentaucher, Uferschwalbe und Flussregenpfeifer, aber auch anderer Vögel, die auf ihrem Flug in den Winterurlaub hier gern Station machen. Ebenfalls ein geschütztes Feuchtgebiet ist das Maringer Wies unweit der modernen Hochmoselbrücke bei Ürzig.

Der Erhaltung und Entwicklung der größten zusammenhängenden und landwirtschaftlich genutzten Streuobstwiesen an der Mosel dient ein großes Naturschutzgebiet bei Wehlen im Landkreis Bernkastel-Wittlich. Wie wichtig diese Gebiete sind, zeigt auch die Tatsache, dass sie inzwischen zum nationalen Kulturerbe gehören. Ganz anderen Charakter dagegen hat bei Cochem das Naturschutzgebiet Brauselay, das seinen Namen einem gleichnamigen Felsen verdankt. Er entstand vor etwa 300 Millionen Jahren und wird heute von einer mediterranen Flora bestimmt, zu der Berberitze, Buchsbaum, Weißdorn und Wildbirne ebenso gehören wie Steppenheidepflanzen. Ein ideales Gelände jedenfalls für Smaragdeidechse, Schlingnatter und Apollofalter.

Ein paar Kilometer weiter flussabwärts findet sich das 243 Hektar große Naturschutzgebiet Pommerheld direkt an der Mosel. Weil dort keine Straße am Fluss entlangführt, ist es Hort vieler seltener Pflanzen und Tiere. Das gilt auch für das Naturschutzgebiet Ausoniusstein in Lehmen. Es ist eines der letzten Bestandsgebiete des Apollofalters. Zum Schutz der Würfelnatter oder des Eisvogels ist das Moselufer zwischen Niederfell und Dieblich als Naturschutzgebiet ausgewiesen.

Fischschutz

Schwerwiegende Folgen für das Leben im Fluss hatte die Kanalisierung der Mosel. Sie bremste nicht nur die Fließgeschwindigkeit des Flusses, sondern baute auch für die Fische gefährliche Hürden auf. Vor allem für den Lachs, der schon zu römischen Zeiten in der Mosel heimisch war, aber auch für Aal und Meerneunauge sind die Schleusen kaum zu überwinden. Zwar versah man sie beim Bau mit Fischtreppen, doch fast alle Anlagen haben sich als nicht oder nur wenig tauglich erwiesen. Deshalb sollen beim Bau der geplanten zweiten Schleusenanlagen neue und bessere Fischtreppen entstehen, die, so hoffen jedenfalls die Naturschützer, stärker genutzt werden.

Als Problem haben sich auch die Turbinen der Wasserkraftwerke an den Schleusen erwiesen, in denen sich immer wieder Fische verfangen. Zwar werden die Düsen während der Aalwanderungen gewöhnlich abgeschaltet, viel gebracht aber hat das nicht. Um den stark geschwundenen Aalbestand nicht noch weiter zu reduzieren, fischt man inzwischen Jahr für Jahr bis zu 10 000 Aale schon früh aus der Mosel, um sie in Lastwagen an den Rhein zu bringen und dort wieder auszusetzen. Dadurch erspart man den Fischen auf ihrem langen Weg zum Laichen im Westatlantik das Passieren der Schleusen.

Neue Fischtreppen, so sind die Naturschützer überzeugt, könnten auch den Lachs in der Mosel wieder heimisch werden lassen, der als Wanderfisch allerdings höhere Ansprüche an die Wasserqualität stellt als Aal oder Maifisch, der manchmal auch Alse heißt. Der Verwandte von Hering und Sprotte stand im 19. Jahrhundert als geschätzter Speisefisch auf dem Küchenzettel der Moselaner, bis sein Bestand langsam weniger wurde und mit der Kanalisierung der Mosel ganz verschwand. Erst in den letzten Jahren ist der Maifisch wieder zum Laichen in die Mosel zurückgekehrt.

Flora und Fauna

Das milde und meist auch trockene Klima entlang der Mosel bietet nicht nur beste Voraussetzungen für den Anbau von Mirabellen wie in Lothringen oder vielen Sorten von Trauben wie zwischen Perl und Koblenz, sondern ist auch Heimstatt von Tieren und Pflanzen, die man sonst selten zu sehen oder hören bekommt. Dazu gehören die Schlingnatter ebenso wie Mauer- und Smaragdeidechse – oder seltene Orchideen, die trockene Böden besonders mögen. Aber auch die feuchteliebende Auengewächse fühlen sich an der Mosel wohl. Um diese Exoten und Überlebenskünstler zu entdecken, gibt es viele Möglichkeiten. Dazu gehören ausgewiesene Naturlehrpfade ebenso wie Premium-Wanderwege mit korrespondierenden Traum- und Themenpfaden. Besonders nah kommt man Flora und Fauna auch mit Kanu oder Paddelboot, die es in vielen Orten auszuleihen gibt. Allerdings sollten auch Flussfahrer darauf achten, Tiere nicht zu verschrecken oder zu verscheuchen. Selbstverständlich sollte auch sein, keine Blüten oder Zweige abzubrechen oder gar ganze Pflanzen auszugraben und mitzunehmen. Während an der Mosel in Frankreich vor allem die feuchteliebenden Pflanzen und Tiere zuhause sind, sind es im unteren Abschnitt der Mosel vermehrt Arten, die Tro-

Blüte der Weinbergpfirsichbäume bei Bremm

ckenheit und Wärme bevorzugen. Vor allem die Steilhänge bieten mit ihren im Hochsommer oft schweißtreibenden Temperaturen für viele Tiere ideale Lebensbedingungen. Manchmal offerieren Naturschutzbund und andere Gruppierungen geführte Wanderungen, die manches vom Aussterben bedrohte Tier oder seltene Pflanzen ins Blickfeld rücken.

Tierwelt

Insekten, Vögel und Reptilien, Wild aller Art samt Marder, Fuchs oder Biber wie an der Wilden Mosel in Lothringen gehören zu den Bewohnern der Flussregion. Besonderes Ansehen genießt das Moselgebiet unter Fledermäusen. Ihre Populationen wie die der Bechsteinfledermaus oder des Großen Mausohrs sind geschützt. In der Pfarrkirche zu Reil ziehen jährlich rund 4000 Fledermausweibchen auf dem Dachboden ein, um dort ihre Jungen aufzuziehen. Es ist ein einmaliges Spektakel, das man gelegentlich auch per Webkamera verfolgen kann.

Vögel

In den letzten Jahrzehnten sind viele Neulinge wie die Nilgans in die Region gekommen, die mit ihrem aggressiven Lebensstil andere Wasservögel vertrieben hat und Tierschützer immer neu vor die Frage stellt, wie mit den afrikanischen Einwanderern auf Dauer umzugehen ist. Ein Mittel zur Eindämmung der sich stark vermehrenden Population ist inzwischen, das Flussufer mit hochwachsenden Pflanzen einzuhegen und den Nilgänsen, die ganz kurzen Rasen mögen, so die bevorzugten Äsungsflächen zu nehmen.

Am meisten unter dem Eroberungsfeldzug der Nilgans hat die Stockente zu leiden, die in Europa am meisten verbreitete Entenart. Früher nannte man sie Wildente. Weil sie meist im März brütet, hieß sie eine Zeitlang auch Märzente. Seit dem letzten Jahrhundert aber ist der Vogel mit seinen Flügelspannweiten von bis zu einem knappen Meter und rund 10 000 Federn und Daunen als Stockente bekannt. Es ist eine Bezeichnung, die auf ihre Brutplätze – auf Stock gesetzte Weiden oder Reisighaufen – verweist.

Sichtbar mehr geworden sind auch die Kormorane, die man bis auf ein paar richtig kalte Wintermonate fast überall entlang des Flusses trifft. Vor allem vor den Fischtreppen der Schleusen und den vielen Teichen an der französischen Mosel finden die schwarzen Vögel mit dem hellen Schnabel einen reich gedeckten Tisch. Allerdings dürfen sie in Frankreich und Deutschland auch gejagt werden, so dass man ihre Population einigermaßen in Grenzen halten kann.

Ganzjährig in der Moselregion anzutreffen ist neben Rot- und Schwarzmilan der Wanderfalke. Ein Tempojäger ohnegleichen, der sich vorwiegend von kleinen und mittelgroßen Vögeln ernährt. Allerdings muss er sich an der Mosel seine Brutplätze vielerorts mit dem Uhu teilen, den man allerdings so gut wie nie zu Gesicht bekommt, weil er fast nur nachts unterwegs ist. Im letzten Jahrhundert war die riesige Eule mit ihren mehr als eineinhalb Metern Flügelspannweite so gut wie ausgestorben. Inzwischen aber ist der Vogel mit dem wissenschaftlichen Namen Bubo bubo wieder häufiger anzutreffen. Grand-duc nennen die Franzosen den Uhu, der in Deutschland deshalb früher als Großherzog bekannt war.

Deutlich kleiner als der Wanderfalke ist der Turmfalke, ein Kunstflieger, der es meisterhaft versteht, fast starr in der Luft zu verharren und beim Sichten einer Maus senkrecht zu Boden zu stürzen. Da er ultraviolettes Licht sehen kann, spürt er etwa Mäuse über die frischen Urinspuren der Nager auf, die ultraviolett leuchten.

Eidechse an der Terrassenmosel

»Zippammers Welt – der Wanderweg mit Pfiff« ist ein knapp neun Kilometer langer Themenweg kurz vor Traben-Trarbach betitelt. Er führt von der Ortslage Wolf zum Moselsteig und ist der Zippammer gewidmet, die äußerst selten ist und deshalb auf der Roten Liste als ein vom Aussterben bedrohter Vogel steht. Nur ein paar hundert dieser Piepmätze mit dem kastanienbraunen Federkleid sind noch in Deutschland zuhause, rund die Hälfte davon an der Mosel.

Ebenfalls auf der Liste gefährdeter Arten findet sich der Bluthänfling. Die prächtig gefärbten Männchen sieht man im Frühjahr manchmal balzend auf den Holzpfählen der Weinberge sitzen. Dort findet man gelegentlich auch den Neuntöter aus der Familie der Würger, der seine Insektenfänge gern an Zäunen oder Sträuchern aufspießt und dort später zum Verzehr wieder abholt. Auch sein Bestand ist gefährdet.

Gelegenheit, weitere der vielen hundert entlang der Mosel heimischen Vogelarten kennen zu lernen, bieten spezielle Vogel-Lehrpfade wie in Enkirch. Besonders Frühaufsteher kommen dort auf ihre Kosten, sind die Vögel doch morgens am aktivsten. Außerdem sollten Vogelbeobachter nach Möglichkeit immer ein Fernglas mitnehmen.

Reptilienparadies Terrassenmosel

Mit ihren Hohlräumen sind die alten Trockenmauern in den Weinbergen für Eidechsen und Nattern ein idealer Lebensraum. Hier sind sie vor Fressfeinden und Frost geschützt. Zudem bieten ihnen vielerorts die staatlich geförderten und frei von Pflanzenschutzmitteln angelegten sogenannten Blühstreifen zwischen den Reben perfekte Nahrungsgrundlagen. Das gilt auch für den an den Übergängen zu den Wäldern lebenden Feuersalamander.

Zu den Überlebenskünstlern gehört die streng geschützte Mauereidechse. Ein ausgezeichneter Kletterer, der an der Mosel noch immer genügend Lebensraum hat, obwohl bei den Flurbereinigungen der letzten Jahrzehnte viel Platz verloren gegangen ist. Manchmal werden Wanderer auch Mauereidechsen ohne Schwanz begegnen, den sie in bedrohlichen Situationen abwerfen können, der nach einigen Monaten aber meist wieder nachgewachsen ist.

Im grünem Prachtkleid protzen während der Paarungszeit im Mai und Juni die Männchen der Zauneidechse zwischen Bernkastel-Kues und Trittenheim. Da sie sich weniger auf wärmenden Mauern, sondern mehr im Gras oder auf Holz aufhalten, sind sie aber schwerer als andere Eidechsen zu entdecken.

Noch seltener findet sich die ebenfalls stark gefährdete und streng geschützte Westliche Smaragdeidechse, die vor einigen tausend Jahren vermutlich aus dem burgundischen Raum in die Moselregion einwanderte. Sie ist die besonders wärmeliebende und größte deutsche Eidechsenart. Von Oktober bis März hält sie meist Winterschlaf – auch das ein Grund, dass man die Smaragdeidechse kaum zu sehen bekommt.

Das gilt auch für die extrem seltene und streng geschützte Schlingnatter, neben Ringel- und Würfelnatter eine der wenigen Schlangenarten an der Mosel. Die Würfelnatter gehört zu den Wassernattern und lebt meist direkt am Fluss, weshalb man ihr auch im Wasser begegnen kann, vorwiegend in den seichten Uferabschnitten oder auf Schotterinseln. Die mehr Trockenheit und Wärme liebende Schlingnatter findet sich dagegen an sonnigen Hängen, Hecken, Trockenmauern und Böschungen. Im Gegensatz zur giftigen Kreuzotter, die bis auf die Augenpartie fast gleich aussieht, braucht man vor der ungiftigen Schlingnatter aber keine Angst zu haben.

Schmetterlings- und Insektenland

Freunde bunter Falter und Liebhaber kleinster Krabbeltiere haben an der Mosel ebenfalls einiges zu entdecken. Hier nämlich leben Schmetterlinge, die man sonst kaum noch findet, allen voran der sehr seltene Segelfalter und der noch seltenere Mosel-Apollofalter. Seit 1899 verweist sein wissenschaftlicher Name (Parnassius apollo vinningensis) auf den Moselort Winningen, in dessen Umgebung man ihn im Juni bei windstillem Wetter begegnen kann. Seine Raupen leben hauptsächlich vom Weißen Mauerpfeffer, auch als Weiße Fetthenne bekannt. Die kommt vorwiegend in trockenen Felsspalten oder auf Fels- und Schotterfluren wie an der Terrassenmosel vor. Die Falter dagegen zehren während ihres kurzen, meist nur wenige Wochen langen Lebens vor allem von Flockenblumen und Wildem Majoran. Große Chancen, den Apollo-Falter zu Gesicht zu bekommen, bietet der sogenannte Apolloweg in Valwig bei Cochem.

Unterhalb von Kröv ist der Segelfalter zuhause. Seinen Namen verdankt er der Kunst, unter Nutzung der Thermik minutenlang ohne Flügelschlag durch die Luft zu segeln. Mit seinen rund sieben Zentimeter langen Flügeln gehört er zu den Jumbos unter den Schmetterlingen. An der Mosel kommt er gewöhnlich in zwei Generationen vor, die von April bis Juni und im Juli und August zu beobachten sind.

In manchmal bis zu drei Generationen ist der Schwalbenschwanz unterwegs, der dritte im Bund der sogenannten Ritterfalter. Mit seinen gelben und schwarzbraunen Farben, veredelt mit blauen und roten Tupfern, ist er fast schon ein Edelfalter wie Tagpfauenauge, Admiral, Kaisermantel oder Mauerfuchs, denen man vor allem in den Naturschutzgebieten begegnet.

Zu den Schmetterlingsarten entlang der Mosel zählen auch zahlreiche Vertreter aus der Familie der Bläulinge und Weißlinge. Zu denen gehört der Zitronenfalter, der sich als einer der ersten Schmetterlinge schon im Frühjahr zeigt und bis in den Herbst unterwegs ist. Er überwintert als Falter und widersteht selbst kräftigstem Frost. Dank des Klimawandels fühlen sich im Moseltal inzwischen aber auch Schmetterlingsarten wie das Taubenschwänzchen wohl.

Nur selten wird man einen Nachtfalter zu Gesicht bekommen, obwohl sie die meisten Schmetterlingsarten an der Mosel ausmachen. Einer ist der stark gefährdete und streng geschützte Schwarze Bär, der an der Moselschleife bei Trittenheim heimisch ist. Häufiger trifft man auf einen Russischer Bär oder Spanische Flagge genannten Nachtfalter, der aber auch tagsüber aktiv ist. Neben landwirtschaftlichen Monokulturen macht den Faltern in der Moselregion inzwischen auch die zunehmende Lichtverschmutzung zu schaffen.

Die meisten der kleinsten Tiere an der Mosel wird man gewöhnlich nur hören – etwa Grashüpfer oder Heupferdchen. Sehr selten ist auch die Europäische Gottesanbeterin geworden, eine stark gefährdete Art der wärmeliebenden Fangschrecken. Ausgeprägt ist ihr Kannibalismus, der die Weibchen schon mal

Im Schmetterlingsgarten Grevenmacher

verleiten kann, ihr männliches Gegenstück während der Paarung zu verspeisen. Für ihr ausgeprägtes Sexleben ist übrigens auch die Gemeine Feuerwanze bekannt, die stundenlang kopulieren kann, manchmal sogar eine ganze Woche. Biologen erklären dies allerdings nicht mit einem übersteigerten Sexualtrieb, sondern schlicht mit Eifersucht. In dieser Zeit nämlich kann das Weibchen seine Gunst keinem anderen Männchen schenken!

Pflanzenwelt

Ein Großteil der Fauna wäre ohne die passende Flora nicht lebensfähig. Wenn bestimmte Tiere vor dem Aussterben stehen, liegt das häufig auch daran, dass sie nichts mehr zu fressen finden. Auch das ist ein Grund dafür, vielerorts entlang der Mosel eigene Pflanzenbiotope einzurichten. So hat man etwa für das stark gefährdete Rheinische Hügelfingerkraut im Raum Hatzenport eigene Pflanzungen geschaffen. Besonderen Schutz verlangen zudem Farne wie der Prächtige Dünnfarn oder Moose wie das Grüne Besenmoos oder auch die Schaben- oder Motten-Königskerze, die man noch im Raum Winningen findet.

Zu einer großen Gefahr für die heimische Pflanzenwelt sind insbesondere im flussnahen Bereich oder den Auenwäldern in den letzten Jahrzehnten zugewanderte Artgenossen geworden. Dazu gehören der Japanische Knöterich, der mit drei bis vier Meter Höhe viele andere Pflanzen überwuchert – oder das Indische Springkraut und der aus dem Kaukasus stammende Riesen-Bärenklau. Er enthält für den Menschen schädliche Stoffe, die schon nach flüchtigen Berührungen Rötungen und schmerzhafte Hautentzündungen verursachen können, manchmal sogar Fieber und Schweißausbrüche.

Aus Nordamerika hat der Topinambur den Weg an die Mosel gefunden. Bis in den November hinein fällt er mit seinen gelben Korbblüten am Ufer ins Auge. Schließlich fängt er erst zu blühen an, wenn die Tage im Jahreslauf wieder kürzer werden. Anfang des 17. Jahrhunderts hatten französische Auswanderer die ersten Knollen nach Paris geschickt, von wo sich die »Indianerkartoffel« schnell verbreitete. Als Neobiota gilt sie deutschen Biologen, englischsprachigen gar als »alien« oder »invasive species«.

Ebenfalls am Moselufer und auf jungen Weinbergsbrachen ist der Schwarze Nachtschatten zuhause. Im Mittelalter schätzte man ihn als Gemüse – so wie heute Kartoffeln, Tomaten oder Auberginen, die ebenfalls zu den Nachtschattengewächsen gehören. Allerdings sind seine grünen Beeren giftig und erst schwarz ausgereift essbar.

Giftige Milchsäfte enthält auch die Zypressen-Wolfsmilch, die Mensch und Tier ernsthaft Probleme bereiten können. Vorsicht gilt zudem bei Begegnungen mit der Rotbeerigen Zaunrübe, deren Beeren für Kinder tödlich sein können und deren früher als Abführmittel genutzte Wurzel noch giftiger ist.

An Weinbergsteillagen, Felshängen und nach Süden ausgerichteten Hochplateaus fühlen sich alle wärmeliebenden Pflanzen wohl. Dazu gehört auch der Buchsbaum, dem man zwischen Treis-Karden und Müden einen eigenen Wanderweg gewidmet hat (→ S. 325). Warme Steine nutzen auch viele Dickblattgewächse, die in der Lage sind, in ihren dicken Blättern Wasser zu speichern, um so auch an trockenen Stellen wie auf steinigem Untergrund lange zu überleben. Die Wärme genießen zudem der Weiße Mauerpfeffer, verschiedene Lieschgräser, die Kleine Bibernelle, das Silber-Fingerkraut, die Kartäuser-Nelke, Storchschnabelgewächse, das Wimper-Perlgras, die Gemeine Felsenbirne, Französischer Ahorn, Berberitze, Felsenkirsche, Echter Kreuzdorn, Schlehe, Zypressenwolfsmilch, Dach-Hauswurz, Acker-Wachtelweizen, Feld-Mannstreu oder das Berg-Sandglöckchen. Als ein wahres Orchideenparadies gilt das Dreiländereck. So sind Purpurknabenkraut, Bocksriemenzunge, Gelber Enzian und Türkenbund die Stars auf einer kleinen Rundwanderung von Wasserliesch bei Konz auf den Liescher Berg. Dazu kommen zwei Dutzend weitere Orchideenarten, die auf dem Hochplateau zuhause sind.

Zu den botanischen Besonderheiten im Moseltal gehören die vielen Mirabellenbäume in Lothringen. Ihre Früchte wurden schon im 16. Jahrhundert als Nachtisch geschätzt. Heute stammen rund zwei Drittel der weltweiten Mirabellenproduktion aus Frankreich. Genau betrachtet ist die Mirabelle eine Pflaumensorte, weshalb man sie auch gern gelbe Zwetschge nennt. Ihre beiden wichtigsten Sorten sind die Metzer Mirabelle und die Mirabelle von Nancy, die man aber nur anhand ihrer Steinform genauer unterscheiden kann.

An der deutschen Mosel erfreut sich der Weinbergpfirsich zunehmender Popularität. Liebhaber der kleinen und pelzigen Früchte mit ihrem blutroten Fruchtfleisch schätzen ihr intensives Aroma. Allerdings verlangt ihr Anbau viel Geduld. Zu früh und zu hart geerntet, lahmt das Aroma und verhindert die Nachreife. Zu spät gepflückt, also vollaromatisch und essreif, sind die Früchte nur kurz haltbar. Wie die Mirabellen werden auch die Weinbergpfirsiche gern zu Marmelade oder Konfitüre verarbeitet, immer häufiger aber auch zu Bränden und Likören.

Blumenwiese an der Wilden Mosel

Geschichte

Die Urmosel

Vor vielen hundert Millionen Jahren war das Moselland eine einzige Wasserwüste, ein riesiger Ozean, in dem bis zu neun Meter lange räuberische Panzerfische das Bild bestimmten. Devon hieß dieses Zeitalter, an dessen Ende schließlich die ersten Landtiere auftauchten. Das Austrocknen der Meere zwang ihre Bewohner mehr und mehr zum Landgang – auch wenn das Wasser noch lange Zeit ihr wichtigster Lebensraum war.

Tektonische Verschiebungen falteten den Meeresboden schließlich zu einem großen Gebirgszug im Herzen Europas. Der allerdings wurde im Lauf von Millionen Jahren weitgehend abgetragen. Zurück blieb ein weitgehend flaches Land, das sich fast über das ganze heutige Moselgebiet erstreckte. In seinen Mulden gab es große und kleine Flüsse, die zum Teil kilometerweit ausuferten. Heute finden sich deren geologische Reste als meterdickes Flussgeröll vor allem in Eifel und Hunsrück, aber auch in Frankreich.

Die weit verzweigte Urmosel war in der Eiszeit fast ganzjährig zugefroren. Nur zwischendurch taute sie kurz auf, was zu immer neuen Läufen des Flusses führte. So schloss sich die Mosel lange Zeit westlich der heutigen Stadt Toul, in Pagny-sur-Meuse, der Maas an. Deshalb auch nannten die Römer die Mosel anfangs kleine Maas. Erst später fiel der Wasserlauf der Mosel in Toul weiter Richtung Nordosten ab, wobei ihr die Meurthe, heute nur einer ihrer vielen Nebenflüsse, kräftig Hilfestellung leistete.

Auf dem Themenweg »Zeitreise« zwischen Oberfell und Alken kann man auch Darstellungen des Lebens zu Zeiten des Homo Erectus begegnen

In der folgenden Warmzeit, als die riesigen Gletscher schmolzen, schnitt sich die Mosel immer tiefer in das unter ihr liegende Gestein ein. Es war ein Prozess, den die tektonische Hebung des Rheinischen Schiefergebirges beförderte. Zwar wurde diese Entwicklung durch neue Eiszeiten immer wieder gebremst, auf Dauer aber führten höhere Fließgeschwindigkeiten schließlich zur weiteren Ausformung jener Landschaft, die wir heute Moseltal nennen und deren Schleifen und Windungen ihren Reiz ausmachen.

Dabei schoss das Wasser in den Außenkurven an die sogenannten Prallhänge und riss dort immer mehr Gestein ab. Sie sind heute Heimat des Steillagen-Weinbaus. Umgekehrt strömte das Wasser in den Innenkurven schwächer, wo das flussaufwärts herausgerissene Gestein sogenannte Gleithänge schuf. Zu deren Füßen entstanden die ersten Dörfer, vor allem aber auch Wiesen und Felder. Manchmal gelang es der Mosel, die Prallhänge zu durchbrechen und Flussschleifen abzutrennen. Zurück blieben ausgetrocknete Täler und sogenannte Umlaufberge wie bei Treis oder Konz. Sie lassen heute nur ahnen, wie es einmal ausgesehen hat. Auch in Lothringen zeugen zahlreiche ausgetrocknete Täler, in denen Geologen Gesteinsschichten aus den Vogesen fanden, von den Urzeiten des Flusses.

Die ersten Siedler

Spätestens mit der Altsteinzeit war die Mosellandschaft geformt. Viel Platz also für den Homo Erectus, den Vorgänger des Neandertalers, sich hier niederzulassen. Als Jäger siedelte er zunächst dort, wo er sich sicher fühlte. Nicht unten am Ufer, sondern auf den Hochplateaus wie auf dem Bleidenberg bei Oberfell. Wie Faustkeile und andere archäologische Funde belegen, war der Homo Erectus schon vor vielen hunderttausend Jahren an der Mosel zuhause.

Auch wenn die ersten Moselaner ihre aus Stein gefertigten Werkzeuge und Waffen immer sorgfältiger herstellten, den entscheidenden kulturgeschichtlichen Fortschritt brachte erst die Bronzezeit im dritten Jahrtausend vor Christus. Erst jetzt war es nämlich möglich, Metalle wie Gold, Kupfer oder Zinn im Feuer zu schmieden und immer wieder neu zu formen. Es war die wichtigste Voraussetzung für die Landwirtschaft, die schließlich Handwerk, Handel und Gewerbe den Boden bereiten sollte.

Die Kelten, die in den letzten Jahrhunderten vor Beginn der christlichen Zeitrechnung nicht nur an der Mosel den Ton angaben, perfektionierten die Lebenskunst weiter. Zu ihren vielen Stämmen gehörten die Treverer im Raum Trier, die Leuker an der heute französischen Obermosel, und die Mediomatriker, aus deren Hauptstadt Divodurum Mediomatricorum (Götterburg der Mediomatriker) die Stadt Metz hervorgehen sollte. Erstmals Erwähnung fanden die keltischen Treverer übrigens bei Gaius Julius Cäsar (100–44 vor Christus), der sie in seinem Buch »De bello Gallico« (»Vom Gallischen Kriege« oder »Über den Gallischen Krieg«) als tapfere Krieger beschrieb.

Zahllose Höhenbefestigungen, Tempel, Felsendenkmale und Menhire zeugen vom Dasein der Kelten. Ihre Häuser waren gewöhnlich aus Holz, verdichtet mit Lehm und Flechtwerk. Meist siedelten sie in Einzelgehöften oder kleineren Hofgemeinschaften. Ihre wirtschaftliche Macht verdankten sie in erster Linie der

Gallo-römische Artefakte im Musée de la Cour d'Or in Metz

Perfektion landwirtschaftlicher Arbeiten. Dazu nutzten sie ein Heer von Landarbeitern und Sklaven, welche die Felder bestellten und das Vieh (Rinder, Pferde, Schafe, Schweine, Gänse, Enten und Hühner) versorgten.

Wie fast alle antiken Völker glaubten die Kelten an viele Götter, denen sie in Tempelanlagen huldigten. Zu den größten zählte das Bergheiligtum auf dem Martberg an der Untermosel, wo man in einem Archäologiepark Tempel und Wandelhalle der Treverer zusammen mit einem keltischen Wohnhaus rekonstruiert hat (→ S. 322). Bedeutend auch sind die keltischen Ausstellungsstücke in den großen archäologischen Museen in Trier (→ S. 234) und Metz (→ S. 180). Vor allem Grabbeigaben verraten viel von der Kultur eines Volkes, das von Ackerbau und Viehzucht lebte und seine Siedlungen meist aus Holz und Lehm baute.

Die Römer kommen

Mit dem Erscheinen des römischen Feldherrn Cäsar in der Moselregion begann ein neues Geschichtskapitel. Im Jahr 30 vor Christus errichteten römische Truppen in Trier, wo eine Furt die Überquerung der Mosel erleichterte, ein erstes Militärlager. Ein gutes Jahrzehnt später schlug man eine feste Brücke über den Fluss, die heute als älteste Deutschlands gilt. Im Jahr 17 gründete Kaiser Augustus schließlich Augusta Treverorum, die Stadt des Augustus im Land der Treverer.

Auch an der Moselmündung hatten die römischen Militärs ein Lager aufgeschlagen, das Castellum apud Confluentes (Kastell bei den Zusammenfließenden), aus dem die Stadt Confluentes wurde, das heutige Koblenz. Noch früher hatten die Römer die keltische Siedlung in Metz erobert und sie zu einem ihrer wichtigsten Stützpunkte an der Mosel gemacht. Und auch Toul, bis dahin Heimat der keltischen Leuker, war schon im 1. Jahrhundert vor Christus von den Römern besetzt worden.

Das Vordringen der Römer in die keltischen Stammesgebiete musste zwangsläufig zu Konflikten mit den dort lebenden Menschen führen. Die freilich waren lange Zeit unschlüssig, ob sie mit den Römern kooperieren sollten oder nicht. Die Römer jedenfalls versuchten, die keltischen Stämme schnell zu romanisieren. Schließlich waren die neuen Machthaber beim Ausbau ihrer Infrastruktur, von der Schaffung neuer Transportwege bis zur Organisation der Moselschifffahrt, auf deren Wissen und Erfahrungen angewiesen. Auch als Söldner konnten sie die keltischen Stämme beim Vordringen in die germanisch dominierten Regionen rechts des Rheins gut gebrauchen. Mit großen Militäraufmärschen und anderen Demonstrationen ihrer Stärke jedenfalls zeigten die Römer den Kelten, wohin es führen könnte, sich ihren Machtansprüchen zu verweigern oder sich gar mit ihnen anzulegen. Es waren sichtbare Drohgebärden, die auf Dauer aber ihre Wirkung verfehlten.

Die Treverer ließen sich vom Imponiergehabe der Römer auf Dauer nicht blenden und besetzten in der zweiten Hälfte des 1. Jahrhunderts die römische Metropole Trier – sehr zum Ärger des neuen starken Manns in Rom, Kaiser Vespasian (9–79). Der schickte deshalb mit Quintus Petillius Cerialis einen seiner Haudegen zur Strafexpedition nach Germanien. Im heutigen Mainz sammelte er seine Soldaten, um in fünf Tagesmärschen nach Trier zu ziehen. Auf diese Zeit hatte sich auch sein keltischer Herausforderer, der Treverer Iulius Valentinus, eingestellt. Der junge Mann ließ deshalb nordöstlich von Trier – etwa dort, wo heute eine Autobahn aus dem Saarland zur Mosel führt – im Eiltempo einen Graben samt Barrikaden errichten. Ein Bollwerk, das den Römern den Weg ins Tal und damit in die Stadt versperren sollte.

Nahe der heutigen Gemeinde Riol kam es so im Jahr 70 nach Christus zur entscheidenden Schlacht, als die Römer schon nach drei statt wie geplant fünf Tagen vor Triers Türen standen und die Befestigungsanlagen der Treverer noch nicht fertig waren. Mühelos konnte die römische Reiterei die Aufständischen überwinden – und auch die ihnen folgenden Legionäre konnten die Treverer nicht aufhalten. Iulius Valentinus wurde festgenommen und zum Tod verurteilt. Schon am Tag nach der Schlacht war Trier wieder in römischen Händen. Es war der Anfang vom Aufstieg Triers, das schließlich zur Hauptstadt des römischen Westreiches werden sollte.

Römischer Meilenstein in Neumagen

Römischer Neuanfang

Mit dem Bau von Brücken über die Mosel und der Anlage befestigter Straßen mit regelmäßigen Stationen zur Einkehr, Raststätten würde man sie heute nennen, festigten die Römer ihre neue Macht. Noch vor den großen Brücken in Koblenz und Trier hatten sie zwischen dem heute luxemburgischen Stadtbredimus und dem rheinland-pfälzischen Pfalzem einen ersten festen Übergang über die Mosel geschlagen, den man freilich erst 1962, beim Bau der Schleuse im Rahmen der Moselkanalisierung, entdeckte. Auch im lothringischen Dieulouard, auf halbem Weg zwischen Nancy und Metz, machte eine Brücke die ganzjährige Querung der Mosel gefahrlos möglich, ebenso bei Épinal, wo es zwischen den heutigen Dörfern Arches und Archettes einen Flussübergang gab.

Schon im 1. Jahrhundert nach Christus gehörte die Mosel zu den großen Mobilitätsachsen im Römerreich, gab es Verkehrsverbindungen von Süden nach Norden und Westen nach Osten. Zentrale Kreuzungspunkte waren Trier, wo die Straße von Lyon nach Köln auf die von Reims nach Mainz traf – und Metz, wo Routen nach Basel und Straßburg abgingen. Die römischen Hauptverkehrsstraßen waren gewöhnlich sechs bis acht Meter breit, mit Schotter und Kies belegt, manchmal auch mit Steinplatten. Zu beiden Seiten gab es Gräben, damit das Regenwasser abfließen konnte. Meilensteine markierten zudem die Entfernung zum Ziel. Die wurde in römischen Meilen gemessen, von denen jede knapp eineinhalb Kilometer lang war. Daneben war auf den Steinen auch der Name des Kaisers vermerkt, der zum Aufstellungsdatum des steinernen Straßenschildes regierte.

Das Leben der römischen Besatzer und der heimischen Kelten verschmolz schließlich in einer sogenannten gallo-römischen Kultur, die große und kleine Museen zwischen Épinal und Koblenz heute dokumentieren. Zu den noch immer sichtbaren Zeugen jener Zeit gehören zudem große Amphitheater wie in Trier, Reste römischer Wasserleitungen in Ars-sur-Moselle und Jouy-aux-Arches, große Thermen wie in Metz oder Trier, gewaltige Stadttore wie die Porta Nigra und

Reste der römischen Wasserleitung bei Ars-sur-Moselle

römische Villen, die man zum Teil sorgsam rekonstruiert hat, wie die Villa Borg im Archäologiepark der saarländischen Gemeinde Perl. Vor allem aber war es der Weinbau, den die Römer entlang der Mosel perfektionierten und von dem bis heute römische Kelteranlagen wie in Piesport künden.

Erste Bischofsstädte

Mit den Römern waren auch die ersten Christen an die Mosel gekommen. Allerdings spielten sie anfangs kaum eine Rolle. Je mehr Trier aber in den Mittelpunkt des Weströmischen Reiches rückte, desto größer wurde der christliche Einfluss. Mitte des 3. Jahrhunderts wurde Trier Sitz eines Bischofs, etwa 100 Jahre später auch Metz und Toul. Die neuen Diözesen waren Ausdruck christlicher Gemeinschaften, deren Repräsentanten auch politisch mehr und mehr Beachtung fanden.

Maßgebend für die Ausbreitung des christlichen Glaubens entlang der Mosel wurde eine Frau: Helena, die Mutter Konstantin des Großen. Schon als 20-Jähriger trat ihr Sohn das Erbe seines Vaters Kaiser Constantius I. (um 250–306) an. Rein rechtlich stand ihm das als unehelicher Sohn nicht zu, aber das Militär wollte keinen anderen Machthaber, so dass Konstantin nach dem Tod seines Vaters im Jahr 306 in Trier das kaiserliche Amt übernahm und mit Prachtbauten wie der Konstantinbasilika oder den Kaiserthermen bauliche Akzente setzte. Es war die Blütezeit Triers, die Konstantin und seine Nachfolger Jahrzehnte bestimmen sollten. »Ein Kranz von Villen längs den Uferhängen, um rebengrüne Bergeshöhe spült. Der Strom mit leise schmeichelnden Gesängen, indes er sachte sich zu Tale wühlt. Und grüne Matten seinen Lauf umdrängen. Gegrüßt, o Strom, der diese Tale kühlt, der solche Fluren, solche Menschen tränkt …«, schwärmte der Dichter Ausonius anno 370 in einem seiner Gedichte vom damaligen Leben an der Mosel.

Mit der Einführung des Sonntags als arbeitsfreiem Tag setzte Kaiser Konstantin, der erst auf dem Totenbett getauft wurde, im Jahr 321 neue kulturelle Maßstäbe, die bis heute unser Leben entscheidend bestimmen. Außerdem erhob er seine Mutter Helena zur Augusta, zur Kaiserin des Römischen Reiches. Helena war eine fromme Frau, die sich schon 312 taufen ließ. Aufsehen erregte die heute als Heilige Verehrte, als sie hochbetagt ins Heilige Land reiste, um in Jerusalem nach dem Kreuz zu fahnden, an das wie in der Bibel überliefert einst Christus geschlagen wurde. Ergebnis ihrer Suche waren die Funde zahlreicher Reliquien. So soll sie neben den Resten des heiligen Kreuzes auch das Grab Christi, den heiligen Rock und die Nägel, mit denen Jesus ans Kreuz geschlagen wurde, entdeckt haben. Außerdem werden ihr gern die Auffindung der Gebeine des Apostels Matthias und einer Sandale des Apostels Andreas nachgesagt. Einen der Nägel habe sie angeblich ihrem Sohn Konstantin gegeben, einen weiteren sowie den heiligen Rock dem damaligen Trierer Bischof Agritius.

Bewiesen ist das alles nicht. Zumindest eine Tuchreliquie aber dürfte sie der Trierer Kirche in direkter Erinnerung an Jesus Christus hinterlassen haben. Belegt dagegen sind ihre Schenkungen kaiserlicher Immobilien, aus denen nach Helenas Tod unter anderem der erste Dom zu Trier werden sollte. Auch wenn das sogenannte Toleranzedikt aus dem Jahr 311, nach dem jeder Bürger über seine

Merowingerkreuz aus dem späten 7. Jahrhundert in Moselkern

Religion selbst entscheiden konnte, die Christenverfolgung im Römischen Reich gesetzlich beendet hatte, setzte sich der neue Glaube entlang der Mosel mit einer stark ländlichen Bevölkerung nur langsam durch.

Die Franken

Spätestens mit Beginn der Völkerwanderung aber änderte sich das Bild. Aus fast allen Richtungen drängten jetzt Fremde in die Moselregion. Allein Trier, unter Valentinian II. (371–392) letztmals Kaiserresidenz, wurde in der ersten Hälfte des 5. Jahrhunderts mehrmals von germanischen Stämmen überrannt. Besonders zerstörerisch war der Einfall der Hunnen, eines asiatischen Reitervolkes, das Trier und Metz Mitte des 5. Jahrhunderts in Trümmer legte. Letzten Endes aber waren es die Franken, die dem römischen Trier wenig später den Todesstoß versetzten. Die neuen Herren an der Mosel waren jetzt die Merowinger, das älteste Franken-Geschlecht. Der Übergang von den Römern zu den Merowingern erleichterte deren Verständnis für die gallo-römische Kultur, die zuletzt immer christlicher geworden war. Zum Teil auf den Fundamenten römischer Tempelanlagen entstanden so Kirchen und Klöster wie in und um Trier, im heute französischen Remiremont und im luxemburgischen Echternach, wo iro-schottische Mönche Missionsarbeit betrieben.

Chlodwig I. (466–511) war der erste große merowingische Herrscher, dessen Vater noch paganen Traditionen anhing. Er selbst ließ sich, nachdem er die Alamannen entscheidend geschlagen hatte, christlich taufen. Nach seinem Tod teilten seine Söhne das Reich der Merowinger. Metz wurde so Hauptstadt eines »Reich von Metz« genannten eigenen Königreiches, das ab 584 Austrasien hieß – übersetzt »Land im Osten«. Damit stand es im Gegensatz zu Neustrien, dem neuen Königreich im Westen. Politisch freilich wurde der Einfluss der Merowinger immer kleiner, weil sich ihre Repräsentanten in immer neuen Machtkämpfen zerrieben.

Davon profitierten die sogenannten Hausmeier, also die eigentlichen Verwalter der frühmittelalterlichen Königshöfe. Mehr als ein Jahrhundert lang aber traute sich keiner von ihnen, offen die Machtfrage zu stellen und die Königswürde selbst zu beanspruchen. Erst 751 ließ sich der karolingische Hausmeier Pippin der Jüngere (714–768) zum König krönen. Es war das politische Ende für die Merowinger und der Anfang der Karolinger – und damit eine weitere Stärkung christlich fundierter Herrschaft.

Karolinger als Reformer

Mit Karl dem Großen (747–814), dem ältesten Sohn Pippins, gewann die zunehmend christianisierte Moselregion neue Konturen. Unter karolingischer Herrschaft wurden die alten und teilweise verfallenen Römerstraßen wieder hergerichtet und die eine oder andere Flussbrücke gebaut oder wieder hergerichtet. Außerdem sorgte der anno 800 in Rom zum Kaiser gekrönte Karl für eine effektive, zentral gesteuerte Verwaltung und Gesetzgebung und eine beispiellose Bildungsoffensive. Neue Klöster entstanden, in denen Mönche Handschriften kopierten und so zur Verbreitung des Wissens beitrugen. Der noch immer weit verbreitete Aberglaube wurde mit Verordnungen bekämpft, der wegen seines Lebenswandels teilweise verrufene Klerus zu mehr Disziplin und sittlichem Lebenswandel angehalten.

Die Gründung neuer Bistümer und regelmäßige Synoden, die den Kurs der Kirche abstecken sollten, verstärkten das Band zwischen Staat und Kirche. Wie sehr sich die Karolinger in der Moselregion bis weit in die Vogesen zuhause fühlten, beweisen die Biografien vieler ihrer Vordenker. So war Karls Ururgroßvater Sankt Arnulf (um 582–640), der seine letzten Lebensjahre im heute französischen Remiremont verbrachte, lange Jahre Bischof von Metz. Auch Karls Sohn Drogo (801–855) wirkte dort als Bischof. In Metz fanden schließlich auch Karls Frau Hildegard, geboren im Moselstädtchen Diedenhofen, und Kaiser Ludwig der Fromme, Karls Sohn und sein Nachfolger, ihre letzte Ruhe.

Mit den Karolingern hatte Metz die Rolle der mittlerweile stark entvölkerten vormals römischen Stadt Trier eingenommen. Allerdings sollte das Reich Karl des Großen schon in der Regierungszeit seines Sohnes zu bröckeln beginnen. So verhandelten im Jahr 860 in der 836 geweihten Kastorkirche zu Koblenz seine drei Enkel über die Teilung des Frankenreiches. Am Ende bekam Karl der Kahle das Westfrankenreich, aus dem später Frankreich hervorgehen sollte. Ludwig der Deutsche erhielt das Ostfrankenreich, aus dem später das Heilige Römische Reich werden sollte. Lothar II., der älteste, wurde mit der Kaiserwürde und einem Mittelreich zwischen den beiden anderen bedacht, das den Namen seines Eigners erhielt: Lotharii regnum, zu deutsch: Lotharingien, also das Reich Lothars.

Apsis aus karolingischer Zeit in der Kardener Kastorkirche

Die Teilungen des Frankenreiches aber waren damit noch nicht abgeschlossen. Erst der Vertrag von Ribemont im Jahr 880 markierte ihr Ende, als Lotharingien Teil des Ostfrankenreiches wurde. Ein knappes halbes Jahrhundert später wurde Lotharingien in

Beim Pfingsttreffen 860 in Koblenz wurde die Teilung des Frankenreichs beschlossen (Wandbild in Koblenz)

die Herzogtümer Oberlothringen, dessen Kern die Moselregion war, und Niederlothringen geteilt. Aus Oberlothringen wurde schließlich das Herzogtum Lothringen, das rechtlich bis 1766 bestand und erst mit der Annexion durch Frankreich endete.

Im Lauf der Zeit erhielt die Moselregion so ein neues politisches Gesicht. Metz und Toul wurden freie Reichsstädte, deren Bischöfe ebenfalls kleineren, sogenannten reichsunmittelbaren Territorien vorstanden. Und Trier wurde Hauptstadt eines Kurfürstentums, das bis an den Rhein reichte.

Mächtige Erzbischöfe

Durch eine geschickte Immobilienpolitik suchten Triers Erzbischöfe im Lauf des Mittelalters ihren Besitz in Koblenz und Trier mit dem Land dazwischen zu vereinen. Planvoll dehnten sie ihre Macht immer mehr aus. Dazu nutzten sie vor allem familiären Beziehungen, so wie Balduin von Luxemburg (1285–1355), Bruder des deutschen Königs Heinrich VII. (1278–1313) und Großneffe Karls IV. (1316–1378), der vielleicht gewichtigste Neugestalter der Moselregion im Mittelalter. Zur Finanzierung seiner Vorhaben wie dem Ausbau des Straßennetzes, den die Initiierung des Baus einer neuen Moselbrücke in Koblenz krönte, errichtete er zahlreiche Zollburgen an Rhein und Mosel. Außerdem förderte er den Bau von Klöstern wie in Koblenz und Trier.

Mit der Goldenen Bulle, dem in Urkundenform verfassten kaiserlichen Gesetzbuch, wurde Mitte des 14. Jahrhunderts Triers Rang im Heiligen Römischen Reich gesetzlich festgeschrieben. So durfte von den sieben Wahlleuten bei der Königswahl Triers Erzbischof immer als erster seine Stimme abgeben. Zum politischen und gesellschaftlichen Rang des Trierer Erzbischofs hatte auch die angebliche Auffindung des Grabes des Apostels Matthias Anfang des 12. Jahrhunderts beigetragen, das immer mehr Wallfahrer an die Mosel lockte.

Im Lauf der Jahre jedenfalls hatte sich die Fläche des Trierer Kurfürstenstaates verdoppelt. Außerdem nannte das Erzbistum im Hochmittelalter mehr als 100 Burgen sein eigen. Aus Trierer Sicht weniger erfreulich dagegen war der wachsende Einfluss Frankreichs auf die Moselregion. So versuchten Mitte des 16. Jahrhunderts die Franzosen, die freien Reichs- und Bischofsstädte Metz, Toul und Verdun unter ihre Kontrolle zu bringen. Militärisch gelang ihnen das, de jure aber blieben sie bis zum Westfälischen Frieden 1648 Territorium des Heiligen Römischen Reiches.

Überschwängliche Heiligenverehrung, übertriebene Fastenregelungen und ein ausuferndes Ablasswesen riefen schließlich Martin Luther und seine reformatorischen Mitstreiter wie Johannes Calvin oder Huldrych Zwingli auf den Plan. 1559 versuchten Trierer Bürger allerdings vergeblich, den Protestantismus an der Mosel durchzusetzen. Winningen oder Trarbach, die nicht zum Trierer Kurfürstentum gehörten, wurden nach dem Willen ihrer Territorialherren dagegen evangelisch. Mit der Ansiedlung von Jesuiten in Trier (1560) und Koblenz (1580) und der Ansiedlung weiterer Orden in vielen protestantisch gewordenen Ortschaften wie Beilstein starteten die Katholiken an der Mosel schließlich die Gegenreformation.

Hexenverfolgung

Zu den düstersten Kapiteln an der Mosel gehören die Ende des 16. Jahrhunderts einsetzenden Hexenverfolgungen. Meist willkürlich wurden damals Menschen, Frauen wie Männer, als Handlanger des Teufels beschuldigt, angeklagt und nach Verurteilung durch das kurfürstliche Gericht auf dem Scheiterhaufen verbrannt oder ins Gefängnis gesteckt – unter ihnen auch zahlreiche Geistliche. Allein im Raum Trier kosteten die Exzesse mehrere hundert Menschen das Leben. Pfalzel meldete 1587 nicht weniger als 118 Verbrennungen auf dem Scheiterhaufen, Ruwer bis zu 400 Hinrichtungen. Theologen, die sich mit Traktaten wie dem »Von der wahren und eingebildeten Zauberei« dagegen stemmten, mussten ihre Thesen schnell widerrufen, um nicht selbst als Ketzer verurteilt zu werden. Erst 1631 war es Friedrich Spee, einem katholischen Priester, wieder möglich, die Hexenprozesse öffentlich zu thematisieren. »Cautio criminalis« hieß seine berühmte Schrift über die finsteren Zeiten.

Anfang des 17. Jahrhunderts potenzierten sich die Auseinandersetzungen zwischen Katholiken und Protestanten im Dreißigjährigen Krieg. Begonnen wurde er als Glaubenskrieg, schließlich aber ging es um die Hegemonie in Europa. Französische Truppen besetzten mehrmals Lothringen, und auch zwischen Trier und Koblenz wüteten immer wieder fremde Söldner. 1673 waren es die Truppen des französischen Königs Ludwig XIV., die fast alle Burgen am Ufer sprengten und – wie mit der Festung Mont Royal in Traben-Trarbach – eigene Verteidigungsanlagen auf deutschem Reichsgebiet anlegten. Auch wenn der sogenannte Sonnenkönig mit dem Frieden von Rijswijk 1697 die wieder aufgeben musste, dauerhaften Frieden brachte auch dieses zwischen Frankreich und dem Heiligen Römischen Reich abgeschlossene Vertragswerk nicht.

Schlecht waren diese Zeiten auch für die Herzogtümer Lothringen und Luxemburg, die im Lauf der Jahre an Fläche und Einwohnerzahl verloren. Nachdem Lothringen 1766 schließlich ganz an Frankreich gefallen war, verlegte

Bischofsgrab in der Touler Kathedrale

Triers Kurfürst Clemens Wenzeslaus von Sachsen (1739–1812) seine Residenz sicherheitshalber von Trier nach Koblenz, wo er sich ein stattliches Schloss am Rheinufer bauen ließ.

Franzosenzeit

Ende des 18. Jahrhunderts übernahmen französische Revolutionstruppen die Macht links des Rheins. Klöster und Kirchen wurden beschlagnahmt, das Land entlang der Mosel in mehr als eine Handvoll Départements gegliedert: Haute-Rhin, Vosges, Meurthe, Moselle, Foret (Luxemburg), La Sarre und Rhin-et-Moselle hießen jetzt die neuen Verwaltungseinheiten von der Quelle bis zur Mündung. Adel, Klerus und Zünfte verloren ihre Privilegien. Viele christliche Feiertage wurden abgeschafft, kirchliches Eigentum versteigert, Kunstschätze aus den kurfürstlichen Palästen in französische Museen gebracht. Als neuer Kaiser stellte sich Napoleon in Trier vor, wo er die Restaurierung des römischen Stadttores Port Nigra veranlasste. Mit Papst Pius VII. vereinbarte er zudem neue kirchliche Strukturen. Aachen, Trier, Metz und Nancy waren jetzt die neuen Bischofssitze für die Menschen an der Mosel.

Nach nur gut zwei Jahrzehnten aber endete die sogenannte Franzosenzeit. Nach der Niederlage Napoleons in der Schlacht bei Waterloo wurde Europa 1815 auf dem Wiener Kongress neu gegliedert. Zusammen mit anderen Regionen fiel das deutsche Moselgebiet als Rheinprovinz an Preußen, dessen Truppen in Koblenz und Trier Quartier bezogen. Das 1354 gegründete Herzogtum Luxemburg, dessen Herrschaften immer wieder gewechselt hatten, wurde Mitglied des neu gegründeten Deutschen Bundes.

Neue Spannungen

Mit Erfindung der Dampfschifffahrt gewann die Mosel verkehrspolitisch an Bedeutung. 1840 gab es eine erste Schifffahrtslinie zwischen Pont-à-Mousson und Metz. Eine weitere verband Metz mit Trier, wo man ab 1841 in Dampfer Richtung Koblenz umsteigen konnte. Auf der anderen Seite begann Frankreich 1867 mit dem Bau eines Kanals zwischen dem nördlich von Nancy gelegenen Frouard und Metz, der die Mosel mit dem Rhein-Marne-Kanal verbinden und damit die Region zum Mittelmeer öffnen sollte. Der Rhein-Marne-Kanal war 1853 fertig geworden und mit 154 Schleusen und Tunneln einer der längsten Schifffahrtskanäle Europas.

Der Kanalbau, Ausdruck wachsenden Expansionsstrebens, verschärfte die Spannungen zwischen Deutschen und Franzosen, die sich schließlich im Deutsch-Französischen Krieg 1870/71 gewaltsam entluden. Mit dem Sieg der Deutschen wurde die Moselregion bis südlich von Metz Teil des neuen Deutschen Reiches. Ab 1882 gab es deshalb eine erste durchgängige Schienenverbindung von Berlin nach Metz, die als »Kanonenbahn« (→ S. 295) Geschichte machte. Der Ausbau des Gleisnetzes war aber nicht nur militärischen Überlegungen geschuldet, sondern auch der wachsenden Industrialisierung. Nur so war es möglich, sperrige Güter wie Kohle, Stahl oder Baustoffe sicher und schnell vom Ruhrgebiet in

Die in den 1870ern errichtete Doppelstockbrücke von Bullay war Teil der »Kanonenbahn«

den heutigen Saar-Lor-Lux-Raum zu bringen – und natürlich umgekehrt. Entlang der deutschen Mosel bestimmten jetzt die Preußen das politische Bild. Mit ihrer Arbeit aber war man oft unzufrieden. Immer wieder machten die katholischen Moselaner deshalb gegen die Reichsregierung mit ihren meist protestantischen Verwaltungsbeamten von Metz bis Koblenz mobil. Besonders umstritten waren die Mischehen, also alle Eheschließungen zwischen Männern und Frauen unterschiedlicher Konfession. Gegen solche Heiraten wandten sich Geistliche beider Konfessionen in vielen Predigten. Gern pochten die Katholiken dabei auf das Kirchenrecht, nach der eine Ehe nur von einem Priester und zwei Zeugen geschlossen werden kann – nicht aber vor einem Standesbeamten. Evangelischen Christen andererseits drohte der Ausschluss aus ihrer Kirchengemeinde, wenn sie ihrem Ehepartner eine katholische Erziehung der Kinder zugesagt hatten. Ein weiteres Problem war, dass katholische Gemeinden Protestanten die Beerdigung auf ihren Friedhöfen verweigerten oder die Toten nur in weit abgelegenen Grabreihen verscharrten. Umgekehrt störten sich viele Protestanten an den Sonntagsvergnügen der Katholiken, zu dem Dampferfahrten ebenso gehörten wie feucht-fröhliche Feste und Feiern, die nach protestantischer Ansicht des Sonntags nicht würdig seien.

Erster Weltkrieg

Besonders hart traf der Erste Weltkrieg (1914–1918) die Moselregion. Schließlich lag sie im Kerngebiet der Auseinandersetzungen zwischen Deutschen und Franzosen. Schon im August 1914 hatte die Oberste Heeresleitung in Koblenz Quartier bezogen, um die Waffengänge zu planen. Steckten Frauen und Kinder fast überall entlang der Mosel den Richtung Frankreich reisenden Soldaten anfangs noch Blumen und Geschenke zu, verflog diese Euphorie mit zunehmender Kriegsdauer. Vor allem auch, weil man die Wucht neuer Waffen zu spüren bekam. Koblenz wurde ebenso heftig bombardiert wie Trier, gegen das fast zwei Dutzend tödliche Luftangriffe, zum Teil auch nachts, geflogen wurden. Beendet waren die Kriegsjahre erst Ende 1918, als amerikanische Truppen an der Mosel auftauchten. Später übernahmen die Franzosen wie im Versailler Vertrag vereinbart die Besatzungsmacht.

Nur zu gern hätten die Franzosen nach Ende des Ersten Weltkriegs die linksrheinischen Regionen den Deutschen ganz entrissen. Deshalb auch forderten sie in den Friedensverhandlungen für dieses Gebiet die Bildung eines unabhängigen Staates. Separatistische Bewegungen wie in Koblenz oder Trier kamen ihnen in diesem Zusammenhang nicht ungelegen. Doch die Amerikaner sträubten sich gegen die Absicht der Franzosen. Schließlich einigte man sich im Versailler Vertrag, das Saargebiet unter französischer Verwaltung einer internationalen Regierungskommission, dem Völkerbund, zu unterstellen. Als Wiedergutmachung für die von den deutschen Truppen verursachten Kriegsschäden übertrug man Frankreich zudem das Eigentum an den saarländischen Kohlegruben, was die Franzosen zum größten Arbeitgeber im Saarland machte. Dazu versuchten sie über Beteiligungen die Kontrolle über die Saarhütten zu erlangen, um Deutschland als größten Eisen- und Stahlproduzenten Europas abzulösen.

Zwischen den Kriegen

Mit Ausrufung der Weimarer Republik im November 1918 war das deutsche Kaiserreich Geschichte. Politisch allerdings bremsten die Anfangsjahre der neuen parlamentarischen Demokratie wirtschaftliche Krisen – allen voran eine Super-Inflation, die nur innerhalb eines Tages die Kaufkraft des Geldes halbierte und zu einer Währungsreform führte, deren Nutznießer die Eigner von Sachwerten wie Grundstücken oder Immobilien waren. Hinzu kamen Steuerlasten, die in den 1920er Jahren vor allem entlang der Mosel die wirtschaftliche Not verschärften.

Kriegsende 1918 in Metz: Kaiser Wilhelm I. wird gestürzt

Eine neue Weinsteuer hatte den Winzern zugesetzt, denen zudem französische und spanische Billigweine Sorgen machten. Weil sie ihre eigenen Erzeugnisse aber nicht unter ihren Erzeugerpreisen abgeben wollten, eskalierte ihr Unmut in der Erstürmung des Finanzamtes in Bernkastel-Kues. Fast 2000 Moselwinzer waren damals mit Traktoren, Zügen und Schiffen angereist, um die Finanzbehörde einzunehmen. »Die Weinsteuer ist Blutgeld von des Winzers Fleiß, drum schafft sie hinaus aus dem Winzerkreis«, hieß es auf mitgeführten Plakaten. Oder noch radikaler: »Fort mit der Regierung an der Spree. Sie ist des Winzers Not und Weh … Im Keller liegt der Wein, im Stall steht kein Schwein. Michel geh in dich, Berlin besinn dich.« Clara Viebig (1860–1952), die in Trier geborene Erzählerin, deren Bücher in ganz Deutschland gelesen wurden, thematisierte den Bernkasteler Winzersturm im 1928 erschienenen Roman »Die goldenen Berge«.

Politisch waren die Moselaner freilich kein gewalttätiger Haufen, sondern Menschen einer Region, die zum Bollwerk des deutschen Katholizismus zählte und in der die Zentrumspartei gewöhnlich die stärkste Kraft zwischen Koblenz und Trier stellte. Das änderte sich mit der Machtergreifung der Nationalsozialisten, die ab 1934 auch die Moselregion fest im Griff hatten. Als sich 1935 die Bürger des Saarlands in einer Volksabstimmung zur Rückkehr nach Deutschland bekannten, war der Bürgerentscheid für Hitler Anlass, die Grenzziehung zwischen Deutschland und Frankreich in Frage zu stellen.

Zweiter Weltkrieg

Den Ernst der Lage bekamen die Menschen mit der Errichtung des Westwalls und dem Bau neuer Straßen Richtung Westen wie der Hunsrückhöhenstraße zu spüren. Allerdings startete der Zweite Weltkrieg dann an der Ostfront. Schon 1940 aber wurde Luxemburg überrannt, das man im Januar 1941 in den neu geschaffenen Gau Moselland, vormals NSDAP-Gau Koblenz-Trier, mit der Hauptstadt Koblenz eingliederte. Auch Lothringen wurde von deutschen Truppen besetzt, die Frankreich noch im gleichen Jahr zu einem Waffenstillstandsabkommen zwangen.

Mehr und mehr aber wehrten sich die Alliierten gegen die kriegslüsternen Deutschen. Waren ihre Luftangriffe in den ersten Kriegsjahren in der Moselregion eher sporadisch, verschärften sie sich gegen Kriegsende. Im August 1944 erlebte Trier ein erstes Flächenbombardement, in dessen Folge die Konstantinbasilika bis auf die Außenmauern abbrannte. Wegen der Nähe zur Front wurde die Stadt im Spätjahr 1944 zudem bis auf 3000 Personen komplett evakuiert. Auch Koblenz wurde immer wieder bombardiert, so dass sie schließlich mehr einem Trümmerhaufen als einer Stadt glich.

Hitlers letztem Aufgebot, dem sogenannten Volkssturm, wurde es zuletzt übertragen, mit Panzersperren die anrückenden Amerikaner entlang der Mosel aufzuhalten und auf dem Rückzug alle Brücken zu sprengen. Nach der Einnahme der von den Deutschen besetzten Stadt Metz im November 1944 und dem Überschreiten der Saar wenig später war der Vormarsch der US-Truppen überraschend südwestlich von Saarburg zum Stehen gekommen. Als Sieg der »Schanzarbeit des deutschen Volkes« feierte dies die nationalsozialistische Propaganda.

Sie setzte ganz auf die anstehende Ardennenschlacht, in der Hitler die letzte Chance sah, den Krieg doch noch zu gewinnen. Doch die ging anders aus als von den Nationalsozialisten erhofft. Zehntausende von Deutschen bezahlten die letzte große Schlacht des Zweiten Weltkrieges mit dem Leben. Schwerste Luftangriffe versetzten den Moselmetropolen den Todesstoß. Trier wurde zu mehr als zwei Drittel zerstört, Koblenz fast ganz. Von Nordwesten und Süden rückten die Amerikaner schließlich mit ihren Panzerverbänden weiter in die Moselregion vor. Brücken, die der deutsche Volkssturm auf seinem Rückzug gesprengt hatte, wurden durch Pontons ersetzt.

Schon bald nach dem Einmarsch der Amerikaner übernahmen – wie schon nach dem Ersten Weltkrieg – die Franzosen das Besatzungsregime. Ihnen übergaben die US-Truppen im Juli 1945 auch das Saarland zur Neuverwaltung, das im Vergleich zur Gründung 1920 noch einmal um rund 100 Gemeinden vergrößert worden war. Gut zwei Jahre später beschloss der neu gewählte saarländische Landtag seine Verfassung, in der das Saarland als »autonomes, demokratisches und sozial geordnetes, wirtschaftlich an Frankreich angeschlossenes Land« definiert wurde. Eigene Flagge, Wappen und Hymne sollten seine Eigenständigkeit dokumentieren.

Neuaufbau nach 1945

Ab Oktober 1945 mussten die Kinder wieder in die Schulen. In manchem Klassenzimmer hingen jetzt die Kreuze wieder, die man 1937 entfernt hatte. Und aus den »Adolf-Hitler-Straßen« entlang der Mosel wurden gewöhnliche Hauptstraßen. Langsam begann sich das Leben zu normalisieren, auch wenn Lebens-

Die Gründerväter der Europäischen Union: Alcide De Gasperi, Jean Monnet, Robert Schuman und Konrad Adenauer, Denkmal in Scy-Chazelles bei Metz

Europäische Flaggen am Moselufer in Schengen

mittel weiter knapp waren. Im Raum Trier gab es monatlich für jeden Einwohner zehn Pfund Brot, mehr als die Hälfte weniger als zu Kriegsbeginn. Mit einer Sonderzuteilung von 40 Zigaretten oder 10 Zigarren sowie einer halben Flasche Wein versuchte man den Menschen in der Moselregion eine Freude zu machen.

Schon im Sommer 1946 wurde der Bahnverkehr wieder aufgenommen, ein Jahr später war das Eisenbahnnetz entlang der Mosel fast wieder komplett. Auch politisch ging es schnell aufwärts. Mit der Gründung des Landes Rheinland-Pfalz im Mai 1947 wurde Koblenz vorläufige Landeshauptstadt. In einem Hotel auf dem Rittersturz, einem Koblenzer Felsplateau, bereiteten die Chefs der Bundesländer zudem die Gründung der Bundesrepublik vor. Die Ergebnisse ihrer Konferenz führten schließlich über den Parlamentarischen Rat zur Annahme des Grundgesetzes. Und langsam kehrten auch die Kriegsgefangenen zurück, Männer, die man für den Neuanfang dringend brauchte.

Neue Völkerfreundschaft

Versöhnung hieß das Motto ab den 1950er Jahren. Nach drei großen Kriegen zwischen Deutschland und Frankreich galt es jetzt, Brücken zu schlagen – so wie Aristide Briand (1862–1932) und Gustav Stresemann (1878–1929). Die Außenminister Deutschlands und Frankreichs hatten sich schon nach dem Ersten Weltkrieg die Hände gereicht, um die Lebensverhältnisse nicht nur entlang der Mosel zu bessern. 1926 wurden ihre Bemühungen mit dem Friedensnobelpreis belohnt.

Jetzt waren es Konrad Adenauer (1876–1967), der Rheinländer, und Robert Schuman (1886–1963), der Lothringer, welche die neuen Freundschaftsbande zwischen Frankreich und Deutschland knüpften und die Mosel als neue Achse Europas begriffen. Schon im Mai 1950 hatte Schumann, der perfekt Deutsch sprach und lange Jahre in Metz zuhause war, einen entsprechenden Plan vorgelegt. Er sah vor, die französisch-deutsche Kohle- und Stahlproduktion einer gemeinsamen Hohen Behörde zu unterstellen: in einer Organisation, die anderen europäischen Ländern zum Beitritt offen stehen sollte. Damit war der Grundstein zum Zusammenwachsen Europas gelegt.

Europa wird grenzenlos

Nur wenig später gründete sich die »Europäische Gemeinschaft für Kohle und Stahl« (EGKS), besser bekannt als Montanunion. Es war ein aus Belgien, Luxemburg, Italien, Frankreich, den Niederlanden und der Bundesrepublik bestehender Wirtschaftsverband, der allen Beteiligten ohne Zollschranken Zugang zu Kohle und Stahl verschaffen sollte. Gleichzeitig mit der Gründung der Montanunion forderten die Franzosen den Ausbau der Mosel, um die Stahlhütten Lothringens und des Saarlandes mit dem Rhein zu verbinden. Wie wichtig den Franzosen der Moselausbau war, zeigte sich auch daran, dass sie nichts gegen den Anschluss des Saarlandes an die Bundesrepublik hatten, solange die Deutschen die Schiffbarkeit der Mosel deutlich verbesserten. Im Oktober 1956 unterzeichneten beide Staaten deshalb einen Vertrag zur Kanalisierung des Flusses. Zur Regelung der Moselschifffahrt wurde Ende 1962 schließlich die Moselkommission gegründet.

1964 war die Moselkanalisierung weitgehend abgeschlossen, die Fahrrinne des Flusses jetzt generell drei Meter tief und mindestens vierzig Meter breit. Anschließend intensivierte Frankreich den Ausbau seiner Strecke bis Neuves-Maisons. Damit war die Mosel endgültig zum grenzüberschreitenden Symbol der Freundschaft zwischen Deutschen und Franzosen geworden. Zu einer völkerverbindenden Achse, auf der im Juni 1985 Deutschland, Frankreich, Belgien, Luxemburg und die Niederlande das Abkommen von Schengen über den schrittweisen Abbau der Personenkontrollen an ihren Binnengrenzen unterzeichneten. Dem Schengener Abkommen sind inzwischen fast alle europäischen Staaten beigetreten, so dass man mit Recht behaupten kann, dass an der Mosel der Grundstein zum geeinten Europa gelegt wurde.

Sammlung von europäischen Zollmützen im Schengener Museum

Wirtschaft

Schon vor Jahrtausenden wurde der Fluss wirtschaftlich genutzt, diente die Mosel als Transportweg. Vor allem die Römer nutzten sie anfangs als Wasserstraße. Furten und Brücken ermöglichten die Querung des Flusses, auch Fähren, von denen einige noch heute in Betrieb sind. Manche Orte wie Bernkastel und Kues oder Traben und Trarbach schweißten die Flussübergänge im Lauf der Zeit zu Doppelgemeinden zusammen. Die größten und neuesten Moselübergänge wie die Autobahnbrücke bei Winningen oder noch mehr die Hochmoselbrücke bei Zeltingen-Rachtig (→ S. 272) verbinden zudem Eifel und Hunsrück, die Pfeiler des Rheinischen Schiefergebirges, und verkürzen die Fahrzeiten aus dem Rhein-Main-Gebiet in die Benelux-Region erheblich.

Heute beleben zahllose Schiffe die Mosel fast das ganze Jahr über. Vor allem von Frühjahr bis Herbst, wenn zu den Frachtern noch eine Armada von Ausflugsbooten und Kreuzfahrtschiffen kommt – dazu eine wachsende Zahl von Sportbooten, die dann für Hochbetrieb an den vielen Schleusen zwischen Neuves-Maison vor den Toren Nancys und der Moselmündung sorgen. Der Grundstein für den heutigen Massenverkehr wurde mit der Kanalisierung des Flusses gelegt, die erstmals auch im großen Maße die Wasserkraft der Mosel nutzbar machte.

Von Furten und Brücken

Schon früh suchten die Menschen an der Mosel nach Möglichkeiten, den Fluss möglichst einfach zu queren. Furten hießen die Stellen, wo das möglich war. Meist half dabei eine Sandbank oder eine kleine Insel in der Flussmitte. Zudem setzte man im Lauf der Zeit immer mehr Menschen auch mit Nachen vom einen

Autobahnbrücke bei Winningen

ans andere Ufer über, woraus sich im Lauf der Jahrhunderte feste Fährverbindungen entwickelten. Wegen der oft starken Strömung des Flusses war es meist sehr mühsam, mit Hilfe von langen Stangen die Boote durchs Wasser zu staken. Im Lauf der Zeit aber wurden die Fährverbindungen besser, behalf man sich mit über die Mosel gespannten Seilen oder Kabeln, an denen die Fähren über das Wasser gezogen wurden. Schließlich wurden die immer größer und letztlich motorisiert oder gar wie die Fähre zwischen dem deutschen Oberbillig und dem luxemburgischen Wasserbillig mit einem Solarantrieb versehen.

Spätestens mit Beginn der Automobilisierung aber ersetzten zunehmend Brücken den Fährmann. Es war die einfachste Möglichkeit, die Mosel Tag und Nacht gefahrlos zu queren. Auch Kelten und Römern war das bewusst, die schon früh erste Brücken über die Mosel schlugen; die bekannteste war die in Trier. Aber auch in Dieulouard, Stadtbredimus, Metz und Koblenz gab es in der Antike feste Übergänge über die Mosel, meist Pfahlbrücken aus Holz. Im Gegensatz zu Trier aber, wo die alte Moselbrücke aus Römerzeiten noch heute in Diensten steht, wurden die übrigen Römerbrücken schon bald zerstört. Manche ihrer Überreste tauchten erst im 19. Jahrhundert wieder auf, andere wurden im Rahmen der Moselkanalisierung entdeckt.

Heute jedenfalls queren die Mosel auf ihrem Weg von der Quelle zur Mündung rund 150 feste Übergänge, meist Fußgänger- und Straßenbrücken, aber auch zahlreiche Schienenübergänge. Ein Sonderling ist Deutschlands erste Doppelstockbrücke zwischen Alf und Bullay: Oben fährt die Bahn, darunter die Autos. Waren die Brücken lange Zeit meist nur dazu da, am Ufer gelegene Ortschaften miteinander zu verbinden, gegebenenfalls auch wie in Koblenz mit dem Bau der Balduinbrücke im 15. Jahrhundert die Wege der Pilger zu erleichtern, plant man den Brückenbau heute globaler. Bestes Beispiel dafür ist die moderne Hochmoselbrücke bei Zeltingen-Rachtig, die neben dem Fluss gleich das ganze Tal überspannt und Hunsrück und Eifel verbindet.

Weniger gewaltig, aber für den Schienenverkehr genauso effektiv wie die Hochmoselbrücke für den Autoverkehr, ist das Moselviadukt auf der französischen Schnellfahrstrecke Paris–Strasbourg zwischen Vandières und Champey-sur-Moselle südlich von Metz. Anfang des Jahrtausends wurde es als zweigleisige Plattenbalkenbrücke errichtet. Auf gut 1500 Metern überspannt es auf 12,5 Meter Breite das Tal der Mosel samt benachbartem Kanal auf 27 Pfeilern, die bis zu 20 Meter tief im Boden verankert sind. Ein deutscher ICE auf dem Weg von Paris nach Saarbrücken war übrigens der erste Zug, der im Jahr 2007 auf dem fast 56 Millionen Euro teuren Bauwerk die Mosel querte.

Moselfähren

Einbäume und einfache Nachen waren die ersten Fähren, die Menschen über die Mosel setzten. Mit dem vermehrten Aufkommen von Fuhrwerken aber wurden die Flusstransporter größer. Im 17. Jahrhundert schließlich kamen die sogenannten Gierseilfähren in Mode. Ihren Namen verdankten sie langen, im Fluss verankerten und durch Bojen gekennzeichneten Seilen, an denen man die Fähre befestigte – ein Ende am Bug, das andere am Heck. Änderte sich die Länge der Enden zueinander, veränderte sich auch der Anstellwinkel der Fähre zum Fluss, drückte die Strömung die Fähre ans Ufer. Ponts volants (Fliegende Brücken) nannten die Franzosen deshalb die neuen Fähren. Die vermutlich erste wurde 1688 in Traben-Trarbach zum Bau der gewaltigen Festung Mont Royal eingerichtet.

Um die Mitte des 18. Jahrhunderts kamen die Hochseilfähren hinzu, bei denen das Seil zwischen zwei Masten oder auch Türmen gespannt war. Noch heute finden sich solche Türme am Moselufer in Hatzenport, Schweich, Mehring oder Trittenheim. Meist wurden sie von den Familien der Fährleute bewohnt, die man im Notfall wie einem Feuer so auch nachts aktivieren konnte, um Retter und Helfer schnell überzusetzen.

Um 1890 gab es zwischen Metz und Koblenz mehr als 80 offizielle Fährverbindungen, der Fährmann war neben dem Pfarrer in vielen Moseldörfern zur wichtigsten Person geworden. »Om Fohr get mer alles gewohe« (ungefähr: »Auf der Fähre bekommt man alles mit«) hieß es vielerorts im Volksmund. Bis zur Moselkanalisierung in den 1960er Jahren reichte die Strömung des Flusses für den Fährbetrieb gewöhnlich aus. Da sich mit dem Schleusenbau aber die Fließgeschwindigkeit verringerte, musste man fast alle Fähren mit Motoren ausrüsten. Je mehr Brücken aber entstanden, desto weniger wurden die Fähren gebraucht, von denen in den nächsten Jahren weitere verschwinden werden.

MOSELFÄHREN

Strecke	Beförderung	Website
Oberbillig-Wasserbillig	Autos, Personen, Fahrräder	www.oberbillig.de
Enkirch-Kövenig	Personen, Fahrräder	www.visitmosel.de
Pünderich-Marienburg	Autos, Personen, Fahrräder	www.puenderich.de
Briedel-Barl	Autos, Personen, Fahrräder	www.briedel.de
Alf-Bullay	Personen, Fahrräder	www.alf-mosel.de
Beilstein-Ellenz/Poltersdorf	Autos, Personen, Fahrräder	www.ellenz-poltersdorf.de
Klotten-Naturschutzgebiet »Pommerheld«	Autos, Personen, Fahrräder	www.klotten.de
Koblenz-Koblenz-Lützel	Personen, Fahrräder	www.vrminfo.de

Flößerei auf der Mosel

Eine große Rolle spielte früher die Flößerei auf der Mosel. Schon im späten Mittelalter wurde Holz aus den Vogesen Richtung Norden geschleust – Bretter und Bauholz von April bis September, der Rest des Jahres Brennholz. So ließ sich der

Die Fähre zwischen Pünderich und Marienburg

lothringische Herzog René II. Anfang des 16. Jahrhunderts diese Rechte von der Republik Metz vertraglich zusichern. Geflößt wurde vor allem Nadelholz, aber auch Laubholz wie Eiche oder Buche, das am Niederrhein und den Niederlanden als Bauholz gefragt war und gut bezahlt wurde. Und nicht zuletzt brauchten die Küfer zum Fertigen der Weinfässer große Mengen Eichenholz.

Gewöhnlich begann das Flößen auf der Mosel südlich von Remiremont. In Épinal wurden die Hölzer und Bretter gewöhnlich zusammengefügt. Auch über die Saar gelangten gewaltige Mengen Bauholz in die Mosel. Für die Reise in die Niederlande wurden die Hölzer im Raum Koblenz meist zu noch größeren Einheiten zusammengebunden, zu teils vielen hundert Meter langen schwimmenden Dörfern. Im 19. Jahrhundert nahm die Flößerei auf der Mosel dann stark ab, ehe sie mit der Moselkanalisierung ganz ausgedient hatte – auch wenn sie mit Sondergenehmigung heute noch möglich wäre.

Moselschifffahrt

Neben Rhein, Elbe, Main und Donau gehört die Mosel zu den wichtigsten und am meisten befahrenen Wasserstraßen Europas. Große Güterschiffe mit vielen tausend Tonnen Ladekapazität und bis zu 172 Meter lange Schubverbände prägen ihr Bild, zu denen sich vor allem zwischen Ostern und Allerheiligen eine Armada von Ausflugsbooten und mehr als hundert Meter langen Kabinenschiffen gesellt. Dazu kommen zahllose Sportboote, Segler und andere Wasserfahrzeuge.

Auch wenn es Wissenschaftler gibt, die glauben, schon in den ersten vorchristlichen Jahrhunderten hätte die Mosel als Transportweg etwa für Salz eine Rolle gespielt – in großem Maße nutzten erst die Römer den Fluss. So gab es bereits im ersten Jahrtausend in Metz eine Gilde der Moselschiffer – und auch in Trier pflegten die Schiffer schon früh ihre Gemeinschaft.

Güterschiff bei Trittenheim

Zu den ersten literarischen Zeugen ihrer Arbeit gehörte der römische Dichter Decimus Magnus Ausonius (um 310–394), der von Flößern und Ruderern berichtete, aber auch von den Treidelschiffern: »… und wenn am Ufer Schiffersleut', indem das Schlepptau nie erschlafft, mit ihrem Nachen spannen das an den Mast gebundene Seil …« Ganz plastisch führen heute Grabmäler wie die Igeler Säule (→ S. 212) oder das Neumagener Weinschiff (→ S. 255) Betrachtern den Transport von Wein und Textilien auf der Mosel vor Augen. Selbst Baustoffe, Salz und Töpferwaren wurden meist per Schiff transportiert.

In den ersten Jahrhunderten des zweiten Jahrtausends wurde der Schiffsverkehr dichter. Auch deshalb, weil viele Kaufleute jetzt in Städten wie Koblenz, Trier, Metz, Toul oder Épinal ihre eigenen Handelsschiffe hatten, mit denen sie die Metropolen am Rhein wie Köln, Mainz, Worms, Speyer oder Straßburg ansteuerten. Schließlich erleichterten erste Hafenkräne wie in Trier den Warenumschlag.

Erste Reiseschiffe

Gewichtiger wurde mit der Zeit auch die Personenschifffahrt. Karl der Große zum Beispiel bereiste seine Paläste wie im heutigen Thionville gern per Schiff. Und selbst die Kurfürsten und Äbte großer Klöster verfügten häufig über eigene Reiseschiffe, ähnlich wie Politiker heute über Dienstwagen. Vom Trierer Erzbischof Albero von Montreuil (um 1080–1152) erzählt man, er sei zum Reichstag nach Frankfurt mit mindestens 40 wohnlich eingerichteten Schiffen gefahren. Allein hundert Pferde mussten dafür vorgehalten werden, um die Herrschaften flussaufwärts durchs Wasser zu ziehen.

Auch für Pilgerreisen wurden die kurfürstlichen Reiseschiffe gern genutzt, aus denen mit der Zeit prunkvolle Luxusjachten wurden. Ein eigenes Pilgerschiff besaß die Mitte des 13. Jahrhunderts gegründete Trierer Schifferzunft, mit dem sie gutes Geld verdiente. Per Schiff fuhr auch Kaiser Friedrich III. anno 1473 vom Fürstentag in Trier in vier Tagen nach Koblenz. Umgekehrt reiste Kaiser Maximilian I. nach Trier. Kurz zuvor war die Gesandtschaft der freien Reichsstadt Metz über Mosel, Rhein und Main zum Reichstag nach Würzburg gelangt.

Ein richtiger Reiseverkehr aber hatte sich erst mit dem Aufkommen regelmäßiger Messen in den Handelszentren Köln und Frankfurt entwickelt, als man per Schiff mit den Messewaren an- und abreiste. Auch regelmäßige Marktschiffe verkehrten im späten Mittelalter, die von Cochem nach Koblenz unterwegs waren. Gelegentlich waren Schiffe auch als Truppentransporter gefragt – etwa im Dreißigjährigen Krieg (1618–1648) oder im Französisch-Niederländischen Krieg (1672–1678), als die Franzosen mit 200 Schiffen auf der Mosel nach Holland fuhren. Selbst die großen Auswanderungswellen im 18. Jahrhundert starteten gewöhnlich per Schiff.

Mit wachsender Wirtschaftskraft im Moselraum, bedingt durch den Weinhandel und die zunehmende Kohleförderung an der Saar, nahm der Schiffsverkehr spürbar zu. Allerdings war er immer noch durch zahlreiche Zollabgaben erschwert, die viele Waren auf dem Weg von Frankreich an den Rhein verteuerten. Erst nachdem die Franzosen Ende des 18. Jahrhunderts das Moselland besetzt hatten, wurden die Zölle abgeschafft. Dem Güterverkehr gab das Auftrieb. »Stromab werden auf der Mosel hauptsächlich Wein, Holz, Holz- und Steinkohlen, Gyps, Kalk, Brantwein, Glas, Pottasche und Salz, stromauf Eisen, Stahl, Kupfer, Blei, Zinn und Colonialwaaren verschifft«, hieß es im 1839 in Leipzig erschienenen Brockhaus Bilder-Conversations-Lexikon.

Bis dahin war die Moselschifffahrt meist ein mühsames Unterfangen. Segelschiffe lohnten sich wegen der Enge des Flusses und seinen vielen Windungen kaum. In der Regel wurden die Schiffe auch noch im frühen 19. Jahrhundert wie zu Römerzeiten vom Ufer aus von kräftigen Männern die Mosel aufwärts

Eiljacht auf der Mosel: in drei Tagen von Koblenz nach Trier

gezogen. Getreidelt hieß das in der Fachsprache. Zu Tal stemmten sie die Nachen und Boote an langen Stangen mit Hilfe der Strömung durchs Wasser. Seit dem späten Mittelalter ersetzten Pferde die treidelnden Muskelmänner. Dafür legte man am Ufer eigens sogenannte Leinpfade an. »Rittwäch« (Rittweg) nannten die Moselaner diese Strecken, die heute vielerorts als Radwege dienen.

Gewöhnlich bestanden die von Pferden begleiteten Treidelzüge in der Regel aus drei Schiffen. Von Koblenz nach Trier waren sie 8 bis 10, bis Metz 16 bis 18 Tage unterwegs. Bis weit ins 19. Jahrhundert gab es deshalb entlang der Mosel sogenannte Halfenhäuser, in denen die Pferdeeigner mit ihren Tieren übernachten konnten. Einige der im Abstand von etwa 25 Kilometern gelegenen Quartiere existieren noch heute. Gern auch erzählen die Fremdenführer in den Orten entlang der Mosel von den trinkfesten und feierwütigen Burschen, die teilweise bis zu neun Pferde vor einen Transport spannten. Einer saß dann gewöhnlich rücklings im Sattel, um die Schiffe, die sie hinter sich herzogen, immer im Auge zu haben.

Auf die Hilfe dieser »Halfter« genannten Männer waren auch noch zwei Koblenzer Spediteure angewiesen, die Anfang des 19. Jahrhunderts erstmals eine regelmäßige Verbindung zwischen Koblenz und Trier mit »getreidelten« Eiljachten installierten. Das waren rund 30 Meter lange Schiffe mit wenig Tiefgang, die zweimal wöchentlich auf der Strecke verkehrten. Drei Tage dauerte ihre Bergfahrt, auf der meist in Senhals und Bernkastel übernachtet wurde. Einen Tag kürzer war die Talfahrt mit Zwischenstopp in Zell. Vor allem bei englischen Touristen, die den Fremdenverkehr an der Mosel ins Rollen brachten, waren diese Verbindungen beliebt. Allerdings merkte ein englischsprachiger Reiseführer auch kritisch an, dass man Ausländer für die gleiche Leistung im Schiffsrestaurant kräftiger zur Kasse bitte als die Moselaner.

Die Dampfschiffe kommen

Schon wenig später begann auf der Mosel das Zeitalter der Dampfschifffahrt. »Ville de Metz« hieß der erste Dampfer, der im Dezember 1839 von Metz nach Trier startete, eine Strecke, die das neue Schiff in gut sechs Stunden Fahrzeit schaffte. Zöllner allerdings hielten es in Sierk, Schengen und Wasserbillig immer wieder auf. In Trier hatte sich fast parallel eine weitere Dampfschifffahrtsgesellschaft gegründet, die im Juli 1841 den regelmäßigen Liniendienst zwischen Trier und Koblenz aufnahm. »Mosella« hieß ihr erstes, in Köln gebautes Schiff, das 200 Reisenden Platz bot und mit einem 50 PS starken Motor ausgestattet war. Zwei weitere Fahrgastschiffe gesellten sich im Lauf der Jahre dazu, die man wegen ihres geringen Tiefgangs von nur 40 Zentimetern auch als Personenschiffe auf der Saar einsetzte.

Neben der Strecke von Metz nach Trier gab es zudem einen Anschluss Richtung Koblenz, eine Verbindung, die schnell viele zehntausend Passagiere nutzten. Zum Unmut der Güterschifffahrt transportierten die Liniendampfer, die schon bald im Dienst der »Neuen Moseldampfschiffahrts-Gesellschaft« verkehrten, auch immer mehr Waren. Um deren Umschlag zu erleichtern, baute man nicht nur in Trier und Koblenz, sondern auch in Cochem, Bernkastel, Trarbach, Zell, Alf, Ürzig, Mülheim und Traben große Landebrücken.

Ausflugsschiff auf der Mittelmosel

Während auf der Strecke von Trier nach Metz freilich schon Mitte des 19. Jahrhunderts der Personenverkehr mangels Nachfrage eingestellt wurde, boomte das Geschäft an der unteren Mosel. Für die Aktionäre der Gesellschaft bedeutete das Gewinne von fünf Prozent jährlich und bis zu 30 Prozent Dividende. Allerdings verschlechterte sich auch auf dieser Strecke die Situation, nachdem die Moseleisenbahn 1879 ihre ersten Fahrten aufgenommen hatte. Zuletzt waren es nicht einmal mehr 7000 Reisende jährlich, die per Schiff reisten. Kein Wunder, dass die Neue Moseldampfschiffahrts-Gesellschaft schließlich Konkurs anmelden musste. Ihre vier Raddampfer samt aller Landebrücken und sonstigem Zubehör gingen für 35 000 Mark an zwei Trierer Kaufleute.

Anfang der 1880er Jahre übernahmen zwei neue Gesellschaften in Trier und Koblenz den Personenverkehr auf der Mosel, der mit neuen Angeboten der Eisenbahn Konkurrenz zu machen suchte. Dazu gehörten mehr als 50 Meter lange Luxusliner, Salonboote mit 300 PS und Platz für bis zu 1000 Personen. Für Damen wurden eigene Aufenthaltsräume ausgewiesen, ebenso für Raucher. Von Trier nach Koblenz waren die neuen Schiffe knapp 13 Stunden unterwegs, umgekehrt benötigten sie mehr als 21 Stunden, so dass man in Traben-Trarbach, Reil oder Zell übernachten musste. Bei sehr niedrigem Wasserstand verkehrten die Schiffe, deren Fahrpläne wohlweislich keine Ankunftszeiten auswiesen, nur zwischen Koblenz und Bernkastel.

Der schwankende Wasserstand und die unberechenbare Strömung waren die größten Hindernisse für die Moselschifffahrt. Deshalb begann man in der zweiten Hälfte des 19. Jahrhunderts mit der Vertiefung der Fahrrinne: zwischen Perl und Trier auf 70, von Trier bis Traben-Trarbach auf 85 und auf der restlichen Strecke bis zur Mündung auf 90 Zentimeter. Nach der Annexion großer Teile Lothringens in Folge des Deutsch-Französischen Kriegs 1870/71 legte das königlichpreußische Ministerium für öffentliche Arbeiten sogar einen Entwurf vor, die Mosel von Koblenz bis Metz mittels 32 Staustufen für die Großschifffahrt auszubauen. Dieser Plan wie auch folgende Ausbauentwürfe wurden allerdings nie verwirklicht. Neckar oder Main lagen den Politikern in Berlin mehr am Herzen als der Grenzfluss in Richtung des Erzfeindes Frankreich.

Neue Probleme brachte Anfang des 20. Jahrhunderts die neu in Betrieb genommene Bahnlinie von Trier nach Bullay, die Urlaubern alternative An- und Abreisemöglichkeiten zum Schiff eröffnete. Da traf es sich, dass man die touristisch nicht mehr ausreichend genutzten Moseldampfer im Ersten Weltkrieg auch als Lazarettschiffe oder Truppentransporter gebrauchen konnte. Für die Personenschifffahrt aber war dies das weitgehende Aus, auch wenn die Nationalsozialisten später im Rahmen zahlreicher Aktionen zur »Stärkung der Volksgemeinschaft« versuchten, das Reisen auf der Mosel noch einmal anzukurbeln.

Neue Ausbaupläne

Viel Leid und Zerstörung brachte der Zweite Weltkrieg – und an der Mosel von der Quelle bis zur Mündung die Einsicht, dass die Schifffahrt auf der Mosel nur nach gründlichem Ausbau eine Zukunft hat. Zwar hatte man schon Mitte des 19. Jahrhunderts versucht, mit dem Bau von Buhnen oder Kribben, also Querdämmen aus behauenen Bruchsteinen, die Breite der Mosel zu verengen und so eine für die Schifffahrt ausreichende Wassertiefe und Strömung bis Metz zu garantieren, von Kanalisierung aber wollte anfangs niemand reden.

Erst nach dem Ausbau des Rhein-Marne-Kanals kamen die Franzosen auf die Idee, auch die Mosel für den Güterverkehr entsprechend aufzurüsten. Viele Moselkilometer wurden so in Lothringen neu kanalisiert. Das gleiche, erhoffte man sich in Paris, würden auch die Deutschen mit ihrer Mosel machen. Doch in Berlin dachte angesichts der neuen Eisenbahnlinien am Fluss entlang niemand

Festakt zum Abschluss der Moselkanalisierung 1964: Großherzogin Charlotte von Luxemburg, Bundespräsident Lübke und Staatspräsident de Gaulle (von links)

daran. Und auch die Stahl- und Eisenbarone an der Ruhr hatten kein Interesse, der lothringischen Industrie mit dem Ausbau der Mosel neue Wettbewerbsvorteile zu verschaffen.

Erst 1935, mit der Rückgliederung des Saargebiets ins Deutsche Reich, rückte der Moselausbau ins Blickfeld deutscher Politik. Ein halbes Jahrzehnt später, nach der Eingliederung Lothringens und Luxemburgs in den nationalsozialistischen Wirtschaftsraum, war man schließlich auch in der Reichsregierung vom Moselausbau überzeugt. Folglich begann man in Koblenz mit dem Bau der ersten Staustufe und der Vertiefung der Fahrrinne.

Der Zweite Weltkrieg machte den weiteren Ausbau freilich zunichte. Als neue Besatzungsmacht aber holten die Franzosen die deutschen Ausbaupläne gleich nach Kriegsende wieder hervor und legten 1950 eine »Étude sommaire de la canalisation complete de la Moselle« vor – eine zusammenfassende Studie, die zehn Staustufen zwischen Trier und Koblenz vorsah, vier weitere zwischen Trier und Thionville. Zum Beschleuniger des Projektes wurde letztlich die Diskussion um den Anschluss des damals von Frankreich verwalteten Saarlandes an die Bundesrepublik. Sozusagen als Gegenleistung für die Rückgliederung verlangten die Franzosen den Ausbau der Mosel. Entsprechenden Druck auf Paris hatte vor allem die lothringische Schwerindustrie gemacht, die nach der Gründung der Europäischen Gemeinschaft für Kohle und Stahl 1951 boomte und die neuen Transportmöglichkeiten dringend brauchte.

Die Mosel wird kanalisiert

Nachdem auch Luxemburg nach anfänglichem Zögern keine Einwände mehr gegen den Moselausbau hatte, beschlossen die drei Staaten im Oktober 1956 die Moselkanalisierung. Im sogenannten Moselvertrag wurde der Ausbau geregelt. Schon zwei Jahre später begannen die Bauarbeiten, die man mit 370 Millionen DM kalkuliert hatte. Als die Strecke zwischen Koblenz und Metz mit ihren 14 Schleusen im Mai 1964 als Großschifffahrtsstraße offiziell freigegeben wurde, war das Projekt 847 Millionen DM teuer geworden, mehr als doppelt soviel wie geplant.

Trotzdem überschlugen sich die Politiker damals mit Lob über die neue Wasserstraße. Luxemburgs Großherzogin Charlotte schwärmte vom neuen Wohlstand, den sie bringen werde. Heinrich Lübke, Deutschlands Bundespräsident, wertete sie als einen wichtigen Baustein zu einem geeinten Europa. Und Frankreichs Präsident Charles de Gaulle sah in der neuen Mosel den Beweis eines europäischen Willens, Vergangenes zu überwinden und Seite an Seite gemeinsame Ziele zu verfolgen.

Ab 1964 jedenfalls konnten Schiffe mit einer Ladung von bis zu 1500 Tonnen die Mosel problemlos befahren. In den folgenden Jahren erweiterte Frankreich zudem auf eigene Kosten den Ausbau bis Neuves-Maisons vor den Toren Nancys, so dass bis Ende der 1970er Jahre die Mosel auf fast 400 Kilometer Länge auch für große Schiffe befahrbar war. Im Rahmen des Moselausbaus entstanden zudem eine Reihe neuer Hafenanlagen, allen voran der Port de Mertert im luxemburgischen Mertert, der einzige Frachthafen des Großherzogtums. Thionville punktete mit dem Europort Lorraine, und auch Trier und Metz vergrößerten ihre Industriehäfen.

Unterwegs mit dem Solarboot in Metz

Inzwischen rüstet man entlang der Mosel für die Zukunft. Weil der Schiffsverkehr stärker gewachsen ist als ursprünglich einmal geplant, will man die deutschen Staustufen bis Ende des nächsten Jahrzehnts mit einer zweiten Schleusenkammer ausstatten. Um Personalkosten zu sparen, sollen die Schleusen eines Tages zudem komplett von zwei Leitzentralen in Trier und Müden aus ferngesteuert werden – von Trier die Anlagen in Trier, Detzem, Wintrich und Zeltingen, von Müden die Schleusen in Enkirch, St. Aldegund, Fankel, Müden, Lehmen und Koblenz. An den Anlagen selbst wird es dann nur noch ein Technikgebäude geben, das allenfalls bei Reparatur- und Wartungsarbeiten oder Störungen an der Schleuse besetzt ist.

Moselschifffahrt heute

Auch wenn die Transportleistung auf der Mosel noch immer groß ist, der Schiffsverkehr selbst ist weniger geworden. Das liegt an den neuen Großmotorschiffen und Koppelverbänden. Sie haben die vielen kleinen Schiffe, die sogenannten Pénichen, aber auch Schubverbände verdrängt. Dieser Strukturwandel lässt sich auch an den Schiffsflaggen ablesen. Sie verweisen auf Schiffseigner in Belgien und den Niederlanden, weniger auf Reedereien in Deutschland, Luxemburg und Frankreich, den eigentlichen Moselanliegern.

Die neue Ära der Moselschifffahrt spiegelt auch die technische Ausstattung der Fahrzeuge. So gleichen die Ruderhäuser der großen Schiffe inzwischen modernsten Flugzeugcockpits. Echolot und Radar gehören mittlerweile auch auf der Mosel zur Standardausrüstung. Steuerstände, die früher bei hohem Wasserstand das Passieren niedriger Brücken unmöglich machten, lassen sich heute vor Brückendurchfahrten schnell absenken.

Sichtbar zugenommen hat in letzter Zeit vor allem die Zahl der Fahrgastschiffe. Weiße Flotte heißt der Volksmund die Armada dieser Boote. Tagesausflüglern bietet sich so fast überall in den touristischen Zentren die Möglichkeit, den Fluss aus einer ganz neuen Perspektive kennenzulernen. Hinzu kommen immer mehr Kreuzfahrtschiffe, die als schwimmende Hotels unterwegs sind. Allerdings mussten die inzwischen eines ihrer Privilegien aufgeben, nämlich die bevorzugte Schleusung. Die gewährt die Schifffahrtsverwaltung jetzt nur noch Personenschiffen, die nach einem festen Fahrplan unterwegs sind. Noch stärker als der Personenverkehr hat der Verkehr von Yachten, Segel- und Sportbooten zugenommen. Vor allem Sportbootfahrer nutzen die Mosel zunehmend, um über ihre vielen Seitenkanäle Richtung Mittelmeer zu fahren.

Schleusen

Die für die Schifffahrt kanalisierte Mosel zwischen Neuves Maisons und Koblenz zählt 28 Staustufen. Sie bewältigen zusammen genommen auf 394 Kilometern Flusslänge einen Höhenunterschied von über 160 Metern. In der Regel liegen die Schleusen in der Nähe eines Ufers, das Wehr in der Flussmitte. Für kleine Yachten und Sportboote gibt es meist eigene Schleusen. Am der Schleuse gegenüberliegenden Ufer finden sich in Deutschland und Luxemburg kleine Wasserkraftwerke, die den jährlichen Energiebedarf von 200 000 bis 300 000 Haushalten decken. Weil in Frankreich die Wasserkraft der Mosel aber deutlich kleiner ist, sind dort nur ein Drittel aller Staustufen entsprechend ausgestattet.

Zahlreiche Vorschriften regeln bis ins Detail den Schiffsbetrieb in und vor den Schleusen. So dürfen Gefahrguttransporter aus Sicherheitsgründen die Schleusen meist nur einzeln passieren. Gewöhnlich wird in der Reihenfolge des Eintreffens der Fahrzeuge geschleust. Allerdings gibt es Ausnahmen: Polizei,

Moselschleuse im luxemburgischen Stadtbredimus

Die Staustufen der Mosel

Feuerwehr, Zoll und Boote des Wasser- und Schifffahrtsamtes genießen immer Priorität, wenn sie dienstlich unterwegs sind. Auch Fahrgastschiffe, die für mindestens 100 Fahrgäste zugelassen sind und nach festen Linienplänen verkehren, werden bevorzugt abgefertigt.

Um die Staustufen optimal auszulasten, werden gelegentlich auch Sportboote durch die großen Kammern geschleust. Schließlich dürfen die kleineren Schleusen und Bootsgassen – zugelassen für Kleinfahrzeuge unter 18 Metern Länge und maximal 3,30 Meter Breite – nur tagsüber genutzt werden. Einige dieser Anlagen müssen zudem von den Benutzern selbst bedient werden. Bei der Einfahrt in die Schleusen ist das Tempo so zu drosseln, dass ein sicheres Abstoppen mittels Drahtseilen oder Tauen immer möglich und ein Aufprall an die Schleusentore oder andere Schutzvorrichtungen ausgeschlossen ist. Während der Füllung und Leerung der Schleusenkammer und bis zur Freigabe der Ausfahrt sind Schiffe und Boote fachgerecht zu vertäuen. Signallichter regeln Tag und Nacht den Schleusenbetrieb. Zwei rote Lichter übereinander signalisieren: Einfahrt verboten, Schleuse außer Betrieb. Ein rotes Licht oder zwei rote Lichter nebeneinander heißt: Einfahrt verboten, Schleuse geschlossen. Das Erlöschen eines der beiden nebeneinander gezeigten roten Lichter oder ein rotes und ein grünes Licht nebeneinander signalisiert: Öffnung der Schleuse wird vorbereitet. Erst ein grünes Licht oder zwei grüne Lichter nebeneinander erlauben die Einfahrt. Optisch ähnlich ist auch die Ausfahrt geregelt.

Bei starker Dunkelheit und Nebel – also »unsichtigem Wetter« wie es in den Vorschriften der Moselkommission heißt – darf kein Schiff auf der Mosel fahren, es sei denn, das Fahrzeug hat Radar an Bord und ist mit mindestens zwei Steuerleuten unterwegs, die über Sprechfunk Kontakt zu entgegenkommenden Schiffen halten müssen. Die zulässige Höchstgeschwindigkeit auf der internationalen Moselstrecke ist auf 30 Kilometer pro Stunde begrenzt. Nur halb so schnell darf auf den französischen Kanalstrecken gefahren werden. Sportbooten und kleineren Yachten ist eine Fahrgeschwindigkeit bis Tempo 60 erlaubt, solange ihre Fahrzeugführer eine »einsehbare Wasserfläche frei von anderen Benutzern« vor sich haben.

Schiffshebewerk Saint-Louis/Arzviller (Lothringen)

Weinland Mosel

Mosel und Wein gehören für viele Urlauber zusammen. Zehntausende kehren Jahr für Jahr aus ihren Ferien mit Weinflaschen im Gepäck oder Kofferraum zurück, die sie bei einem Winzer, auf einem der zahllosen Weinfeste oder bei einer Weinprobe kennengelernt haben. Vor allem an der luxemburgischen und deutschen Mosel ballen sich die Winzerbetriebe an den Ufern. Oft strecken sich die Rebzeilen selbst steilste Hänge hinauf, die nicht nur die Lese zur Schwerstarbeit machen.

Viele hundert Millionen Euro setzt die Weinbranche inzwischen an der Mosel jährlich um, nicht immer nur mit Weinen, die auch dort gewachsen sind. So ist in Bernkastel-Kues mit der Firma Peter Mertes einer der größten Weinabfüller der Welt zuhause. Mehr als 400 Mitarbeiter schicken dort jeden Arbeitstag rund eine Million Flaschen, Dosen und anderen Behältnisse auf die Reise, die anschließend meist in die Regale der großen Supermärkte wandern, aber auch in Feinkostläden. Der Einstieg der Firma Mertes in die Massenabfüllung während der 1960er Jahre war geradezu revolutionär. Schließlich machte der Betrieb den Wein auch in Regionen zum Volksgetränk, in denen bis dahin meist Bier getrunken wurde. Obwohl ein Großteil der Mertes-Weine und -Sekte nicht von der Mosel stammt, müht sich der Familienbetrieb, sein Angebot originärer Moselweine auszuweiten. Mit seinen riesigen Rebflächen an der Mosel und ihren Nebenflüssen gehört Mertes heute zu den größten Produzenten von Moselweinen. Kein Wunder, dass zum Portfolio der Firma längst auch Erzeugnisse aus weltberühmten Weinbergs-lagen wie der Bernkasteler Doctor gehören.

Vorbei freilich sind die Zeiten, als an der Mosel meist Masse statt Klasse produziert wurde. Qualität wird heute größer geschrieben als Quantität, was auch dem Strukturwandel im Weinbau geschuldet ist. Denn so wie die Zahl der Betriebe und Winzer entlang der Mosel schrumpft, wachsen die Anbauflächen

Die Traubenlese ist teilweise immer noch Handarbeit

derer, die genügend Kapital zum Erwerb neuer Weinberge und die Anschaffung teurer Maschinen und Betriebsanlagen haben. Druckgesteuerte Keltern und Stahltanks, mit denen sich die Gärung gezielt kontrollieren lässt, sind die Trümpfe einer neuen Generation von Winzern, die gewöhnlich an renommierten Weinbauschulen studiert und in Praktika internationale Erfahrungen gesammelt haben.

Weinberge bei Ellenz-Poltersdorf

Bestimmten früher häufig Genossenschaften den Markt der Moselweine, sind es heute die Selbstvermarkter, die qualitative Maßstäbe setzen. Die beginnen nicht selten mit der sogenannten »Grünen Lese«. Dabei werden ab Ende Juni reichlich mit Trauben bestückte Rebstöcke ausgedünnt, damit die verbleibenden mehr Kraft aus den Wurzeln ziehen können. Ein paar Winzer fertigen inzwischen aus den sauren, noch nicht ausgereiften Trauben Verjus: ein schon im Mittelalter beliebtes Würzmittel, das im Lauf der Zeit in der Küche Weinessig und Zitronensaft ersetzte und vielerorts wie in der Türkei oder dem Iran noch immer zum täglichen Küchenhelfer gehört. Verjus entstammt übrigens dem französischen Begriff »vert jus«, grüner Saft.

Immer mehr Winzer verzichten zudem auf den Einsatz von Herbiziden und Insektiziden. Stattdessen bekämpfen viele das Unkraut heute mechanisch und Schädlinge mit Hilfe von Pheromonfallen. Anfangs waren diese Winzer als Spinner bei ihren Kollegen verschrien. Doch inzwischen haben sie sich mit ihren auch international hochgelobten Produkten, die in der Spitzengastronomie weltweit gesucht sind, Respekt verschafft. Hinzu kommt, dass ihre ökologischen Anstrengungen von umweltbewussten Verbrauchern inzwischen auch deutlich besser honoriert werden. Sogar vegane Weine gehören heute zu den Angeboten der Moselwinzer, auch alkoholfreie Weine sind zunehmend gefragt. Zudem kommt den Weinbauern zwischen Toul und Koblenz der Klimawandel zugute, der den Anbau von Burgundersorten weiter beflügelt, die vor Jahrzehnten selbst in sonnenverwöhnten Lagen nur mühsam reiften.

Mehr als 10000 Hektar ist das Weinbaugebiet entlang der Mosel groß. Rund 8660 Hektar entfallen auf die deutschen Regionen, knapp 1300 Hektar auf die luxemburgischen. Nur rund 175 Hektar bewirtschaften die französischen Moselwinzer, die allerdings weit mehr als Weinbaufläche klassifiziert haben. Wie im Tourismus, wo man sich an den Wegfall der Schlagbäume ebenso gewöhnt hat wie an die Abschaffung der Landeswährungen, arbeiten auch die Winzer inzwischen grenzenlos. So haben Weinbauern aus Frankreich, Luxemburg und Deutschland die Vereinigung »Terroir Moselle« (https://terroirmoselle.eu) kreiert, eine wirtschaftliche Interessenvertretung ganz im Bewusstsein, dass alle ihre Mitglieder das gleiche Handwerk und eine bis zu den Römern zurückreichende Tradition teilen. Aller-dings sind ihre Erzeugnisse sehr unterschiedlich. So mundet der vorwiegend aus Gamay-Trauben produzierte Vin Gris aus der Region um das französische Toul anders als der Crémant de Luxembourg, ein trocken ausgebauter Schaumwein. Ein Elbling, der Traditionswein von der deutschen Obermosel, schmeckt anders als eine Riesling-Spätlese aus den steilen Terrassenlagen der Untermosel. Auch weinrechtlich werden die an der Mosel erzeugten Weine unterschiedlich behandelt. So entstammen die Weine Frankreichs der europäischen Anbauzone B, während die aus Deutschland und Luxemburg als Erzeugnisse der nördlichsten Anbauzone A gelten.

Vier Weinbaugebiete

Vier klassifizierte Weinbaugebiete prägen die Mosel. Gleich zwei kennt Frankreich, die unter dem Sammelbegriff »Vignoble de Lorraine« zusammengefasst sind. Eines ist die 2010 entstandene »Côtes de Moselle« zwischen Metz und dem Dreiländereck. In der neuen AOC-Region (Appellation Origine Contrôlé) sind vor allem weiße Rebsorten wie Gewürztraminer, Grauburgunder, Riesling und Silvaner zuhause sind, aber auch rote Sorten wie Schwarzriesling oder Gamay, die gern als Rosé oder Blanc de noir gekeltert werden. Dunkler Mergel und Kalkgesteine bieten ihnen den passenden Boden. Mengenmäßig keine große Rolle spielt das seit 1951 bestehende, vorwiegend westlich von Toul gelegene Weinbaugebiet »Côtes de Toul«, dessen Weinberge sich knapp zwei Dutzend Winzer teilen. Aushängeschild dieser Region und mit 20 Hektar größter Betrieb ist die Domaine Laroppe in Bruley mit ihrer rund 300-jährigen Weinbautradition. Besonders wohl fühlt sich auf den Lössböden der Côtes de Toul die Rebsorte Gamay. Sie ist Grundlage für den Vin Gris, einen blassen Rosé aus roten Trauben, der wie ein Weißwein gekeltert wird. Seine zarte Farbe verdankt er der extrem kurzen Lagerzeit des Mostes auf der Maische. Weinrechtlich zulässig ist es, ihm kleine Mengen Weißwein wie Spätburgunder, Schwarzriesling oder Auxerrois beizufügen.

In Luxemburg, dessen Weinbaugebiet sich von Schengen bis Wasserbillig erstreckt und von Muschelkalkböden bestimmt wird, dominieren trockene Weißweine. Sie werden in der Regel sortenrein gekeltert, meist aus der Rebsorte Müller-Thurgau, die an der Mosel gewöhnlich Rivaner heißt. Bekannt ist die Region – wie übrigens auch die gegenüberliegende deutsche Moselseite – für den Elbling. Auch Auxerrois, Gewürztraminer, Grauburgunder, Weißburgunder und Riesling finden sich am Westufer der Mosel. Nur langsam wächst hingegen die Rotweinproduktion, die noch keine 15 Prozent ausmacht. Bestseller im Großherzogtum ist der Crémant de Luxembourg, ein nach der Champagnermethode (Méthode Champenoise) hergestellter Schaumwein aus aromatischen Trauben mit passender Säure, gleich ob weiß oder rosé. Die Trauben müssen dabei mit der Hand geerntet, die Cuvée mindestens neun Monate auf der Hefe gelagert werden.

Barriquefässer in der luxemburgischen Domaine Henri Ruppert

Vermarktet werden die luxemburgischen Weine und Crémants seit 2014 unter dem Label »Appellation d' Origine Protégée – Moselle Luxembourgeoise«, das auf dem Herkunftsprinzip basiert. Gewöhnlich werden die Weißweine im Stahltank produziert. Mehr und mehr reifen preisgekrönte Weißweine aber mittlerweile auch in traditionellen Holzfässern oder wie die besten Rotweine im Barrique. Besonderheiten in Luxemburg sind der Vin de glace, ein Eiswein, Vendage tardive, eine Spätlese, und der Vin de Paille, ein sogenannter Strohwein, dessen Trauben vor dem Pressen wochen- oder gar monatelang auf Stroh oder Schilf gelagert werden müssen. Absatzsorgen machen sich die Luxemburger Winzer übrigens kaum, werden ihre Erzeugnisse doch größtenteils im Großherzogtum selbst getrunken.

Mosel, das größte Weinbaugebiet

Schlicht Mosel nennt sich das deutsche Weinbaugebiet, das anfangs auf der rechten Seite parallel zu dem Luxemburgs verläuft, sich knapp 40 Kilometer später aber auch auf der anderen Seite der Mosel fast bis zur Mündung breitmacht. Die gesamte Fläche, eines der größten Weinbaugebiete Deutschlands, haben die Landwirtschaftskammern der Region aus Gründen der Vermarktung noch einmal in sechs Bereiche unterteilt: Moseltor (Gemeinde Perl, 125 Hektar), Obermosel (Palzem bis Igel, 749 Hektar), Saar (Serrig bis Konz, 800 Hektar), Ruwer (Sommerau bis Ruwer, 197 Hektar), Bernkastel (Trier bis Briedel, 5624 Hektar), Burg Cochem (Zell bis Koblenz, 1167 Hektar).

Das Weinbaugebiet Mosel, bestückt mit schätzungsweise 60 Millionen Rebstöcken und bewirtschaftet von mehr als 2500 Winzerbetrieben, gliedert sich in 19 Großlagen sowie mehr als 500 Einzellagen mit zum Teil weltbekannten Namen. Der Großteil der Rebflächen an Mosel, Saar und Ruwer liegt an den Uferhängen, die ab einer Hangneigung von mehr als 30 Prozent als Steillagen gel-

Mosellandschaft nach der Ernte

ten. Manche sind gar steiler als die Oberstdorfer Skisprungschanze. Mit rund 3400 Hektar Weinbergen in Steillagen ist die Mosel das größte Steillagenweinbaugebiet der Welt.

Neun von zehn Weinbergen an der Mosel sind mit weißen Rebsorten bestockt, allen voran Riesling. Mit großem Abstand folgen Müller-Thurgau (Rivaner) und Elbling. Dass rote Rebsorten nur etwa zehn Prozent der Weinbergsfläche ausmachen, hat marktwirtschaftliche Gründe. Als Ende des 19. Jahrhunderts nämlich die Preise für weiße Moselweine explodierten und die der roten Bordeauxweine aus Frankreich übertrafen, stellten die meisten Winzer an der Mosel ihre Produktion um. 1933 wurde der Rotweinanbau zwischen Koblenz und Trier angeblich sogar von den dort regierenden Nationalsozialisten untersagt – ein Verbot, das weinbaurechtlich bis 1986 Bestand hatte.

Inzwischen freilich ist der Blaue Spätburgunder nach Riesling, Rivaner und Elbling die meistangebaute Rebsorte im Weinbaugebiet Mosel. Auch der Dornfelder hat neben Sorten wie Grauburgunder, Auxerrois, Kerner, Chardonnay oder Regent viele Freunde. Im Gegensatz zu den Weißweinen, die gewöhnlich in Stahltanks groß werden, reift ein Großteil der Roten im Barrique-Fass.

Terroir

Mehr und mehr rücken die Vermarkter und Lobbyisten des Moselweins neben der Rebsorte heute das Terroir in den Mittelpunkt. Das Wort stammt aus dem Französischen und wurzelt im lateinischen Wort »terra« (Erde). Boden, Natur und Umwelt seien für die Güte in der Flasche wichtiger als die Sorte, ist die Kernbotschaft der neuen Qualitätsoffensive. So habe erst der Blauschiefer der Mittelmosel den dortigen Riesling zu einem der besten der Welt gemacht. Dunkler Devonschiefer prägt den Saarweinbau, Dolomitgestein – entstanden aus den Kalkablagerungen eines Urozeans – die Weine im deutsch-luxemburgischen Grenzgebiet.

Ein Geschenk der Natur sind auch die vielen Schleifen und Schlingen der Mosel. So entstanden Südhänge, die bei einem gradlinigen Flussverlauf fehlen würden. Gewichtig im Reifeprozess der Trauben sind sie jedenfalls, weil sie die Sonnenstrahlen länger und intensiver speichern als ebenerdige Rebzeilen. Auch Wind und Kälte trotzen sie nachweislich besser. Ein Glücksfall ist zudem, dass viele Hänge hoch oben bewaldet sind und die Bäume die kalte Luft gewöhnlich abfangen. Kein Wunder, dass die Sonnenstrahlen im optimalen Winkel zu einer schnelleren Erwärmung des Bodens als in den Flachlagen führen, in denen es im Winter deshalb immer kälter als im Hang ist. Eiswein wird deshalb gewöhnlich in den flachen Lagen geerntet, nur selten im Steilhang.

Rebsorten

Noch nie war die Vielfalt der Rebsorten entlang der Mosel so groß wie heute. Allein in Deutschland sind inzwischen über 100 Rebsorten zum Anbau zugelassen, davon zwei Drittel weiße und ein Drittel rote. Zu den beliebtesten gehören:

Auxerrois

Der an der Mosel erstmals 1816 erwähnte Auxerrois ist noch in allen drei Moselstaaten zuhause – allerdings in Mengen, die für den Markt kaum noch eine Rolle spielen. Das liegt an seiner Anfälligkeit für viele Krankheiten wie Mehltau. Entwickelt hat sich der Auxerrois vermutlich als Nachkomme aus den Sorten Pinot und Gouais Blanc. An der Mosel wurde er heimisch, weil er früh und auch an kühlen Standorten noch reift.

Rote und weiße Trauben

Bacchus

Nur noch gut 50 Hektar sind an der Mosel mit der 1933 kreierten, früh reifenden Rebsorte bestockt, die durch Kreuzung von Silvaner, Riesling und Müller-Thurgau entstand. Die nach dem römischen Weingott Bacchus benannte Sorte bringt relativ hohe Erträge und wird gern mit anderen Weinen verschnitten.

Chardonnay

Der erst 1964 vom Bundessortenamt in Deutschland zugelassene Chardonnay entstammt dem Burgund und findet auch an der Mosel mehr und mehr Freunde. Neben der Säure zeichnet ihn ein hoher Alkoholgrad aus. Vermutlich haben ihn Benediktiner oder Zisterzienser mit an die Mosel gebracht.

Dornfelder

Aus Helfensteiner und Heroldrebe wurde in den 1950er Jahren die wenig anspruchsvolle Rotweinsorte Dornfelder geschaffen. Sie sollte Verschnittweinen mehr Farbe verleihen. Ihr hoher Farbstoffgehalt, bedingt durch Gerbstoffe, beförderte zudem ihren Ausbau im Barriquefass. An der Mosel ist der Dornfelder heute allerdings nur noch auf 258 Hektar Rebfläche zuhause, Tendenz weiter sinkend.

Elbling

Der Elbling belegt gut fünf Prozent der deutschen und knapp zehn Prozent der luxemburgischen Rebfläche, wo er als »Rhäifränsch« bekannt ist. Im Mittelalter war er die dominierende Weinsorte, ehe ihn Riesling und Silvaner langsam verdrängten. In den letzten beiden Jahrzehnten hat sich seine Anbaufläche fast halbiert. Heimisch ist er in den Weinbaubereichen Obermosel und Moseltor süd-

Vollernter im Leseeinsatz

westlich von Trier, zudem gibt es noch knapp 20 Hektar mit Elbling bestückte Fläche im sogenannten Moselkrampen von Bremm bis Ernst bei Cochem, vereinzelt auch an der Ruwer sowie in Trier.

Anders als die meisten Neuzüchtungen hat er eine dominierende Säure, die vor allem bei der Sektherstellung von Vorteil ist. Zu seinen Besonderheiten gehört, dass an einem Stock sowohl weiße als auch rote Elblingtrauben vorkommen können – Folge einer Mutation. Der rote Elbling wird heute oft gesondert geerntet und zu einem rosé-farbenen Wein oder Sekt vinifiziert. Weinrechtlich gilt der rote Elbling aber als Weißwein.

Frühburgunder

So gut wie verschwunden ist der aus der Pinot-Familie stammende Frühburgunder. Die Rotweinsorte entstammt einer Mutation des etwa zwei Wochen später reifenden Spätburgunders. Wegen seiner geringen Erträge konnte er sich an der Mosel allerdings kaum durchsetzen. Sein Aroma kommt vor allem beim Ausbau im Barrique zur Geltung.

Gamay

Der Gamay, eine natürliche Kreuzung aus den Rebsorten Pinot und Gouais blanc, ist an der französischen Mosel bei Toul zuhause. Die bereits 1305 urkundlich erwähnte Rotweinsorte liefert fruchtige und leichte Weine mit meist kräftiger Säure und wenig Tanninen. Ihre Farbe ist in der Regel blasser als die anderer Rotweine. Der Gamay treibt früh aus, weshalb er auch früh reift.

Gewürztraminer

In allen drei Moselstaaten gibt es den Gewürztraminer, eine Weißweinsorte mit gelb-rötlichen Beeren. Sein Name verweist auf das Südtiroler Städtchen Tramin, wo er seit dem 11. Jahrhundert zuhause ist. Wegen seiner geringen Erträge wird der Gewürztraminer, der hohe Ansprüche an Boden und Klima stellt, gern als »degenerierter Hochadel« verspottet. Sein Aroma verdankt er meist hohen Mostgewichten und niedriger Säure.

Grauburgunder, Ruländer oder Pinot Gris

Die früher als Ruländer bekannte Rebsorte, der Pinot gris, gedeiht an der Mosel vor allem auf Kalk- und Lössboden. Obwohl die Beerenhaut rötlich bis rot und grau gefärbt ist, wird sie den Weißweinsorten zugerechnet. Der Grauburgunder ist relativ säurearm und alkoholreich. Zum Reifen in der Flasche braucht er Zeit. In den letzten Jahren ist er auch an der Mosel zunehmend gefragt.

Kerner

Obwohl er einen roten Vater, den Trollinger, und eine weiße Mutter, den Riesling, hat, gehört der 1929 gekreuzte Kerner zu den Weißweinen. Eine der erfolgreichsten deutschen Neuzüchtungen fühlt sich auf fast allen Böden zuhause und liefert bei meist regelmäßigen Erträgen hohe Mostgewichte. An der Mosel findet er sich auf rund zwei Prozent der Rebfläche. Allerdings ist er sehr krankheitsanfällig und ähnelt zu sehr Riesling oder Silvaner.

Merlot

Frühe Reife und hoher Ertrag waren die Gründe, die den ursprünglich in der Gegend um Bordeaux beheimateten Merlot seinen Weg an die Mosel finden ließen, wo er mengenmäßig allerdings noch eine sehr kleine Rolle spielt. Dass er bei den Winzern zunehmend beliebter wird, liegt daran, dass er im Gegensatz zu anderen Rotweinen schon nach relativ kurzer Lagerung sein ganzes Aroma entfaltet.

Müller-Thurgau oder Rivaner

Der Vater war Riesling, die Mutter Madeleine Royal, eine Kreuzung aus Pinot und Trollinger. So entstand im Rheingau einst der Müller-Thurgau. An der Mosel macht er inzwischen nur noch knapp zehn Prozent der Rebfläche aus, obwohl er nur wenig Ansprüche an Boden und Klima stellt. Trocken und halbtrocken ausgebaut wird der ideale Schoppenwein in Frankreich und Luxemburg auch gern als Rivaner vermarktet.

Portugieser

Kaum eine Rolle spielt der Ende des 19. Jahrhunderts nach Deutschland gelangte und vermutlich aus der Untersteiermark stammende Blaue Portugieser. Wegen seines geringen Mostgewichts und wenig Säure gilt er als einfacher Rotwein, der nur in Spitzenjahrgängen seine ganzen Feinheiten entwickelt. Am besten trinkt man ihn möglichst frisch, möglichst schon im auf die Lese folgenden Frühjahr und Sommer. Besonders geschätzt wird er als Weißherbst.

Regent

Die in der Pfalz gezüchtete Rotweinsorte wurde erst Mitte der 1990er Jahre zum Anbau freigegeben. Wegen ihrer Resistenz gegenüber verschiedenen Pilzkrankheiten schätzen sie vor allem Bio-Winzer. Die frühreife und gegenüber Winterfrösten wenig empfindliche Sorte, von der an der Mosel inzwischen knapp 50 Hektar stehen, liefert meist einen kraftvollen Wein.

Riesling

Der Riesling macht knapp zwei Drittel der gesamten Rebfläche an der Mosel aus. Seit 1464 ist sein Anbau urkundlich belegt, verzeichnet wurde er in einem der Rechnungsbücher des Trierer St. Jakobs-Hospitals. Da er spät und langsam reift, kommt ihm ein sonniger Herbst besonders zugute, was an der Mosel keine Seltenheit ist. Gütesiegel ist seine feine Säure, die bei der Ernte sehr hoch ist und sich erst langsam reduziert. Zudem ist er besonders vielseitig. Dem Weinfreund zeigte er sich vom feinherben Qualitätswein bis zum mineralisch-trockenen Spitzengewächs, vom fruchtig-leichten Kabinett bis zum edelsüßen Eiswein.

Sauvignon Blanc

In Frankreich gilt er als eine der wichtigsten Weißweinsorten, an der Mosel aber spielt er nur eine Nebenrolle. Dabei stammt er aus bestem Elternhaus, ist die Sorte doch eine natürliche Kreuzung aus Traminer und Chenin Blanc. Sprachwissenschaftler führen Sauvignon auf das französische »sauvage«, auf deutsch »wild«, zurück. Der Sauvignon Blanc ist wegen seiner Frische und knackiger Säure ein beliebter Sommerwein, der zudem zu fast allen Gerichten passt.

Spätburgunder oder Pinot Noir

Schon Karl der Große soll den Spätburgunder, auch als Pinot noir bekannt, bewundert haben. Rund fünf Prozent der Rebflächen entlang der Mosel sind heute mit einer der edelsten Rotweinsorten der Welt bestockt, die an Klima und Boden ebenso hohe Ansprüche wie an den Winzer stellt. Besonders wohl fühlt er sich auf den Kalkböden der Obermosel, aber auch auf Schiefer. Im Barrique-Fass ausgebaut mundet er besonders.

Schwarzriesling

Weinexperten verorten den Schwarzriesling oder besser den Pinot Meunier, in Deutschland deshalb auch manchmal Müllerrebe genannt, als den Urvater der Burgundertrauben. Die Rotweinsorte ist vermutlich eine Mutation des Pinot Noir und trotz seines deutschen Namens nicht mit dem Riesling verwandt. Weil er widerstandsfähig gegen Frost und Rebkrankheiten ist und gewöhnlich verlässliche Erträge bringt, wird er in kleinen Mengen auch an der Mosel angebaut.

Syrah

Die Rebsorte, außerhalb Europas meist als Shiraz bezeichnet, darf erst seit wenigen Jahren an der Mosel angebaut werden. Deshalb gilt sie in dem Weinbaugebiet noch als Exot. Die Rotweinsorte stammt vermutlich von der Rhône und gedeiht wegen der Klimaverschiebung jetzt auch im deutschen Westen. Weintrinker schätzen neben seiner dunklen, fast schwarzen Farbe seine Aromen von Johannisbeeren und dunklen Waldfrüchten.

Weißburgunder oder Pinot Blanc

Als Pinot blanc hat die Burgundertraube in Frankreich längst Karriere gemacht. An der Mosel, wo sie inzwischen gut vier Prozent der Rebfläche ausmacht, steht ihr die noch bevor. Dabei ist der Weißburgunder wegen seiner dünnhäutigen und damit hitze- und frostempfindlichen Trauben nicht anspruchslos. Die Weine, welche die Mutation des Spätburgunders hervorbringt, sind geschmeidig, elegant und kräftig und werden als Sortenweine immer beliebter.

Weinbaugeschichte

Als gesichert kann heute gelten, dass der Weinbau entlang der Mosel schon zu römischen Zeiten eine große Rolle spielte. Dafür sprechen zahllose Zeugnisse: Reste römischer Kelteranlagen ebenso wie Darstellungen auf Grabdenkmälern. Dazu gehört neben dem weltbekannten Neumagener Weinschiff auch ein Trauben naschender Hase auf dem Unterbau eines römischen Monuments aus dem 1. Jahrhundert, dessen Nachbildung heute vor der Kirche in Hatzenport steht.

Kopie des römischen Weinschiffes in Neumagen

Schon den keltischen Siedlern an der Mosel, wissen die Archäologen, waren Weine höchstwahrscheinlich bekannt. Das zumindest belegen die Funde etruskischer Weineimer in Fürstengräbern der Region. Allerdings gibt es keine Belege, dass sie selbst schon Weinbau betrieben haben. Auch die Römer brachten ihre Weine anfangs wahrscheinlich noch aus dem Süden mit, begannen aber schon bald, auch an der Mosel Wein anzubauen. Dies belegen zahlreiche Funde etwa von Rebmessern. Kaiser Marcus Aurelius Probus (232–282) wird sogar nachgesagt, dass er seine Truppen angewiesen habe, Gelände für die Pflanzung von Reben zu roden. Schließlich hatten seine Soldaten Anrecht auf ein tägliches Quantum Wein.

Im 3. und 4. Jahrhundert wurde der Weinbau weiter perfektioniert. Das beweist eine der größten römischen Kelteranlagen in Piesport, wo beim Kelterfest Anfang Oktober noch heute die Trauben wie einst von entsprechend kostümierten Bürgern mit den Füßen getreten und gekeltert werden. Auch andernorts wurden in den letzten Jahrzehnten Reste römischer Kelteranlagen am Moselufer ausgegraben. Teilweise stellte man dabei sogar noch den einen oder anderen Traubenkern sicher. Es waren die letzten Beweise, dass auch an den steilen Uferhängen schon früh Wein angebaut wurde. Ende des 6. Jahrhunderts gibt es dafür sogar einen schriftlichen Beleg in einer Beschreibung des Bischofs und antiken Schriftstellers Venantius Honorius Clementianus Fortunatus (540–um 600), der zur Merowingerzeit von den Moselwinzern schwärmte: »Wo Weinberge belaubet aufstreben zu kahlen Berghöh'n und reich schattendes Grün decket das trockene Geröll. Hier einsammelt die Ernt' der gefärbten Trauben der Winzer selbst am Felsabhang er lesend die Frucht.«

Im Weinmuseum A Possen in Bech-Kleinmacher bei Schengen

Nach dem Zusammenbruch des Römischen Reiches übernahmen Kirchen und Klöster als größte Landbe-

Römischer Kelterer, Mosaik in Piesport

sitzer die Weiterentwicklung des Weinbaus. Fränkische Fürsten stifteten dem Klerus aus dem zum Königsgut erklärten römischen Besitz große Rebanlagen. Vor allem das Trierer Domkapitel, aber auch die Bischöfe von Metz oder Toul, wurden immer wieder mit Schenkungen von Weinbergen ausgestattet. Kein Wunder, dass sich die Urkunden mit Zeugnissen vom Weinbau an der Mosel Ende des ersten Jahrtausends stark mehrten – zum Beispiel aus Ediger (766), Kobern (817) oder Bruttig (898).

Auch viele Klöster verfügten über eigene Weinberge. Selbst Orden aus dem Hinterland wie die Benediktiner aus Echternach oder aus dem belgischen Stavelot hatten an der Mosel ihre eigenen Weinberge. Ab Mitte des 9. bis Mitte des 13. Jahrhunderts profitierte der Moselweinbau zudem von einer Wärmeperiode, über deren Ursachen die Wissenschaft noch rätselt, weil es sich nicht um eine globale Erscheinung gehandelt hat. Für die Winzer jedenfalls war sie – ähnlich wie auch die jetzige Erderwärmung – von Vorteil.

In der Folge wuchsen die Rebflächen weiter, vor allem in den Steillagen, die der Güte des Weines zugute kamen. »Gepirg pringt edlern wein«, hieß es in einer Schrift des 14. Jahrhunderts. Gepirg, also Gebirge, war deshalb noch im 19. Jahrhundert die allgemeine Bezeichnung für die Steillagen. Auch sprachlich zeigte sich die Neuausrichtung der Rebflächen. So wurden aus den »Weingärten« langsam »Rebberge«, in denen der Elbling zuhause war, die das Mittelalter dominierende Moselweinsorte.

Der Elbling kam mit unterschiedlichen Böden bestens zurecht und war bekannt dafür, früh zu reifen und deshalb auch in durchschnittlichen Jahren genügend Ertrag zu bringen. Gewöhnlich aber lieferte er nur einen wässrigen Wein einfacher Güte, der zudem für längere Lagerung ungeeignet war. Außerdem vertrug der Elbling keinen Frost und fing bei nassem Wetter schnell an zu faulen. In Sachen Qualität war mit dieser Traube auf dem expandierenden Weinmarkt deshalb nicht zu punkten.

Allerdings sollte es noch Jahrhunderte dauern, bis Clemens Wenzeslaus von Sachsen, der letzte Trierer Kurfürst, 1786 anordnete, nur noch »gute Reben« zu pflanzen, womit neben Riesling möglicherweise auch Burgundersorten oder Traminer gemeint waren.

Weinbau im Mittelalter

Der mittelalterliche Weinbau war auf Massenertrag angelegt, auch weil die Winzer, gewöhnlich Erbpächter, Jahr für Jahr den sogenannten Weinzehnt abliefern mussten: den zehnten Teil des gekelterten Weines, wovon noch heute in vielen Moseldörfern Zehntkeller und Zehnthäuser zeugen. Groß war deshalb die Versuchung, den Wein mit Wasser zu strecken. Das 15. Jahrhundert ging so als »Jahrhundert der Weinskandale« in die Geschichte ein.

Auf dem Reichstag 1498 wurde deshalb erstmals ein Gesetz erlassen, das als ältestes deutsches Lebensmittelgesetz gilt und Weinfälschern das Handwerk legen sollte. Amtlich wurde festgeschrieben, den Wein so zu lassen, wie er sich in Folge der Gärung entwickele. Das war das Aus für die Zugabe damals üblicher Zusatzstoffe wie Kräuter, Beeren, Zucker oder Honig, die dem sauren Wein mehr Süße verleihen sollten. Verboten wurde damals auch der Verschnitt verschiedener Jahrgänge oder die Anreicherung mit Obstweinen.

Umstritten war die Nutzung von Schwefel. Der sollte die Haltbarkeit der Weine verbessern und die Gärung frühzeitig stoppen, um die Restsüße zu erhalten. So schwefelte man im Mittelalter die leeren Fässer schon häufig vor dem Befüllen. 1498 wurde deshalb die Schwefelmenge, die zur Haltbarmachung zugesetzt werden durfte, auf rund 15 Gramm pro Fuder (in Kurtrier knapp 1000 Liter) beschränkt. Manche Städte wie etwa Köln verboten das Schwefeln ganz, weil dadurch »die Natur des Menschen belästigt und der Trinker in Krankheit gebracht« werde. Für viele Moselwinzer, die jährlich große Mengen Wein per Schiff nach Köln lieferten, war das von Bedeutung.

Darstellung von Küfern in Piesport

Betriebswirtschaftlich immer stärker ins Gewicht fiel schließlich die jährliche Schwankung der Erträge und der

Am Brunnen von Briedel wird die Geschichte des Weinbaus erzählt

wachsende Kampf um Marktanteile. Davon profitierten anfangs die französischen Moselwinzer, die im 18. und frühen 19. Jahrhundert viele zehntausend Hektar bewirtschafteten – auch weil es damals Mode war, französische Weine zu trinken. Zudem kauften ihnen die Winzer aus der Champagne jedes Jahr große Kontingente an Weinen ab, die dort zu Champagner weiterverarbeitet wurden.

Nach dem Zusammenbruch der Kurfürstenstaaten und der Neuordnung Europas auf dem Wiener Kongress aber gerieten die deutschen Winzer in Existenznöte. Nach Abschaffung der innerdeutschen Zölle überfluteten quasi über Nacht Billigweine aus der Pfalz und Rheinhessen den deutschen Markt, so dass die Moselwinzer ihre Weine nicht mehr loswurden. Und Lothringens Weinbauern kämpften mit den Folgen des Eisenbahnbaus, der Mitte des 19. Jahrhunderts billige Weine aus dem Süden Frankreichs nach Norden schwemmte.

Anders als ihre französischen Kollegen aber, die in den neuen Minen und Stahlwerken entlang der Mosel gut bezahlte neue Arbeitsplätze fanden, stürzten viele deutsche Moselwinzer ins Elend. Karl Marx (1818–1883), der bekannteste Sohn Triers, machte als Redakteur der »Rheinischen Zeitung« ihre Not schließlich in einer viel beachteten Artikelserie publik.

Ein bisschen Licht ins Dunkel der damaligen Zeit brachte vielen deutschen Moselwinzern schließlich der für die Weinbauaufsicht zuständige Heinrich Ludwig Lambert Gall (1791–1863), der ab 1826 die »Nassaufbesserung« oder treffender »Nasszuckerung« entwickelte. Darunter war die Gallisierung genannte Möglichkeit zu verstehen, vor oder während der Gärung dem Traubenmost in Wasser gelösten Trockenzucker (Saccharose) beizufügen. Dadurch konnte man den Alkoholgehalt des Weines erhöhen und seine Säure verringern. Diese Methode, die in Frankreich so ähnlich als Chaptalisation oder Trockenzuckerung schon länger praktiziert wurde, half bis in die 1970er Jahre den Moselwinzern, auch in schlechten Jahren ihre Weine noch zu vermarkten.

Monorack-Schienenbahn am Calmont bei Bremm

Winzerschreck Reblaus

Mitte der 1860er Jahre ereilte die Moselwinzer eine neue Schreckensnachricht. Vermutlich durch an Kleidung haftenden Eiern wurde die Reblaus, eine Verwandte der Blattlaus, aus Amerika über London ins südliche Frankreich eingeschleppt. Von dort verbreitete sie sich rasch Richtung Norden – bis sie in den 1860er Jahren in der Region Metz auftauchte und riesige Schäden anrichtete. Es war eine Art Todesstoß für den Weinbau in Lothringen, dessen Wunden noch heute in aufgelassenen Weinbergen sichtbar sind.

Obwohl Luxemburg schon 1873 seine Grenzen für den Import von Reben aus Frankreich dichtgemacht hatte, erwischte der Schädling das Großherzogtum Anfang des 20. Jahrhunderts. »Die Reblaus ist da!«, titelte der »Moselbote« aus Remich im Sommer 1907. Tausende von Rebstöcken wurden sofort verbrannt, die Seuche aber war nicht zu stoppen. Ab den 1920er Jahren wurde der größte Teil der Luxemburger Weinberge deshalb mit resistenten amerikanischen Propfreben neu angelegt.

Zum Schutz der Winzer auf der deutschen Moselseite hatte man gleich nach Auftauchen der Reblaus in Luxemburg die Grenzen für die Landwirte geschlossen und die Region so weit wie möglich vom Krisengebiet abgeschottet. So konnte der Schädling sich moselabwärts kaum noch ausbreiten. Hinzu kam, dass die Schieferböden zwischen Trier und Koblenz für den Schädling, der lockeren Boden liebt, nicht sehr einladend waren.

Trotzdem pflanzte man auch an der deutschen Mosel die Weinberge weiter um, wurde der Sortenwechsel Richtung Riesling mit staatlicher Hilfe extrem gefördert. Keine zwei Jahrzehnte brauchte es so, um den Rieslinganteil mehr als zu verdoppeln – von 42 Prozent anno 1879 auf 88 Prozent im Jahr 1906. Zudem erprobten und entwickelten staatliche Domänen neue Techniken in Weinberg und Keller, die Weinbauschulen der neuen Generation von Winzern vermittelten. Schließlich wurden die Rieslinge aus den heute weltbekannten Steillagen an den Weinbörsen wie Juwelen gehandelt. An Königs- und Zarenhöfen waren Weine von Mosel, Saar und Ruwer ebenso begehrt wie in den Edelrestaurants von Berlin, London oder Paris. Zeitweise zahlte man für sie bis zu fünfmal mehr als für die Spitzenweine aus Burgund.

»Fast über Nacht ist Mosella's Ruhm emporgewachsen; er hat die Welt erfüllt und überall begeisterten Widerhall gefunden, wo der grüngoldige, flüchtige Trank mit seinem duftigen Aroma, seiner entzückenden Blume im Glas perlte, wo seine pikante Würze die Gaumen netzte, und seine lebensprühende Wärme die Herzen erglühen ließ, dass alle guten Geister darin wach wurden, nicht in letzter Linie auch, wo der nimmer müde Zecher nach schwerer Sitzung am anderen Morgen mit klarem Auge und frischen Sinnen erwachte …«.

So überschwänglich lobte einer der renommiertesten Feinkosthändler Europas, der Kaiser-Keller in Berlin, Anfang des 20. Jahrhunderts die Weine von der Mosel und ihren Nebenflüssen. Damals auch gründete sich der »Große Ring«, ein Zusammenschluss von Spitzenwinzern, der noch heute jährlich in Trier seine Pretiosen versteigert. Da kann eine lange im Keller gelagerte Flasche schnell einmal ein paar tausend Euro wert werden. 1911, 1915 und 1917 reiften zudem außergewöhnlich gute Jahrgänge, die zu den besten des Jahrhunderts zählten.

Weingasse an der Mosel

Den Aufschwung des Moselweins sah man zunehmend auch vielen Orten an der Mosel an, wo sich Winzer und Weinhändler aus den Gewinnen im Weingeschäft stattliche Villen bauen ließen. In Bernkastel-Kues oder Wehlen stehen sie noch heute an den Uferpromenaden, vor allem aber in Traben-Trarbach, das Sitz großer Kellereien und damals neben Bordeaux der angeblich wichtigste Weinhandelsplatz der Welt war.

Dem Boom aber folgten bald magere Jahre, häufig Resultat schlechter Ernten. Besonders bedrohlich für die deutschen Winzer wurde die Einführung einer Weinsteuer, die ihre wirtschaftlichen Probleme verschärfte. Hinzu kam, dass Spanien und Frankreich mit billig produzierten Weinen den Preiskampf auf dem deutschen Markt verschärft hatten. Weil die Deutschen ihre Weine aber nicht unter den Erzeugerpreisen abgeben wollten, eskalierte ihr Unmut im Februar 1926 in der Erstürmung des Finanzamtes in Bernkastel-Kues. Schon ein paar Wochen später schaffte der Staat deshalb die Weinsteuer wieder ab. Um die Gunst der Winzer zurückzugewinnen, schuf der Staat einen »Reichsausschuss für Weinpropaganda«, der mit Millionengeldern einen neuen, großen Werbefeldzug für den deutschen Wein startete.

»Saufen für Hitler«

Auch die Nationalsozialisten bekamen die geballte Macht der Moselwinzer zu spüren, die nach einer Rekordernte 1934 ihren Wein nicht mehr loswurden. Mit der Wahl von Weinköniginnen, Weinpatenschaften und anderen Werbemaßnahmen startete der NS-Staat deshalb die Aktion »Wein ist Volksgetränk«, die man heute gern als »Saufen für Hitler« bezeichnet. In der Folge übernahmen zwischen 1935 und 1937 zahlreiche Städte in ganz Deutschland Patenschaften für ausgesuchte Moselorte. So war zum Beispiel Mehring Patenort von Berlin und die Städte Köln und Breslau Weinpaten für Trittenheim. NS-Organisationen wie »Kraft durch Freude« brachten gleichzeitig zehntausende Besucher an die Mosel und legten damit den Grundstein für den Massentourismus in der Region. Viele hundert Weinfeste wurden neu geschaffen und folkloristische Umzüge organisiert, die auch nach dem Zweiten Weltkrieg die Massen lockten.

Doch das »Saufen für Hitler« wurde schließlich zum Bumerang. Als im Herbst 1936 starke Nachtfröste die Weinernte weitgehend zunichtegemacht hatten und in der Folge die Weinpreise stiegen, setzte die NS-Führung den Preissteigerungen Grenzen. Manchen Winzer verleitete der staatliche Eingriff in die freie Marktwirtschaft, seinen Wein mit Wasser zu strecken. Dem Image des Moselweins war das nicht gerade förderlich, der als billiges Volksgetränk den schnellen Rausch versprach.

Nach dem Zweiten Weltkrieg sorgte die große Nachfrage nach preiswerten deutschen Weißweinen für eine weitere Ausdehnung der Weinbaufläche. Vor allem in Tallagen wurden neue, für die Bewirtschaftung mit großen Maschinen geeignete Rebflächen geschaffen. Die wuchsen von 7500 Hektar Ende der 1950er Jahre auf 12300 Hektar Anfang der 1990er Jahre – auch mit Hilfe großzügig verteilter Fördermittel.

Die neue Massenproduktion aber bremste die Preisgestaltung, zumal auch ausländische Weine mehr und mehr auf den Markt drückten. Weil sich für viele Winzer das Geschäft schließlich kaum noch lohnte, gaben tausende ihre Weinberge auf oder verkauften sie, so dass die Anbaufläche schrumpfte. Stillgelegt wurden vor allem die schwer zugänglichen und nur in aufwändiger Handarbeit zu bewirtschaftenden Terrassenanlagen, die im Lauf der Zeit verwilderten und verbuschten.

Winzerhof in Neumagen

Einladung zur Weinprobe

Doch inzwischen hat sich das Bild wieder gewandelt. Dank staatlicher Förderung wurden zahlreiche Steillagen regeneriert. Zuschüsse von über 2500 Euro pro Hektar erlaubten den Winzern sogar in Flächen mit über 50 Grad Hangneigung wieder wirtschaftlichen Weinbau. Bei der Sanierung der alten Trockenmauern, die früher jeder Winzer selbst setzte, übernahm der Staat sogar 70 Prozent der Kosten. Winzer, die in Steillagen ökologisch produzieren, erhalten im Rahmen von Förderprogrammen noch einen zusätzlichen Bonus.

Als besonders hilfreich bei der Arbeit in den Steillagen haben sich zuletzt die sogenannten Monorackbahnen erwiesen, deren Anschaffung ebenfalls kräftig bezuschusst wird. Das sind Einschienenbahnen, die auf Trassen aus Vierkantrohren verkehren und Lasten bis zu 250 Kilogramm transportieren können, gleich ob Mensch oder Material. Steigungen von über 100 Prozent (45 Grad) überwinden sie problemlos, sogar Kurven in einem Radius von vier Meter sind möglich.

Viele hundert Millionen staatlicher Gelder sind inzwischen in die Neustrukturierung des Moselweinbaus geflossen, der nicht zuletzt vom Klimawandel profitiert. Höhere Temperaturen bringen jetzt auch jene Mostgewichte auf Dauer zustande, die Qualitätsweine mit internationalem Anspruch erfordern. Mit der Konzentration auf Riesling und Burgundersorten kommen die Winzer zudem dem Trend nach frischen Weinen entgegen.

Sorgen macht den Winzern inzwischen der sinkende Weinkonsum in Europa, in dessen Folge billige Weine aus Überproduktionen wie in Frankreich auf den deutschen Markt drängen. Darunter leiden vor allem die Fassweinproduzenten, von denen viele ihre Betriebe aufgegeben und ihre Flächen verpachtet haben.

Wein probieren

Im Dschungel der Weinsorten und -qualitäten ist der Durchblick oft schwer. Denn im Kampf um den Kunden versuchen die Winzer, ihre Erzeugnisse mit immer neuen Superlativen an die Frau oder den Mann zu bringen. Hinzu kommt, vor allem im Internet, eine Armada von Werbetrommlern, die selbst billige Massenprodukte als auserlesene Qualitäten offerieren. Lassen Sie sich davon nicht blenden!

Am besten ist es, den Wein vor dem Kauf zu probieren. Dazu sind Weinfeste, wie sie im Sommer und Herbst überall an der Mosel stattfinden, die stimmungsvollste Gelegenheit. Oder man kostet an einem der Weinstände, wie sie von Ostern bis Oktober in vielen Gemeinden meist am Ufer oder anderen zentralen Plätzen zu finden sind. Auch viele direkt vermarktende Weingüter haben eigene, zum Teil hochwertig ausgestattete Probierräume eingerichtet.

Beim Probieren sollten man außer der Lust auf neue Geschmackserlebnisse ein wenig Weinwissen mitbringen. Etwa, dass der Begriff »trocken« alle Weine ohne große Süße markiert. Trockene Weine weisen gewöhnlich einen Restzuckergehalt von 1 bis 4 Gramm, bei höherem Fruchtsäuregehalt bis zu 9 Gramm pro Liter auf. »Halbtrocken« kennzeichnet Weine mit fein-fruchtigem Geschmack und kaum wahrnehmbarer Süße. Synonym findet auch der Begriff »feinherb« Verwendung. Der Restzuckergehalt liegt abhängig vom Fruchtsäuregehalt bei maximal 18 Gramm pro Liter. »Lieblich« oder »süß« kennzeichnet Weine mit einem abgestimmten Verhältnis von Säure und Süße. Der Restzuckergehalt lieblicher Weine liegt bei bis zu 45 Gramm pro Liter, noch mehr bei süßen Weinen.

Auch Sekte werden gern bestimmten Geschmackstypen zugeordnet, die nicht mit denen des Weines identisch sein müssen. Wer Sekt liebt, der zum Beispiel einem trockenen Wein entspricht, sollte zu »extra brut« oder »brut« greifen. Außerdem gilt es zu wissen, dass die im Sekt vorhandene Kohlensäure die Süße deutlich unterdrückt. Der Restzuckergehalt bei Sekten der Geschmacksrichtung »extra brut« oder »extra herb« liegt bei 0 bis 6 Gramm pro Liter. Bei der Geschmacksangabe »brut« weisen die Sekte einen Restzuckergehalt von 0 bis 15 Gramm pro Liter, bei »extra trocken« oder »extra dry« von 12 bis 20 und bei »trocken« von 17 bis 35 Gramm pro Liter auf. Sekte mit der Geschmacksangabe »halbtrocken« besitzen 33 bis 50 Gramm, die mit »mild« etikettierten Flaschen über 50 Gramm Restsüße pro Liter.

Auge, Nase und Zunge sind die wichtigsten Werkzeuge bei der Weinprobe. Schon Klarheit und Farbe des Weines signalisieren seine Behandlung. Ältere Weißweine erkennt man zum Beispiel an goldenen bis dunklen bernsteinfarbenen Reflexen. Ältere Rotweine zeigen gerne braune Nuancen. Dann schwenkt man das Glas, damit er mehr Sauerstoff bekommt und sich sein Bukett entfaltet. Jetzt ist die Nase gefragt, die im besten Fall Aromen wie Vanille, Pfirsich, Apfel, Kirsche oder irgendeine Beerenfrucht herausschmeckt – häufig die, die der Weinverkoster gern vorgibt!

Danach ist die Zunge dran, die das Bukett gewöhnlich noch feiner als die Nase aufnehmen kann. Dazu sollte man den Wein kurz kauen, ihn quasi auf der Zunge zergehen lassen. Erst jetzt sollte man sein Urteil fällen. In der Regel werden bei Weinproben erst die leichten und zuletzt die schweren Weine aufgetischt, also die trockenen und herben Wein vor den süßen und milden. Dahinter steckt die Erfahrung, dass die Zunge nach dem Genuss eines schweren Weines für leichtere, fein ausgewogene Weine nicht mehr aufnahmefähig ist.

Wein kaufen

Wie die französischen und Luxemburger Moselweine werden auch die deutschen zumeist im Erzeugerland verkauft. 25 bis 30 Prozent der deutschen Moselweine aber gehen ins Ausland, mehr als aus anderen deutschen Weinregionen. Wichtigste Exportmärkte sind die USA, wo jede zweite Flasche deutscher Wein von der Mosel stammt, Kanada, Norwegen, Japan, China, Niederlande, Großbritannien, Finnland, Schweden, Polen, Dänemark, Schweiz und Hongkong.

Wer an der Mosel Sekt oder Wein kaufen will, hat immer die Qual der Wahl. Keine schlechten Adressen – vor allem auch in Luxemburg – sind die Winzergenossenschaften. Alternative ist der Direkteinkauf beim Winzer, der oft auf Empfehlungen der Urlaubsgastgeber zurückgeht. Wer auf alle Fälle Wein einkaufen will, sollte sich schon vor Ferienbeginn auf den einschlägigen Internetseiten informieren – etwa auf:

- *www.weinland-mosel.de*
- *www.weingueter.de*
- *www.visitmosel.de*
- *www.privatwenzer.lu*
- *www.vins-cremants.lu*
- *www.bonvinitas.com/de/weinadressen/tag/winzergebiet/mosel*
- *www.vinsmoselle.lu*
- *www.mosl.fr/de/qualite-mosl/die-aoc-moselle-moselweine*

Straußwirtschaften

Zahllose Gutsschänken und Straußwirtschaften laden links und rechts der Mosel zum Besuch. Und weil die Selbstvermarktung der Winzer zunimmt, wächst auch ihre Zahl. Diese Art des direkten Vertriebes, die fälschlicherweise gern Kaiser Karl dem Großen zugeschrieben wird, wird bis heute mit einem Kranz oder Strauß an der Tür markiert.

Inzwischen ist der Ausschank selbst erzeugter Weine im größten deutschen Anbaugebiet Mosel gesetzlich auf höchstens vier Monate begrenzt, die man auf zwei Etappen, etwa Frühsommer und Spätherbst, verteilen kann. Es reicht, wenn der Winzer seinen Betrieb zwei Wochen vor Eröffnung seiner Straußwirtschaft den Ordnungsbehörden anzeigt. Neben seinen Weinen darf er auch »einfach zubereitete Speisen« anbieten. Wer seine Pforten länger öffnen und ein größeres Speiseangebot offerieren will, wandelt seine Straußwirtschaft in eine Gutsschänke um. Die allerdings unterliegt dem Gaststättenrecht und wird von den Behörden auch intensiver kontrolliert.

Seit einigen Jahren gibt es im Weinbaugebiet Mosel eine Arbeitsgemeinschaft der Straußwirte, die meist Familienbetriebe sind und gewöhnlich auch ein großes Stammpublikum haben. Die Website www.mosel-strausswirtschaften.de listet alle ihre Mitgliedsbetriebe sortiert nach Ortsnamen. Wer persönliche Empfehlungen bevorzugt, greift zum »Weinkompass Mosel«. Das Büchlein hat die 50 besten Straußwirtschaften und Gutsschänken an der Mosel detailliert unter die Lupe genommen.

Das Jahr im Weinberg

Fast das ganze Jahr wartet in einem Weinberg Arbeit auf die Winzer und seine Helfer und Helferinnen. Allein statistisch betrachtet muss jeder Rebstock innerhalb der Zeit mehr als ein Dutzend Mal besucht werden. Schon im Januar und Februar, vor dem Austrieb im Frühjahr, steht der Rebschnitt an. Er ist wichtig, um Wachstum, Ertrag und Reife in Einklang zu bringen. Schließlich ist die Rebe eine wildwachsende Kletterpflanze, deren Triebe dem Licht entgegenwachsen. Ungeschnittene Stöcke verwildern mit der Zeit und bringen nur kleine Trauben. Mit dem Rebschnitt wird der Stock sozusagen kultiviert. Er ist eine Art Ertragssteuerung zu Gunsten der Qualität und nach wie vor echte Handarbeit. Im März beginnen die Reben gewöhnlich zu bluten, wie das in der Fachsprache der Weinbauern heißt. Dann tritt an ihren Schnittstellen Saft aus. Es ist das Zeichen, dass die Rebe aus dem Winterschlaf erwacht ist. Jetzt beginnen wieder viele Tage Handarbeit. Sorgsam werden die sogenannten Fruchtruten nach unten gebogen und befestigt. Von »Reberziehung« sprechen die Winzer in diesem Zusammenhang. Wenn es bei der Arbeit regnet, stört das übrigens weniger, verhindert die Feuchtigkeit doch, dass die Ruten beim Biegen brechen. Ab April wird es Zeit, die Böden zu lockern und gegebenenfalls zu düngen. Schließlich profitieren die Weinstöcke von einem gut durchlüfteten, humus- und nährstoffreichen Boden. Ab Ende des Monats gilt es besonders aufzupassen, wenn die Reben ausgetrieben sind und die sogenannten Gescheine zum Vorschein kommen, aus denen später die Trauben werden. Weil diese jungen Triebe gegen Pilzkrankheiten wie Mehltau besonders anfällig sind, werden sie mit Pflanzenschutzmitteln behandelt – früher mit Kupfer- und Schwefelpräparaten, heute meist mit organischen Fungiziden. Es ist die Zeit, in der in den Steillagen häufig Hubschrauber oder seit neustem auch Drohnen auftauchen, ist doch diese Art der Schädlingsbekämpfung dort die einfachste. Im Juni beginnen die Reben gewöhnlich zu blühen. Trockenes und sonniges Wetter wäre jetzt ideal. Es sind wenige Wochen, die über die Erntemenge entscheiden. Um besonders gute Qualitäten zu ernten, schneiden immer mehr Winzer nach der Blüte die ersten Fruchtansätze weg. Auf diese Weise reduzieren sie die Menge zugunsten der Güte. Auch die Blätter an den Weinstöcken werden ausgedünnt, damit nach Regenfällen, wie sie im Hochsommer an der Mosel nicht selten sind, die Reben schneller trocknen und so ein Pilzbefall verhindert wird. Außerdem hilft die Reduzierung des Blattwerks den Beeren, sich an die Sonne zu gewöhnen. Ist sie freilich zu stark, fangen sich die Trauben schnell einen Sonnenbrand ein. Mitte bis Ende August reifen die Trauben. Manche Winzer beginnen dann schon mit der sogenannten »grünen Lese«, dem Entfernen einiger erbsengroßer Beeren. Dies kommt den verbleibenden Beeren zugute, die mehr Kraft aus dem Boden ziehen können. Warme Tage und kühle Nächte wünschen sich die Winzer jetzt, damit sich der für das Mostgewicht wichtige Zucker und Aromastoffe in den Trauben einlagern können. Schließlich startet die Lese, immer häufiger mit dem Vollernter, in vielen Lagen aber traditionell mit der Hand. Das hilft vor allem bei der Auslese fauler oder unreifer Trauben. Mitte Oktober – vor zwei Jahrzehnten war zu diesem Zeitpunkt noch kaum eine Traube gelesen – ist dank des Klimawandels die Lese heute gewöhnlich schon zu Ende, kehrt in den Weinbergen Ruhe ein, beginnt die intensive Arbeit im Keller.

Kunst, Kultur, Brauchtum

Das Moselgebiet war eine der ersten multikulturellen Regionen Europas. Keltische Stämme arrangierten sich hier schon zu Beginn christlicher Zeitrechnung mit den römischen Besatzern. So entstand eine gallo-römische Kultur, die von der Quelle bis zur Mündung des Flusses ihre Spuren hinterließ. Treverer, Leuker und Mediomatriker waren es, die in Trier, Toul und Metz immer wieder mit den Römern kooperierten. Nicht immer reibungslos, aber gemeinsames Handeln war einer der Garanten fürs Überleben. Eine Erkenntnis, die an der Mosel immer wieder neu reifte.

Männer der Kirche waren es anfangs, die hin und wieder die sonst dem Mittelalter nachgesagte Engstirnigkeit abstreiften – so wie Nikolaus von Kues (1401–1464, → S. 234). Der gebürtige Moselaner machte schon zu Lebzeiten als Philosoph, Theologe und Mathematiker von sich reden. Kues war ein Universalgelehrter: ein Humanist an der Schwelle vom Spätmittelalter zur frühen Neuzeit, der um die Freiheit des Individuums wusste, aber auch die Grenzen individuellen Handelns kannte. Das Recht, so war schon früh seine Einsicht, muss mit der gesellschaftlichen Entwicklung Schritt halten und braucht eine einheitliche Gerichtsbarkeit und Institutionen, die es ausführen. Nicht weniger durchdacht war sein Toleranzbegriff. Dessen Grundlage war die Erkenntnis, dass Gott den Menschen als Individuum geschaffen habe und unterschiedliche Formen der Gotteserkenntnis und Gottesverehrung deshalb von ihm gewollt seien. Auf jeden Fall kein Grund, sich gegenseitig gewaltsam zu bekriegen. Prophetisch auch waren seine Gedanken zur Macht, die Frage, wer das Recht habe, über den Menschen zu herrschen, der doch von Natur aus frei sei. Seine Antwort: »Das Gesetz sollte von denen erlassen werden, die es verpflichtet, oder aber von der Mehrheit derer, welcher von den Gesetzesunterworfenen gewählt worden sind … denn: was alle angeht, muss von allen gebilligt werden …«

Karl-Marx-Denkmal in Trier

In Metz, der einst freien Reichsstadt, setzte François Rabelais (ca. 1494–1553), ebenfalls überzeugter Humanist, Arzt, Theologe und Schriftsteller, mit seinem Roman »Pantagruel« literarische Akzente. Aus Bruttig, wo eine Gedenktafel an seinem Geburtshaus und ein Brunnen noch heute an ihn erinnern, kam Petrus Mosellanus (1493–1524): ein katholischer Theologe mit großen Sympathien für Luther, weshalb er bis zuletzt versuchte, zwischen den Anfang des 15. Jahrhunderts um die Einheit der Kirche ringenden Gruppierungen zu vermitteln. Er war ein Versöhner, der unterschiedliche Standpunkte auf einen gemeinsamen Nenner zu bringen suchte.

Dom und Liebfrauenkirche Trier: Romanik und Gotik waren an der Mosel prägend

Auch Johannes Trithemius (1462–1516) – aus dem Lateinischen übersetzt: Johannes aus Trittenheim – kam von der Mosel. Er war ebenfalls ein humanistischer Universalgelehrter, Benediktinerabt und Autor zahlreicher Bücher, von denen zwei noch bis ins 19. Jahrhundert auf der päpstlichen Liste verbotener Bücher standen.

Man kann nur spekulieren, warum gerade in Zeiten gesellschaftlicher Umbrüche Menschen von der Mosel die großen politischen Diskussionen bestimmen sollten. Sicher aber waren es die Lebenswirklichkeiten entlang des Flusses, die ihre Sicht auf die Welt bestimmten. Nicht selten sahen die von einer zur anderen Ortschaft anders aus, was das Streben nach Gleichheit und Gerechtigkeit sicher mit erklärt. Zum Großteil galt diese Denkweise auch für einen weiteren Moselaner, der nach der Neuordnung Europas auf dem Wiener Kongress die soziale Frage in den Vordergrund politischer Diskussionen rückte. Wie kaum ein anderer sezierte Karl Marx (1818–1883) die Schattenseiten des Kapitalismus: die Herrschaft des Kapitals, das zur Bedrohung der Gesellschaftsordnung geworden war. Marx ging es nicht wie seinen Nachfolgern um eine Neuordnung der Gesellschaft in sozialistischen Systemen, sondern um den Wert der Arbeit für den Menschen, um das Individuum, das er in Gestalt verarmter Moselwinzer schon als junger Mann vor Augen hatte. So betrachtet war er ideologisch näher bei den humanistischen Moselanern als bei den Staatstheoretikern der Aufklärung wie John Locke (1632–1704) oder Jean-Jacques Rousseau (1712–1778).

Politische Weitsicht besaß auch Jean-Baptiste Nicolas Robert Schuman, ein in Luxemburg geborener deutscher Staatsbürger, der als französischer Außenminister den Boden zur Annäherung der einstigen Erbfeinde Deutschland und Frankreich bereitete. Moselfränkisch war seine Muttersprache, Deutsch und Französisch beherrschte er perfekt. Mit der Schaffung der Montanunion, einem

Eines der größten römischen Grabmäler nördlich der Alpen: die Igeler Säule

Anfang der 1950er Jahre gegründeten supranationalen Wirtschaftsverband, aus dem schließlich die Europäische Union hervorgehen sollte, stellte er die Weichen für ein neues Europa. Diese Arbeit setzte er als Präsident des Europäischen Parlaments Ende der 1950er Jahre fort. Nicht zuletzt zeigt auch ein Blick auf die Präsidentinnen und Präsidenten der Europäischen Kommission, wie stark in der Moselregion verwurzelte Individuen der Werteunion ihren Stempel aufdrückten. Allein drei der bislang 13 Präsidenten und Präsidentinnen der Europäischen Kommission kamen aus Luxemburg: Gaston Thorn (1981–1985), Jacques Santer (1995 –1999) und Jean-Claude Junker (2014 –2019).

Die Sprachen an der Mosel

Offiziell sind an der Mosel drei Landessprachen heimisch. Französisch an ihrem oberen, Deutsch an ihrem unteren Lauf. Die interessanteste und älteste Sprache aber pflegt man am Abschnitt dazwischen: Luxemburgisch – oder wie die Einheimischen sagen: Lëtzebuergesch. Neben Deutsch und Französisch ist es in Luxemburg die dritte Amtssprache und gewichtiges Zeichen nationaler Identität. Deshalb auch richtete der Staat 2018 das »Zenter fir d'Lëtzebuerger Sprooch« ein, eine Institution zur Förderung und Normierung der Sprache.

Wendet sich ein Bürger in einer der drei in Luxemburg üblichen Sprachen an eine amtliche Stelle, soll die Antwort in der von ihm benutzten Sprache erfolgen. Der allgemeinen Verständlichkeit wegen sprechen die meisten Bürger Lëtzebuergesch, das für drei Viertel der Bevölkerung die Muttersprache ist und seit den 1980er Jahren als Nationalsprache gilt. Französisch allerdings ist die einzige Sprache der Gesetzgebung und gewöhnlich die Umgangssprache in Regierung und Verwaltung. Vereinfacht kann man sagen: Lëtzebuergesch dominiert als mündliche Sprache den Alltag, Französisch ist die Arbeitssprache in Handel und Verwaltung. Deutsch prägt noch immer viele Zeitungen, während Radio und Fernsehen vorwiegend in Moselfränkisch senden, das in Luxemburg allerdings immer stärker von französischen Begriffen durchsetzt wird. So sagt man dort heute statt *Danke* meist *Merci*, statt *Entschuldigung: Pardon. Enveloppe* ist der Umschlag, *Pneu* ein Autoreifen, *Jus* der Saft, *Valise* der Koffer, und *Vakanz* sind die Ferien. Außerdem sind auch die Straßen Luxemburgs gewöhnlich zweisprachig ausgeschildert. So ist die an der Mosel entlang führende Wäistrooss touristisch als Route du Vin bekannt.

Linguistisch betrachtet gehört der moselfränkische Dialekt, der von Lothringen bis ins Rheinland gesprochen wird, zu den mitteldeutschen Mundarten. Sein Kennzeichen ist, dass an- und inlautendes »p« nicht zu »pf« verschoben wurde. So sagen die Moselfranken »Punt« für Pfund und »Apel« statt Apfel. Schlicht Platt nennen die Moselaner ihre moselfränkischen Dialekte, die von Ort zu Ort variieren. Nur die Begrüßungen sind immer einheitlich: Guude Morjen, Guuden Dach, Guuden Owen. Und »Ich liebe dich« heißt auf Moselfränkisch unverwechselbar »Aisch hönn disch gear.«

Die Römer übrigens sprachen an der Mosel meist ein mehr oder weniger vulgäres Latein, aus dem sich unter den germanisch sprechenden Franken das sogenannte Moselromanisch entwickelte. Es war die Sprache Karls des Großen, wie manche Lokalpatrioten stolz behaupten. Noch heute erinnern romanische Lehnwörter im Moselfränkischen an diese Zeit, die sich auch in Ortsnamen wie Osann-Monzel, Kröv, Alf, Riol oder Hatzenport erhalten hat.

Kunst und Architektur

Wie überall auf der Welt hat auch an der Mosel die Zeit ihre Spuren in Kunst und Architektur hinterlassen. Mehr als anderswo aber sind das Zeugnisse aus römischer Zeit. Zu tausenden liegen sie heute in den großen Museen von Épinal, Remiremont, Toul, Koblenz, Trier, Metz und Nancy, aber auch in manchem Heimatmuseum rechts und links des Flusses. Zudem blieben vor allem in und um Trier einmalige Zeugen jener Zeit vollständig oder zumindest weitgehend komplett erhalten – etwa die Porta Nigra, die Igeler Säule, die Trierer Moselbrücke, zahlreiche römische Villen, Tempel und uralte Kelteranlagen wie in Piesport. Sie alle finden sich noch dort, wo sie einst errichtet wurden.

Steine aus römischen Bauten nutzten die ihnen folgenden Generationen, welche die in die Jahre gekommenen, oft zerfallenen oder gar zerstörten antiken Bauten recycelten. Aus römischen Palästen und Tempeln wuchsen so die ersten Kirchen. Architektonisch waren das keine großen Würfe, verwendeten die Bauherren der Karolinger doch zum Großteil noch die Formensprache der Römer, ebenso die Ottonen und Salier. So inspirierte die Apsis der Trierer Kaiserthermen etwa die Baumeister des Trierer Doms.

Romanik

Mit der Romanik wuchs der Einfluss des Rheinlandes auf die Moselregion. In Mainz, Worms und Speyer bestimmten große romanische Dome das Bild, die auch an der Mosel den einen oder anderen Bauherren inspirierten. Schönstes Beispiel ist die Ostfassade der Koblenzer Kastorkirche oder die Trierer Kirche Sankt Matthias. Auch von den Kreuzzügen ins Heilige Land brachte man architektonische Ideen wie filigrane Aufbauten und ornamentale Plastiken mit, die in den spätromanischen Bauten zum Tragen kamen. Eher rustikal und zweckorientiert dagegen waren die Burgen auf den Anhöhen rechts und links der Mosel, hinter deren Mauern sich die Machthaber verschanzten.

Gotik

Mit der Gotik freilich, deren Kunst und Architektur aus dem Süden und Westen ins Moselland fanden, änderte sich das Bild. Hohe Gewölbe lösten die romanischen Tonnengewölbe ab. Der Aufbruch in ein neues Zeitalter zeigte sich jetzt auch baulich in den Kathedralen von Toul und Metz oder der Trierer Liebfrauenkirche. Spuren der Renaissance dagegen, also der vom antiken Geist beseelten Architektur des 15. und 16. Jahrhunderts, finden sich entlang der Mosel nur wenige, dafür umso mehr in der Kunst. Viele Museen und Kirchen zeigen noch heute, was beherzte Anwohner vor den in den Glaubenskriegen plündernd und zerstörend durch die Lande ziehenden Bilderstürmern retten konnten.

Fachwerkhäuser

Eine moselländische Besonderheit sind die im späten Mittelalter mehr und mehr entstehenden Fachwerkhäuser. Sie spiegelten den wachsenden Wohlstand zwischen Trier und Koblenz. Wahre Prachtbauten entstanden so, die der Land-

Fachwerkhäuser in Ediger-Eller

schaft noch heute jenen Schuss Romantik verleihen, von dem der Tourismus zehrt. Anders als die Bauernhäuser in Hunsrück und Eifel waren die Höfe der Winzer im engen Flusstal kleiner und höher und mit prächtigen Giebeln und Erkern auf ihrer Schauseite zur Straße geschmückt. Besonders schöne Beispiele dafür finden sich in Bernkastel-Kues, Bremm, St. Aldegund, Bruttig-Fankel oder Ediger-Eller. Aber auch an der oberen Mosel wie in Épinal, Toul oder Remiremont finden sich prächtige Bauten.

Treppenhaus im Musée de Ecole de Nancy

Modernes

Auch Art déco und Jugendstil, dessen Bauten heute Städte wie Traben-Trarbach oder Nancy prägen, waren Ausdruck gestiegenen Wohlstands, wie er zur Wende vom 19. ins 20. Jahrhundert zum Tragen kam. Nicht Kirche und Staat, sondern Privatleute setzten jetzt die architektonischen Ausrufezeichen. Das gilt zum Teil auch heute noch. Gelungene Beispiele dafür sind das neue Hotel Maison Heler in Metz, ein Bau des Stararchitekten Philippe Starck. Oder Ferienhäuser in Longuich, wo der weltberühmte italienische Architekt Matteo Renzi für das WeinKulturgut Longen-Schlöder kleine Häuser aus Holz und Schiefer in den Weinberg setzte. Architektonisch gelungen ist auch die Cave Henri Ruppert in Schengen, ein modernes Weinprobierhaus, das futuristisch gestaltete Naturschutzzentrum Biodiversum im benachbarten Remerschen oder die Touristeninformation in Remich. Hier hat der Luxemburger Architekt François Valentiny, dem man mit der Fondation Valentiny inzwischen in seinem Geburtsort Remich ein interessantes Museum mit über 3000 Objekten eingerichtet hat, seine Handschrift hinterlassen. Architektonisch interessante Bauten finden sich zudem in Lieser (Weingut Axel Pauly) oder Klüsserath (Weingut Regnery), wo man dem Baumeister vorgegeben hatte: »Bloß nichts Eckiges!« So entstand ein tropfenförmiger Bau, der sich hinter einem über sechs Meter hohen Vorhang aus geölten Eichenbalken versteckt.

Dies sind nur ein paar Beispiele, die zeigen, dass entlang der Mosel noch immer architektonische Ausrufezeichen gesetzt werden.

Religiöses

Nicht vergessen aber sollte der Moselreisende die vielen kleinen Pretiosen, die sich noch immer zuhauf in den Dörfern und Weinbergen finden, an Weggabelungen oder rund um alte Kirchen. Wegkreuze, Bildstöcke, Heiligenhäuschen oder Kreuzwege zeugen dort bis heute vom Glauben der Menschen.

Die Kathedrale Saint-Ètienne in Toul mit ihrem sehenswerten Kreuzgang

Zu den ältesten Glaubenszeugnissen zählt ein Merowingerkreuz (→ S. 330) aus dem späten 7. Jahrhundert, dessen Original im Rheinischen Landesmuseum in Bonn steht, seine Nachbildung vor der Kirche in Moselkern. Ins Auge fallen Spaziergänger meist auch in den Weinbergen die vielen Heiligenhäuschen, die mancher Winzer nach überstandenen schweren oder gar lebensbedrohenden Erkrankungen zum Dank an einen Heiligen oder die Gottesmutter errichten ließ. Und ebenfalls auffallend sind die meist einfachen, aber immer ausdrucksstarken Kreuzwegszenarien, wie man sie in vielen Moseldörfern gleich mehrfach findet – draußen in den Fluren und drinnen in den Kirchen.

Die Mosel als Filmkulisse

Schon früh war die Mosel auch spektakuläre Filmkulisse. 1936 wurde in Beilstein der Film *Wenn wir alle Engel wären* nach einer Novelle von Heinrich Spoerl gedreht, mit Heinz Rühmann und Leny Marenbach in den Hauptrollen. Er war so beliebt, dass man 1956 ein Remake des Erfolgsstreifens mit Dieter Borsche und Marianne Koch auflegte, das neben Beilstein auch in Bernkastel-Kues, Traben-Trarbach und Zell realisiert wurde. In Beilstein entstand 1938 *Das Verlegenheitskind* mit Ida Wüst und Paul Klinger, 20 Jahre später *Der Schinderhannes* mit Curd Jürgens. 1952 zog es die Kinomacher zur Verfilmung von Carl Zuckmayers Lustspiel *Der fröhliche Weinberg* mit Gustav Knuth und Eva-Ingeborg Scholz ebenfalls in das kleine Moseldorf.

An Drehorten zwischen Trier und Koblenz realisierte man 1943 und 1944 die *Moselfahrt mit Monika*, die jedoch nach ihrer Fertigstellung im Oktober 1944 von der alliierten Zensur verboten wurde. Ende August 1952 kam sie jedoch in gekürzter Fassung in Ostberlin zur Aufführung. Ein Jahr später waren Kameraleute mit dem Regisseur Kurt Hoffmann zwischen Cochem und Trier unterwegs. So entstand *Moselfahrt aus Liebeskummer*, eine Liebesgeschichte mit Will Quadflieg und Elisabeth Müller, die sich in Bernkastel-Kues ebenso wohlfühlten wie im Schloss und Schlosspark von Lieser. Auf den Moselhöhen bei Perl drehte man 2018 schließlich auf einem Reiterhof den deutsch-belgischen Spielfilm *Immenhof – Das Abenteuer eines Sommers*.

Schließlich schaffte es die Mosel auch ins Fernsehen. *Moselbrück* hieß die von 1987 bis 1993 in drei Staffeln und insgesamt 30 Folgen in der ARD ausgestrahlte Serie mit Liane Hielscher und Günther Strack, die das Leben einer Winzerfamilie illustrierte. Hauptkulisse der Folgen waren Ürzig, Bernkastel-Kues und Cochem. Zuletzt drehte Edgar Reitz für seine Heimat-Trilogie an der Mosel. Inzwischen haben auch ausländische Fernsehgesellschaften und Streaming-Anbieter die Landschaft entdeckt. Statt Liebesgeschichten in weinseligem Fachwerkambiente aber drehen sie lieber auf den Moselburgen aufregende Ritterdramen.

Feste und Bräuche

Die Landschaft entlang der Mosel ist weitgehend katholisch geprägt. Das zeigen auch die Feste und Bräuche. Zwischen Trier und Koblenz sind es heute vor allem Weinfeste, in Lothringen die Feiern zu Ehren des heiligen Nikolaus, der dort als eine Art Nationalheiliger gilt.

Mit der Fastnacht, die in größeren Städten wie Koblenz oder Trier als Karneval gefeiert wird, startet die festliche Zeit des Jahres. Selbst in kleinsten Dörfern gibt es närrische Gesellschaften, die sogenannte Kappensitzungen und Umzüge organisieren. Zu den ältesten gehört die 1848 gegründete »Trierer Carnevalgesellschaft«, die heute unter dem Namen »Heuschreck« eine närrische Marke ist – und an die auch ein Brunnen in der Stadt erinnert.

Nach der auf die Fastnacht folgenden Fastenzeit, an deren Ende das Gebet entlang der zahlreichen Kreuzwege ins Blickfeld rückt, kommt Ostern. Schon am Palmsonntag gehören kleine und große Prozessionen zum festlichen Reigen.

Auf besonders schön geschmückte Palmzweige trifft man in Müden oder Treis-Karden, wo große Mengen Buchsbaum an den Moselhängen wachsen. Es ist ein immergrüner Strauch, dessen am Palmsonntag gesegnete Zweige von den Gläubigen nach Hause mitgenommen werden. Dem Volksglauben nach sollen sie Blitz und Hagel abwehren, ehe sie zu Aschermittwoch des kommenden Jahres verbrannt und die Rückstände im Rahmen der Austeilung des Aschenkreuzes den Gläubigen auf die Stirn gezeichnet werden.

Am Gründonnerstag fliegen die Kirchenglocken nach Rom, wie es im Volksmund heißt. Das Läuten zum Gottesdienst ersetzen dann hölzerne Klappern, mit denen die Jugend durch die Dörfer zieht. Vielerorts ist das Osterklappern zum Heischebrauch geworden, wenn die Klapperbuben und -mädchen von Haus zu Haus ziehen und Eier, Süßigkeiten oder Geld sammeln.

Osterbräuche

Zu den populärsten Osterbräuchen an der Mosel zählte einst das Eierkippen. Bei diesem Brauch nimmt jeder Teilnehmer ein hart gekochtes Ei in die Hand. Dann werden zunächst Spitze gegen Spitze und anschließend Kuppe gegen Kuppe aneinander gestoßen. Sieger ist, wessen Ei am Schluss des Wettstreits noch heil ist. Noch heute lebt das Eierkippen in Winningen, wo man jährlich am Ostersonntag zusammenkommt. Traditionell wird dann auch Eierwein ausgeschenkt: mit Eiern und Zucker versüßter Riesling.

Ostereier wurden übrigens schon vor Jahrhunderten zum Fest massenweise vernichtet oder verschenkt. Seinen Grund hatte das in der Fastenzeit, in der ihr Genuss verboten war. Da aber die Hühner fleißig weiter legten, fielen zu Ostern riesige Mengen Eier an, die schnell verzehrt werden mussten. Weil im Ostergottesdienst aber auch immer Eier gesegnet wurden, färbte man die Eier aus der Kirche rot, um sie von den anderen zu unterscheiden. Das Eierfärben war so betrachtet eine katholische Sitte.

Um das zu verschleiern, brachten die Protestanten schließlich den Osterhasen als neuen Eierbringer ins Spiel. Relativ rasch wurde er zunächst in den Städten, später aber auch auf dem Land zum Symbol des Osterfestes, auch wenn ihm inzwischen Hennen und Hühner Konkurrenz machen. Die Moselaner aber durchschauten die Osterhasenidylle schnell. »Die Mutter färbt die Eier. Der Vater legt sie ins Gras. Dann meinen die dummen Kinder: Das wär der Osterhas',« reimte der Volksmund.

Weinfeste

Spätestens zu Pfingsten startet der Reigen der Wein- und Winzerfeste, die bis zum Herbst immer mehr werden. Sie sind ein Produkt des 19., vor allem aber des 20. Jahrhunderts. Zu den ältesten zählt das in Winningen, das anfangs angeblich nur gefeiert wurde, wenn die Weinernte besonders gut war, die Lese also eine sogenannte Kompagnie wert war. Die Kompagnie waren die jungen Winzer und Winzerinnen, die das Fest samt Umzug nach strengen Regeln organisierten.

Die meisten Weinfeste an der Mosel aber verdanken ihr Dasein der nationalsozialistischen Ära, als man zwischen Trier und Koblenz zum Absatz des teilweise im Überfluss vorhandenen Weins neue Feste aus dem Boden stampfte

Festwagen auf dem Mirabellenfest in Metz

und Städte aus dem ganzen Reich zu Paten machte. Enkirch, Klotten, Mehren, Schweich, Kobern oder Traben-Trarbach kamen so zu ihren Feiern. In den 1950er Jahren folgte ein weiterer Weinfeste-Schub, angeheizt von den Touristikämtern. Vielerorts ließen sie zu diesem Zwecke eigene Festzelte oder gar Hallen aufbauen.

Zur Attraktion wurde die Wahl von Weinköniginnen, wie sie fast jedes Moseldorf heute kennt. Wie Karnevalsprinzessinnen haben sie die Aufgabe, das Fest zu repräsentieren, für gute Laune zu sorgen und den Besuchern zuzuprosten.

Veranstaltung im Freilichtmuseum Roscheider Hof

Manchmal hat sich ein sogenannter Bacchus zu ihnen gesellt, ein männliches Gegenstück, der auch – wenn es an passenden Winzertöchtern fehlt – als Alleinunterhalter auftreten kann.

Was den Moselanern zwischen Koblenz und Trier die Trauben sind den Menschen zwischen Metz und Nancy die Mirabellen. Auch sie geben Anlass zu kleinen und großen Feiern. Die eindrucksvollste ist im August das Mirabellenfest in Metz, in dessen Mittelpunkt die Mirabellenkönigin mit ihren Prinzessinnen steht. Im großen Festzug, dem Musikanten aus ganz Europa Geleit geben, thronen sie auf dem größten aller Festwagen.

Advent und Weihnachten

Wenn das Jahr zu Ende geht, kommt die Zeit der Weihnachts- und Nikolausmärkte, vor allem entlang der französischen Mosel, wo Sankt Nikolaus besonders große Popularität genießt.

Aber auch zwischen Trier und Koblenz hat der Nikolaus viele Verehrer, etwa in Piesport und Graach, wo er in einem Boot über die Mosel kommt, um die Kinder zu beschenken. Besonders spektakulär erobert er Bernkastel-Kues. Dort erscheint er gewöhnlich auf einem Ruderboot, dem mehr als 100 Sporttaucher mit brennenden Fackeln das Geleit geben. Längst sind diese Veranstaltungen zu Events geworden, in denen der Nikolaus als Markenartikel genutzt wird. In der touristisch sonst wenig gefragten Winterzeit helfen diese Veranstaltungen, die Betten der Hotels und Ferienzimmer noch einmal zu belegen. Ebenfalls in Bernkastel-Kues wird deshalb zur Adventszeit Jahr für Jahr am historischen Fachwerkhaus der Adler-Apotheke ein Türchen geöffnet, ergänzt von einer künstlerischen Darbietung.

Die Weihnachtstage selbst sind ebenso wie der Jahreswechsel, einmal abgesehen von den traditionellen Gottesdiensten, kein Anlass für öffentliche Feiern. Vor allem für die Winzerfamilien sind sie nach der Lese, dem Keltern und dem Weihnachtsgeschäft die ersten ruhigen Tage nach Wochen harter Arbeit.

Die Kirmes oder Kirchweih hat angesichts der zunehmenden Weinfeste vielerorts an Bedeutung verloren. Auch die Feste zu Ehren der Heiligen, früher Anlass für große Prozessionen, sind weniger geworden oder werden nicht mehr groß öffentlich gefeiert. Heute, so scheint es, vertrauen die Moselwinzer angesichts möglicher Hagelschauer statt ihren Weinheiligen lieber dem Silberjodid, das waghalsige Piloten von Kleinflugzeugen in den gefahrvollen Gewitterwolken ausbringen.

Wallfahrten und Prozessionen

Einige Wallfahrten an der Mosel genießen noch immer großen Zulauf. Etwa die zum heiligen Matthias, dessen Reliquien im einzigen deutschen Apostelgrab in der Trierer Matthias-Basilika liegen. Angeblich hat sie Kaiserin Helena im 4. Jahrhundert aus dem Heiligen Land mitgebracht. Selbst im Rheinland haben sich zahlreiche Bruderschaften der jährlichen Wallfahrt nach Trier verschrieben, die gewöhnlich zu Pfingsten ihren Anfang nehmen. Wie stark der heilige Matthias das Leben an der Mosel bestimmte, zeigt auch die Tatsache, dass an seinem Namenstag, dem 24. Februar, früher an der Mosel auf den Bauern- und Winzerhöfen das Personal gewechselt wurde – nicht wie üblich zu Mariä Lichtmess am 2. Februar. Der Matthias-Tag galt zudem als Vorbote des Frühlings, getreu dem Sprichwort »Matheis bricht's Eis«.

Besonderen Zuspruch genießt am Dienstag nach Pfingsten die Springprozession im luxemburgischen Echternach, zu der jährlich viele Moselaner pilgern. Sie ist dem heiligen Willibrord (658–739) gewidmet. Er war ein angelsächsischer Missionar, der die Sympathien der karolingischen Gesellschaft genoss, zu deren Stammlanden die Mosel gehörte. Bekannt ist die Springprozession, die heute zum immateriellen Kulturerbe der UNESCO gehört, für ihren eigenwilligen, im 19. Jahrhundert entstandenen Sprungstil: drei Schritte vor und zwei zurück. Allerdings wurde diese Regelung, die oft für Chaos sorgte, 1947 abgeschafft. Seitdem springt man nur noch mit seitlichen Schritten vorwärts, abwechselnd nach links und rechts, alles immer im Takt einer Polka.

Feuerwerk in Alf

EXTRA

Nikolaus, der Moselheilige

Kein anderer Heiliger genießt an der Mosel mehr Aufmerksamkeit als Sankt Nikolaus. Überall erinnern Straßennamen an ihn, finden sich seine Statuen und Gemälde in den Kirchen der Dörfer und Städte. Vor allem die Schiffer haben ihn ins Herz geschlossen, schließlich ist er ihr Patron. Kein Wunder, dass sie früher an besonders gefährlichen Moselabschnitten Bilder von ihm aufstellten. Außerdem war es in Schifferfamilien üblich, zumindest einen Sohn Nikolaus oder Klaus zu nennen.

Ganz besondere Verehrung genießt der heilige Nikolaus in Lothringen, wo er als eine Art Nationalheiliger gilt und sein Namenstag Anfang Dezember mit großen Umzügen gefeiert wird. In Metz oder Nancy ähneln sie den rheinischen Rosenmontagszügen, Nikolaus und seine Helfer werfen süße Bonbons und andere Geschenke von den Festwagen. Besonders eindrucksvoll ist die nächtliche Lichterprozession in Saint-Nicolas-de-Port, wo die Gläubigen mit einer Reliquie des Heiligen durch die Basilika ziehen. Die Kirche in dem kleinen Städtchen vor den Toren Nancys war einst eine der ersten Wallfahrtsadressen Europas. Besuchermagnet war ein Fingerglied des heiligen Nikolaus, das ein lothringischer Ritter vor Jahrhunderten in Italien geklaut haben soll. In Lothringen jedenfalls wurde der Dieb als Held gefeiert und sein Beutestück in einer kleinen Kapelle am Meurthe-Ufer ausgestellt, wo es immer neue Wunder bewirkte. Selbst Kaiser und Königinnen erflehten in Saint-Nicolas-de-Port den Segen des Heiligen. Jeanne d'Arc zum Beispiel oder Herzog René II., der 1477 vor dem Kampf gegen den Burgunderkönig Karl den Kühnen den heiligen Nikolaus um Beistand in der entscheidenden Schlacht bat. Stunden später hatte er die Truppen des Widersachers geschlagen und die Unabhängigkeit Lothringens gesichert. Zum Dank spendierte er für die Reliquie in Saint-Nicolas-de-Port einen kostbaren Schrein, dessen neugotisches Replikat Jahr für Jahr durch die Kirche getragen wird, begleitet von Fahnen, einer Heiligenstatue und einer Nikolausbüste aus dem 17. Jahrhundert. Ist Saint-Nicolas-de-Port an einem der ersten Dezembersamstage das Ziel vieler Lothringer, treffen sie sich am Tag darauf in Metz zum großen Umzug mit illuminierten Festwagen. Der größte gehört Sankt Nikolaus, der gewöhnlich zwischen Engeln thront. Daneben schreckt Père Fouettard die Kinder, der Knecht Ruprecht der Franzosen: ein schwarzer Unhold, neben dem der Heilige um so strahlender erscheint.

Wer aber war dieser Nikolaus? Genau betrachtet war er eine Mischfigur, zusammengebastelt aus den Lebensgeschichten zweier Männer, die beide Nikolaus hießen und in Kleinasien lebten. Der eine war im 4. Jahrhundert Bischof von Myra, der andere gut 150 Jahre später Abt zu Sion. Richtig populär aber wurde Nikolaus erst, als die Kirche im Jahr 1222 den 6. Dezember zu einem der höchsten kirchlichen Feiertage machte. Zu den beliebtesten Geschichten um seine Person gehörte die sogenannte Jungfrauen-Legende. Sie erzählte von einem Vater, der seine drei Töchter »in die offene Sünde der Welt stoßen und von dem Preis ihrer Schande leben wollte«, wie die mittelalterlichen Autoren einst Prostitution und Zuhälterei poetisch umschrieben. Damit der aber seine Töchter glücklich unter die Haube bringen konnte, ließ ihm Nikolaus heimlich Gold zukommen. Dieses Rührstück bot vielen Eltern Anlass, ihren Kindern zum Nikolaustag etwas zu schenken. Besonders populär aber war eine im frühen 12. Jahrhundert entstandene Legende. Sie erzählte von drei Schülern, die auf der Wanderschaft erschlagen und eingepökelt, vom Nikolaus aber wieder zum Leben erweckt wurden. Die Geschichte wurde in vielen Kirchen dargestellt, wo die drei Knaben zu Füßen des Heiligen auftauchten.

Kein Wunder, dass Klosterschüler dieses Mirakel gern spektakulär in Szene setzten und verkleidet durch die Straßen vieler Städte zogen. Zu den schärfsten Kritikern dieses spätmittelalterlichen Nikolaustreibens gehörte der Reformator Martin Luther. Zwar hatte er nichts gegen die Verteilung von Nikolausgeschenken, in den öffentlichen Umzügen der Heiligenfigur aber sah er ein Werk des Teufels. Noch heftiger bekämpften seine Nachfolger den katholischen Heiligen, für den sie schließlich den von Luther propagierten »Heiligen Christ« ins Spiel brachten: eine erwachsene Engelsfigur, die wir heute als Christkind kennen. Dahinter verbarg sich nicht wie in der katholischen Glaubensvorstellung das Jesuskind in der Krippe, sondern eine eher weibliche Lichtgestalt.

Ihren Nikolaus aber ließen sich die Katholiken nicht nehmen. Während die Protestanten in ihren Adventsspielen das Christkind in den Mittelpunkt rückten, machten die Katholiken in ihren Weihnachtsspielen den Nikolaus zur Hauptfigur. Im Dienst der Gegenreformation geriet der Heilige gar zum Prüfstein für ein tugendhaftes Leben. Damit war der Weg für den pädagogischen Nikolaus geebnet, der die Kinder strafte und lobte – und der an der Mosel als Gabenbringer noch immer sehr willkommen ist.

Der heilige Nikolaus mit den drei geretteten Schülern am Cusanusstift in Bernkastel-Kues

Essen und Trinken

Sie ist nicht leicht, die Moselküche, ganz gleich, wo man ihr begegnet. Fleisch bestimmt sie mehr als Fisch – und natürlich die Kartoffel, die zu den meisten Gerichten serviert wird. Typische Hausmannskost lernt man vor allem auf den Weinfesten kennen, bei denen häufig auch lokale Spezialitäten serviert werden. Unverkennbar aber sind inzwischen auch die Anstrengungen der Gastronomen, den internationalen Besuchern eine zeitgemäße Küche anzubieten, die auch Vegetarier oder Veganer zufrieden stellt. Touristisch stark frequentierte Orte wie Koblenz, Cochem, Bernkastel-Kues, Trier, Remich oder Metz haben zudem ein globales Angebot, zu dem neben Pizza, Couscous und Kebab auch andere Spezialitäten gehören.

Spezialitäten

An der französischen Mosel ist die *Quiche Lorraine* eine Art Nationalgericht: eine Tarte aus Mürbeteig, traditionell gefertigt aus Räucherspeck, Milch, Salz, Pfeffer und der *Migaine*. So heißt im Norden Lothringens die Mischung aus Eiern und Crème fraîche, die den Grundstock der Quiche Lorraine bildet. Viele Franzosen schneiden inzwischen auch gern ein paar Frühlingszwiebeln in ihre Quiche, die schnell zu machen ist, wenn Gäste kommen. Allerdings nimmt man es mit der Füllung heute nicht mehr so genau wie früher, man gibt je nach Gusto Fisch, Fleisch oder Gemüse in den Teig, je nachdem, was Speisekammer oder Kühlschrank gerade hergeben.

Kulinarisch betrachtet ist die Quiche eine Verwandte des aus dem Elsass stammenden Flammkuchens. Während der noch immer flach ist, schwoll die Quiche zu einem dicken Kuchen an. Traditionell wird die Quiche aus Lothringen warm gegessen, gewöhnlich zu einem grünen Blattsalat. Sie passt kalt aber auch gut als Vorspeise zu einem Aperitif oder zu einem Picknick.

Feirsténgszalot, Luxemburger Fleischsalat

Zu den Besonderheiten in Lothringens Küche zählt auch die *Potée lorraine*, ein klassischer Eintopf mit Gemüse und Würstchen oder Schweinefleisch. Hinter *Andouille* verbergen sich Würstchen aus Innereien. *Pâté lorrain* ist ein mit mariniertem Schweinefleisch gefüllter Blätter- oder Pastetenteig. *Beignets Râpés* entpuppen sich als schmackhafte Kartoffelpuffer.

Deftige Gerichte kennt auch Luxemburg. Ein Gaumenkitzler ist der sogenannte *Kachkéis*: ein gekochter Käse, der oft mit Gewürzen verfeinert und

Lothringer Spezialitäten

mit Bauernbrot serviert wird. Besonders beliebte und landestypische Gerichte sind *Judd mat Gaardebounen*, also geräuchertes Schweinefleisch mit dicken Bohnen, oder die *Kniddelen*, Knödelchen aus einem Mehlteig, die mit gebratenen Rauchfleischwürfeln in Sahne serviert werden. Hoch im Kurs steht auch die *Bouneschloupp*, eine Suppe aus grob geschnippelten Bohnen, in die Mettwürste oder Kasseler eingelegt sind. Im benachbarten Saarland und dem Hunsrück werden die Bohnen etwas dünner geschnitten und dann als *Schnibbelsches Bonesupp* serviert.

Eine Spezialität in den Winzerorten ist Tresterfleisch. Seinen Namen verdankt es dem Trester, den gebrannten Rückständen nach dem Keltern der Trauben. Ursprünglich wurde es im Winter gekocht, als die Winzer beim Schnapsbrennen einen Topf mit Fleisch in den Brennkessel hängten, das so das Aroma des Tresters annahm. Heute wird das gewürfelte Fleisch in einem Sud aus Trester und Riesling mariniert und dann mit Gemüse gekocht. Allerdings gibt es noch immer eine Handvoll Gasthäuser, die ihr Tresterfleisch in der Brennblase garen lassen.

Nachspeisen

Groß ist das Angebot an Nachspeisen, zu denen Zwetschgenkuchen (*Quetschetaart*) und Mirabellenküchlein (*Tarte aux Mirabelles*) gehören. Die Franzosen kennen zudem ein großes Angebot an traditionellem Gebäck. Dazu zählen vor allem die sogenannten *Macarons*, die schon in Rabelais Romanzyklus »Gargantua und Pantagruel« als Nachtisch auftauchten. Traditionell fertigt und verkauft sie heute ein kleiner Familienbetrieb in Nancy (www.macaron-de-nancy.com), der das viele hundert Jahre alte Rezept zur Fertigung der kalorienreichen Gaumenkitzler sorgsam hütet. Die Makronen aus Nancy sind innen weich und schmecken nach Zucker und Mandeln. Ihr Teig muss mindestens einen Tag lang ruhen, bevor er im Ofen gebacken werden kann.

Eine weitere Moselspezialität wird seit Jahrhunderten in Remiremont gefertigt: die *Nonnette de Remiremont*, ein kleiner runder Kuchen aus Gewürzbrot mit einem Guss aus Zucker oder Schokolade. Sein Teig besteht aus Tannenhonig aus den Vogesen, Mehl, Eigelb und Gewürzen wie Zimt und Muskatnuss.

In Liverdun produziert man seit 1924 die sogenannte *Madeleine,* einen kleinen Kuchen in Form einer bauschigen Muschel aus einem weichen Teig. Seine Zutaten sind Eier, Butter, Mehl, Zucker, Milch, Hefe, Salz und Zitronenextrakt. Dazu passt eine Tasse Kaffee oder eine heiße Schokolade.

Kartoffeln

Als *Krumper*, *Gromper*, *Krumbeer* oder *Krumbiir* kennt man die Grundbirne, wie die Kartoffel auch noch genannt wird, in der Großregion. Kartoffelpuffer firmieren deshalb unter dem Namen *Grumbeerkichelscha* oder *Krumpernschniet(s) cher*. Und die *Krommbierewurscht* ist eine schlichte Kartoffelwurst.

Kartoffeln prägen auch den *Dibbelabbes* oder *Döppekoche*, einen Kartoffelauflauf mit Zwiebeln und Bauchspeck, der in allen Varianten auf den Tisch kommt. *Scholes* oder *Schales* wird ähnlich zubereitet, allerdings nicht im Ofen gekocht, sondern in der Pfanne gegart.

Gräwes ist zwischen Trier und Koblenz ein weiteres traditionelles Gericht: ein Gemisch aus gestampften Kartoffeln, Sauerkraut und Speck, Eisbein oder Schweinerippchen, das vor allem die Mittagspause der Winzer während ihrer Arbeiten im Weinberg bereichert. Und als *Gefillde* gelten Kartoffelklöße, die traditionell mit Hack, Blut- oder Leberwurst gefüllt sind.

Fisch

In den Traditionslokalen Luxemburgs und Deutschlands kommen gern auch kleine, gebratene Moselfische auf den Tisch. Besucher im Großherzogtum finde sie als *Fritür* auf der Speisekarte. Dazu passt ein trockener Elbling, den schon die Römer in der Region zu schätzen wussten, und zum Abschluss ein Trester zur Verdauung – ein Schnaps, den die Italiener als *Grappa* kennen, die Franzosen als *Marc*. Gelegentlich wird an der Mosel auch noch Aal serviert. Und auch Zander ist wieder gefragt, in Lothringen auch Forelle, Hecht oder Karpfen aus Seen und Teichen.

Eine besondere Fischspezialität kennt Remiremont, wo man nach alten Klosterrezepten in Weißwein marinierte Forellenfilets als *Forellenpastete der Äbtissin* (*pâté de truite des Abbesses*) serviert.

Gemüse und Obst

Lauch, Zwiebeln, Rot- und Weißkohl, letzterer häufig in Form von Sauerkraut, sind gängige Gemüse entlang der Mosel, weniger Salat, der meist nur im Sommer gefragt ist. Darüber hinaus schätzen die Moselaner heimisches Obst wie Äpfel, Birnen oder Kirschen, die sie auch gern zu Saft oder Wein verarbeiten. Vor allem an der Terrassenmosel ist der rote Weinbergpfirsich heimisch. *Rud Peesch* nennen ihn die Einheimischen, die seine Früchte gern in Alkohol einlegen oder sie zu Likören oder hochprozentigen Bränden veredeln, die Konfitüren und Torten den letzten Pfiff geben.

Gebackene Moselfische

Mirabellen und Walnüsse

Was den Menschen an der Terrassenmosel der Weinbergpfirsich, ist denen zwischen Metz und Nancy die Mirabelle. *La Reine de Lorraine* (die Königin Lothringens) nennen sie die Frucht stolz. Schließlich ist Lothringen im Anbau von Mirabellen Weltmeister. Mehr als zwei Drittel der Weltproduktion entstammen der Region. Die zwei wichtigsten Mirabellensorten, die man allerdings nur anhand der Form ihrer Steine genauer unterscheiden kann, sind die Metzer Mirabelle und die Mirabelle von Nancy. Die Mirabelle von Nancy, auch als Goldfarbige Pflaume oder Große Mirabelle bekannt, ist etwas größer als die Metzer Mirabelle. Ihre Schale ist meist hellgelb, zur Sonnenseite hin rötlich-violett. Mit ihrem süßen und aromatischen Fruchtfleisch ist sie vor allem zum frischen Verzehr geeignet. Die Metzer Mirabelle bringt größere Erträge, obwohl ihre Früchte meist kleiner sind. Süß und saftig ist auch ihr Fruchtfleisch. Weil sie beim Einmachen angeblich aber kaum Farbe verliert, wissen sie vor allem Konservenfabrikanten zu schätzen. Auch als Konfitüre, Gelee, Marmelade oder Dörrobst kommt sie gern auf den Tisch, zudem als Obstbrand oder Likör, ja sogar zu Bier wird sie inzwischen verarbeitet.

Zu den Moselspezialitäten gehört nicht zuletzt die Walnuss, die in Broten und Torten für Kalorien sorgt; Metzger stecken sie sogar in Bratwürste. Walnussfans sollten sich das Brauneberger Wein-Straßenfest im September merken, wo es Walnusspastete ebenso wie Gegrilltes mit Walnuss-Soße gibt.

Regionale Rezepte

Wer sich kulinarisch auf seine Moselreise einstimmen möchte, dem seien die folgenden drei Rezepte empfohlen. Sie kommen aus allen drei Moselanrainerstaaten und sind für jeweils vier Personen gedacht.

Quiche Lorraine (Frankreich)

Zutaten: 100 g Mehl, 3 EL Wasser, Salz, 1 Ei für den Teig; 120 g Speckwürfel, 300 g Crème fraîche, 2 Eier, 120 g geriebenen Käse, je eine Prise Salz und Pfeffer für den Belag

Zubereitung: Zuerst den Teig zubereiten, dessen Zutaten in einer Schüssel vermengt und zu einem glatten Teig geknetet werden. Backofen auf 180 Grad vorheizen. Teig in einer Backform auf dem Boden auslegen und am Rand passend hochziehen. Teig mit Speckwürfel belegen und zehn Minuten backen. In der Zwischenzeit die Crème Fraîche mit den Eiern verrühren und mit Salz und Pfeffer abschmecken. Die Backform aus dem Ofen holen, die Masse darüber gießen und mit dem geriebenen Käse bestreuen. Schließlich nochmals 20 Minuten in den Ofen schieben, bis eine braune Kruste entstanden ist.

Bouneschlupp (Bohnensuppe, Luxemburg)

Zutaten: 320 g Stangenbohnen, 80 g Zwiebeln, 120 g Kartoffeln, 80 g geräucherter Bauchspeck, 20 g Butter, 1,2 l Wasser, 60 ml Crème fraîche, Salz, Bohnenkraut und gemahlener Pfeffer zum Würzen

Zubereitung: Bohnen putzen und schneiden. Den gewürfelten Bauchspeck in Butterschmalz anbraten. Die gehackten Zwiebeln hinzufügen, alles zusammen anschwitzen und mit Salz, Pfeffer und Bohnenkraut würzen. Dann Bohnen samt Wasser hinzufügen und 45 Minuten garen lassen. Anschließend die in Würfel geschnittenen Kartoffeln zugeben und weitere 10 Minuten garen lassen. Zum Schluss mit Crème Fraîche verfeinern und abschmecken, bei Bedarf nachwürzen.

Deppelappes (Kesselkuchen, Deutschland)

Zutaten: 1 kg Kartoffeln, 3 Eier, 3 große, geriebene Zwiebeln, 4 fein geschnittene Schweinemettwürste, 150 g fein geschnittener Räucherspeck, 1 Bund fein gehackte Petersilie, ein in Wasser eingeweichtes und anschließend ausgedrücktes Brötchen, Salz und Muskat

Zubereitung: Die Kartoffeln schälen, reiben und in einem Sieb abtropfen lassen, dabei das Kartoffelmehl auffangen und die Flüssigkeit abgießen. Eier, Zwiebeln, Mettwürste, Petersilie, das ausgedrückte Brötchen und das Kartoffelmehl unter die Kartoffelmasse mischen. Mit Salz und Muskat würzen. Die Speckwürfel mit etwas Sonnenblumenöl in den Bräter geben und glasig werden lassen. Die Kartoffelmasse dazugeben. In dem auf 220° C vorgeheizten Backofen mindestens 1 Stunde backen.

Während der Backzeit kleine Löcher in die Kartoffelmasse drücken und den dünnen Ölfilm vorsichtig über den Teig verteilen. Deppelappes wird traditionell heiß mit Apfelmus und Kaffee gegessen.

Zu Tisch: Bild an einem Gästehaus im lothringischen Bulligny

Viele Gesichter hat die Mosel an ihrem Oberlauf. Manchmal nur einem Rinnsal gleicht sie auf den ersten Kilometern, ehe immer mehr Nebenflüsse ihr Bett mit Wasser füllen. Remiremont und Épinal sind die ersten großen Siedlungen am Ufer. Nur wenig später aber zeigt sich die Mosel als wilder Fluss, der zwischen Chamagne und Tonnoy gern mäandriert. »Moselle sauvage« nennen die Franzosen deshalb diesen Abschnitt. Nur ein paar Autominuten südwestlich von Nancy hat die Mosel schließlich die Menge an Wasser beisammen, die ihr die Großschifffahrt erlaubt.

Die Wilde Mosel bei Bainville-aux-Miroir

DIE OBERMOSEL

A 31
Nancy
Laxou
Villers-lès-Nancy
Neuves-Maisons
Messein
Méréville
Flavigny-sur-Moselle
Tonnoy
Madon
Moselle
Voinémont
Benney
Velle-sur-Moselle
Tantonville
N57
Praye
Bainville-aux-Miroirs
Xirocourt
Diarville
Socourt
Chamagne
Charmes
Bettoncourt
Canal des Vosges
Poussay
Vincey
Mirecourt
Ahéville
Mattaincourt
Derbamont
Madonne-et-Lamerey
Bainville-aux-Saules
D166
Ville-sur-Illon
Les Forges
Lerrain
Girancourt
Charmois-l'Orgueilleux
Dounoux
Vosges
Hennezel
La Chapelle-aux-Bois
Xertigny
GRAND-EST
BOURGOGNE-FRANCHE-COMTÉ
La Vôge-les-Bains
Vauvillers
Magnoncourt
Melincourt
Saint-Loup-sur-Semouse
Corbenay
Aillevillers-et-Lyaumont
Fontaine-lès-Luxeuil
Haute-Saône
Conflans-sur-Lanterne
Luxeuil-les-Bains
Esboz-Brest
Fougerolles
Plombières-les-Bains
N57
Le Val-d'Ajol
Faucogney-et-la-Mer
La Mer
Corravillers
Arracourt
Réméréville
Meurthe-et-Moselle
Einville-au-Jard
Sânon
Maixe
Saint-Nicolas-de-Port
A 33
Dombasle-sur-Meurthe
Lunéville
N 4
Meurthe
Blainville-sur-l'Eau
Rehainviller
Fraimbois
Einvaux
Bayon
Virecourt
Rozelieures
Réserve naturelle régionale de la Moselle sauvage
Damas-aux-Bois
Haillainville
Portieux
Moriville
Romont
Châtel-sur-Moselle
Nomexy
Domèvre-sur-Durbion
Igney
Thaon-les-Vosges
Chavelot
Golbey
Épinal
D420
Dinozé
Forêt d'Épinal
Archettes
Arches
Jarménil
Pouxeux
Éloyes
Saint-Nabord
Remiremont
N66
Moselle
Vecoux
Bourdonnay
Maizières-lès-Vic
Xures
Legarde
Parroy
Moussey
Avricourt
Emberménil
Vého
Marainviller
Vezouze
N 4
Blâmont
Bénaménil
Ogéviller
Domèvre-sur-Vezouze
Saint-Clément
Montigny
Moyen
N59
Badonviller
Neufmaisons
Domptail
Baccarat
Bertrichamps
Mortagne
Ménil-sur-Belvitte
Raon-l'Étape
Étival-Clairefontaine
Rambervillers
Saint-Remy
Vomécourt
Jeanménil
Nompatelize
Saint-Dié-des-Vosges
Padoux
Girecourt-sur-Durbion
Brouvelieures
Aydoilles
Bruyères
Vanémont
Lépanges-sur-Vologne
Vologne
Docelles
Granges-sur-Vologne
Faucompierre
Le Tholy
Gérardmer
Parc naturel régional des Ballons des Vosges
Le Syndicat
La Bresse
Moselotte
Cornimont
Rupt-sur-Moselle
Ferdrupt
Petite Drumont 1200 m
Moselquelle
Bussang
Col du Bussang 731 m
Le Thillot
Fresse-sur-Moselle
N66
Saint-Maurice-sur-Moselle
Servance
Ballon d'Alsace 1247 m
Die Obermosel
0 6,5 13 km

Von Bussang bis Messein

Nationalem Stolz ist die Tatsache geschuldet, dass die meisten Deutschen die Obermosel grob betrachtet noch immer zwischen dem saarländischen Perl und dem rheinland-pfälzischen Trier verorten. Geografisch aber liegt die Obermosel in Frankreich, ihrem Quellgebiet. Dort entspringt die Mosel zu Füßen der Vogesen in Bussang. Von da ab geht es erst Richtung Südwesten, ehe das Flüsschen in **Saint-Maurice-sur-Moselle** seinen südlichsten Punkt erreicht. Weil ihm hier aber der Weg Richtung Mittelmeer versperrt ist, bleibt nur der Weg Richtung Nordwesten – durch ein von bewaldeten Bergen gesäumtes Hochtal nach **Remiremont** (→ S. 119). Es ist die erste große Siedlung am Fluss und wegen ihrer Geschichte, die bis in die Römerzeit reicht, einen Besuch wert.

Ab Remiremont ist die Enge des Flusstales vergessen, nimmt sich die Mosel Zeit zum Verschnaufen. Langsam mäandriert sie flussabwärts, vorbei an kleinen Dörfern nach **Épinal** (→ S. 125). Es ist die erste große Stadt, die sie durchfließt und in zwei Hälften trennt.

Von jetzt an wird die Mosel auch von einem Kanal (Canal des Vosges) begleitet, der ganzjährig kleinen Schiffen, sogenannten Péniches, und Sportbooten offen steht. Frachtschiffer und Freizeitkapitäne können nämlich der Mosel noch nicht vertrauen, die nach Verlassen des Departements Vosges auch im Département Meurthe-et-Moselle mit seiner Hauptstadt Nancy in trockenen Sommern oft nur wenig Wasser hat. Als **Wilde Mosel** (→ S. 135) ist dieser weniger besiedelte Abschnitt bekannt, der mit viel Natur aufwartet.

In **Messein**, wo vom die Mosel begleitenden Canal de Vosges ein Stichkanal nach Nancy abzweigt, streckt sich die Mosel nach Westen. Obwohl **Nancy** (→ S. 140) nicht an der Mosel liegt, hat die Stadt einen Abstecher verdient. Mosel-Puristen dagegen folgen ihr weiter ins benachbarte **Neuves-Maisons**, dem ersten großen industriellen Standort an ihrem Ufer.

Von Neuves-Maisons ab ist die Mosel mit ihren Schleusen jetzt auch für große Schiffe befahrbar. Und auch Radfahrer müssen von nun an ihren Weg am Ufer entlang, von wenigen Ausnahmen abgesehen, nicht länger suchen.

Moselquelle

Geografen verorten die Moselquelle in Bussang, einem langgestreckten Talort an der Westflanke der Vogesen. An seinem östlichen Ende steigt die Route National (Nationalstraße) 66 zum **Col du Bussang** an, der Lothringen vom Elsass trennt. Zwischen 1871 und 1919 verlief auf der Passhöhe die Grenze zwischen Frankreich und dem Deutschen Kaiserreich.

Der mehr als 700 Meter hohe Pass ist Teil einer Querverbindung von Basel nach Metz, die angeblich schon die Römer nutzten. Seine Ostseite ist voller Kehren, die Radler gehörig ins Schwitzen bringen – hin und wieder auch die Eliten der Tour de France. Ein paar Meter westlich der Passhöhe führt ein schmales Forststräßchen, die Route du Drumont, zum Gipfel des über 1200 Meter hohen **Petite Drumont**. Wer will, kann übrigens auch vom Parkplatz an der Moselquelle auf markierten Wegen in gut fünf Stunden zum Drumont aufsteigen, eine mit über 800 Höhenmetern anstrengende, aber lohnende Wanderung.

Die Almwiesen rund um den Gipfel sind ein Paradies für Frischluftfanatiker: im Winter für Schneeschuhwanderer, den

Die Mosel auf ihren ersten Metern

Rest des Jahres für Tourengeher. Ein Almgasthof, die **Ferme Auberge Drumont**, bietet regionale Spezialitäten wie selbstgemachten Käse. Besonders mundet der Munster-Käse, aber auch der süße Fromage blanc, der mit Kirschwasser verfeinert wird. Wanderern bietet der nur im Sommer geöffnete Almgasthof einfache Übernachtungsmöglichkeiten. Ein **Gedenkstein** erinnert daran, dass auf dem Berggipfel noch Ende des Zweiten Weltkriegs zwischen Deutschen und Franzosen erbittert gekämpft wurde.

Zu Füßen des Petit Drumont entspringt die Mosel. Für Bussang war das jahrhundertelang nichts Besonderes. Noch 1875 hieß es in einem französischen Wanderführer, dass man in Bussang auf dem Weg zur Passhöhe »la principale source« sehen könne, also die Hauptquelle der Mosel. Allerdings sei die »honteusement cachée dans une guérite en bois« – »schändlich versteckt in einer Holzhütte«.

Inzwischen ist die Moselquelle sauber gefasst und mit einem steinernen »M« versehen. Über den Buchstaben rinnt Wasser aus einer Granitwand in ein Becken, das touristisch als Moselquelle gilt. Sie erspart Besuchern die Suche nach den kleinen Quellbächen an den bewaldeten Hängen des Petit Drumont. Ein Schild bescheinigt dem Fluss eine Länge von 550 Kilometern und weist die Quelle in 715 Meter Höhe aus. Beachtenswert ist eine in die Wand der Quelle eingelassene Bronze, die den Lauf des Flusses bis zur Mündung zeichnet.

Einen knappen Kilometer flussabwärts wird die Mosel dann greifbarer, wenn ihr Quellfluss in den **Etang des sources** mündet, einen kleinen Bergsee, der sich gemütlich zu Fuß umrunden lässt. Es ist ein Platz zum Innehalten und weit idyllischer als die gefasste Moselquelle weiter oben.

Bussang

Route des Sources heißt die Straße, die von der Quelle ins Dorf nach Bussang führt. Im Mittelalter war es mit dem benachbarten Saint-Maurice-sur-Moselle unter dem Namen Vicentine vereint. Touristisch beleben ihn Wintersportler

▸ Karte S. 114

und Sommerfrischler. Rund ein Dutzend Pisten aller Schwierigkeitsgrade und mehrere Loipen laden im Winter Abfahrer und Langläufer.

Für Kletterer gibt es einen kleinen Steig, den **Rando Ferrata de la Source de la Moselle**. Außerdem erwartet Urlauber eine **Dorfkirche** aus dem 18. Jahrhundert, eine kleine **Thermalstation** (Source de Marie) mit eisenhaltigem Wasser und ein kleines Spielcasino. Sehenswert ist das 1895 gegründete **Théâtre du Peuple**, in dem Laien und Profis populäre Stücke zur Aufführung bringen. Der Spielort ist Frankreichs einziges komplett aus Holz erbautes Theater, dessen Bühne nach außen offen ist und so einmalige und naturalistische Bühnenbilder erlaubt.

Bussang

Vorwahl: +33/(0)3
PLZ: 88540
Office de Tourisme, 8 av. de la Gare, Tel. +33/3/56110090.
https://de.ballons-hautes-vosges.com

Hotel-Restaurant L'Auberge Alsacienne, 27 rue Alsace, Tel. +33/3/970357680; DZ ab 60 Euro. Einfache Herberge mit elsässisch-lothringischer Küche.
www.auberge-alsacienne.fr

Ferme Auberge Le Drumont, 7 route du Drumont, Tel. +33/3/29615012; Mitte April–1. Nov. Drei große Schlafsäle.
www.suivezletrefle.com

Camping Domaine de Champé (Sunelia Vacances), 14 rue des Champs-Navet, Tel. +33/3/29616151. 5-Sterne-Campingplatz mit Schwimmbad, Restaurant und E-Bike-Verleih, im Angebot sind auch luxuriöse Holzchalets für Kleingruppen und Großfamilien. https://domaine-de-champe.fr

Théâtre du Peuple, 40 rue du Théatre, Tel. +33/3/29616248; Spielzeit: Juli–Sept., So Führungen um 10.30 Uhr.
www.theatredupeuple.com

E-Bike Oxygen, 9 rue d'Alsace, Tel. +33/682/068226; tgl. außer Di. Radvermietung und Reparaturwerkstatt.
https://de.ebikeoxygen.fr

Auf dem Drumont, dem Quellgebiet der Mosel

Zwischen Bussang und Remiremont

Auf dem Weg zur Mündung fließt die Mosel von Bussang erst einmal Richtung Süden nach **Saint-Maurice-sur-Moselle,** dem südlichsten Punkt des Flusslaufes. Skifahrer schätzen den Ort wegen seiner Schneesicherheit, gehört das Bergdorf doch zu den niederschlagsreichsten Ortschaften Frankreichs. Im Sommer sind es die vielen Wanderwege und Mountainbike-Routen, die sportliche Urlauber locken.

Die Rue du Ballon d'Alsace, eine kurvenreiche Straße, führt auf den Col du Ballon d'Alsace, von wo es gemütliche Wege zum **Ballon d'Alsace** gibt. Elsässer Belchen nennen die Deutschen den 1247 Meter hohen Gipfel mit seinem einmaligen Panorama. Jura und Schwarzwald sind von dort ebenso zu sehen wie bei sehr klarem Wetter die Kette der Berner Alpen. Bis ins späte Frühjahr liegt auf dem Belchen manchmal noch Schnee. Im weiten Hochtal nimmt die Mosel flussabwärts langsam Fahrt auf. Immer wieder sammelt sie Wasser aus den umliegenden Bergen, das vor allem kleine Gebirgsbäche bringen.

Die Mosel in Fresse-sur-Moselle

▶ Karte S. 114

Die Dörfer **Fresse-Sur-Moselle** und **Le Thillot** sind fast zusammengewachsen. Sie gelten als das Herz des Hochmoseltals, das nach dem Deutsch-Französischen Krieg 1870/71 von Textilfabrikanten profitierte, die damals vor den neuen deutschen Machthabern aus dem Elsass geflohen waren und hier in Frankreich neue Betriebe gründeten. Viele Millionen Euro setzen sie noch immer mit Bettwäsche, Kissen, Bademänteln und anderen Heimtextilien um, viele hundert Arbeitsplätze aber sind in den letzten Jahren verschwunden. Auch das ist ein Grund dafür, dass die Einwohnerzahlen in diesem Hochmoseltal seit langer Zeit stagnieren oder sogar schrumpfen.

Von Zeiten, als man entlang der jungen Mosel noch gut verdiente, erzählt das **Besucherbergwerk Les Hautes-Mynes** in Le Thillot. Dort ließen Lothringens Herzöge seit Mitte des 16. Jahrhunderts Kupfer abbauen, ganz modern mit hydraulischen Maschinen und dem Einsatz von Schwarzpulver. Heute stiefeln Besucher, ausgestattet mit Helm und Grubenlampe, durch die stillgelegten Stollen.

Letzte größere Gemeinde auf dem Weg nach Remiremont ist **Rupt-sur-Moselle**, das vor der Französischen Revolution im Besitz des Damenstiftes von Remiremont war.

Touristisches Kapital im Hochmoseltal, durch dessen Mitte sich die Nationalstraße N 66 zieht, sind die vielen **Laub- und Nadelwälde**r. Schier unendlich sind hier die Möglichkeiten zum Wandern und Radfahren, es gibt Wege und Pisten fast aller Schwierigkeitsgrade.

Hochmoseltal Bussang-Épinal

Vorwahl: +33/(0)3

Touristeninformation Saint-Maurice-sur-Moselle, 28 bis Rue de Lorraine, 88560 Saint-Maurice-sur-Moselle, Tel. +33/3/56110090. https://de.ballons-hautes-vosges.com

Les Hautes-Mynes, 47 Rue de la gare, 88160 Le Thillot, Tel. +33/3/29250333. Im Museum ist auch eine kleine Touristeninformation zuhause. www.hautesmynes.com

Chambres d'hôtes Les Clos des Lesses, 9 Rue de Lesses, 88160 Fresse-sur-Moselle, Tel. +33/3/683425657; DZ ab 67 Euro. www.leclosdeslesses.com

Gemeinde-Campingplatz Au Bon Accueil, 36 ter Rue de Lorraine, 88160 Fresse-sur-Moselle, Tel. +33/3/29250898; April–Okt. Offener Platz mit 48 Stellplätzen.

Camping du Clos de la Chaume, 36 Rue de la Chaume, 88160 Le Thillot, Tel. +33/0630235005; März–Nov. Gemeinde-Campingplatz an einem Weiher. www.camping-closdelachaume.com

Camping de Maxonchamp, 3 Rue du Camping, 88360 Rupt-sur-Moselle, Tel. +33/3/29243065; April–Mitte Okt. Großer Campingplatz direkt am Moselufer, der neben Stellplätzen auch Bungalows vermietet. www.camping-vosges-88.com

Auberge des Fontaines, 12 Rue du Lait, 88560 Saint-Maurice-sur-Moselle, Tel. +33/3/29616119. Berghütte auf 700 Meter Höhe mit großer Terrasse und saisonalen Menüs. www.aubergedesfontaines.com

La Lau'nia, 1 Rue de la Mouline, 88160 Le Thillot, Tel. +33/3/548009971. Pizza aus dem Holzkohleofen, Salate und Nudelgerichte. www.la-launia.com

Le Calice, 26 rue de Lorraine, 88560 Saint-Maurice-sur-Moselle, Tel. +33/6/49874590. Täglich außer Samstags geöffneter Familienbetrieb mit preiswerten Mittagsgerichten, durchgängig geöffnete Küche für Snacks.

Mountainbiker finden die passenden Wegstrecken unter https://de.ballons-hautes-vosges.com/mountainbike-strecken.html

Vorschläge für leichte und schwere Wanderungen listet die Webseite: https://de.ballons-hautes-vosges.com/wandertouren-vorschlage.html

Tradition des Vosges, 28 Rue d'Alsace, 88160 Fresse-sur-Moselle, Tel. +33/3/29250233; Di–Sa 10–12.30 und Mo–Sa 13.30–18.30 Uhr. Werksverkauf von Bademänteln, Bettwäsche, Handtüchern, Kissen und anderen Heimtextilien. www.traditiondesvosges.com

Montagne Saveurs du Terroir, 44 Av. de Verdun, 88160 Le Thillot, Tel. +33/3/29252731; Di–Sa 9.30–12 und 14.30–19 Uhr. Kleines Lädchen mit regionalen Spezialitäten wie Bier, Räucherwurst, Käse oder Honig.

Remiremont

»La belle des Vosges« (»Die Schönheit der Vogesen«) nennt sich die erste richtig große Siedlung an der Mosel: Remiremont. Seit die Bahnstrecke nach Bussang stillgelegt wurde, ist es die erste Bahnstation am Fluss, von der ein TGV-Hochgeschwindigkeitszug in knapp drei Stunden werktags einmal direkt nach Paris verkehrt. Es ist ein politisches Zugeständnis an eine Kommune, die im frühen Mittelalter noch eine Weltmetropole war und zu den Stammlanden der Karolinger gehörte.

Die Statue Notre Dame du Trésor in der ehemaligen Abteikirche

In Remiremont nimmt die Mosel ihren ersten großen Nebenfluss auf, die Moselotte. Eigentlich ist es umgekehrt, denn die Moselotte bringt deutlich mehr Wasser als die Mosel aus den Vogesen mit. Hochwassersicher in den Bergen über der Mündung gründete der heilige Romarich einst ein Kloster, und wurde so zum Namensgeber von Remiremont.

Touristisch empfiehlt sich Remiremont mit einer kleinen und sehenswerten **Altstadt**, die nicht nur an heißen Sommertagen mittelalterliches Flair verströmt. Ihr Herz ist die Pfarrkirche **Saint-Pierre** und ihre Schlagader und zugleich Haupteinkaufsstraße die **Rue Charles de Gaulle** mit ihren im 17. und 18. Jahrhundert errichteten Häusern, deren Arkadengänge das Stadtbild prägen.

■ Ehemalige Abteikirche Saint-Pierre

Papst Leo IX., ehemals Bischof von Toul, hatte das Gotteshaus Mitte des 11. Jahrhunderts geweiht. Die romanischen Reste der Kirche finden sich heute in der sehenswerten Sandsteinkrypta mit ihren Kapellen.

Relativ gut erhaltene Wandmalereien aus dem 15. Jahrhundert zieren die nördliche **Antoniuskapelle**. Sie zeigen unter anderem die Heiligen Antonius, Laurentius und Martin sowie die Kreuzigung Christi. Rund ein Jahrhundert älter sind die Fresken in der **südlichen Kapelle**, wo ein Osterlamm, die Heiligen Drei Könige, die Emmaus-Pilger und der heilige Christophoros zu sehen sind. Neue Grabungen haben zudem Reste der karolingischen Hauskapelle Ludwig des Frommen zutage gefördert.

Ihr heutiges Gesicht aber erhielt die Kirche erst später, als man vor das gotische nördliche Langhaus ein Renaissanceportal setzte und das mehrmals von Großfeuern heimgesuchte Bauwerk zur Wende ins 19. Jahrhundert mit einer barocken Haube krönte.

Sehenswert im Inneren sind der **Chor** mit seinem monumentalen Altar, eine byzantinisch geprägte **Marienstatue** (Notre Dame du Trésor) aus dem 11. Jahrhundert und ein thronender **Nikolaus** aus dem 15. Jahrhundert.

Direkt an die Kirche am Place Henri Utard grenzt ein prachtvoller **Palast**, in dem heute der Bürgermeister zuhause ist. Er war einst Sitz der Äbtissin der ehemaligen Stiftsabtei, des »Chapitre de Remiremont« (→ S. 122).

i Remiremont

Vorwahl: +33/(0)3, **PLZ**: 88200

Office de Tourisme, 6 Place Christian Poncelet, Tel. +33/3/29622370; Mitte April–Mitte Sept. Di–Sa 9–12.30 und 13.30–18 Uhr, sonst Di–Fr 9–12.30 und 13.30–17 Uhr. www.tourisme-remiremont-plombieres.com

Best Western Premier Le Chapitre, 76 ter Boulevard Thiers, Tel. +33/3/56560000;

▶ Karte S. 114

DZ 160 Euro. Neues Vier-Sterne-Hotel mit Restaurant, Schwimmbad und Spa in Bahnhofsnähe, Hunde willkommen.

Chambres d'hôtes Les Mitreuches, 986 Rue des Mitreuches, Tel. +33/3/644812249; DZ ab 62 Euro. Direkt an der Mosel gelegenes Gästehaus im Vorort Dommartin-les-Remiremont. www.lesmitreuches.com

Hotel-Restaurant Le Chalet d'Etienne, 34 Rue des Pêcheurs, 88200, Tel. +33/3/29261180; DZ ab 84 Euro. Kleine Herberge in Saint-Étienne-lès-Remiremont mit nur sieben Zimmern und rustikaler Landküche. https://de.lechaletdetienne.com

Fabrice Durain, 15 Rue du Centre, Tel. +33/3/54800532. Viel gelobte französische Küche im Vorort Vecoux mit Menüs ab 44 Euro. www.fabricedurain.fr

Musée Charles de Bruyères, 1 Rue Paul Doumer, Tel. +33/3/29625914; Mi–So 10–12 und 14–18 Uhr. Museum mit umfangreicher Sammlung zur Stadtgeschichte. Dazu gehören Fayencen und Glasobjekte aus der Jugendstilzeit ebenso wie Grafiken von Albrecht Dürer oder Jacques Callot. www.remiremont.fr

Musée Charles Friry, 12 Rue du Général Humbert, Tel. +33/3/29625913; Mi–So 10–12 und 14–18 Uhr. Interessante Sammlung religiöser Kleinkunst, außerdem ist eine Apothekeneinrichtung aus dem 18. Jahrhundert ausgestellt, und es sind Stiche von Rembrandt, Callot und Goya sowie zahlreiche Gemälde zu sehen. Prunkstück ist *Der Leierspieler*, ein Bild des lothringischen Barockmalers Georges de La Tour (1593–1652). www.remiremont.fr

Carnaval vénitien de Remiremont; letztes März-Wochenende. Venetianisches Maskenfest mit Umzügen.

Nikolausfest; erstes Dezemberwochenende. Mit großem Umzug.

Die Zentralkrypta der Abteikirche in Remiremont

Die Obermosel

Adel verpflichtet: Die Stiftsdamen von Remiremont

Über dem Zusammenfluss von Mosel und Moselotte, wo schon Kelten und Römer ihre Götter verehrten, liegt eine der frühesten christlichen Stätten Lothringens. Dort hatten der heilige Romarich und sein Ziehvater Amatus im 7. Jahrhundert ein erstes Kloster gegründet: eine Doppelabtei für Männer und Frauen. Zu ihren liturgischen Besonderheiten gehörte die als *laus perennis* bekannte pausenlose Anbetung Christi, die Amatus in seinem noch heute existierenden Mutterkloster in der Schweizer Gemeinde Saint-Maurice kennengelernt und nach Remiremont mitgebracht hatte. Zu den Freunden des Klosters gehörten auch andere Heilige – etwa Arnulf, der Bischof von Metz und Stammvater der Karolinger, der seinen Lebensabend als Einsiedler in der Nachbarschaft verbrachte.

Heute erinnern zwei Kapellen in den Bergen über Remiremont an diese Zeiten. Irgendwann aber zog es die Nonnen ins Tal, wo sie ihre eigene Abtei gründeten und die Reliquien der Klostergründer Romarich und Amatus zur Verwahrung mitnahmen. Eine Art Ritterschlag für die Damen war im September 1070 die Erhebung des Klosters zur kaiserlichen und königlichen Abtei des Heiligen Römischen Reiches. Und nur wenig später unterstellte Papst Urban II. das Kloster unmittelbar dem Heiligen Stuhl, was Ruhm und Ansehen Remiremonts weiter mehrte.

Die Äbtissinnen waren jetzt Fürstinnen, deren Amt der Papst persönlich bestätigen musste. Aus der Abtei wurde so ein adliges Damenstift, in dem man statt Ordenstracht prachtvolle und mit Pelz besetzte Kleidung trug, dazu ein weißes Schleiertuch. Auch mit den Gelübden nahmen es die Frauen nicht mehr so genau wie die Nonnen vorher. Sie legten sie nur noch auf eine begrenzte Zeit ab, so dass sie später auch heiraten konnten, um den Platz in der Ordensgemeinschaft gegen eine Stellung am herzoglichen, königlichen oder gar kaiserlichen Hof zu tauschen.

Kein Wunder, dass in Remiremonts Kloster das Thema Liebe größer als in anderen Abteien geschrieben wurde. Das beweist auch eine in Triers Stadtbibliothek liegende mittelalterliche Handschrift. Sie erzählt in 241 Versen von einem fiktiven Liebeskonzil in Remiremont, an dem nur die jungen Nonnen der Abtei teilnehmen durften. Nach ausführlichen Diskussionen über ihr Liebesleben kamen die Ordensschwestern zum Schluss, dass nur Mönche als ihre einzigen Liebhaber zugelassen werden sollten, keine Ritter jedenfalls.

Im Lauf der Zeit jedenfalls nahm die Verweltlichung des Klosterlebens mehr und mehr zu. Statt hinter Klostermauern lebten die Stiftsdamen schließlich in prächtigen Villen mit eigenen Bediensteten rund um die Abteikirche. Ein Dutzend ihrer ehemaligen Wohnhäuser aus dem 17. und 18. Jahrhundert haben sich bis heute erhalten. Die vornehmsten hatten eigene Kühlhäuser, die es erlaubten, Speisen über längere Zeit frisch zu halten, so wie der direkt an die Kirche angebaute Barockpalast der Äbtissin, in dem heute Remiremonts Bürgermeister residiert.

Zum Chapitre de Remiremont, wie das Damenkapitel offiziell hieß, hatte nur angestammter Adel Zugang. Der Stammbaum der Äbtissin musste sogar vier verschiedene Adelslinien nachweisen. Sie wurde geheim gewählt und trug als Zeichen ihres Ranges einen Ring aus Saphir, einen goldenen Äbtissinnenstab und eine mit Hermelin gefütterte Kapuze. Mit einem dreitägigen Fest wurde ihr Amtsantritt gefeiert, bei ihrem Tod läutete man manchmal monatelang täglich dreimal die Glocken.

Zu den höchsten Würdenträgerinnen des Stifts gehörten die Dekanin, welche die maximal 72 Stiftsdamen rekrutierte, und die sogenannte Geheime Dame, die für den Kirchenschmuck und die Sakristei verantwortlich war. Dazu gab es zahlreiche Verwaltungsspezialistinnen. Schließlich verfügte das Stift auch nach dem Verlust seiner Reichsunmittelbarkeit Mitte des 16. Jahrhunderts über riesigen Besitz, der durch Schenkungen entstanden war. Dazu kamen Lehensrechte in elsässischen, lothringischen und burgundischen Landstrichen bis weit in die Schweiz.

In Königs- und Fürstenhäusern gehörte es deshalb lange Zeit zum guten Ton, eine der Töchter in Remiremont zur Stiftsdame zu machen. Von königlicher Abstammung war auch die letzte Äbtissin Louise-Adélaïde de Bourbon-Condé, die zu Beginn der Französischen Revolution das Kloster führte. Kein Wunder, dass die Klosterkirche von den Revolutionären gestürmt und im Dezember 1790 geschlossen wurde.

Von Remiremonts Stiftsdamen erzählen heute neben der renovierten Pfarrkirche auch die Museen der Stadt. In einer ehemaligen Villa der Kanonissinnen zeigt das Museum Charles Friry neben Möbeln und Gemälden aus dem 17. und 18. Jahrhundert zahlreiche Dokumente und Kunstwerke, die den Stiftsdamen vererbt wurden. Und auch im Stadtmuseum Charles de Bruyères finden sich Gemälde und Skulpturen aus dem einstigen Kloster. An die Nonnen erinnern zudem ein leicht gerundeter Gewürzkuchen, die *Nonnette de Remiremont*, und eine Forellenpastete, die *Pâté de truite des Abbesses*. Sie wird noch heute aus in Weißwein marinierten Forellenfilets gefertigt und als Vor- oder Hauptspeise serviert.

Der Äbtissinnenpalast in Remiremont

EXTRA

Die Mosel bei Jarménil

Zwischen Remiremont und Épinal

Auf ihrem Weg flussabwärts wird die Mosel langsam breiter, weshalb in dieser Region schon früh Fischer und Bauern siedelten. Auch die Römer, die in Archettes eine Brücke über den Fluss schlugen, fühlten sich hier wohl. Der Wasserkraft schließlich verdankten später holz- und papierverarbeitende Betriebe am Ufer ihr Dasein. Heute sind es Firmen, die nicht mehr auf die Mosel angewiesen sind und statt Wasser Solar- und Windenergie nutzen.

Nördlich von Remiremont wird der Fluss auch für Wassersportler interessanter. Etwa für Kanuten, die in Éloyes bequem in die Mosel einsteigen können. Da sie unterwegs aber keine einfache Strecke erwartet, sind es keine Routen für Einsteiger – allenfalls auf geführten Touren. Auch Angler kommen an den vielen von der Mosel gespeisten Teichen zwischen Remiremont und Épinal auf ihre Kosten.

Saint-Nabord heißt der erste kleine Moselort Richtung Épinal. Auf seinem Territorium verläuft die Wasserscheide zwischen Nordsee und Mittelmeer. Ein kleines Heimatmuseum (Maison d'Histoire et Patrimoine, 16, rue du Centre) dokumentiert den Alltag in den Vogesen.

Weiter flussabwärts liegt **Éloyes**, in dessen Nähe sich ein **Dolmen** findet, eine jahrtausendealte Grabstätte. Wenig weiter vereint eine Brücke **Jarménil** und **Pouxeux**. Hier auch mündet die in den Vogesen entspringende Vologne nach knapp 50 Kilometern in die Mosel. Im Winter bringt sie oft Hochwasser, im Sommer dagegen ist sie oft nur ein Rinnsal. Fliegenfischer machen an der Vologne gern Jagd auf Forellen.

Arches und Archettes

Auch die beiden Moseldörfer Arches und Archettes verbindet eine Brücke. Weil sich hier einst die Römerstraßen aus Nord und Süd mit denen aus West und Ost kreuzten, schlug man schon früh einen festen Übergang über den Fluss. Aus dieser Zeit stammen auch **Reste**

▸ Karte S. 114

eines römischen Heiligtums (Merkurtempel) im Gemeindewald von Archettes. Die Dorfkirche **Saint-Léger** (Place de l' église) aus dem 19. Jahrhundert zählt zu ihrem Inventar eine schöne Madonna mit Kind aus dem 16. Jahrhundert und einen barocken Hochaltar. Arches am linken Moselufer, wo sich auch der Bahnhof findet, war schon Ende des ersten Jahrtausends ein gefragter Versammlungsort politischer Unterhändler wie Karl dem Kahlen oder Ludwig dem Deutschen. Nach Erfindung der Druckkunst machte es sich mit seiner Papiermühle einen Namen, die noch heute existiert und ihr von Aquarellzeichnern gesuchtes Papier weltweit vertreibt. Zu den ersten großen Aufträgen der Firma gehörte die Papierlieferung für den Druck der Schedelschen Weltchronik mit den Illustrationen von Albrecht Dürer. Pierre de Beaumarchais (1732–1799), der französische Universalgelehrte und Autor der von Mozart später vertonten Komödien »Die Hochzeit des Figaro« oder »Der Barbier von Sevilla«, kaufte schließlich die Papierfabrik, um auf 70 Tonnen Papier das Gesamtwerk von Voltaire zu drucken. Später lieferte man auch Papier für den Druck von Briefmarken und für die weltberühmte Bilderfabrik im benachbarten Épinal. Auch das Rohmaterial für Banknoten und Wertpapiere kam lange Zeit aus Arches.

Épinal

Épinal – an der Bahnstrecke zwischen Nancy und Remiremont gelegen – ist mit über 45000 Einwohnern die erste große Stadt an der Mosel und Hauptstadt des französischen Départments Vosges (Vogesen). Sie entstand unterhalb einer Burg der Metzer Bischöfe im 10. Jahrhundert am rechten Ufer, von wo sie sich über eine Insel auf die an-

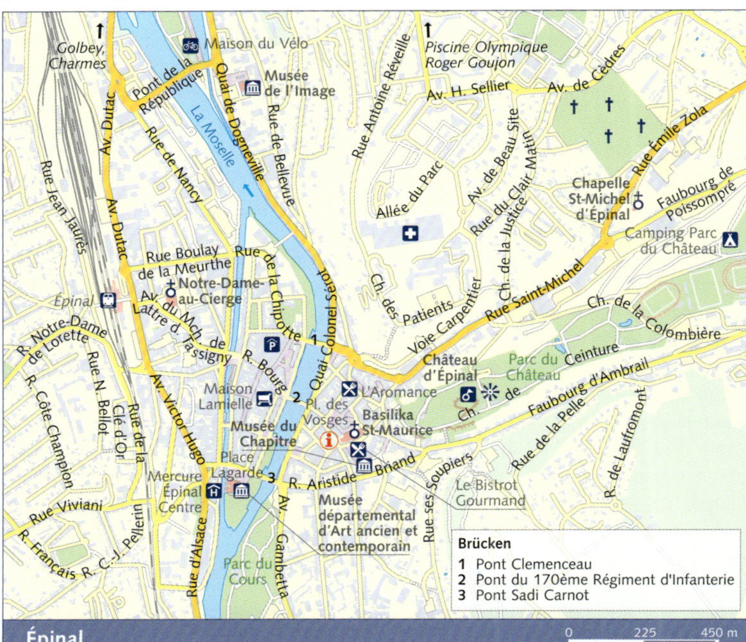

Die Grablegung Christi in der Basilika Saint-Maurice

dere Moselseite ausdehnte. Die Einwohner nennen sich Spinaliens, da die Stadt noch bis ins 19. Jahrhundert im Deutschen Spinal hieß. Die Reste der 1670 bei der Einnahme der Stadt durch die Truppen Ludwig XIV. zerstörten **Burg** finden sich noch heute in einem Park über der Altstadt.

Touristisch interessant macht Épinal seine Altstadt mit ihren vielen kleinen Geschäften. Ihr Zentrum ist der **Place des Vosges** mit seinen Straßencafés und Bistros. Gleich um die Ecke liegen die mächtige **Basilika** und das Touristenbüro. Dazu kommen interessante **Museen**, eine sehenswerte **Stadtbibliothek** und ein großes Angebot an **Wanderwegen** (900 Kilometer) und **Radrouten** (70 Kilometer) in der Umgebung. Freunde moderner Glasmalerei sei die in den 1950er Jahren erbaute Kirche **Notre-Dame-au-Cierge** (10 Avenue du Maréchal de Lattre de Tassigny) zum Besuch empfohlen, die über ein 180 Quadratmeter großes Glasfenster von Gabriel Loire (1904–1996) verfügt, der auch die Fensterfront der Berliner Gedächtniskirche schuf.

▶ Karte S. 125

Eine gute Adresse für Freunde mittelalterlicher Malereien ist die gotische **Chapelle Saint-Michel d'Épinal**. Sie liegt im Osten auf einem Sandsteinfelsen zwischen den Straßen Saint-Michel und Émile Zola. Ihre Gewölbe zieren Wandmalereien aus dem 15. Jahrhundert. Im Chor ist das Jüngste Gericht zu sehen und der Eingang zum Himmel, vor dem die Heiligen Michael und Petrus erscheinen. Im Vorhof sind die vier Evangelisten dargestellt.

Basilika Saint-Maurice

Romanik und Gotik vereint die größte Kirche der Stadt. Ihr rechteckiger Turm lässt manchen Betrachter heute eher an eine Burg als an ein Gotteshaus denken. Tatsächlich war er einst Teil der mittelalterlichen Stadtbefestigung. Höchstwahrscheinlich stand hier schon im 10. Jahrhundert eine Kirche, die Bischof Gerhard von Toul erbauen ließ. Später ersetzte sie eine neue romanische Kirche, die vom lothringischen Papst Leo IX. geweiht wurde. Dieser Zeit entstammen die Wände des heutigen Langhauses, das im 13. Jahrhundert mit Seitenschiffen versehen wurde. Mitte des 19. Jahrhunderts schließlich entstand das neoromanische Kirchenportal. 1933 erhob der Papst die Kirche in den Rang einer Basilika minor. Dieser Titel erlaubt neben besonderen Mess- und Ablassprivilegien auch das Zeigen der gekreuzten Schlüssel Petri als päpstliches Zeichen auf Fahnen und anderen Gerätschaften.

Beim Rundgang durchs Innere führt eine spätromanische Pforte zu den Resten eines **Kreuzganges**.

Zu den Kirchenschätzen in den Kapellen und seitlichen Chören gehören zahlreiche Gemälde, Statuen und Figuren, die zum Teil noch dem Mittelalter entstammen. Schmuckstück ist eine **Grablegung Christi** aus dem späten 15. Jahrhundert. Außerdem birgt die Basilika Reliquien des Stadtpatrons Goëry und des Kirchenpatrons Mauritius.

Musée de l'Image

Immer einen Besuch wert ist die städtische Sammlung zahlloser Bilderbögen und Holzschnitte im Norden Épinals, die großteils aus der direkt dahinter liegenden Imagerie d' Épinal stammen. Das 2003 errichtete Museum hinter großen Glasfassaden zeigt neben den Arbeiten aus der Manufaktur des Bilderbogen-Produzenten Pellerin auf gut 2000 Quadratmeter Ausstellungsfläche auch Bilder, Zeichnungen, Drucke und Fotografien aus dem 17. Jahrhundert bis in die Gegenwart. Um die Exponate nicht zu lange dem Licht auszusetzen, werden sie jedes halbe Jahr ausgetauscht, liegen doch im Fundus mehr als 100 000 weitere. Aus konservatorischen Gründen herrscht im Museum eine Raumtemperatur von konstant 18 bis 22 Grad, was an besonders heißen Sommertagen den Besuchern zugutekommt.

Musée départemental d'Art ancien et contemporain

Groß ist die Bandbreite des Museums für Alte und Zeitgenössische Kunst: Funde aus der Römerzeit und mittelalterliche Sakralkunst neben Minimal und Pop Art. Sehenswert sind eine Mater Dolorosa vom Rembrandt aus dem frühen 17. Jahrhundert, ein Hermaphrodit aus gallo-römischer Zeit, Jugendstilvasen von Émile Gallé und ein Gemälde des als Claude Lorrain bekannten lothringischen Malers. Wegen umfangreicher Renovierung bleibt das Museum allerdings bis Frühjahr 2026 geschlossen.

Épinal

Vorwahl: +33/(0)3

PLZ: 88000

Office de Tourisme d'Épinal, 6 Pl. Saint-Goery, Tel. +33/3/29825332; Mo–Fr 9–12.30 und 13.30–18, Sa 9–12.30 und 14–17, So 10.30–12.30 Uhr. www.epinal-touristamt.com

Hôtel Mercure Épinal Centre, 13 Pl. Emile Stein, 88007 Épinal, Tel. +33/3/29291291; DZ ab 96 Euro. Zentral an der Mosel gelegenes Touristenhotel mit Restaurant und beheiztem Pool. https://all.accor.com

Restaurant L'Aromance, 18 Rue Général Leclerc, Tel. +33/3/29382316. Gehobene französische Traditionsküche. www.restaurantlaromance.com

Le Bistrot Gourmand, 5 et 7 Rue du chapitre, Tel. +33/3/29342077. Restaurant unweit der Basilika mit großer Terrasse und traditioneller französischer Küche, Menüs ab 37 Euro. https://lebistrotgourmand.com

Camping Parc du Château, 37 Rue Chaperon Rouge, Tel. +33/3/29344365. Ganzjährig geöffnete Campinganlage, eine halbe

Stunde Fußweg vom mittelalterlichen Zentrum entfernt.
www.camping-parcduchateau.com

Musée de l'Image, 42 Quai de Dogneville, Tel. +33/3/29814830; Di–Sa 9.30–12, 14–18, So 10–12, 14–18 Uhr (Juli und Aug. auch Mo). www.museedelimage.fr

Musée du Chapitre, 14 Rue du Chapitre, Tel. +33/3/29646948; Mitte Juni–Mitte Sept. tgl. 13.30–18 Uhr. In einem mittelalterlichen Turm zeigt das stadtgeschichtliche Museum auf drei Etagen u.a. archäologische Funde, Gemälde, Fotos und ein Modell der Stadt im 17. Jahrhundert. www.epinal.fr

Nikolausmarkt; Ende Nov. bis 21. Dez. Budenzauber in der Altstadt.

La Maison du Vélo Épinal, 4 Av. de la République, Tel. +33/3/29378771. Radverleih, vom E-Bike bis zum FatBike.
www.epinalvelo.fr

Piscine Olympique Roger Goujon, 25 Rue Alphonse Lamartin, Tel. +33/3/29314665. Großes Schwimmbad mit 50-Meter-Bahn und Sauna.
www.agglo-epinal.fr

Maison Lamielle, 13 Rue Rualménil, Tel. +33/3/29822001; Mo 15–19, Di–Sa 9.30–12 und 14–19 Uhr.
Bestseller der kleinen Schokoladenmanufaktur sind handgefertigte Bonbons, Nusscreme-Lutscher und andere Spezialitäten.
www.chocolats-lamielle.fr

Im Stadtzentrum von Épinal

▲ Karte S. 125

Imagerie d'Épinal: die Welt in bunten Bildern

Épinals Imagerie war eines der Stammhäuser moderner Bilderzählungen. Denn in dem Moselstädtchen am Vogesenrand suchten Zeichner und Texter über lange Zeit die Welt zu deuten, Geschichte und Geschichten zu erzählen. Geliefert wurde, was das Volk verlangte: Anfangs vor allem fromme Bildchen und Heiligenlegenden, später dann maßgeschneiderte Bildergeschichten, zum Beispiel für den Wahlkampf großer Parteien, die im 19. Jahrhundert ja noch nicht mit Plakatwänden, Imagefilmen, Werbespots oder Social-Media-Kampagnen auf sich und ihre Programme aufmerksam machen konnten. Zuletzt entdeckte auch die Werbung die Kraft der bunten Bilder, vergaben Markenartikler ihre Werbeetats gern nach Épinal.

Vorläufer der Bilderbögen waren sogenannte Einblattdrucke, mittelalterliche Holzschnitte mit Illustrationen aus dem biblischen Leben, Heilige und ihre Wunder, vor allem aber Christus und Maria in immer neuen Posen. Mit dem neuen Medium war es erstmals möglich, religiöse Bilder nicht nur in der Kirche zu sehen, sondern auch zuhause, wo sie an Wänden und Türen hingen, manchmal auch im Stall. Verkauft wurden die Heiligenbilder, deren Künstler und Drucker man Imagiers nannte, von reisenden Händlern, welche die Dorfplätze zum Laden machten.

Seit der Aufklärung freilich, der großen kulturellen Bewegung des 18. Jahrhunderts, waren neben den Heiligengeschichten auch andere Erzählungen gefragt. Als einer der ersten hatte das Jean-Charles Pellerin (1756–1836) in Épinal erkannt, wo man schon im 17. Jahrhundert auf in der Umgebung gefertigtem Papier Spielkarten und Heiligenbilder druckte. 1773 hatte Pellerin, der das Druckerhandwerk vom Vater gelernt hatte, dessen »Fabrique de Pellerin« übernommen. Drei Jahre später schuf er die »Imagerie Pellerin«, aus der schließlich die weltberühmte Imagerie d' Épinal werden sollte. Schon Ende des 18. Jahrhunderts waren seine Bilderbögen zum Massenmedium geworden, mit Geschichten, die sich wie Märchen oder Moritaten im Gedächtnis der Menschen verankerten. Dazu gehörten vor allem die Fabeln von Jean de La Fontaine, deren Helden Füchse, Hasen, Störche und andere Tiere waren. Schon früh wurde so »Der gestiefelte Kater« zu einem Bestseller, der bis heute an der Mosel als Bilderbogen gedruckt wird.

Auch Pellerins Welt war geteilt in Gut und Böse, in Lumpen- und Uniformträger, in Männer und Frauen, in Alte und Junge. Problematisch wurde es für ihn erst, als er auf seinen Bilderbögen Napoleon verherrlichte und so eine Zeit beschwor, die vielen Käufern noch in bester Erinnerung war. »Beim Anblick der Bilder hörten die Veteranen der Großen Armee die Siegesfanfaren wieder klingen, die sie beim Triumphzug ihres großen Feldherren durch Europa begleitet hatten«, beschrieb ein Wissenschaftler die Wirkung dieser Bilderbögen. In ländlichen Regionen, wo Napoleons Taten plötzlich Wände und Kaminsimse schmückten, wollten Chronisten sogar Bauern ausgemacht haben, die glaubten, Napoleon sei gar nicht tot, sondern nur abgetaucht. Kein Wunder, dass solche Nachrichten über die Magie der Bilder aus Pellerins Werkstatt die Machthaber in Paris verstörten, die mit Verboten deren Produktion zu stoppen suchten.

Mit Bilderbögen auf Deutsch und anderen Sprachen eroberte Pellerin zunehmend auch Märkte außerhalb Frankreichs. Sie zeigten vor allem seltene Tiere und exotische Völker. Es waren Motive, die so beliebt wurden, dass man sie auch in

Bilderbogen aus Épinal: Aufstand in Frankfurt

Tapetengröße druckte. Stahlstiche ermöglichten schließlich noch höhere Auflagen, welche die Expansion der Imagerie d' Èpinal beschleunigten. Zeitweise hatte der Betrieb über 100 Mitarbeiter, die zudem mit Modellbaubögen ein neues Geschäftsfeld entdeckt hatten.

Nachdem Ende des 19. Jahrhunderts ein Brand das Verlagsatelier zerstört hatte, bauten die Pellerins am Moselufer eine neue Werkstatt, die heute Teil eines Museums ist. Mit über 200 Mitarbeitern und Druckauflagen von bis zu einer halben Million erreichte die Produktion von Bilderbögen vor dem Ersten Weltkrieg schließlich ihren Höhepunkt. Neue, mit Dampf angetriebene Koloriermaschinen bürsteten mechanisch bis zu acht Farben gleichzeitig auf die Druckbögen.

Schließlich gaben selbst politische Parteien, von den Monarchisten bis zu den Republikanern, bei den Pellerins Bildgeschichten für ihren Wahlkampf in Auftrag. Und auch große Firmen orderten an der Mosel Bilderbögen mit Werbung für ihre Produkte und Dienstleistungen. Mit zunehmender Kommerzialität aber verlor die Imagerie d'Épinal an Identität. Als letztlich Fotografie und Film den Bilderhunger der Massen stillten, musste die Firma immer mehr abspecken.

Den Todesstoß gab ihren Bildergeschichten schließlich das Fernsehen. 1984 war die Firma Pellerin am Ende. Hätte eine Gruppe Industrieller damals nicht den kulturellen Rang der Bilderbogenproduktion erkannt, wäre die Imagerie d' Épinal Geschichte gewesen. Eine Auffanggesellschaft aber machte mit dem alten Handwerk weiter und aus der Firma Pellerin ein lebendiges Museum, in dem die alten Bilderbögen für Sammler in aller Welt weiter gedruckt werden.

Zwischen Épinal und Charmes

Mit Épinal fast zusammengewachsen ist **Golbey**, wo die Mosel eine rund zehn Meter breite Kanalbrücke quert. Sie ist Teil eines Stichkanals, der zum Canal des Vosges gehört. So nannte man bis 2003 den Südabschnitt des Canal de l'Est. Mit seinen vielen Schleusen begleitet er die Mosel von Corre an der Saône via Golbey bis nahe Neuves-Maisons, wo die Mosel zur Großschifffahrtsstraße wird. Der Bau des Canal de l'Est in den späten 1870er Jahren war übrigens die Folge des Deutsch-Französischen Krieges, an dessen Ende Frankreich 1871 große Teile Lothringens an Deutschland abtreten musste. Mit dem neuen Kanal wollte man damals eine neue Ost-West-Verbindung schaffen und damit ein Gegenstück zu den bis dahin dominierenden Wasserstraßen von Süden nach Norden.

Welch gewaltigen Ingenieurleistungen im Canal des Vosges stecken, sieht man im Westen Golbeys bestens. Dort führt eine eindrucksvolle **Schleusentreppe** auf nur wenigen Kilometern die Schiffe bergab und bergan. Manchmal begegnet man hier noch den letzten Lastkähnen, die ihr Steuerhaus vorne haben. Diese Schiffe waren Spezialanfertigungen für den Transport von Kies und Sand auf dem kleinen Kanal.

Ein paar hundert Meter westlich der Schleusentreppe steht das **Fort de la Grande Haye**, eine der vielen Festungsanlagen in und um Épinal (www.fortiffsere.fr). Die in den 1880er Jahren erbauten Bunker gehörten zu einer einst von Dünkirchen bis Nizza reichenden französischen Verteidigungslinie. Sie boten 190 Soldaten und vier Offizieren Platz und wurden in den letzten Jahren gründlich renoviert.

Wiesen, Wälder und Felder begleiten die Mosel von Golbey weiter flussabwärts, dazu kleine Bäche und immer wieder neue Weiher. Viele sind ehemalige Kiesgruben und ideale Plätze zum Angeln. Manche sind für Wasserskifahrer erschlossen, andere nutzen Sommerfrischler zum Schwimmen. Während der Canal des Vosges fast schnurstracks nach Norden führt, zieht die Mosel immer wieder kleine Schleifen.

Freunde romanischer Kunst könnte die Dorfkirche (Rue d'Alsace) in **Igney** mit ihren Waldmalereien aus dem 13. Jahrhundert im Chorraum interessieren, Technikinteressierte die Wassermühle in **Nomexy**, die noch heute den Bäckern der Umgebung Mehl liefert. Die Qualität ihrer Produkte, die auch per Internet vertrieben werden, waren vor einigen Jahren sogar der »New York Times« einen Artikel wert.

Gegenüber Nomexy liegt **Châtel-sur-Moselle** mit den Resten einer mittelalterlichen Burg. Mit ihrer kilometerlangen Mauer und 22 Türmen war sie einmal eine der größten Burgen an der Mosel. Die erste Burg entstand wahrscheinlich in der zweiten Hälfte des 11. Jahrhunderts auf einem kleinen Felsplateau und wurde im Lauf der Jahrhunderte immer wieder

Kanalbrücke über die Mosel in Golbey

Auf dem Canal des Vosges

modernisiert. Erst Mitte des 17. Jahrhunderts gelang es den Franzosen, die Burg einzunehmen und ihre Fundamente zu schleifen. Inzwischen aber hat man die rund fünf Hektar große Anlage für Besucher erschlossen, sie kann das ganze Jahr besichtigt werden. Im Hochsommer gibt es sogar nächtliche Führungen mit Fackellichtern über das Burggelände.

Eine Brücke verbindet die an der Mosel liegenden Dörfer **Vincey** und **Portieux**. Es sind zwei typisch lothringische Orte mit Wegekreuzen und Waschhäusern, kleinen Kirchen mit großen Orgeln und vielen alten Häusern, aber auch verfallenen Industrieanlagen. Eine ist eine Textilfabrik, in der ein kleines Militärmuseum Platz gefunden hat, eine andere die jahrhundertealte »Cristallerie de Portieux« im Ortsteil La Verrerie, die einmal zu den größten Arbeitgebern Lothringens gehörte.

Zwischen Épinal und Charmes

La Fee Maison, 3 Rue de l'église, 88330 Châtel-sur-Moselle, Tel. +33/618183580; DZ ab 85 Euro. Gästehaus mit drei Wohneinheiten, deren Chefin Besucher auch gern bekocht.
www.lafeemaison.com

Hotel-Restaurant Le Relais de Vincey, 33 Rue de Lorraine, 88450 Vincey, Tel. +33/3/29674011; DZ ab 89 Euro. Herberge mit französischer Küche und großer Terrasse. Hunde willkommen.
www.relaisdevincey.fr

Le Relais d'Alsace, 2 Place de la Fontaine, 88150 Igney, Tel. +33/3/29396659. Gemütliches Restaurant mit traditioneller französischer Küche in der Ortsmitte.
www.facebook.com/lerelaisdalsace igneyt

Forteresse Châtel-sur-Moselle, 8 Rue des Capucins, 88330 Châtel-sur-Moselle, Tel. +33/6/31150036. Die Festung ist ganzjährig nach Voranmeldung zugänglich - im Sommer fast täglich auch ohne Reservierung. https://chatel-medieval.com

Wam Park, 23 Chemin de l'Ècluse, 88150 Thaon-les-Vosges, Tel. +33/9/74670040; Mai–Okt. Großes Freizeitzentrum mit Sandstrand, Möglichkeiten zum Paddeln, Wasserskifahren und Wakeboarden.
www.wampark.fr/vosges-thaon

Vosges Pêches, 1 Rue de la Plaine, 88150 Chavelot, Tel. +33/3/971597155. Gut sortiertes Angelgeschäft.
https://vosges-peches.com

Charmes

Mehr als ein halbes Dutzend Fernstraßen treffen in Charmes aufeinander, wo sich zur Mosel und dem Canal des Vosges noch ein weiterer Wasserweg gesellt, der einst schon im Mittelalter erwähnte Mühlen am Rand der Altstadt speiste. Eine ist heute Teil eines Heimatmuseums, dem **Ecomusée du Battant**. Hier erfahren Besucher viel über die einstige wirtschaftliche Bedeutung der Mosel in der Region.

Schon zu römischen Zeiten entstand hier ein erster Übergang über die Mosel. 1269 erhielt Charmes das Stadtrecht vom Touler Grafen Friedrich VI., der im Auftrag des Bischofs von Toul agierte. Nach der vollständigen Zerstörung der Stadt im Rahmen blutiger Kämpfe um ihre Herrschaft wurde Charmes Ende des 15. Jahrhunderts wieder aufgebaut. Aus dieser Zeit stammt die sehenswerte **Nikolauskirche** (Église Saint-Nicolas), die alle Kriege weitgehend unbeschädigt überstand. Im Inneren zeigt sie sich als gotisches Gotteshaus mit vielen Kapellen und einem um 1600 entstandenen Hochrelief des heiligen Christophorus.

Am Hafen von Charmes

Leben und Tod versinnbildlichen zwei schöne Glasfenster aus dem Jahr 1493. Wie es in Charmes einmal ausgesehen hat, kann man sich nicht nur in der mittelalterlichen Friedhofskapelle **Notre-Dame-de-Grâce** (45, rue de Capucins) mit seiner sehenswerten Marienfigur, sondern auch angesichts des **Maison du Chaldron** in der Rue Maurice Barrès 19 vorstellen. In dem renovierten Renaissancebau mit seiner Wendeltreppe, wegen seiner fuchsförmigen Wasserspeier am Dach auch gern Maison des Loupes genannt, unterzeichneten der Lothringer Herzog Karl IV. (1604–1675) und Kardinal Richelieu 1633 den Vertrag von Charmes. Er sollte Nancy und die umliegenden Gebiete unter Frankreichs Krone bringen. Da sich Karl IV. aber nicht daran hielt, wurde Charmes samt seiner Moselbrücke von französischen Truppen zerstört. Erst nach dem offiziellen Anschluss an Frankreich, dem Bau des heutigen Canal des Vosges und der Eröffnung der Bahnlinie Nancy-Épinal, der Charmes einen eigenen Bahnhof bescherte, ging es langsam wieder bergauf. Zwei Weltkriege brachten erneut Tod und Zerstörung, doch innerhalb nur fünf Jahren wurde die Stadt nach dem Zweiten Weltkrieg wieder aufgebaut - angeblich schneller als alle anderen französischen Städte. Es ist daher kein Wunder, dass Frankreichs Präsident aus diesem Anlass 1952 an die Mosel reiste.

Für einen Zwischenstopp ist die Stadt immer gut, vor allem für Wanderer, die es in die großen Wälder im Osten der Stadt zieht - und für Angler, die in der Umgebung viele kleine Seen finden. Außerdem gibt es einen Sportboothafen und verschiedene Möglichkeiten zum Campen direkt an der Mosel.

i Charmes

Vorwahl: +33/(0)3
PLZ: 88130
Office de Tourisme de Charmes (im Haus des Buches und der Kultur), 2 Rue Porte de Mozelle, 88130 Charmes, Tel. +33/3/29660186; Di–Sa 9–12.30 und 14.30–18 (im Winter 13.30–17) Uhr. https://ville-charmes.fr

Camping L'île aux mille Charmes, 20 Rue de l'Ecluse, Tel. +33/3/29363509; April–Sept. Campingplatz mit kleinem Imbiss. Am Moselufer gibt es einen Stellplatz (Espace Henri Mentré) für 40 Campingmobile, Zeltverleih für Camper. www.lile-aux-mille-charmes.fr

La Brasserie, 61 Rue Claude Barres, Tel. +33/3/29297455. Brasserie mit Sommerterrasse und tgl. wechselndem Menü. www.labrasseriedecharmes.fr

Ecomusée du Battant, 50 Rue du Moulin, Tel. +33/681377859; Führungen April–Nov. So vormittag. https://ecomuseedubattant.blogspot.com

Karte S. 114

Die Wilde Mosel

Naturfreunde kommen auf diesem Moselabschnitt voll auf ihre Kosten. Er ist als Wilde Mosel bekannt und genießt besonderen Naturschutz. Manchmal hat man hier den Eindruck, durch eine Landschaft zu reisen, in der die Zeit stehen geblieben zu scheint – vor allem, wenn man sich nur ein paar Kilometer vom Flussufer entfernt, wo sich kleinste Dörfer mit den typisch lothringischen Häusern aus Bruchstein und kleinen Fenstern verstecken.

Nirgends sonst auf ihrer Route streckt sich die Mosel so in die Breite wie zwischen **Chamagne** und **Tonnoy.** Immer wieder in den letzten Jahrhunderten hat sie auf diesem Weg ihr Bett verlassen und sich zwischen Sand und Kies ein neues geschaffen. Die Wilde Mosel, wie man diesen Abschnitt nennt, ist der letzte, dessen Gesicht sich nach jedem Hochwasser ändern kann. Es ist das Alleinstellungsmerkmal der Region, die seit 2009 als Natura-2000-Gebiet ausgewiesen ist.

Schon Ende letzten Jahrhunderts hatte der Staat, unterstützt von europäischen Naturschutzgeldern, mit Hilfe langfristiger Mietverträge ein rund 360 Hektar großes Gebiet in den Gemeinden Bainville-aux-Miroirs, Chamagne, Gripport, Mangonville und Virecourt jeder wirtschaftlichen Nutzung entzogen. Weiteres Gelände in Bayon und Socourt kam hinzu, so dass schließlich das riesige Landschaftsschutzgebiet »Réserve naturelle régionale de la Moselle sauvage« entstand. Heute ist es Heimat einmaliger Auenwälder, die auf regelmäßige Überflutungen angewiesen sind. Die auch sorgen für sogenannte Schwemmwälder: auf angeschwemmtem Kies und Sand neu entstandene Landschaften. In ihnen hat seit einigen Jahrzehnten der Biber wieder eine neue Heimat gefunden. Auch Barsch, Schleie und Hecht fühlen sich in dem mit vielen Mückenlarven bestückten Gewässer wohl. Dazu kommen mehr als 100 Vogelarten wie Flussregenpfeifer, Strandläufer, seltene Schwalbenarten und Langohreule. Einmalig auch ist die Pflanzenwelt, zu der unter anderem der Gemeine Hirschsprung aus der Gattung der Nelkengewächse gehört, aber auch der giftige Teufelswurz.

Das Gebiet steht unter strengstem Naturschutz, was seine Nutzung weitge-

Wo die Mosel noch wild ist: bei Bainville-aux-Miroirs

Hier trennen sich die Wasserwege: Kanalverbindung bei Messein

hend einschränkt. Für Besucher allerdings ist gegenüber von Bainville-aux-Miroirs, gleich auf der Ostseite der dortigen Moselbrücke, ein kleiner Wanderweg markiert. Mit Infotafeln, die – allerdings nur in französischer Sprache – über die dortige Natur und ihre Schätze aufklären. Auf der einstündigen Route lernt man die Wilde Mosel hautnah kennen – auch ihre nicht immer menschenfreundlichen Bewohner wie die Stechmücken.

Die Wilde Mosel ist Heimat eines sehr bekannten französischen Künstlers, der zu den Vätern der Landschaftsmalerei gehörte: Claude Lorrain (1600–1682), auch bekannt als Claude Gellée oder Claude Le Lorrain. Der in Chamagne geborene Barockmaler war einer der ersten, in dessen Bildern die Natur präzise beobachtet war. Mitten im Ort, in der nach ihm benannten Rue Claude Gelée, findet sich sein Geburtshaus. Für das Waisenkind, über dessen Jugend man wenig weiß und den es schon früh als Pastetenbäcker nach Italien zog, war die Schöpfung das Maß aller Dinge, die in seinen Bildern geradezu majestätisch wurde.

Neben Naturliebhabern können auch Freunde alter Kirchen und Burgen an der Wilden Mosel einiges entdecken. So besitzt **Bainville-aux-Miroirs** eine Burgruine aus dem 13. Jahrhundert, **Virecourt** auf der rechten Moselseite ein romanisches Gotteshaus. Nördlich des Dorfes liegt **Bayon** mit einem verfalle-

▲ Karte S. 114

nen Schloss im Stil der Neo-Renaissance, das einmal ein beliebtes Postkartenmotiv war. Die benachbarte Martinskirche in der Rue Antoine de Ravinel birgt neben mittelalterlichen Heiligen-Plastiken und einem Gnadenstuhl eine kunsthistorisch wertvolle »Grablegung Christi« aus dem 16. Jahrhundert. Sie wird der Schule des Michelangelo-Schülers Ligier Richier (um 1500–1567) zugeschrieben. Beil und Messer, eingemeißelt ins Grab, verweisen auf den Stifter des Grabmals, einen reichen Metzger. **Tonnoy** punktet mit altem Stadtbild, mittelalterlicher Kirche und Schloss. Rue du Moncel und Place de la Liberation sind die Adressen für alle, die Häuserfronten aus Gotik und Renaissance lieben.

Spätestens in Flavigny-sur-Moselle ist es mit der Wildheit der Mosel zu Ende. Wenig weiter, südlich von Messein, zweigt ein Verbindungskanal (Canal de jonction de Nancy) Richtung Nancy ab. Während dieser Stichkanal Richtung Nordosten führt, fließt die Mosel Richtung Westen weiter. Daran ist ein schon zu keltischen Zeiten besiedeltes Hochplateau westlich von Nancy schuld. Zu Füßen der bewaldeten Region beginnt zudem die Kanalisierung der Mosel, die in Neuves-Maisons zur Großschifffahrtsstraße wird.

»46 Les Turbines« heißt die Postadresse, wo sich die Kanäle gabeln und die Mosel gemütlich entlangfließt. Hier ballen sich Brücken und Pfade am Wasser. Es ist der beste Ort, um zu erkennen, welche Rolle die Schifffahrt im 19. Jahrhundert spielte, als die Mosel noch nicht kanalisiert war. Touristen finden sich hier keine, allenfalls Radler, welche die Moselregion auf Drahteseln zu entdecken suchen. Sie müssen sich hier allerdings entscheiden, ob sie über die sehenswerte Stadt Nancy weiterfahren oder dem Lauf der Mosel in die entgegengesetzte Richtung folgen. Rund zwölf Kilometer jedenfalls sind es von hier noch bis in Nancys Stadtzentrum.

Wilde Mosel

Gite moselle sauvage, 9 Av. de Bayon, 54290 Virecourt, Tel. +33/0679544170; Wochenpreis ca 540 Euro. Nostalgisch-modern eingerichtetes Ferienhaus für bis zu 5 Personen in Moselnähe. www.gites-de-france-lorraine.fr

Hotel/Restaurant La Maison Carree, 12 Rue de Bac, 54850 Méréville, Tel. +33/3/83470923; DZ ab 105 Euro. 3-Sterne-Hotel mit Schwimmbad und Restaurant. www.hotel-maisoncarree-nancy-sud.fr

Chambres d'hôtes Au Caprice de l'Atre, 13 Rue de l'Atre, 54210 Tonnoy, Tel. +33/3/83266740; DZ ab 95 Euro. Zimmer samt Schwimmbad in ruhiger Umgebung.www.aucapricedelatre.fr

Camping du Passe-Temps, Rue de la Moselle, 54290 Bayon, Tel. +33/0608556203. 80 Stellplätze im Sommer. www.bayon.mairie54.fr/fr/camping-du-passe-temps.html

Camperpark du Grand Vanné, Rd 74, 54210 Tonnoy, Tel. +33/6/80998920, auf facebook; Mai–Sept. Am Ortsrand.

Restaurant Chamagnon, 236 Rue Claude Gelée, 88130 Chamagne, Tel. +33/3/29381474. Moderne französische Frischeküche mit lokalem Bezug und großer Weinauswahl im Geburtsort des Malers Claude Lorrain.

Au Fin Couscous, 3 Rue du Général Leclerc, 54850 Messein, Tel. +33/3/83318785. Nordafrikanische Küche für alle, die mal Lust auf Couscous haben.

Restaurant Le Flav', 27 Rue de Nancy, 54630 Flavigny-sur-Moselle, Tel. +33/3/83267037. Nur werktags geöffnetes Lokal mit Terrasse und preiswertem Mittagstisch

Die Obermosel

EXTRA

Angeln an der Mosel

Freizeitangler kommen an der Mosel eigentlich immer auf ihre Kosten, sind in ihrem Wasser doch mehr als 30 Fischarten zuhause. Dazu gehören Rotauge, Rotfeder, Rapfen, Brasse, Döbel, Wels, Barsch, Zander, Brasse, Schlei, Karpfen, Barbe, Forelle und Hecht – und Aale, deren Fang aber ebenso wie der von Atlantik-Lachsen verboten oder Berufsfischern vorbehalten ist. Die besten Zeiten zum Angeln sind Frühling und später Herbst, wenn die Ausflugsboote nicht mehr verkehren. Dann sind gewöhnlich auch die Wasserstände am günstigsten.

Zum Angeln entlang der deutschen Mosel braucht man einen sogenannten Fischereischein. In Frankreich und Luxemburg und auch am Luxemburg gegenüber liegenden deutschen Ufer braucht man keinen solchen Schein. Alle Länder aber verlangen von den Anglern eine Erlaubniskarte, die zum Fischen berechtigt.

»Carte de pêche« heißt die Fischereikarte in Frankreich, die es je nach Region in verschiedensten Ausführungen gibt. Hintergrund ist, dass dort die Angelrechte entweder dem Staat oder den Moselanrainern als Eigentümer gehören und von den Angelvereinen gepachtet werden. Deshalb auch werden die Angelscheine in Frankreich häufiger als in der Bundesrepublik kontrolliert – unter Umständen auch mit gezogener Maschinenpistole.

Ohne gültige Angelpapiere oder auch bei Verstößen gegen die Fischereigesetze drohen in Frankreich saftige Geldbußen, zu denen noch teure Aufwandsentschädigungen kommen. Außerdem muss man vorher genau wissen, wo man angeln will, da die Mosel durch verschiedene Departements fließt, die alle ihre eigenen Regeln haben.

Am besten organisieren Urlauber ihre Angelerlaubniskarte über das Internet (www.cartedepeche.fr). Sie gibt es unter anderem für eine Woche oder gar nur für einen Tag. Zum Erwerb braucht man allerdings ein digitales Foto! Alternative ist, sich eine Tages- oder Wochenkarte direkt vor Ort in einem der Geschäfte für Angelbedarf oder einer sonstigen Ausgabestelle, was auch Bistros oder Cafés nahe der Angelplätze sein können, zu besorgen. Wer öfters fischt, ist mit einem sogenannten interföderalen und ganzjährig gültigen Angelschein bestens bedient.

Flussangler in der Wilden Mosel

Der gilt in ganz Frankreich und kostet gut 100 Euro jährlich.

Mit dem Erwerb einer Carte de pêche erhält ihr Nutzer gewöhnlich auch ausführliche Informationen, einen »Guide de pêche«. Er schreibt vor, wie groß die Fische sein müssen, die er fangen darf. Auch die Zahl der Angelruten und die Art der Köder ist genau festgeschrieben, ebenso wie die Zeit zum Fischfang. In Frankreich währt die 30 Minuten vor Sonnenaufgang bis 30 Minuten nach Sonnenuntergang.

Angelteiche bei Socourt

Ein Angelerlaubnisschein reicht auch am deutschen Ufer gegenüber von Luxemburg. Für Angler gibt es die passenden Papiere bei den Gemeindeverwaltungen in Perl oder Konz. Auf der luxemburgischen Uferseite stellen das Distriktskommissariat in Grevenmacher oder auch Verkehrsvereine oder gar Hotels die passenden Dokumente für Berechtigte ab 14 Jahren aus.

Wer weiter moselabwärts die Angelrute auswirft, braucht einen gültigen Fischereischein und einen Erlaubnisschein, der auf der ganzen Reststrecke gültig ist – je nach Wahl einen Tag, eine Woche, einen Monat oder ein ganzes Jahr. Erhältlich sind sie unter anderem in Angelfachgeschäften oder den Tourist-Informationen in Alken oder Bernkastel-Kues.

Zu beachten sind auch an der deutschen Mosel die Schonzeiten von Mitte April bis Ende Mai (für Forelle, Zander, Äsche, Hecht, Barbe, Nase gelten besondere Artenschonzeiten) und das nächtliche Angelverbot, das hier allerdings nur von Mitternacht bis eine Stunde vor Sonnenaufgang gilt. Unmittelbar unterhalb der Staustufen befinden sich Fischschonbezirke, in denen jede Art privater Fischerei verboten ist.

Noch immer hoch ist die Belastung des Moselwassers mit polychlorierten Biphenylen (PCB) und Hexachlorbenzol (HCB). In aller Regel, heißt es in einem Merkblatt des rheinland-pfälzischen Umweltministeriums, seien ältere und damit auch größere und fettreichere Fische wie der Wels höher belastet. Deshalb empfiehlt die Behörde, vor dem Verzehr die Haut samt Unterhautfett zu entfernen. Kaum zum Verzehr geeignet sind gewöhnlich Gelb- und Blankaal, Welse über 50 Zentimeter Größe und alle Weißfische über 40 Zentimeter.

Mit die besten Angelplätze finden sich, wo Büsche und Bäume dicht am Ufer stehen. Im Sommer vor allem oberhalb der Wehre, weil dort die Wasserstände immer noch relativ hoch sind. Die besten Fangplätze für Hechte sind die Ein- und Ausfahrten der Sportboothäfen, Inseln und Buhnen. Bach- und Regenbogenforellen fängt man vor allem in den Einmündungen der Seitenbäche.

Den Aalfang haben an Mosel und Saar Berufsfischer übernommen, die als Pächter die Stauhaltungen bewirtschaften. Durchschnittlich vier bis fünf Tonnen Aal fischen sie jede Fangsaison, was ungefähr 12 000 bis 15 000 Blankaalen entspricht. Dank staatlicher Fördermaßnahmen ist sein Bestand in den letzten Jahren wieder größer geworden, auch wenn er noch immer auf der Liste gefährdeter Arten steht.

Abstecher nach Nancy

Im Vergleich zu Metz mit seinen römischen Wurzeln ist Nancy eine junge Stadt. Geografisch liegt sie an der Schnittstelle der Achsen Straßburg–Paris und Metz–Lyon. Nur wenige Kilometer vom Zusammenfluss von Mosel und Meurthe entfernt, war Nancy von Anfang an ein strategisch bedeutsamer Ort. Nancy ist erst in den beiden letzten Jahrhunderten richtig zusammengewachsen: aus der Altstadt mit ihren mittelalterlichen Gassen und Häusern, den im 17. und 18. Jahrhundert angelegten Prachtbauten rund um den **Place Stanislas**, heute Weltkulturerbe, und den ab dem späten 19. Jahrhundert im Westen entstandenen Stadtvierteln mit ihren schönen Art-nouveau-Villen. Sehenswerte Museen wie die Jugendstilsammlung im **Musée de l'École de Nancy** oder das **Museum der Schönen Künste** am Place Stanislas lohnen den Abstecher von der Mosel auf jeden Fall!

Eingang zum Place Stanislas

▲ Karte S. 142/143

Geschichte

Erst zu Beginn des zweiten Jahrtausends mehren sich die Zeugnisse zur Geschichte Nancys. So ließ Herzog Gerhard I. von Lothringen Mitte des 11. Jahrhunderts eine erste Burg errichten, die zum Kern der heutigen Altstadt werden sollte. 1475 nahm Karl der Kühne (1433–1477), Herzog von Burgund und der Burgundischen Niederlande, mit seinen Truppen Nancy ein. Aber schon zwei Jahre später eroberte Herzog René II. in einer blutigen Schlacht mit vielen tausend Toten die Stadt zurück. Karl der Kühne musste seine Machtansprüche damals mit dem Leben bezahlen.

Zwar war Nancy nach den brutalen Auseinandersetzungen zerstört, Lothringen aber war weiter unabhängig und zwischen dem Heiligen Römischen Reich Deutscher Nation und dem Königreich Frankreich ein politischer Partner mit wachsendem Selbstbewusstsein. »Non inultus premor« (»Niemand bedrängt mich ungestraft«) wurde zum neuen Wahlspruch der Stadt, die Distel in Nancys Stadtwappen zum Zeichen dieses Stolzes. Mit dem Bau des neuen Herzogspalastes und der Église des Cordeliers fand der dann auch sichtbar Ausdruck. Neue Befestigungsanlagen und die Gründung einer Neustadt, die planmäßig mit sich rechtwinklig kreuzenden Straßen angelegt wurde, folgten. Nancy wurde so zu einer modernen Stadt, die im Dreißigjährigen Krieg freilich schwer zu leiden hatte. Mit der Übernahme des Herzogtums durch den abgesetzten polnischen König Stanislaus Leszczyński erlebte Nancy schließlich seine zweite Blüte. Stanislaus peppte die zwischenzeitlich in die Jahre gekommene Stadt auf, indem er Alt- und Neustadt durch den neu geschaffenen Place Stanislas miteinan-

der verband und mit Prachtbauten wie einem neuen Rathaus umgab.
Nach dem Tod des Herzogs fiel Nancy 1766 an Frankreich. Das hatte zur Folge, dass die neuen Machthaber die Stadt im Osten Frankreichs zur Festung ausbauten, in der sie große Truppenkontingente stationierten. Einen richtigen Bevölkerungsschub brachte Nancy freilich erst der Deutsch-Französische Krieg 1870/71, der mit der Abtretung des Elsass und des nördlichen Lothringens an das Deutsche Reich endete.
Nancy war jetzt französische Grenzstadt und Auffangstation für alle Elsässer und Lothringer, die sich weigerten, die deutsche Staatsbürgerschaft anzunehmen. Im Osten wurden in der Folge neue Industrien angesiedelt, im Westen entstanden moderne Wohnviertel. Innerhalb nur weniger Jahre verdoppelte sich die Bevölkerung, Nancy wurde zur Großstadt mit über 100 000 Einwohnern.
Besonders groß wurden zur Wende vom 19. ins 20. Jahrhundert Kunst und Kultur geschrieben. Die Art nouveau wurde zum neuen Markenzeichen Nancys. Doch diesen im Stadtbild noch heute sichtbaren Aufschwung dämpfte der Erste Weltkrieg. Auch der Zweite Weltkrieg, in dem Nancy fast vier Jahre lang von deutschen Truppen besetzt war, forderte viele Opfer.

Die Villa Majorelle ist einer der bekanntesten Art-nouveau-Bauten

Denkmal für Stanislaus Leszczyński am Place Stanislas

Nach dem Krieg musste sich die Stadt neu positionieren. Schließlich gehörte jetzt auch wieder Metz zu Lothringen, war Nancy nur noch die Nummer Zwei in der Großregion. Wichtigster Beschäftigungsanker wurde letztlich die Universität, die heute mit rund 50 000 Studenten zu den größten Frankreichs zählt.

Altstadt

Hübsche Gassen und Häuser prägen Nancys Altstadt. Sie erstreckt sich nordwestlich des Place Stanislas bis zur **Porte de la Craffe**. Das mittelalterliche Tor mit seinem markanten Doppelturm war einst Teil des Befestigungswalls um die

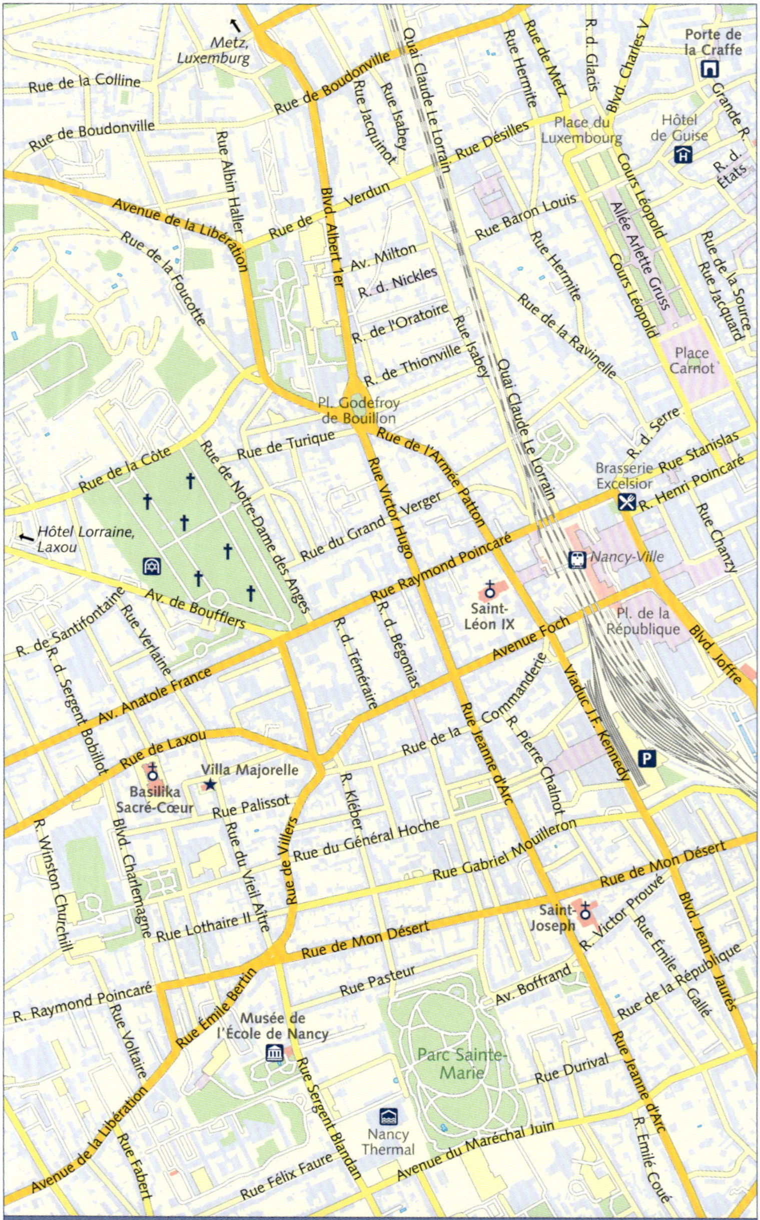
Metz, Luxemburg
Rue de la Colline
Rue de Boudonville
Rue de Boudonville
Rue Jacquinot
Rue Isabey
Quai Claude Le Lorrain
Rue Hermite
Rue de Metz
R. d. Glacis
Blvd. Charles V
Porte de la Craffe
Grande R.
Hôtel de Guise
R. d. États
Place du Luxembourg
Rue Désilles
Rue Albin Haller
Avenue de la Libération
Rue de Verdun
Blvd. Albert 1er
Rue Baron Louis
Cours Léopold
Allée Arlette Gruss
Cours Léopold
Rue de la Source
Rue Jacquard
Rue de la Foucotte
Av. Milton
R. d. Nickles
R. de l'Oratoire
R. de Thionville
Rue Isabey
Rue Hermite
Rue de la Ravinelle
Place Carnot
Pl. Godefroy de Bouillon
Quai Claude Le Lorrain
R. d. Serre
Rue Stanislas
Rue de Turique
Rue de l'Armée Patton
Rue de la Côte
Rue de Notre-Dame des Anges
Rue Victor Hugo
Rue du Grand Verger
Brasserie Excelsior
R. Henri Poincaré
Rue Chanzy
Hôtel Lorraine, Laxou
Nancy-Ville
Rue Raymond Poincaré
Av. de Boufflers
Saint-Léon IX
Pl. de la République
R. de Santifontaine
Rue Verlaine
R. d. Téméraire
R. d. Bégonias
Avenue Foch
Blvd. Joffre
R. d. Sergent Bobillot
Av. Anatole France
Rue de la Commanderie
Viaduc J.F. Kennedy
Rue de Laxou
Rue Jeanne d'Arc
R. Pierre Chalnot
Villa Majorelle
Basilika Sacré-Cœur
R. Kléber
Rue Palissot
R. Winston Churchill
Blvd. Charlemagne
Rue du Vieil Aître
Rue de Villers
Rue du Général Hoche
Rue Gabriel Mouilleron
Rue de Mon Désert
Rue Lothaire II
Saint-Joseph
R. Victor Prouvé
Blvd. Jean Jaurès
Rue Émile Gallé
Rue de Mon Désert
Rue Pasteur
Av. Boffrand
Rue de la République
R. Raymond Poincaré
Rue Émile Bertin
Rue Voltaire
Musée de l'École de Nancy
Parc Sainte-Marie
Rue Durival
Rue Jeanne d'Arc
Avenue de la Libération
Rue Sergent Blandan
Nancy Thermal
Avenue du Maréchal Juin
R. Emile Coué
Rue Fabert
Rue Félix Faure

Nancy

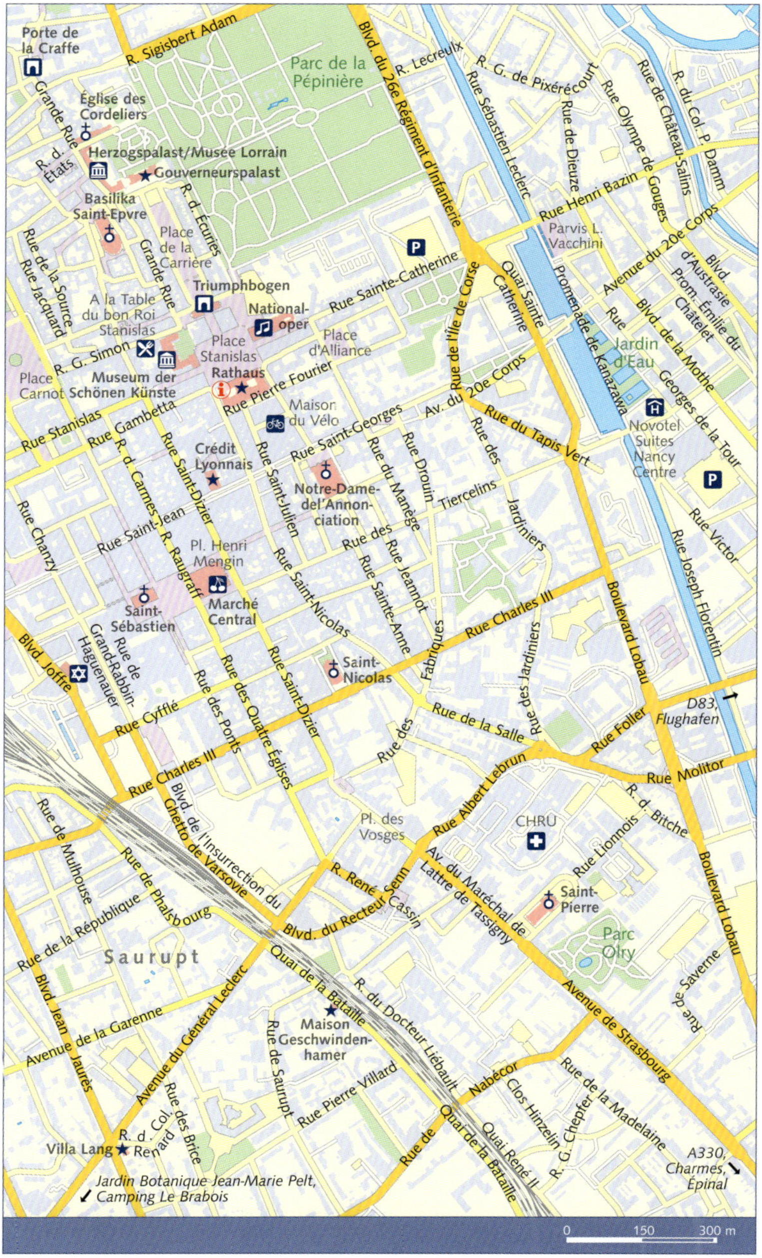

Die Obermosel

Der frühabendliche Place Stanislas mit dem Rathaus auf der Südseite

Altstadt und diente lange Jahre als Gefängnis. Noch heute wird das Stadttor, das jahrhundertelang der einzige Zugang in die Stadt aus Richtung Norden war, nachts verschlossen.

Place Stanislas

Seit mehr als zweieinhalb Jahrhunderten ist der Place Stanislas die wichtigste Besucherattraktion Nancys, ein architektonisches Gesamtkunstwerk von Seltenheit und ein wahres Rokoko-Schmuckstück. Dabei ist der heute zum UNESCO-Weltkulturerbe gehörende Platz nicht einmal so groß, wie er auf den ersten Blick erscheint. Mit 106 Metern Breite und knapp 125 Metern Länge übertrifft er kaum das größtmögliche Fußballfeld. Eingebunden in ein Ensemble architektonischer Prachtbauten und gerahmt von zwei prunkvollen Brunnen aber hält man ihn für größer, zumal ihn seine mit Blattgold überzogenen Gittertore in alle Richtungen optisch weiten.

Genau betrachtet ist der Platz eine große Bühne, auf der sich Kaiser und Papst ebenso wohl fühlten wie Staatsoberhäupter aller Nationen. Großen Hochzeiten diente er als spektakuläre Kulisse, so wie 1951, als Otto von Habsburg, der älteste Sohn des letzten österreichischen Kaisers, in Nancy heiratete und mit einem 300 Meter langen Hochzeitszug über den Platz überraschte.

Der Place Stanislas ist das Vermächtnis des polnischen Königs und Lothringens Herzog Stanislaus Leszczyński. Er war der letzte männliche Nachkomme einer aus Böhmen stammenden Adelsfamilie und zweimal als polnischer König an seinen politischen Widersachern gescheitert. Die Heirat seiner Tochter Maria mit dem französischen König Ludwig XV. brachte ihm 1736 aber die Herrschaft über die ostfranzösischen Herzogtümer Lothringen und Bar. Schloss Lunéville wurde letztlich zu seinem Herrschaftssitz, wo er im Alter von 88 Jahren auf tragische Weise ums Leben kam: Seine Kleider hatten sich am Kamin entzündet und er war Wochen später an den schweren Verbrennungen gestorben.

Mitte des 18. Jahrhunderts hatte der Herzog den anfangs Place Royal benannten Platz der damals rund 25 000 Einwohner zählenden Gemeinde Nancy geschenkt. Unter Napoleons Herrschaft wurde er zum Place Napoleon, ehe er ab 1814 wieder als Place Royale firmierte. 1831 stellte man eine Statue

▲ Karte S. 142/143.

Leszczyńskis in seiner Mitte auf, wo er noch immer thront.

Zu den wichtigsten Sehenswürdigkeiten rund um den Platz gehört das **Rathaus**. Mit 98 Metern Länge nimmt es fast seine ganze Südseite ein. Die große Uhr in seiner Mitte rahmen Allegorien der Gerechtigkeit und der Besonnenheit. Innen beeindrucken der breite Treppenaufgang und die vielen Wand- und Deckengemälde. Ebenfalls am Place Stanislas findet sich die **Nationaloper** (Opéra National de Lorraine), deren Orchester zu den besten im Land zählt.

Wo die Oper anfangs beheimatet war, ist heute das **Museum der Schönen Künste** (Musée des Beaux-Arts de Nancy) zuhause. Es präsentiert vor allem Gemälde, von Jan Brueghel dem Jüngeren über Peter Paul Rubens und Jacopo Tintoretto bis Claude Lorrain, Eugène Delacroix oder Henri Matisse. Besonders stolz ist das Museum auf seine große Sammlung von Glasobjekten und Möbeln aus der Zeit der Art noveaux.

Nicht zu übersehen ist auch der **Triumphbogen** (Arc Héré) an der Nordseite des Platzes: 15 Meter hoch und 60 Meter breit. Inspiriert wurde sein Bau vom Septimius-Severus-Bogen in Rom. Als Schöpfer des Platzes und dem nach ihm benannten Triumphbogen gilt Léopold Emmanuel Héré de Corny (1705–1763), Leszczyńskis Chefarchitekt. Viele bekannte Bildhauer, Kunsthandwerker und -schmiede zählten zu seinen Mitarbeitern. Besonders gern plante er Gartenanlagen, was zwei weitere Plätze in unmittelbarer Nähe des Place Stanislas ahnen lassen, die ebenfalls zum Weltkulturerbe Nancys gehören. Etwa der **Place de la Carrière**, der seinen Namen ritterlichen Spielen, Turnieren und Pferderennen verdankt, die hier schon im 16. Jahrhundert über die Bühne gingen. Blickfang am Platz ist der **Gouverneurspalast**, den eine halbrunde Kolonnade mit Götterbüsten säumt.

Dritter im Bund der Weltkulturerbe-Plätze ist der **Place d'Alliance**. Dem rund 150 Meter östlich des Place Stanislas gelegenen Ort fehlen Pracht und Pomp, was ihm aber keineswegs schadet. Im Gegenteil: Mit seinen 1763 in Doppelreihe angepflanzten Bäumen, die noch heute einen schattigen Rand um den großen Brunnen in der Mitte bilden, ist er eine Oase der Ruhe.

Basilika Saint-Epvre

Herz der Altstadt ist der Platz vor der Basilika Saint-Epvre. Die Kirche ist ein neugotisches Schmuckstück. Es ist Saint-Epvre, dem heiligen Aper, geweiht, einem der ersten Bischöfe von Toul. Seine Reliquien birgt ein Schrein am Hochaltar. Mit 87 Metern ist der Kirchturm der Basilika einer der höchsten der Region. Aber auch das Kirchenschiff mit 84 Metern Länge und einer Gewölbehöhe von 24 Metern ist gewaltig. Dazu passt auch die monumentale Eingangstreppe, ein

Der Amphitrite-Brunnen am Place Stanislas

Die Basilika Saint-Epvre in Nancy

Geschenk des österreichischen Kaisers Franz Joseph I., der wie fast alle habsburgisch-lothringischen Herrscher mit Nancy besonders verbunden war. Wie stark die Verbindungen des Hauses Habsburg-Lothringen nach Nancy noch heute sind, zeigte sich zuletzt 2013, als man nach der Seligsprechung Karls I. der Basilika Saint-Epvre eine Reliquie des letzten österreichischen Kaisers übereignete.

Grande Rue

Die Grande Rue ist die Schlagader der Altstadt, an der sich mit dem Herzogspalast und der Église des Cordeliers bedeutende Sehenswürdigkeiten finden. Die Grande Rue, häufig auch Grand-Rue geschrieben, ist eine relativ schmale Straße, die den Namen ihrer Bedeutung als mittelalterliche Stadtachse verdankt. Heute beleben sie vor allem im nördlichen Abschnitt viele kleine Geschäfte, Lebensmittelläden und Konditoreien, aber auch kleine Kunsthandwerksboutiquen, die bei der Suche nach einem Souvenir keine schlechte Adresse sind.

Wegen grundlegender Umbauarbeiten und der Neugestaltung der Anlage ist der **Herzogspalast** (Palais des Ducs de Lorraine) mit dem **Musée lorrain** in der Grande Rue bis mindestens 2029 für Besucher geschlossen. Der Palast gilt als einer der schönsten Renaissancebauten Lothringens. Ein Teil der dort gewöhnlich untergebrachten Museumsschätze ist bis dahin in der benachbarten gotischen **Église des Cordeliers** (Franziskaner-Minoritenkirche) ausgestellt, der Grablege vieler lothringischer Herrscher. Das Gotteshaus wurde Ende des 15. Jahrhunderts gleich nach der gewonnenen Schlacht gegen Karl den Kühnen gebaut und 1487 geweiht. Sein Bauherr war Herzog René II., der seine Bestattung in der Kirche direkt neben seinem Palast schon im Testament verfügt hatte. Neben vielen Adligen ist hier übrigens auch der weltbekannte Kupferstecher Jacques Callot (1592–1635) begraben. Zu den Ausstellungsstücken in der Kirche gehören unter anderem ein Dreifaltigkeitsaltar von 1522, beeindruckende Darstellungen des letzten Abendmahls, eine flämische Arbeit aus der zweiten Hälfte des 16. Jahrhunderts, die Jesus am Ölberg und den Kuss des Judas zeigt, und Reste der ersten Glasfenster der Kirche, die während der Französischen Revolution zerstört wurden.

Neustadt

Nancys Neustadt ist vor allem als Einkaufsviertel beliebt. Außerdem hat sie ein sehenswertes Gotteshaus aus der ersten Hälfte des 18. Jahrhunderts: die Kathedrale **Notre-Dame de l'Annonciation** (Unserer Lieben Frau von der Verkündigung) mit einer der größten Orgeln Frankreichs. Mit angeblich neuneinhalb Oktaven ist ihre Klangbreite beeindruckend. Ursprünglich wollte man an ihrer Stelle eine Kirche nach dem Vorbild von Sant'Andrea della Valle in Rom errichten, die eine riesige Kuppel prägt. Im Laufe der Bauarbeiten (1703–1742) aber wurde das Geld immer knapper, sodass man bei der Gestaltung des Gotteshauses kräftig abspeckte. Trotzdem kann sich die Kirche mit ihrem 60 Meter langen und 13,5 Meter breiten Hauptschiff immer noch sehen lassen. Die Ecksteine der seitlichen Arkaden schmücken Engel, die Embleme der Muttergottes tragen – unter anderem Rose, Sonne, Stern, Lilie und Palme. Einen zumindest kurzen Blick haben die vielen kleinen Kapellen verdient, die zum Teil in Lothringen besonders verehrten Heiligen gewidmet sind. Etwa dem heiligen Sigisbert, einem fränkischen König, der heute Nancys Stadtpatron ist und sich auf Gemälden in der

Die Grande Rue mit der Porte de la Craffe

Kirche ebenso findet wie als große Statue an der Außenfassade.

Gegenüber der großen **Markthalle** (Marché Central) am Place Henri Mengin liegt die **Église Saint-Sébastien**, ein barocker Prachtbau. Den Kirchenpatron Sebastian zeigt ein Gemälde aus dem 17. Jahrhundert im linken Seitenschiff.

Ebenfalls in der Neustadt haben sich einige bemerkenswerte Zeugen aus der für Nancy kunstgeschichtlich wichtigsten Periode, der Zeit um die Wende vom 19. ins 20. Jahrhundert, erhalten. Damals drückten zahlreiche Künstler, die sich der Art nouveau verschrieben hatten, der Stadt ihren Stempel auf. Besonders eindrucksvoll ist das heute in der **Brasserie Excelsior** (50, rue Henri Poincaré) in der Nähe des Hauptbahnhofs zu sehen. In dem 1911 eröffneten Restaurant servieren die Kellner noch immer mit Fliege oder im Anzug mit Krawatte. Viele Künstler der École de Nancy – Glasmacher, Möbelschreiner, Kunst- und Goldschmiede, Architekten, Lichtdesigner und Innenraumgestalter – haben in dem prachtvollen Saal ihre Handschrift hinterlassen. So schuf Antonin Daum (1864–1930) die mächtigen Kronleuchter, Louis Majorelle (1859–1926) das Mobiliar und Jacques Grüber (1870–1936) die sehenswerten Fenster. Vom Glaskünstler Grüber, der auch die gläserne Kuppel der berühmten Galerie Lafayette in Paris fertigte, stammt nur ein paar Schritte vom Excelsior entfernt zudem das Glasdach der Bank **Credite Lyonnais** in der 7–9, rue Saint-Georges.

Jugendstilviertel Saurupt

In den letzten Jahren hat der Westen Nancys touristisch stark an Gewicht gewonnen, genauer das Stadtviertel Saurupt. Zu den interessantesten Bauten in Saurupt, von denen einige unter Denkmalschutz stehen, zählen drei in der **Rue des Brice** (Hausnummern 2, 5, 6), die **Industriellenvilla Lang** (3, rue Colonel Renard) und das **Maison Geschwindenhamer** mit der Anschrift 6, Quai de la Bataille. Die eigentlichen Juwelen des Viertels aber sind die mit Millionenaufwand renovierte Villa Majorelle und das Musée de l'École de Nancy.

■ Musée de l'École de Nancy

Zur Kollektion des »Museums der Schule von Nancy« gehören zahlreiche Glasfenster, mehrere hundert Keramiken, fast tausend Glasobjekte von der Vase bis zur Schale und rund 500 Möbelstücke, Textilien und Gemälde, Grafiken und Fotografien. Die interessantesten Exponate präsentiert eine Dauerschau, welche die wohl bedeutendste Kunstepoche der Stadt dokumentiert.

Besonders spektakulär ist ein 1904 von Eugène Vallin geschaffener **Speisesaal**, der zu den Prunkstücken des Museums zählt.

Erst Mitte der 1960er Jahre war die Zeit für ein Jugendstilmuseum gekom-

▸ Karte S. 142/143

men, zu dessen Ensemble in einem alten Herrenhaus auch ein großer Garten mit einem unter Denkmalschutz stehenden Aquarium gehört. Besonders sehenswert sind die im Jugendstil eingerichteten Räume des Hauses wie Schlafzimmer und Bad, die einen guten Eindruck vom Lebensgefühl zu Beginn des letzten Jahrhunderts vermitteln.
Die größten Schätze aber bergen die Vitri-nen: einmalige **Vasen** von Gallé und den Brüdern Daum. Ins Auge fallen ferner die vielen Möbel aus der Werkstatt von Louis Majorelle und wertvolle Stücke aus der noch heute existierenden Glashütte Daum.
Jugendstilfans sollten übrigens auch die einige Schritte entfernt gelegene **Rue Félix Faure** aufsuchen, wo zahlreiche Anfang des letztes Jahrhunderts geschaffene Bauten sorgfältig renoviert wurden. Auch sie genießen längst Denkmalschutz.

Villa Majorelle

Das gelungenste Beispiel für die Gestaltungsprinzipien der École de Nancy ist sicher die Villa Majorelle des Kunstschreiners Louis Majorelle.
Ein Großteil der Inneneinrichtung stammt noch vom Bauherren selbst, etwa die Wandverkleidungen und die breiten Treppen samt Schmiedearbeiten, die nach gründlicher Renovierung im alten Glanz erstrahlen – einschließlich der Fenster von Jacques Grüber. Heute wie damals zeigt sich das Haus als Gesamtkunstwerk, in dem Majorelle unten einen Salon und ganz oben sein Atelier hatte.

Nancy Thermal

Unweit des Jugendstilviertels und direkt neben dem Park Sainte-Marie findet sich die jüngste Touristenattraktion: eine unter Denkmalschutz stehende alte Thermalanlage, die aufgemöbelt wurde. Sie besteht aus mehreren Schwimmbecken, Saunen und Hammam. Das Wasser ist vor allem für seine heilende Kraft bei Rheuma geschätzt.
Zur Anlage zählt auch eine Hotelresidenz mit 76 Apartements, die direkten Zugang zum Thermalkomplex haben.

Jardin Botanique Jean-Marie Pelt

Am südwestlichen Rand der Stadt liegt einer der größten botanischen Gärten Frankreichs: ein Pflanzenmeer aus Bäumen, Blumen und Büschen samt tropischen Gewächshäusern, in denen Riesenseerosen aus Amazonien ebenso zu Hause sind wie mexikanische Kakteen oder Palmen aus Madagaskar. Dazu kommen mehr als 300 verschiedene Rosensorten.
Der heute zur Universität von Nancy gehörende Garten ist nach Jean-Marie Pelt (1933–2015) benannt, der als Professor an der Universität Nancy Botanik und Pharmazie lehrte.
Heute sind in Nancys Botanischem Garten auf mehr als 35 Hektar Freifläche und großen Glashäusern rund 12 000 seltene und zum Teil auch bedrohte Pflanzenarten zu finden.

Jugendstilhaus im Viertel Saurupt

Jugendstilfenster von Henri Bergé im Musée de l'École de Nancy

Nancy

Vorwahl: +33/(0)3, **PLZ:** F-54000

Office de Tourisme – Destination Nancy, Pl. Stanislas, Tel. +33/3/83358010; Di–So 9.30–18.30, Mo 13–18.30 Uhr, Im Winter So geschlossen. www.nancy-tourisme.fr

Taxis de Nancy, www.taxis-nancy.com

Flughafen Metz-Nancy-Lothringen (ETZ), Route de Vigny, 57420 Goin, Tel. +33/387567000. 45 km nördlich der Stadt. https://lorraineairport.com

Bahnhof Nancy-Ville, 3 Pl. Thiers, in der Stadtmitte. Direkte Verbindungen mit Straßburg, Paris oder Luxemburg. Nach Deutschland, Österreich und die Schweiz gibt es Umsteigeverbindungen.

Nancy verfügt über Bus- und sogenannte Tramway-Linien. Das sind Oberleitungsbusse auf Luftreifen, die eine in der Fahrbahn versenkte Leitschiene steuert. Sie sind zu Spitzenzeiten im 5-Minuten-Takt unterwegs. Der **Nancy City Pass**, erhältlich unter anderem beim Office de Tourisme, beinhaltet die kostenlose Nutzung der öffentlichen Verkehrsmittel. Am Wochenende ist allerdings die Nutzung des Verkehrsnetzes »Stan« ohnehin kostenlos, Kinder und Jugendliche unter 18 Jahren fahren generell gratis. Mehr Informationen und Online-Tickets unter www.reseau-stan.com

Hôtel de Guise, 18 Rue de Guise, Tel. +33/3/83322468. Zentral gelegenes Altstadthotel mit gemütlichen Zimmern, DZ ab 81 Euro. www.hoteldeguise.com

Novotel Suites Nancy Centre, Jardin d'Eau, Allée du Chanoine Drioton, Tel. +33/3/83322880; DZ ab 106 Euro. Gut zehn Minuten östlich vom Place Stanislas gelegenes Komforthotel der Accor-Gruppe. https://all.accor.com

Hôtel Lorraine, 29 Av. de la Résistance, Tel. +33/3/83931616; DZ ab 70 Euro.

Karte S. 142/143

Modernes Hotel im westlich von Nancy gelegenen Ort Laxou. www.lorraine-hotel.fr

Campingplatz Nancy Le Brabois, 2301 Av. Paul Muller, 54600 Villers-lès-Nancy, Tel. +33/3/83271828. Platz mit knapp 200 Stellplätzen, 16 Holzhütten, Pool und Bouleplatz. https://campingbrabois.fr

A la Table du bon Roi Stanislas, 7 Rue Gustave Simon, Tel. +33/3/83353652. Serviert werden alte lothringische und polnische Gerichte wie zu Zeiten Königs Stanislaus'. www.latabledestan.com

Brasserie Excelsior, 50 Rue Henri Poincaré, Tel. +33/3/83352457. www.excelsior-nancy.fr

L'Impromptu, im Marché Central, Pl. Charles III, Tel. +33/3/83300256. Marktrestaurant mit Lothringer Spezialitäten und empfehlenswertem Sonntagsbrunch. www.limpromptu.com

Basilique St-Epvre, Pl. St-Epvre; tgl. wechselnde Öffnungszeiten.

Église des Cordeliers, 66 Grande Rue; Di–So 10–12.30 und 14–18 Uhr.

Musée des Beaux-Arts de Nancy, 3 Pl. Stanislas, Tel. +33/3/83853001; Mi–Mo 10–18 Uhr. https://musee-des-beaux-arts.nancy.fr

Kathedrale Notre-Dame de l'Annonciation, 52 bis Pl. Monseigneur Ruch, Tel. +33/3/83352603; tgl. 10–12 und 15–19 Uhr.

Église Saint-Sébastien, Place Charles III; tgl. 9–19 Uhr.

Musée de l'École de Nancy, 36–38 Rue du Sergent Blandan, Tel. +33/3/83853001; Mi–So 10–18 Uhr. https://musee-ecole-de-nancy.nancy.fr

Villa Majorelle, 1 Rue Louis Majorelle, Tel. +33/3/83401486; Mi–So 14–18 Uhr. https://musee-ecole-de-nancy.nancy.fr

Jardin Botanique Jean-Marie Pelt, 100 Rue du Jardin Botanique, Tel. +33/3/83414747; April–Okt. tgl. 9.30–18, Nov.–März tgl. 9.30–12 und 13–17 Uhr. www.jardinbotaniquedenancy.eu

Opéra National de Lorrain, 1 Rue Ste-Catherine, Tickettel. +33/3/83853311. Renommiertes Opernhaus, das gelegentlich auch besichtigt werden kann. www.opera-national-lorraine.fr

Jardin Ephémère; Ende Sept.–Anfang Nov. Sechs Wochen lang zeigt sich der Place Stanislas als grüne Oase.

Nancy Jazz Pulsations; Okt. Großes Musikfestival. https://nancyjazzpulsations.com

Nikolausfest; Anfang Dez. mit großem Umzug.

Maison du Vélo du Grand Nancy, 6 Rue Claude Charles, Tel. +33/3/83488820; Di–Sa 9–18.15, Mo 14–18.15 Uhr. Leihräder aller Klassen, auch E-Bikes, Tandems und Lastenräder. http://maisonduvelo.grand-nancy.org

Nancy Thermal, 41–43 Rue Sergent Blandan, Tel. +33/3/56790299; tgl. 10–20 (Di und Fr bis 22) Uhr. Großes Thermalbad mit Außenbecken und vielen Wellnesseinrichtungen. www.nancythermalresort.fr

Marché Central (Markthalle), 52 Rue Saint-Dizier, Tel. +33/3/83853293; Di–Sa 7–18.30, So 7.30–13 Uhr. Angeblich Lothringens schönster Markt mit täglich frischem Lebensmittelangebot. www.nancy.fr

CHRU, 29 Av. du Maréchal de Lattre de Tassigny, Tel. +33/3/83858585. Modernes Krankenhaus mit 24-Stunden-Service. www.chu-nancy.fr

Mit der Kanalisierung des Flusses begann für die Mosel ein neues Geschichtskapitel. In Neuves-Maisons findet sich heute die erste der vielen Staustufen der Mosel auf ihrem Weg zur Mündung. Die Gemeinde liegt an der großen Schleife um Nancy, deren Juwel die alte Bischofsstadt Toul mit ihrer über 800-jährigen Kathedrale ist. Weiter flussabwärts finden sich mit Liverdun und Pont-à-Mousson weitere sehenswerte Ziele, ehe die Mosel Metz erreicht, die größte Stadt an ihren Ufern. In Apach schließlich verabschiedet sie sich Richtung Deutschland und Luxemburg.

Moselufer in Metz mit dem Temple Neuf

FRANKREICHS SCHIFFBARE MOSEL

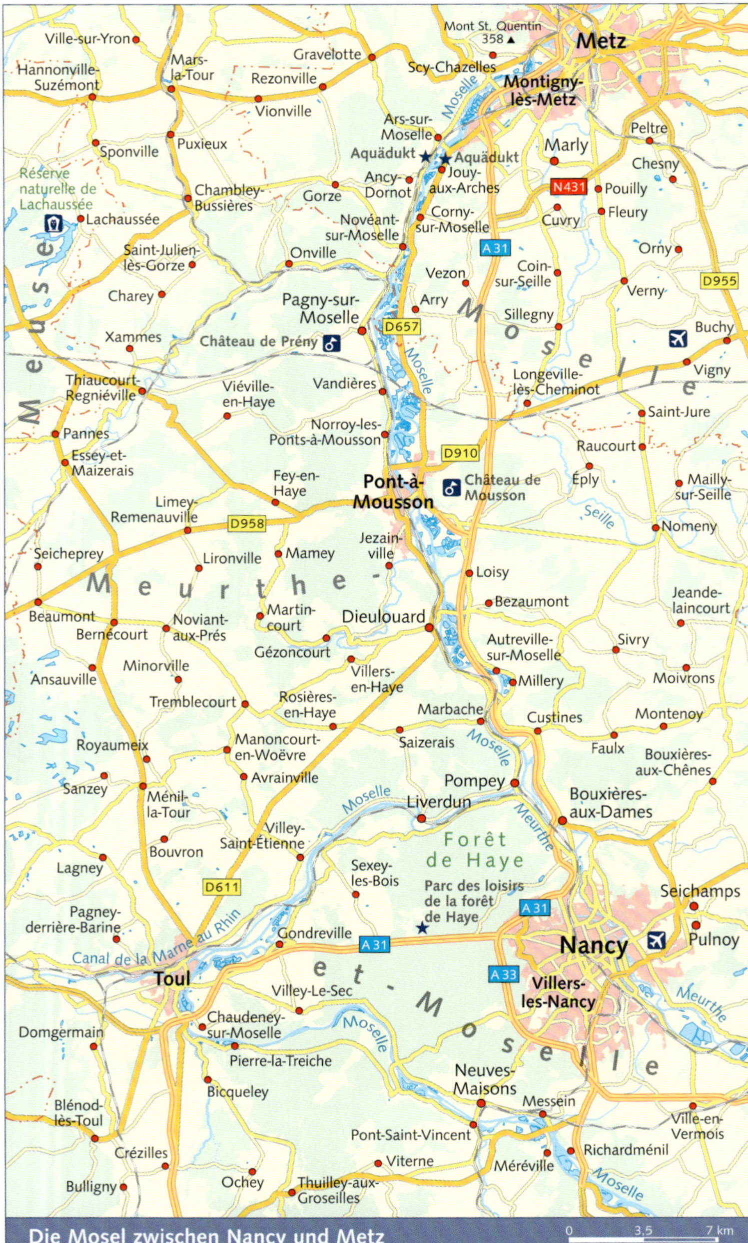

Die Mosel zwischen Nancy und Metz

Zwischen Nancy und Toul

Anders als um Metz macht die Mosel um Nancy einen großen Bogen. »La boucle de la moselle« heißen die Franzosen diesen Flussabschnitt. Er beginnt in Messein und endet in Pompey, wo sich die Mosel mit der Meurthe aus Nancy vereint. Die Moselschleife ist eine knapp 100 Kilometer lange Strecke, deren westlichsten Punkt Toul markiert, die jahrhundertealte kleine Bischofsstadt mit der großen Kathedrale.

Neuves-Maisons heißt die erste große Gemeinde an der Strecke. Sie liegt zu Füßen eines waldreichen Plateaus, das der Mosel den direkten Weg nach Norden versperrt. Es ist der Beginn der kanalisierten Mosel. Nur wenig weiter, in Maron, endet deshalb auch der Canal des Vosges, der hier in die kanalisierte Mosel übergeht.

Die Gegend um Neuves-Maisons prägte lange Zeit der Erzbergbau. Dafür sorgte die 1968 aus Kostengründen stillgelegte Zeche **Val de Fer**, die trotz ihrer 400 Kilometer langen Stollen im internationalen Wettbewerb nicht mehr mithalten konnte und heute als sehenswertes Museum dient. Noch in Betrieb dagegen ist das Stahlwerk in Neuves-Maisons, das einst das Metall für den Bau des Pariser Eiffelturmes lieferte. Es prägt noch heute das Bild der Stadt und war einer der Gründe für die Moselkanalisierung. Allerdings arbeiten heute statt vieler tausend nur noch ein paar hundert Arbeiter in der Hütte. Gegenüber Neuves-Maisons, von dem die Eisenbahn in 22 Minuten ohne Umstieg ins Zentrum von Nancy fährt, liegt **Pont-Saint-Vincent** mit seiner mittelalterlichen Kirche.

Wie viele Ortschaften in der Region wurde **Villey-Le-Sec** aufgrund seiner strategischen Lage nach dem Deutsch-Französischen Krieg in den 1870er Jahren zu einer riesigen Festung ausgebaut. Die steht noch heute, ein viele zehntausend Quadratmeter großes Bollwerk, durch das ein Touristenbähnchen fährt.

Auf der anderen Seite des Flusses findet sich **Pierre-la-Treiche**. Neben der ehemaligen Propstei aus dem 16. Jahrhundert mit ihrer Allerheiligenkapelle ist sie bekannt für die Grotte **Sainte-Reine**, eine prähistorische Höhle auf dem rechten Moselufer der Gemeinde mit mehreren Eingängen. »Das Loch der Kelten« heißt sie im Volksmund. In der Bronzezeit diente sie als Grabstätte, in der Eisenzeit als Fluchtort, wie zahlreiche Funde gezeigt haben.

Chaudeney-sur-Moselle, der Nachbarort moselabwärts auf der rechten Seite, war eine der Sommerresidenzen der Bischöfe von Toul. Der Gegenwart geschuldet ist die Autobahnbrücke am Ortsrand, die hoch über die Mosel führt. Zu ihren Füßen liegt Toul, das einst zu den gewichtigsten Städten Lothringens zählte.

Im Minenmuseum Val de fer

Zwischen Nancy und Toul

Vorwahl: +33/(0)3

La Jument Verte, 3 Rue du Radelot, 54840 Villey le Sec, Tel. +33/3/83639258. Französische Bistroküche in Moselnähe. www.jumentverte.fr

Chalet Beaurivage, Route de Chaudeney, 54200 Pierre-la-Treiche, Tel. +33/3/83431084. Am Moselufer gelegenes Restaurant mit regionaler Küche, zu der auch Fisch und passende Weine wie der Gris de Toul gehören. www.chaletbeaurivage.fr

Camping Villey-le-Sec, 34 Rue de la Gare, 54840 Villey-le-Sec, Tel. +33/3/83636428; April–Okt. An der Mosel gelegener Campingplatz mit Holzchalets für bis zu 6 Personen. www.campingvilleylesec.com

Bergbaumuseum La Mine du Val de Fer, Rue du Val de Fer, 54230 Neuves-Maisons, Tel. +33/6/95481764. Alte Stollen und Hinterlassenschaften aus der Geschichte des Bergbaus und der Stahlindustrie. https://minedeneuevesmaisons.org

Ein gut dreistündiger Wanderweg erschließt die **Höhlenregion um Villey-le-Sec**. www.visorando.com/randonnee-boucle-de-la-moselle-entre-villey-le-sec/-2

Kanu-Kajak-Verleih ALNM, 61 Rue Aristide Briand, 54550 Pont-Saint-Vincent, Tel. +33/682180262. Der Kajak-Club organisiert auch Tagestouren durch die Moselschleife. www.alnm-kayak.com

Toul

Wer sich Toul nähert, kann die gotische Kathedrale nicht übersehen. Mit ihren mächtigen Türmen ragt sie weithin sichtbar aus der Altstadt. Die Mosel zu ihren Füßen hat ein paar hundert Meter flussaufwärts ihren westlichsten Punkt erreicht. Zu Urzeiten zweigte sie hier Richtung Maas ab - dank einer Senke, die der Rhein-Marne-Kanal inzwischen nutzt. Heute freilich zwingen sie die Mauern der Stadt weiter nach Nordwesten Richtung Rhein.

Geschichte

Zu den ersten Siedlern der Region gehörten die keltischen Leuker. Ihnen folgten im 1. Jahrhundert vor Christus die Römer, unter deren Herrschaft Toul schließlich christlich wurde. An den ersten Bischof der Stadt erinnert ein Hochgrab in der Kathedrale. Es zeigt einen kräftigen Mann mit Bischofsstab, den heiligen Mansuetus. Mansuy de Toul nennen ihn die Franzosen. Ein Wanderprediger sei er gewesen, der seine letzten Lebensjahre im 4. Jahrhundert an der Mosel verbracht habe, wo er einer kleinen christlichen Gemeinschaft vorstand. Das alles ist freilich historisch nicht verbürgt, stützt sich Mansuys Geschichte doch auf eine erst im 10. Jahrhundert erschienene Biografie.

Greifbarer wird Touls Geschichte mit einem gebürtigen Kölner, Gerhard I. Er war ein Freund der Ottonen und wurde 963 Bischof von Toul. Schon zwei Jahre später begann er mit dem Bau der ersten großen Domkirche. Sie war Stephanus geweiht, dem damals in der Region populärsten Heiligen, der auch Namenspatron der Kathedrale von Metz war, der nächsten Bischofsstadt moselabwärts. Noch stärker als Gerhard I. aber drückte Bruno von Egisheim-Dagsburg Toul seinen Stempel auf. Als Leo IX. schaffte er es bis auf den Papstthron.

Schließlich aber widersetzten sich die durch Weinhandel zu Wohlstand gelangten Bürger Touls der bischöflichen Macht und vertrieben das Episkopat ins benachbarte Liverdun. 1336 wur-

▶ Karte S. 154, 157

de Toul freie Reichsstadt im Heiligen Römischen Reich. Mitte des 16. Jahrhunderts nahm Frankreich Toul gewaltsam ein, das schließlich auch offiziell annektiert wurde. Die Folge war sein Ausbau zur Festung, deren Wälle noch heute Touls Stadtbild prägen. Zum Teil stammen sie von Sébastien Le Prestre Seigneur de Vauban (1633–1707), dem berühmten Festungsbaumeister des französischen Königs Ludwig XIV. Ende des 18. Jahrhunderts verlor Toul zugunsten der expandierenden Stadt Nancy mehr und mehr an Bedeutung. Höhepunkt des Niedergangs war letztlich der Verlust ihres Status als Bischofsstadt, den sie sich heute mit Nancy teilen muss.

Während Toul den Deutsch-Französischen Krieg 1870/71 ebenso wie den Ersten Weltkrieg weitgehend unbeschadet überstand, hinterließ der Zweite Weltkrieg mit seinen Bombenangriffen schwerste Zerstörungen, die vor allem die Kathedrale trafen.

Heute ist Toul mit seinen rund 15 000 Einwohnern ein geschäftiges Landstädtchen, dessen Altstadtgassen mit ihren Häusern aus Mittelalter und Renaissance zum Bummeln laden. Toul ist außerdem Namensgeber der Côtes de Toul, einem der kleinsten Weinbaugebiete Lothringens. Und nicht zuletzt führt durch Toul der Canal de la Marne au Rhin (Rhein-Marne-Kanal), der nördlich des Zentrums in die Mosel mündet (→ S. 161).

Kathedrale Saint-Étienne

Die im Spätmittelalter erbaute und dem heiligen Stephanus geweihte Kathedrale ist das Wahrzeichen der Stadt und eines der besten Beispiele für den sogenannten Flamboyant, einen besonderen spätgotischen Baustil. Seinen Namen verdankt er den an Flammen erinnernden Formen seines Maßwerks. Obwohl der im frühen 13. Jahrhundert begonnene Bau des mächtigen Gotteshauses sich über mehrere Jahrhunderte erstreckte,

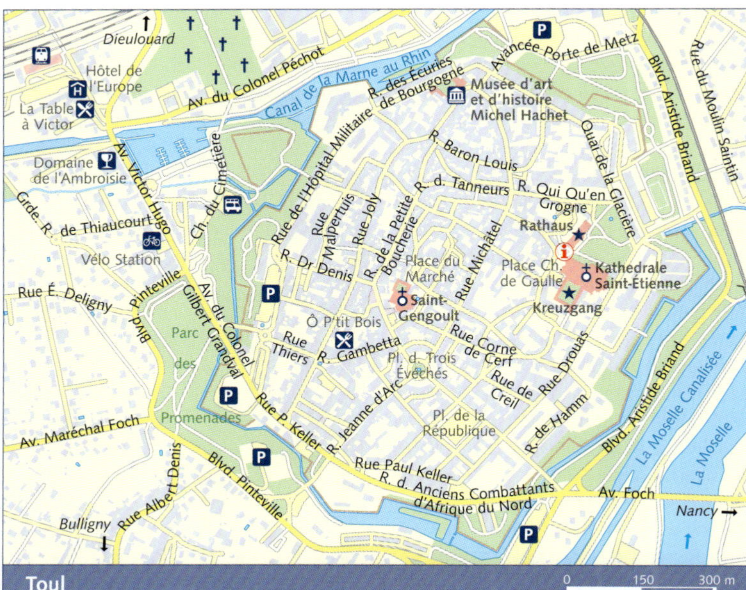

Die beeindruckende Westfassade der Kathedrale von Toul

zeigt er sich Besuchern stilistisch in feiner Harmonie, was sicher auch an seiner sorgfältigen Restaurierung in den letzten Jahrzehnten liegt.

Als erstes entstand der Chor mit seinen beiden Türmen, die Kapellen flankierten. 40 Jahre nach seiner Vollendung fügte man das riesige Querschiff hinzu und das letzte Joch des Langhauses, das die Stabilität der neuen Kathedrale garantieren sollte. Ende des 13. Jahrhunderts hatte die Bischofskirche so ihr gotisches Gesicht gefunden, zu dem auch der sehenswerte **Kreuzgang** gehörte. Mit seinen Wasserspeiern auf den Dächern zählt er zu den schönsten und größten Europas. Im 14. Jahrhundert setzte man den Ausbau des Langhauses fort, das Seitenkapellen sichtlich verbreiterten. Der Krieg zwischen dem Herzog von Burgund und dem Herzog von Lothringen zwang allerdings zum Baustopp. Deshalb entstand die eindrucksvolle Westfassade, die Schokoladenseite der Kathedrale, erst in der zweiten Hälfte des 15. Jahrhunderts, nachdem Papst und Frankreichs König mit kräftigen Geldspritzen den Weiterbau möglich gemacht hatten.

Im 17. und im frühen 18. Jahrhundert wurde das Innere neu gestaltet. Mit Statuen und Gemälden wurde besonders die Apsis geschmückt, wo neben den Schutzheiligen der Kathedrale wie Johannes dem Täufer, Stefanus und Gerhard von Toul auch viele lokale Heilige ihren Platz fanden. Dazu kamen Tafelgemälde im Chor, die als Türen der zahlreichen Reliquienschränke dienten.

Am schlimmsten traf die Kirche im Januar 1794 eine städtische Verordnung. Danach mussten nach der Französischen Revolution aus ideologischen Gründen alle Statuen in den Nischen der einmaligen Westfassade verschwinden, ebenso der Lettner, das Chorgestühl und alle Skulpturen im Kreuzgang. Keine gute Zeit für die Kathedrale war auch der Deutsch-Französische Krieg 1870/71, dem die bunten Renaissancefenster im Chor zum Opfer fielen. Im Zweiten Welt-

Im Kreuzgang der Kathedrale

▶ Karte S. 157

krieg nahm die deutsche Artillerie die Kathedrale im Juni 1940 gezielt unter Beschuss und ruinierte Dach und große Teile der Inneneinrichtung samt der großen Orgel aus dem 18. Jahrhundert. Tagelang wütete damals angeblich das Feuer im Gotteshaus.

Die Kirche jedenfalls war jetzt nur noch ein Provisorium, das man Ende der 1970er Jahre aus Sicherheitsgründen endgültig schloss. Rund ein Jahrzehnt später startete die millionenteure Renovierung, die erst vor kurzem endete. Drei Jahrhunderte Gotik vereint die Kathedrale jetzt wieder in einer Formenvielfalt, die Kunsthistoriker ebenso staunen lässt wie Kirchgänger und Besucher. Während die Westfassade mit ihren hohen Türmen reinster Flamboyantstil ist, stammen die unteren Partien der kleineren Osttürme noch aus der Romanik. Dazu kommen Reste eines Glasfensters aus dem 13. Jahrhundert in den östlichen Turmhallen und ein großes Fenster im Nordarm des Querhauses aus dem frühen 16. Jahrhundert.

Zu den Kirchenschätzen zählt neben einem **Bischofsstuhl** aus dem 13. Jahrhundert auch ein **Hochgrab des heiligen Mansuetus**. Neueren Datums ist die Schatzkammer mit liturgischem Gerät und religiösen Kunstgegenständen aus der über 800-jährigen Geschichte der Kathedrale.

Stiftskirche Saint-Gengoult

Zweiter sehenswerter Kirchenbau Touls ist neben der Kathedrale die ebenfalls aus dem 13. Jahrhundert stammende Stiftskirche mit ihrem unvollendeten Kirchturm. Sie liegt etwas versteckt zwischen den Häusern der Altstadt und ist Gengoult oder Gangolf d'Avallon geweiht, einem Heiligen aus dem 8. Jahrhundert. Erker und Gewölbe sind noch im Stil der Flamboyant-Gotik, während

Die Stiftskirche Saint-Gengoult

die Renaissance das Äußere der Kirche geprägt hat. Ihre Pretiosen sind zahlreiche **Glasfenster** aus der zweiten Hälfte des 13. Jahrhunderts, eine sitzende **Muttergottes** aus dem 14. Jahrhundert und ein zwischen 1510 und 1530 erbauter sehenswerter **Kreuzgang**. Ursprünglich war er aufgrund seiner reduzierten Abmessungen über zwei Stockwerke angelegt, der zweite Stock aber wurde niemals gebaut.

Musée d'art et d'histoire Michel Hachet

Im ehemaligen Maison Dieu (Krankenhaus) lebt Touls Vergangenheit. Rund zwei Dutzend Säle präsentieren Objekte aus Vorgeschichte, Mittelalter und späterer Zeit: unter anderem Gemälde, Vasen, Statuen, Steingut und Tapisserien. Religiöses findet sich neben Profanem. Besonders eindrucksvoll ist der **Krankensaal** aus dem 13. Jahrhundert. Zu den Ausstellungsstücken gehören archäologische Funde aus der Bronzezeit ebenso wie ein Römerschiff aus dem 2. Jahrhundert, aber auch russische Ikonen und alte Soldatenhelme.

Côtes de Toul

Die Côtes de Toul erstreckt sich über eine Hügelkette westlich der Stadt. Dort ist der »Gris de Toul« zuhause, ein heller Roséwein. Gekeltert wird er aus drei Rebsorten, von denen der Gamay der wichtigste ist und maximal 85 Prozent der Menge ausmachen darf. Dazu müssen mindestens zehn Prozent Pinot Noir (Spätburgunder) und bis zu fünf Prozent Auxerrois kommen. Aus dem Rebsafttrio entsteht so durch direkte Pressung ein kristallklarer Rosé, den man schon in den ersten Jahren nach der Ernte trinken sollte.

Neben dem Gris de Toul fertigen die rund 20 Winzer des Weinbaugebiets auch vollmundige Spätburgunder, deren Aromen Weinkenner an Himbeeren und schwarze Johannisbeeren erinnern. Aus ihrem Auxerrois entstehen an Zitrusfrüchte mahnende fruchtige Weißweine. In der Regel reifen die Trauben des Weinbaugebiets an nach Osten und Süden ausgerichteten Hängen auf lehmigen und kalkhaltigen Böden in den acht Gemeinden Blénod-lès-Toul, Bruley, Bulligny, Charmes-la-Côte, Domgermain, Lucey, Mont-le-Vignoble und Pagney-derrière-Barine.

Toul

Vorwahl: +33/(0)3, **PLZ**: F-54200

Office de tourisme Toul, 1 Pl. Charles de Gaulle, Tel. +33/3/83649060; Mo 14–17.30, Di–Sa 10–12 und 14–17.30 Uhr. https://tourisme-terrestouloises.com

Bahnhof Toul, Av. Victor Hugo. Unter anderem Verbindungen nach Nancy und Paris.

Hôtel de l'Europe, 373 Av. Victor Hugo, Tel. 33/3/83430010; DZ ab 100 Euro. Einfaches Haus in Bahnhofsnähe

Maison Crochet, 7 Rue Saint-Vincent, 54113 Bulligny, Tel. +33/3/83625129; DZ ab 79 Euro. Kleines Weingut mit vier Gästezimmern in einem Nachbardorf, gern serviert der Hausherr ein Abendessen. http://maisoncrochet.fr

Wohnmobilstellplätze Toul, Chemin du Cimetière, Tel. +33/3/83637633. Zwölf ganzjährig nutzbare Stellplätze für Wohnmobile, Höchstparkdauer 72 Stunden. www.toul.fr

Restaurant La Table à Victor, 351 Av. Victor Hugo, Tel. +33/3/83432371. Traditionelles Restaurant mit französischer Küche. facebook.com/La TableAVictor

Ô P'tit Bois, 16 Rue Gambetta, Tel. +33/7/66677162.h Gehobene Traditionsküche mit lokalen und saisonalen Produkten. facebook.com/OptitBois54

Cathédrale Saint-Étienne, Place Charles de Gaulle; tgl. 10–18.30 Uhr. www.toul.fr

Kirche Saint-Gengoult, Place du Couarail; im Sommer gewöhnlich nachmittags geöffnet. www.toul.fr

Musée d'Art et d'histoire Michel Hachet, 25 Rue Gouvion Saint-Cyr, Tel. +33/3/83641338; Mo, Mi–Fr 10–12.30 und 13.30–18, Sa/So 13–18 Uhr. www.toul.fr

Vélo Station, 57 Av. Victor Hugo, Tel. +33/3/72610425; Mo–Sa 9–12.30 und 14–19 Uhr. www.velostation.com

Domaine de l'Ambroisie, 54 Impasse Victor Hugo, Tel. +33/3/83638053. Bioweingut und Mirabellenproduzent. www.bienvenuesaveurs54.fr

▶ Karte S. 157

Der Rhein-Marne-Kanal

Weit gereiste Sportschiffer kennen ihn bestimmt: den Rhein-Marne-Kanal. Er quert Lothringen und verbindet die Marne via Nancy mit dem Rhein. Rund 175 Schleusen bewältigen die streckenweise erheblichen Höhenunterschiede. Die meisten sind inzwischen automatisiert, einige aber müssen noch immer per Hand bedient werden. Der Westabschnitt des Kanals mit seinen Schleusen und Tunnels mündet heute in Toul in die schiffbare Mosel. Deswegen wurde er auf der Strecke bis Frouard stillgelegt. Von dort führt er über Nancy weiter nach Straßburg.

Der Mitte des 19. Jahrhunderts erbaute und zur vorletzten Jahrhundertwende erneuerte Kanal hat eine Mindesttiefe von 2,20 Meter, die für kleine Frachtschiffe, die sogenannten Péniches, ausreicht. Sie sind so gebaut, dass sie die Schleusenkammern optimal ausnutzen können. Ursprünglich waren es reine Schleppschiffe, die von Pferden am Ufer gezogen wurden. Deshalb finden sich am Kanal auch sogenannte Treidelpfade.

Inzwischen ist die Frachtschifffahrt mit den Péniches so gut wie ausgestorben. Einziger Vorteil dieser Schiffe ist, dass sie wegen ihrer Größe, maximal 38,5 Meter lang und 5,05 Meter breit, praktisch fast jede Binnenwasserstraße Europas befahren können und so oft als Spezialtransporter über große Distanzen gefragt sind.

Heute ist der Rhein-Marne-Kanal ein Paradies für Sport- und Hausboote. Reedereien in Toul, aber auch andernorts, vermieten sie in unterschiedlicher Größe an Freizeitkapitäne, die in Frankreich keinen Bootsführerschein, sondern nur eine gründliche Einweisung in die Handhabung der Boote brauchen.

Zu den Attraktionen auf der lothringischen Kanalstrecke zählt der Plan Incliné von St. Louis/Arzviller, ein gigantisches Schiffshebewerk. Es ersetzt 17 Schleusen und überwindet auf einer 110 Meter langen schiefen Ebene bei einer Steigung von 41 Prozent einen Höhenunterschied von fast 50 Metern. Der Fördertrog, in dem die Schiffe auf und ab transportiert werden, kann Schiffe bis zu 350 Tonnen aufnehmen. Das Hebewerk ist von März bis November auch zu besichtigen.

Schleuse am Zusammenfluss vom Canal de l'Est und Rhein-Marne-Kanal bei Méréville

Zwischen Toul und Pompey

Ab Toul hat die Mosel meist zwei Betten: einen Kanal und ein Ökobett zur Rechten, wo sie bequem durch Wiesen und Auen mäandrieren kann. Reiher und andere Vögel fühlen sich hier wohl, seltene Pflanzen und Angler. Erst in **Villey-Saint-Étienne** vereinen sich Fluss und Kanal wieder. Unterwegs liegt rechts des Flusses **Gondreville**, das wie **Pierre-la-Treiche** über mehrere Höhlen verfügt. Die **Grotte du Chaos** und die **Grotte du Géant** sind die größten und dienen Höhlenforschern zur Ausbildung. Gondreville liegt zu Füßen des **Forêt de Haye**, einem riesigen Waldgebiet, das sich auf über 10 000 Hektar zwischen Toul und Nancy auf einem Hochplateau erstreckt. Hauptsächlich Buchen sind hier zuhause, aber auch Eichen, Eschen, Hainbuchen oder Ahorn. Schweren Schaden fügte 1999 der Orkan Lothar dem Wald zu, als er rund 20 Prozent des Baumbestandes wegfegte. Inzwischen steht der Forêt de Haye weitgehend unter Landschaftsschutz. Im östlichen Teil des Geländes, einem ehemaligen amerikanischen Militärlager, findet sich ein **Freizeitzentrum** mit Spielplätzen, Reitanlage, Tennisclub und dem lothringischen Automobilmuseum (Parc des loisirs de la forêt de Haye, www.parcdehaye.fr).

Die Mosel bei Toul

▲ Karte S. 154

Liverdun

An der nächsten Moselschleife liegt Liverdun, ein sehenswerter Ort, der sich auf einem Hügel seit Jahrhunderten an den Fluss schmiegt. In Liverdun steckt der Namen des römischen Gottes Liber, den man mit dem griechischen Gott Dionysos gleichsetzte, was vermuten lässt, dass hier damals auch schon Weinbau betrieben wurde. Reste des ehemals durch Liverdun führenden Rhein-Marne-Kanals, der durch die kanalisierte Mosel ersetzt wurde, sind noch immer sichtbar. Wegen der Enge zu Füßen des Ortes führte die Schifffahrtsstraße hier nämlich durch einen 400 Meter langen Tunnel und überquerte dann die Mosel auf einer Kanalbrücke.

Liverduns touristischer Höhenflug begann mit dem Bau der Eisenbahn Mitte des 19. Jahrhunderts. Vor allem an Wochenenden brachten die Züge aus Nancy und anderen lothringischen Ortschaften viele Tagesbesucher an die Strände der Mosel. Und wer es sich leisten konnte, baute am Ufer gleich ein Haus, wo mit der **Domaine des Eaux Bleues**, früher als Château Garenne bekannt, noch heute ein schönes Art-déco-Ensemble steht.

Auch heute noch ist Liverdun eine begehrte Ausflugsadresse. Das liegt zum einen an der Mosel, die Angler und Wassersportler einlädt und zum Picknick am Ufer lädt, zum anderen am geschlossenen Bild der Altstadt – am besten zu erreichen nach steiler Auffahrt durch die **Porte Haute**. Das Tor gehörte zu einer Ringmauer, die Touls Bischöfe im 12. Jahrhundert in ihrem Sommersitz hoch über der Mosel anlegen ließen.

Zwischen zwei Türmen der alten Stadtmauer wurde im 19. Jahrhundert auch das **Château Corbin** mit seiner Fassade im Renaissancestil errichtet, das heute als Bildungsstätte dient.

Place d'Armes und **Place de la Fontaine**, ein altes **Waschhaus**, das den Frauen den Weg zur Mosel ersparen sollte, und zahlreiche **spätmittelalterliche Wohnhäuser** sind die Pretiosen Liverduns. Sein größter Schatz aber ist die ehemalige Stiftskirche **Saint-Pierre** mit romanischem Turm, einem Kirchenschiff aus dem 12. Jahrhundert und einer im 18. und 19. Jahrhundert modifizierten Apsis. Sehenswert im Inneren sind neben alten Wandmalereien das Chorgestühl und einige Gemälde, zu denen ein reich verziertes Marienbild, eine Darstellung der heiligen Margarethe und zwei Gemälde mit dem Kirchenpatron Petrus gehören. In einer Wandnische steht das **Grabmal des heiligen Eucharius**, der im 4. Jahrhundert als Wanderbischof in Lothringen unterwegs gewesen sein soll. Dabei trug er den Namen des legendären ersten Bischofs von Trier. Dem Märtyrer Eucharius wird nachgesagt, nach seiner Enthauptung im Oktober des Jahres 362 im benachbarten Pompey mit dem Kopf unter dem Arm nach Liverdun zurückgekehrt zu sein, weshalb in der Diözese Toul und Nancy seiner noch heute am 22. Oktober gedacht wird. Auch die Liegefigur des Heiligen im Bischofsornat zeigt ihn mit dem Kopf unter dem Arm.

Malerisch gelegen: Liverdun

Unbedingt probieren übrigens sollte man in Liverdun die **Madeleines de Liverdun**, eine der Spezialitäten Lothringens. Auch sie sind Ergebnis des Tourismusbooms in den 1920er Jahren, als ein Bäcker und sein Lehrling in einem kleinen Laden gegenüber dem Bahnhof ihre Eierkuchen verkauften. Wie gut die Madeleines schmecken, sprach sich schnell herum, so dass sie inzwischen fast überall im Osten Frankreichs zu haben sind.

Liverdun

Vorwahl: +33/(0)3

PLZ: F-54460

Accueil touristique du Bassin de Pompey (Touristenbüro), 1 Pl. d'Armes, Tel. +33/3/83244040; Mai–Sept. So und Mo 14–18, Di–Sa 10.30–12.30 und 14–18, Okt.–April Di–Sa 14–17 Uhr. https://tourisme.bassinpompey.fr

Camping de la Moselle, 7 Av. Eugène Lerebourg, Tel. +33/3/83244378; Mai–Sept. Campingplatz an der Mosel mit Restaurant und Schwimmbad, Fahrrad- und E-Bike-Verleih. www.lesbouclesdelamoselle.com

Les Véritables Madeleins de Liverdun, 4 Pl. de la Gare, Tel. +33/3/83245423; tgl. 9–12 und 14–18 Uhr. Kleines Lädchen gegenüber dem Bahnhof, das traditionell die berühmten Madeleines produziert, eine der Spezialitäten Lothringens. https://madeleinesdeliverdun.fr

Zwischen Pompey und Pont-à-Mousson

Nördlich von Pompey fließt die Mosel mit der von Nancy kommenden Meurthe zusammen, ihrem wichtigsten Nebenfluss in Frankreich. Genau betrachtet hat die Mosel der Meurthe ihren Unterlauf gestohlen. Lange Zeit nämlich floss die Meurthe unbehelligt Richtung Rheinland, ehe sich die Mosel, die früher bei Toul Richtung Maas verschwand, ihren neuen Weg Richtung Rhein erkämpfte und schließlich seit rund einer Viertelmillion Jahren die von der Meurthe geschaffene Wasserstraße nach Norden nutzte. So gesehen ist die Meurthe mit gut 160 Kilometern nicht nur der drittlängste Nebenfluss der Mosel, sondern nach Saar und Sauer auch der drittgrößte Wasserlieferant. Gut 40 Kubikmeter Wasser liefert sie der Mosel jede Sekunde im Durchschnitt an – im Sommer weniger, im Winter mehr, wenn das Schmelzwasser aus den Vogesen hohe Pegelstände beschert. Murtha fluvius hieß die Meurthe zu Römerzeiten, Murt oder Murtis Ende der karolingischen Ära. Genutzt wurde der Fluss vor allem zum Holztransport. Schon im Mittelalter ist die Flößerei belegt, von der zeitweise viele hundert Familien lebten. Sogenannte Qualous steuerten mit Hilfe langer Stangen die bis zu 50 Meter langen Bretterzüge zu Tal. Erst mit der Eisenbahn, die Holz schneller und zielgenauer transportieren konnte, ging die Flößerei auf der Meurthe zu Ende.

Die Meurthe garantierte schließlich auch die Wassermengen entlang der Mosel, die der Schwerindustrie in dieser Region Lothringens zugute kommen sollten. Nachdem Eisen- und Stahlfabriken jedoch in den späten 1980er Jahren aus Rentabilitätsgründen schließen mussten, hat sich die Wirtschaft gewandelt. Heute setzt man auf moderne Spitzentechnologie, wie man sie in **Rosières-en-Haye**, 15 Autominuten nordwestlich von Liverdun, bewundern kann. Dort steht auf einem ehemaligen Militärflugplatz eines der größten Solarkraftwerke Europas. 1,4 Millionen Photovoltaik-Module drängen sich auf 367 Hektar, um zusammen die Energie für mehr als 50 000 Haushalte zu liefern. Pompeys alte Hochöfen dagegen versehen jetzt ihren Dienst in China.

Schon zu gallo-römischen Zeiten war die Region um den Zusammenfluss von Mosel und Meurthe dicht besiedelt. Das zumindest belegen zahlreiche Funde.

Oft noch dem Mittelalter entstammende Dorfkirchen sind zudem Zeugnis von großer Volksfrömmigkeit, etwa in **Bouxières-aux-Dames**, wo eine steinerne Madonna aus dem späten 14. Jahrhundert zu den Kirchenschätzen gehört. In der Martinskirche von **Millery** ist es eine farbig gefasste Holzfigur des Kirchenpatrons aus dem 17. Jahrhundert, in **Autreville-sur-Moselle** ein Altaraufsatz aus dem späten Mittelalter und im gegenüber liegenden **Belleville** eine bunte Steinskulptur des Kirchenpatrons Sankt Stephan aus dem frühen 15. Jahrhundert neben einem Kreuzigungsrelief aus dem 16. Jahrhundert.

Noch mehr zu entdecken gibt es moselabwärts in **Dieulouard**, wo man zur Sicherung des Flussübergangs schon Ende des ersten Jahrtausends eine Burg baute. Sie wurde immer wieder umgestaltet und beherbergt heute ein kleines Museum. An ihre haushohen Mauern schmiegt sich die Kirche Saint-Sébastien mit romanischer Krypta und weitgehend barocker Innenausstattung. Zwei sitzende Madonnen mit Kind, Steinskulpturen aus dem Mittelalter, gehören neben alten Kirchenfenstern zum denkmalgeschützten Inventar. Über Dieulouard nicht zu übersehen ist das haushohe Denkmal der Notre-Dame des Airs, das Wahrzeichen der Gemeinde.

▶ Karte S. 154

Pont-à-Mousson

Zu beiden Seiten der Mosel liegt schließlich Pont-à-Mousson, die größte Stadt zwischen Nancy und Metz. Auch hier führte schon Ende des ersten Jahrtausends eine Brücke über den Fluss, weshalb der Ort im Deutschen Mussenbrück hieß und ihre Einwohner noch heute im Französischen Mussipontains.

Sportbootfahrer schätzen den großen Hafen der Stadt, Ruhesuchende das rechte Moselufer mit der ehemaligen **Prämonstratenserabtei**. Das im frühen 18. Jahrhundert im barocken Stil errichtete Kloster, nach schwerer Zerstörung im Zweiten Weltkrieg neu errichtet, ist eine der eindrucksvollsten Klosteranlagen Lothringens und heute als Hotel, Kongresszentrum und Ausstellungsort geschätzt. Besonders schön ist der Kreuzgang mit einem Duftgarten im Innenhof. Die Abtei liegt rechts der Mosel im Quartier Saint Martin, dessen namensgebender Kern die spätgotische **Martinskirche** gleich hinter der Brücke am Ufer ist. 1572 wurde die 1335 geweihte und ursprünglich dem Antoniterorden als Klosterkirche dienende Kirche dem Jesuitenorden übergeben, der sie der neu gegründeten Universität Lothringen einverleibte. Als die gut zwei Jahrhunderte später ihren Sitz nach Nancy verlegte, wurde das Gotteshaus zur Pfarrkirche. Ihre repräsentative Fassade mit schmuckreichem Westportal und Fensterrose im Flamboyantstil erinnert kunstgeschichtlich geschulte Betrachter in manchen Details an die Kathedrale von Toul. Zum Kirchenschatz gehören unter anderem ein sehenswerter Lettner unter der Orgelempore und zwei liegende mittelalterliche Steinfiguren: ein Ritter und eine Prinzessin. Handwerkliches Meisterstück aber ist ein Heiliges Grab aus dem ersten Drittel des 15. Jahrhunderts im rechten der drei Kirchenschiffe, eines der eindrucksvollsten Zeugnisse lothringischer Bildhauerkunst. Es besteht aus 13 Figuren: Josef von Arimathäa und Nikodemus hüllen den Leichnam Jesu in ein Tuch. Der Apostel Johannes stützt die schmerzerfüllte Gottesmutter, die sich zu ihrem toten Sohn beugt. Mit ihr trauern Magdalena und die beiden Marien Salome und Jakobäa. Zu Füßen des Sarkophags kauern drei Wächter – und oben im Gewölbe beobachten kleine Engel die Szenerie. Poetischer ist die Osterbotschaft kaum in Stein zu hauen!

Der größte Teil der Stadt liegt allerdings auf der linken Moselseite. Ihr Zentrum ist der nach einem ehemaligen Schüler der Königlichen Militärschule Pont-à-Mousson benannte **Place Duroc**. Um ihn gruppieren sich in Form eines Dreiecks zahlreiche unter Denkmalschutz stehende Bauten wie das aus dem 16. Jahrhundert stammende **Haus der Sieben Todsünden** und das klassizistische **Rathaus** samt holzvertäfeltem Ratssaal. An seinem Giebel sitzen allegorische Figuren,

Prämonstratenserabtei Pont-à-Mousson

die große Uhr halten zwei Adler. Die Laubengänge unter den Renaissancebauten am Place Duroc gehören zu den größten entlang der Mosel.

Ebenfalls in einem Renaissancehaus ist das **Musée au fil du papier** untergebracht. Neben einer einzigartige Sammlung aus Pappmaché gefertigter und dann lackierter Objekte im »Chinoiserie«-Stil, von der Puderdose bis zum Sofa, birgt das Museum zahlreiche Objekte zur Geschichte der Stadt und ihrer einstigen Universität. Ein weiterer Ausstellungssaal erinnert an die einst florierende Kunst des Eisen- und Stahlgießens in Pont-à-Mousson.

Die Rue Saint-Laurent führt vom Place Duroc zur Pfarrkirche **Saint-Laurent**, deren im Barockstil aufgesetzter Turm nicht zu übersehen ist. Sie entstammt dem 13. Jahrhundert, wurde immer wieder umgebaut und erweitert und zuletzt gründlich renoviert. Im Inneren findet man eine lebensgroße Skulptur des kreuztragenden Christus. Sie fertigte im frühen 16. Jahrhundert der inzwischen kunsthistorisch in ganz Frankreich hoch geschätzte Renaissancebildhauer Ligier Richier (1500–1567), auf dessen Spuren inzwischen sogar eine eigene Kunstroute durch Lothringen führt (www.coeurdelorraine-tourismus.de).

Wer Zeit und Lust hat, sollte unbedingt nach **Mousson** hoch auf der rechten Moselseite fahren, von wo man einen wunderschönen Blick auf die Mosel und ihr Tal hat – am schönsten von der alten Burg, dem **Château de Mousson**.

Zwischen Pompey und Pont-à-Mousson

Vorwahl: +33/(0)3

Office de Tourisme du Bassin de Pont-à-Mousson, 52 Pl. Duroc, 54700 Pont-à-Mousson, Tel. +33/3/83810690; Mo 13.30–18, Di–Fr 9–12 und 13.30–18 Uhr, Juli/Aug. auch So 10–14 Uhr. https://bassindepontamousson.fr

Hotel Abbaye des Prémontrés, 9 Rue Saint-Martin, 54700 Pont-à-Mousson, Tel. +33/3/83811032; DZ ab 102 Euro. Quartiere verschiedener Kategorien im alten Kloster. www.abbaye-premontres.com

Le Fourneau d'Alain, 64 Pl. Duroc, 54700 Pont-à-Mousson, Tel. +33/3/83829509. Traditionslokal mit klassischer französischer Küche.

Hotel/Weinbar La Bonaventure, 29 Rue Saint-Aubin, 54700 Jezainville, Tel. +33/670003469; DZ ab 75 Euro. Weinprobierkeller mit Übernachtungsmöglichkeiten vor den Toren Pont-à-Moussons. https://la-bonaventure.business.site

Musée des Amis du Vieux Pays, Au Vieux Château, 54380 Dieulouard, Tel. +33/664875817; März–Nov. So 14–18 Uhr. Museum zur Geschichte der Frühzeit Dieulouards. www.dieulouard.fr

Église St-Sébastien, 8 Rue Saint-Laurent, 54380 Dieulouard, Tel. +33/3/83235718; April–Okt. 8.30–20, Nov.–März 8.30–17.30 Uhr. www.dieulouard.fr

Musée Au fil du papier (Hôtel de la Monnaie), 13 Rue Magot de Rogéville, 54700 Pont-à-Mousson, Tel. +33/3/83878014; Mi–Mo 14–18 Uhr. www.tourisme-pont-a-mousson.fr

Von Pont-à-Mousson nach Metz

▸ Karte S. 154

Auf dem Weg Richtung Metz bleibt man jetzt am besten auf der linken Moselseite. **Norroy-les-Pont-à-Mousson** mit seiner Kirche aus dem 17. Jahrhundert lohnt für alle einen Halt, die Menhiren etwas abgewinnen können. Mitten im Wald, im Grenzgebiet zu Pont-à-Mousson, findet sich **La pierre au Jô**: ein 2,50 Meter hoher Hinkelstein aus der Jungsteinzeit und einer der ganz wenigen Menhire Lothringens. »Tisch des Teufels« hieß ihn der Volksmund gern. Über seine genaue Lage und Bedeutung informiert: www.lieux-insolites.fr/meurtmos/jo/jo.htm.

Vandières, das eine Kirche mit romanischem Turm kennt, rückte erst wieder in den Fokus, als man im Norden des Dorfes ein 1500 Meter langes Viadukt über die Mosel schlug, auf dem heute die ICE- und TGV-Züge mit Tempo 320 über den Fluss jagen und ihn auf dem Weg von Frankfurt nach Paris so queren.

Pagny-sur-Moselle, der nächste Ort flussabwärts, gehörte sowohl im Deutsch-Französischen Krieg 1870/71 als auch im Ersten Weltkrieg zu den heftig umkämpften Frontabschnitten zwischen Deutschen und Franzosen. Westlich von Pagny auf der Höhe liegt das **Château de Prény,** eine gewaltige Burganlage, die sich über eine Fläche von rund 4500 Quadratmeter erstreckt und auch als Ruine mit ihren mehr als einem Dutzend Türmen noch beeindruckt.

Großregion Metz

Über Novéant-sur-Moselle, Corny-sur-Moselle, die neue Doppelgemeinde Ancy-Dornot, Jouy-aux-Arches und Ars-sur-Moselle erreicht die Mosel die Großregion Metz. Noch weiter flussabwärts verraten dies auch die Namen der fast zusammengewachsenen Dörfer Moulins-lès-Metz oder Longeville-lès-Metz. Sie alle waren immer wieder von den Deutschen okkupiert und mussten deshalb ihren Namen wechseln. Noveant hieß so eine Zeitlang Neuburg an der Mosel, Jouy-aux-Arches Gaudach. Aus Moulins-lès-Metz wurde Mühlen bei Metz, aus Longeville-lès-Metz Langenheim bei Metz.

Aquädukt

Eine touristische Attraktion in der Gegend sind die Reste eines im 2. Jahrhundert nach Christus entstandenen Aquädukts, das einst das römische Metz mit Trinkwasser versorgte. 22 Kilometer war die Wasserleitung einmal lang, die zu den größten nördlich der Alpen gehörte. Ihr architektonisch eindrucksvollster Ab-

Reste des römischen Aquädukts bei Ars-sur-Moselle

Das Wohnhaus von Robert Schuman in Scy-Chazelles

schnitt war die mehr als einen Kilometer lange Brücke über die Mosel. Sie stand auf mehr als 100 Säulen, von denen sich einige bis heute rechts und links des Flusses erhalten haben: 8 Pfeiler und 7 Bögen auf der Uferseite von Ars-sur-Moselle und 17 Pfeiler und 16 Bögen auf der Uferseite von Jouy-aux-Arches. Die Wasserleitung hatte ursprünglich gleich zwei abgedeckte Kanäle, sodass die Stadt auch dann mit Nass versorgt werden konnte, wenn einer gewartet wurde.

■ Musée de la guerre de 1870 et de l'annexion

Wer sich für die Kämpfe im Deutsch-Französischen Krieg und die Folgen dieser Auseinandersetzungen interessiert, sollte das neue Musée de la guerre de 1870 et de l'annexion in **Gravelotte** besuchen. Nur zehn Autominuten von Moulins-lès-Metz entfernt, erzählt es mit modernsten Mitteln wie audiovisuellen Dokumenten sowie Waffen und Uniformen, Zeugenaussagen damaliger Soldaten und anderer Quellen von der Zeit, als sich Deutschland und Frankreich kriegerisch gegenüberstanden.

▶ Karte S. 154

■ Scy-Chazelles

Scy-Chazelles ist eines der wenigen Winzerdörfchen in der Gegend. Die hier produzierten Appellationsweine, also Weine mit dem Gütesiegel AOC (Appellation d'origine contrôlée), bestehen zu über 80 Prozent aus Trauben der Rebsorten Auxerrois, Spätburgunder (Pinot Noir) und Grauburgunder (Pinot Gris). Hinzu kommen Gamay, Gewürztraminer, Müller-Thurgau, Weißburgunder und Riesling. Der Höchstertrag im Weinbaugebiet ist gesetzlich auf 60 Hektoliter pro Hektar Rebfläche festgeschrieben, der Mindestalkoholgehalt auf 8,5 Volumenprozent. Kein Wunder, dass im einst deutschen Dorf Scy, in dem eine sächsische Firma Ende des 19. Jahrhunderts ein Weingut erworben hatte, lange Jahre unter dem Namen »Rotkäppchen« auch Sekt produziert wurde: eine Marke, die heute fast die Hälfte des deutschen Sektgeschäftes ausmacht.

Scy-Chazelles liegt zu Füßen des **Mont St. Quentin**, dem Hausberg von Metz. Auf seiner Spitze thront der letzte noch stehende **Bismarckturm** Frankreichs,

den deutschnationale Metzer Bürger 1902 aufstellten.
Unten im Dorf war der gern als »Vater Europas« titulierte Politiker Robert Schuman (1886–1963) zuhause, ein überzeugter Demokrat, der als französischer Ministerpräsident und vor allem aber als Außenminister der Republik die Aussöhnung zwischen den beiden Erzfeinden Deutschland und Frankreich vorantrieb. In seinem einstigen Wohnhaus, dem **Maison Robert Schuman**, ist sein Leben dokumentiert, die Arbeit eines Mannes, der die entscheidenden Weichen für das friedliche Zusammenleben der Völker Europas nach dem Zweiten Weltkrieg stellte.
Besonders schön ist auch der von Schumann gehegte Garten, in dem er seine Auszeiten vom politischen Alltag genoss. Vor dem Haus erinnert ein Denkmal an Schuman, der seine letzte Ruhe in der benachbarten Wehrkirche **Saint-Quentin** fand.

Botanischer Garten

Noch schöner als der Garten im Hause Schumann ist der Jardin Botanique, der Botanische Garten in **Montigny-lès-Metz**. Es ist ein Landschaftspark voller Eleganz und seit 1867 öffentlich zugänglich, nachdem die Stadt das Gelände einem in Metz geborenen Baron abgekauft hatte. Seine gut 1000 Quadratmeter großen **Gewächshäuser**, in denen rund 4500 Pflanzen zuhause sind, darunter Palmen, Orchideen und Kakteen, entstammen der Weltausstellung von 1861 und wurden 1882 im Park neu aufgestellt. Der **Park** mit zwei Teichen, einem kleinen Bach und einem Rosengarten beherbergt viele seltene und bemerkenswerte Bäume, darunter auch den mit knapp sechs Meter Stammumfang größten Baum an der Mosel: einen Riesen-Mammutbaum, rund 150 Jahre alt und 40 Meter hoch. Wer will, kann im Park noch einmal frische Luft tanken, ehe es nach Metz geht, in die größte Stadt an der Mosel.

Großregion Metz

Vorwahl: +33/(0)3

Domaine de la Résidence, 1 rue Cambout de Coislin, 57160 Moulins-les-Metz, Tel. +33/3/39577128; DZ ab 239 Euro. Vier-Sterne-Haus im Grünen mit Bad und Spa. www.domaineresidence.com

Camping Le Paquis, 57680 Corny-sur-Moselle, Tel. +33/767590555; Mai–Mitte Sept. 109 Stellplätze, zu der Campinganlage unweit von Metz gehören außerdem ein kleiner Sportboothafen, Restaurant und Bar. www.campingcorny.com

L'Arcus, 2 Rue d'Aigremont, 57130 Ars-sur-Moselle, Tel. +33/3/87605043. Französisch-italienische Küche mit passenden Weinen. www.restaurant-arcus.fr

Musée de la guerre de 1870 et de l'annexion, 11 Rue de Metz, 57130 Gravelotte, Tel. +33/3/87336940; Di–So 10–13 und 14–18 Uhr (Dez./Jan. geschlossen).
www.mosellepassion.fr

Maison Robert Schuman, 8–12 Rue Robert Schuman, 57160 Scy-Chazelles, Tel. +33/3/87350140; tgl. 10–13 und 14–18 Uhr (Mitte Dez.–Anfang Febr. geschlossen).
www.mosellepassion.fr

Jardin Botanique (Botanischer Garten), 27 ter Rue de Pont-à-Mousson, Montigny-lès-Metz, Tel. +33/3/87654329; Park 8–20 (im Winter kürzer), Gewächshäuser Mo–Fr 9–16, Sa/So. 9–12 Uhr, Eintritt frei, keine Hunde. https://metz.fr/lieux/lieu-27.php

Moselufer in Metz

Metz

Metz ist mit gut 120 000 Einwohnern die größte Stadt an der Mosel. Schon kurz vor der Stadtgrenze teilt sich der Fluss: Sein Hauptlauf führt mittels einer Schleuse die großen Schiffe weiter Richtung Deutschland. Ein Nebenarm fließt Richtung Altstadt, wo er ein paar hundert Meter später auf den alten Canal de la Moselle trifft, der in Jouy-aux-Arches rechts von der Mosel abzweigt und sich hinter der Stadtgrenze von Metz wieder mit der Mosel vereint.

Metz, den Namen der Stadt, spricht man französisch wie »Mes« aus. Ihre Bewohner werden deshalb Messins oder Messines genannt. Heute ist Metz eine weitgehend französisch geprägte Stadt mit unterdurchschnittlichem Ausländeranteil, was sicher auch an fehlenden Arbeitsplätzen liegt. Vor allem nach dem Niedergang der Montanindustrie kehrten viele Menschen der Region den Rücken, verlor auch Metz an Einwohnern. Ein Trend, der sich inzwischen wieder gedreht hat, dank eines neuen politischen Kurses der Stadt, die ihr Wachstum eng mit ökologischem Wirtschaften verknüpft hat.

Geschichte

Rund ein halbes Jahrhundert vor Christi Geburt eroberten die Römer die damals keltische Siedlung. Strategisch und geopolitisch gut gelegen wuchs Divodurum, so ihr Namen, schnell zu einer der größten Städte Galliens. Schon im 2. Jahrhundert zählte man mehr als 20 000 Einwohner, und es gab ein riesiges Freilufttheater. In spätrömischer Zeit wurde aus dem keltischen Divodurum schließlich das neue römische Dividorum Mediomatricorum, aus dem im Mittelalter schließlich Mettis oder Metis erwuchs, das heutige Metz.

Sumpfig war der Ort anfangs, durch ihn mäanderte die Mosel. Römische Verseschmiede fanden das schön: »Heimlich küsset die Flut am frühlingsgrünen Gestade duftende Gräser und wäscht jeglichem Hälmchen das Haupt ... Hier ward Mettis, die schimmernde Stadt, die schöne, gegründet. Hier, wo ein Doppelgestad reichlich mit Fischen erfreut«. Mitte des ersten Jahrtausends gründeten sich die ersten christlichen Gemeinden. Politisches Gewicht aber gewann Metz erst mit den Karolingern und ihren Nachfolgern. 1552 besetzte der französische König Heinrich II. im Einvernehmen mit den protestantischen Fürsten des Heiligen Römischen Reiches die Stadt – auch wenn sich deren Einwohner acht Tage lang dagegen wehrten. Alle Versuche der Rückeroberung scheiterten, sodass Metz französisch blieb, was mit dem Westfälischen Frieden 1648 auch offiziell bestätigt wurde. Die im Lauf der Jahrhunderte wachsenden Spannungen zwischen Deutschen und Franzosen entluden sich schließlich im Deutsch-Französischen Krieg, der 1871 mit dem Sieg der Deutschen endete.

Für die Stadtentwicklung hatte das Folgen: Zählte Metz vor Kriegsbeginn gut 50 000 Einwohner, verließen fast ein Drittel der Franzosen nach der Annexion durch die Deutschen die Stadt. Mit breiten Alleen und luxuriösen Villen schufen die deutschen Machthaber schließlich ein ganz neues Viertel neben der mittelalterlichen Altstadt, wo auch der Bahnhof seinen neuen Platz fand. Allerdings verschlechterte sich im Lauf der Jahre das Klima zwischen Deutschen und Franzosen weiter, die jeden, der etwa im Ersten Weltkrieg in Metz noch Französisch sprach, streng bestraften. Auch nach Ende des Krieges, Metz war inzwischen wieder französisch, blieben die Spannungen zwischen Deutschen und Franzosen. So gehörte die lothringische Metropole im Zweiten Weltkrieg zu den ersten großen Eroberungen an der Westfront, als die Nationalsozialisten 1940 die Stadt besetzten. Demonstrativ feierte Adolf Hitler damals Weihnachten in Metz. 1944 befreiten die Amerikaner die Stadt von der Nazi-Herrschaft.

In den Nachkriegsjahren profitierte Metz von der Moselkanalisierung und zunehmender Industrialisierung. Den dauerhaften Aufschwung aber machte der Niedergang der Montanindustrie im Norden Lothringens zunichte. Inzwischen setzt die Stadt ganz auf die Zukunft, Ökologie und Klimaschutz genießen oberste Priorität. »Grüne Stadt« nennt sich Metz deshalb heute ganz selbstbewusst.

Orientierung

Genau betrachtet besteht die Kernstadt aus verschiedenen Quartieren. Das gewichtigste ist die **Altstadt** mit der Kathedrale **St. Etienne**, die für jeden sichtbar aus dem Meer der Häuser ragt. Vor ihrem Eingang liegt der **Marché Couvert**, die Markthalle. Sie ist eine der ersten Einkaufsadressen, auch wenn es hier meist teurer als im Supermarkt ist. Seit 1831 bieten die überdachten Hallen, deren Bau einmal als Bischofshaus geplant war, ein paar Dutzend Lebensmittelhändlern Platz, zu denen längst auch Biobauern gehören. Ein kleines Bistro lädt zum Verkosten. Besonders besucht ist der Markt samstags, wenn sich die Stände bis in den Innenhof und die Nachbarschaft ausdehnen.

Zu den schönsten Gassen der Altstadt gehört die **Rue Taison**. Die heutige Fußgängerzone war einst eine der Römerstraßen, die von Trier nach Lyon und weiter nach Marseille führten. Viele ihrer Häuser entstammen dem 15. und 16. Jahrhundert und zeugen von der einstigen wirtschaftlichen Blüte der Stadt. Berühmt ist die Gasse wegen des Drachen Graoully, eine der Metzer Symbolfiguren. Der Legende nach ging der heilige Clemens, erster Bischof von Metz, durch diese Gasse, um den Drachen aus dem Metzer Amphitheater zu vertreiben. Die Bewohner fordert er dabei zum Schweigen auf (»taisons-nous«).

▸ Karte S. 173

Plan d´Eau heißt das große Moselbecken, das die Westfront der Stadt markiert. Hier zeigt sich Metz vor allem im Sommer von seiner sschönsten Seite. Wer will, kann dort ein Tretboot mieten oder sich in eines der Ausflugsboote setzen und Metz von der Mosel und ihren Seitensträngen aus kennenlernen – inzwischen auch im leisen Elektroboot. Gut 100 Meter bergan liegt einer der größten Plätze der Stadt, die **Esplanade**. Es ist mehr ein Park, in dem zahlreiche Statuen und Kunstwerke zum Betrachten einladen – etwa die 1925 aufgestellte Büste für den in Metz geborenen Dichter **Paul Verlaine** (1844–1896).

Nur ein paar Schritte weiter, in der Rue Haute Pierre 2, findet sich sein **Geburtshaus**, in dem immer wieder Ausstellungen an den Dichter und sein Werk erinnern. Schräg gegenüber liegt wie eine Trutzburg der **Justizpalast**.

Die Esplanade geht fast nahtlos in den 1802 geschaffenen **Place de la Republique** (Platz der Republik) über. Er ist neben dem Bahnhof der wichtigste Verkehrsknotenpunkt der Stadt. Hier halten die meisten der städtischen Busse. Ursprünglich hieß er Place Royal, während der deutschen Besatzungszeit im Zweiten Weltkrieg »Platz des Führers«. 1861 diente er neben der Esplanade als Gelände für die Weltausstellung.

Outre-Seille, das Viertel im Osten der Altstadt, verdankt seinen Namen der Tatsache, dass bis zum Jahr 1903 an der Stelle der heutigen Rue Haute Seille

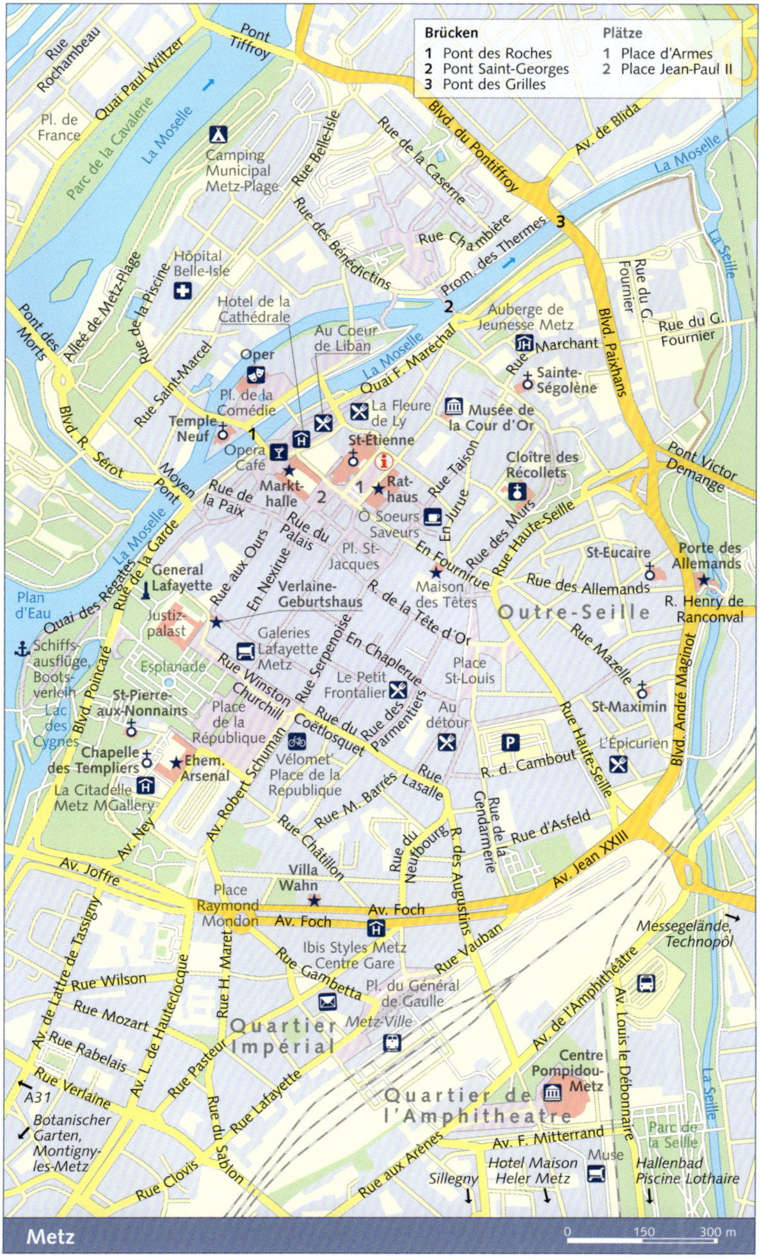
Brücken
1 Pont des Roches
2 Pont Saint-Georges
3 Pont des Grilles
Plätze
1 Place d'Armes
2 Place Jean-Paul II
Rue Rochambeau
Quai Paul Wiltzer
Pont Tiffroy
Pl. de France
Parc de la Cavalerie
La Moselle
Camping Municipal Metz-Plage
Rue Belle-Isle
Rue de la Caserne
Blvd. du Pontiffroy
Av. de Blida
Rue des Bénédictins
Rue Chambière
Prom. des Thermes
Hôpital Belle-Isle
Hotel de la Cathédrale
Au Coeur de Liban
Auberge de Jeunesse Metz
Rue du G. Fournier
Blvd. Paixhans
Pont des Morts
Allée de Metz-Plage
Rue de la Piscine
Rue Saint-Marcel
Oper
Pl. de la Comédie
Quai F. Maréchal
Rue Marchant
Sainte-Ségolène
La Fleure de Ly
Musée de la Cour d'Or
Temple Neuf
Opera Café
St-Étienne
Cloître des Récollets
Blvd. R. Sérot
Moyen Pont
Rue de la Paix
Markt-halle
Rat-haus
Rue Taison
Ô Soeurs Saveurs
En Jurue
Pont Victor Demange
Rue du Palais
Pl. St-Jacques
En Fournirue
Rue des Murs
Rue Haute-Seille
St-Eucaire
Porte des Allemands
Rue de la Garde
General Lafayette
Rue aux Ours
En Nexirue
Verlaine-Geburtshaus
Maison des Têtes
R. de la Tête d'Or
Rue des Allemands
Outre-Seille
R. Henry de Ranconval
Plan d'Eau
Quai des Régates
Justiz-palast
Galeries Lafayette Metz
En Chaplerue
Place St-Louis
Rue Mazelle
Schiffs-ausflüge, Boots-verleih
Esplanade
Rue Serpenoise
Le Petit Frontalier
Rue Winston Churchill
Blvd. André Maginot
St-Maximin
Lac des Cygnes
Blvd. Poincaré
St-Pierre-aux-Nonnains
Place de la République
Coëtlosquet
Rue du
Rue des Parmentiers
Au détour
L'Épicurien
Chapelle des Templiers
Ehem. Arsenal
Vélomet' Place de la République
Rue Lasalle
R. d. Cambout
La Citadelle Metz MGallery
Av. Robert Schuman
Rue M. Barrès
Rue de la Gendarmerie
Rue d'Asfeld
Av. Ney
Rue Châtillon
Rue du Neufbourg
R. des Augustins
Av. Jean XXIII
Av. Joffre
Villa Wahn
Place Raymond Mondon
Av. Foch
Messegelände, Technopôl
Av. de Lattre de Tassigny
Rue Wilson
Rue H. Maret
Ibis Styles Metz Centre Gare
Rue Gambetta
Rue Vauban
Pl. du Général de Gaulle
Av. de l'Amphithéâtre
Rue Mozart
Av. L. de Hautecloque
Quartier Impérial
Metz-Ville
Av. Louis le Débonnaire
Rue Rabelais
Centre Pompidou-Metz
Rue Verlaine
A31
Rue Pasteur
Rue Lafayette
Quartier de l'Amphitheatre
La Seille
Botanischer Garten, Montigny-les-Metz
Rue du Sablon
Parc de la Seille
Av. F. Mitterrand
Muse
Hallenbad Piscine Lothaire
Rue Clovis
Rue aux Arènes
Sillegny
Hotel Maison Heler Metz
Metz
0 150 300 m

Porte des Allemandes: das letzte Tor der Stadtmauer

ein Seitenarm der Seille floss, den man damals aus hygienischen Gründen zuschüttete. Das Viertel lag also von der Stadt aus gesehen jenseits des Flusses, französisch: Outre-Seille. Im letzten Jahrhundert noch war das Areal ein Problemviertel. Gründlich saniert aber ist es heute eine begehrte Wohngegend mit zahlreichen alten Kirchen wie Saint-Eucaire und Saint-Maximin.

Saint-Eucaire in der Rue des Allemands ist dem einstigen Trierer Bischof Eucharius gewidmet und gehört zu den ältesten Gotteshäusern der Stadt. Seine Prägung als gelungene Mischung zwischen Romanik und Frühgotik erhielt das Gotteshaus aber erst im Mittelalter. Besondere Verehrung genießt in Saint-Eucaire der heilige Blasius, von dessen Reliquien einst Kreuzfahrer einen kleinen Teil mit nach Metz brachten.

St. Maximin in der Rue Mazelle erinnert an einen weiteren Trierer Bischof und gehört zu den unterschätzten Sehenswürdigkeiten der Stadt. Auch wenn die Eingangspforte der Kirche barock ist, Freunde romanischer Architektur werden an der zwischen dem 12. und 15. Jahrhundert erbauten Kirche große Freude haben. Kunstkenner pilgern wegen der einmaligen Glasfenster hierher, die vom Universalkünstler Jean Cocteau stammen. In den während der 1960er Jahre entstandenen Glasmalereien thematisierte Cocteau die Unsterblichkeit. Es war das letzte Zeugnis seines künstlerischen Schaffens.

An die deutsche Herrschaft nach dem Deutsch-Französischen Krieg 1870/71 erinnert das **Quartier Imperial**, das Kaiserviertel. In der deutschen Kaiserzeit legten die Deutschen nämlich südlich der Altstadt ein ganz neues Stadtviertel an – mit der zwischen 1903 und 1914 erbauten Avenue Foch als Prachtstraße, dem neuen Zentralbahnhof, der Post

▶ Karte S. 173

und zahlreichen Handelshäusern und Verwaltungsbauten, die noch heute das Gesicht des Viertels prägen. Motor der Neugestaltung war Kaiser Wilhelm II., der wie schon sein Vorgänger Metz germanisieren wollte.

Hinter dem Zentralbahnhof liegt das jüngste Stadtviertel: das **Quartier de l'Amphitheatre** mit dem Centre Pompidou-Metz. Seinen Namen verdankt es dem einst hier gelegenen römischen **Amphitheater**. Mit geschätzten 30 000 Plätzen gehörte es zu den größten nördlich der Alpen. Das neue Viertel repräsentiert das moderne Metz mit einer großen Shopping Mall und dem von Philippe Starck konzipierten Luxushotel Maison Heler Metz, auf dessen Dach der Stararchitekt ein elsässisches Landhaus gesetzt hat. Mit dem **Parc de la Seille** ist auch das größte Naherholungsgebiet der Stadt Teil des neuen Quartiers. Der 20 Hektar große Stadtpark rund um die Seille wurde ganz nach ökologischen Kriterien angelegt. Sechs Kilometer Wanderwege ziehen sich durch die neue Wiesen- und Gartenlandschaft. Bänke dienen zum Ausruhen, eigens angelegte Plätze zum Fußball- oder Basketballspiel. Für Rollerblader gibt es eine 700 Meter lange Bahn, dazu Radwege und Joggingstrecken.

Sehenswürdigkeiten

Kathedrale Saint-Étienne

Mehr als 800 Jahre ist einer der größten Touristenmagneten Lothringens alt. »Die Laterne des lieben Gottes« nannte der französische Dichter Paul Verlaine das mächtige Gotteshaus. Ein Etikett, das die gewaltige Kirche ihren vielen Fenstern verdankt. Mit ihren knapp 6500 Quadratmetern Fensterfläche ist Saint-Étienne die am stärksten mit Licht durchflutete gotische Kathedrale der Welt.

Ursprünglich stand an der Stelle der heutigen Kathedrale eine kleine, Sankt Stephan geweihte Wehrkirche mit einem Schrein des Heiligen. Er war einer der wenigen Kirchenschätze, die der Plünderung der Stadt durch den Hunnenkönig Attila anno 451 entgingen. Mit der Zeit jedenfalls wurde die Kirche zu klein, sodass man sie Ende des Jahrtausends niederlegte und durch einen romanischen Neubau ersetzte. Im Lauf der folgenden Jahrhunderte schließlich erhielt die Kathedrale ihr gotisches Gesicht. Auf den Fundamenten des romanischen Vorgängerbaus wuchs ein steinernes Gebirge in die Höhe, der prachtvollste Bau im mittelalterlichen Lothringen mit einem der höchsten gotischen Gewölbe Frankreichs. Während der Französischen Revolution war das Gotteshaus immer wieder Ziel fanatischer Hitzköpfe, die fast alle Altäre und Grabstätten zerstörten und wertvolle Kunstdenkmäler demolierten. Nach dem Deutsch-Französischen Krieg wurde Lothringens größte Kirche auf Bitten des deutschen Kaisers auf Kosten der Reichskasse erneut umgebaut und renoviert. Sichtbarstes Ergebnis war das im Mai 1903 in Anwesenheit des Kaiserpaares

Die Südwestfassade der Kathedrale

eingeweihte sogenannte Christusportal mit seinen vielen hundert Figuren.

Die Pretiosen der Kathedrale sind ihre **Glasfenster** – vor allem die **Große Rose** in der Westfassade, 350 Quadratmeter feinster gotischer Glaskunst. Mehr als 700 Jahre haben Künstler den Fenstern Form und Farbe verliehen. Die ältesten entstammen dem 13. Jahrhundert und zeigen Szenen aus dem Leben des Apostels Paulus. Mit die schönsten entwarf Marc Chagall, der über der Tür zur Schatzkammer Szenen aus der Schöpfungsgeschichte und die im Alten Testament erwähnte Durchquerung des Roten Meers thematisierte. Die modernsten und jüngsten schuf erst vor kurzem die koreanische Künstlerin Kim Soo-ja (bekannt als Kimsooja) in der Nikolauskapelle.

Ins Auge fallen Kirchenbesuchern auch ein sogenannter **Schmerzensmann** aus dem 16. Jahrhundert und eine steinerne Badewanne aus der Römerzeit, die lange Zeit als **Taufbecken** diente. Zum Domschatz gehört neben liturgischem Gerät und zahlreichen Heiligenfiguren auch ein sagenumwobener Ring, den der Metzer Bischof Arnulf anfangs des 7. Jahrhunderts getragen haben soll. Der Legende nach soll ihn der Hausheilige der Karolinger vor Antritt seines Bischofsamtes in die Mosel geworfen und darum gebeten haben, ihn als Zeichen der Vergebung seiner Sünden zurückzuerhalten. Eines Tages habe ein Fischer dem Heiligen einen von ihm gefangenen Fisch gebracht, in dessen Eingeweiden sich schließlich der Ring wiederfand.

Die neugotische Kirche Sainte-Ségolène

▲ Karte S. 173

Neben der Kathedrale liegt der **Place d'Armes**, 125 Meter lang und 50 Meter breit. Zwischen der Kathedrale und dem Rathaus sollte er die politischen Gewalten symbolisieren, zu denen damals auch das Militär gehörte. Das war in der ehemaligen **Hauptwache** verkörpert, in dem heute das **Tourismusbüro** seinen Sitz hat.

■ Musée de la Cour d'Or

Die Geschichte der Stadt Metz dokumentiert das nur ein paar Schritte von der Kathedrale entfernte Musée de la Cour d'Or. Auf 6000 Quadratmetern Fläche erzählt das Stadtmuseum in mehr als 40 Sälen von den ersten Siedlern an der Mosel, den Anfängen des Christentums, mittelalterlicher Handwerkskunst und der Pracht der Renaissance. Besonders zahlreich sind die steinernen Zeugen aus den Frühzeiten der Metzer und Lothringer Geschichte. Viele kamen erst im Rahmen der Stadterneuerung bei Ausgrabungen ans Tageslicht – so wie die Reste der gallo-römischen Thermen, die sich heute im Untergeschoss finden. Der erste und der zweite Stock des Museums sind ganz der Malerei gewidmet.

Bilder aus dem 15. bis 19. Jahrhundert sind dort zu sehen, vorwiegend Porträts und Landschaftsmalereien wie von Eugène Delacroix oder Jean-Baptiste Camille Corot, zwei wichtigen Vertretern des Impressionismus.

Sainte-Ségolène

Die katholische Pfarrkirche Sainte-Ségolène am Place Jeanne d'Arc ist einer südfranzösischen Heiligen aus dem 7. Jahrhundert gewidmet. Ihre ältesten Teile sind Krypta, Chor und Kirchenschiff. Ihr heutiges Gesicht aber erhielt Sainte-Ségolène erst im 19. Jahrhundert, als man die Kirche deutlich vergrößerte und ihr eine neugotische Fassade verpasste. Kunsthistorisch wertvoll sind ihre **Glasfenster**. Das älteste in der im Norden gelegenen Marienkapelle entstammt dem 12. Jahrhundert und illustriert die Kreuzigung Christi. Es ist das älteste Buntglasfenster Lothringens und zeigt Christus am Kreuz, umgeben von Maria und Johannes dem Täufer.

Cloître des Récollets

1603 ließen sich die Rekollekten, genau betrachtet reformierte Franziskaner, in einem mittelalterlichen Kloster aus dem 14. Jahrhundert nieder. Im Jahr 1790 wurde der Orden allerdings aufgehoben. Heute ist der mittelalterliche Kreuzgang der Rekollekten, der einzige in Metz noch erhaltene, das Prunkstück der Anlage. Er besteht aus 21 Jochbögen, die eine Holzdecke überspannt. In seiner Nachbarschaft findet sich ein mit Heilpflanzen bestückter kleiner Garten.

Temple Neuf

Die evangelisch-reformierte Stadtkirche gehört zu den meistfotografierten Motiven der Stadt. Majestätisch thront sie zwischen zwei Moselarmen auf einer kleinen Insel. Das Gotteshaus entstand Anfang des 20. Jahrhunderts als Reaktion auf die starke Zunahme protestantischer Zuwanderer, die nach dem Deutsch-Französischen Krieg nach Metz gekommen waren. Architektonisch prägt sie ein kurzes Langhaus, schmale Seitenschiffe und ein ebenfalls kurzes Querschiff.

Der Temple Neuf am Moselufer

Porte des Allemands

Wie ein Fels liegt die Torburg im Osten vor der Altstadt. Die Anlage ist das letzte der einst zwölf mittelalterlichen Stadttore und wurde Mitte des 13. Jahrhunderts errichtet. 1445 wurden größere Befestigungstürme mit Zinnenkränzen sowie die spitzbogige Brücke über die Seille hinzugefügt. Jüngstes Teil der Torburg ist der 1526 bis 1529 errichtete Brückenkopf. Im Oktober 1944 schien das Schicksal des »Deutschen Tores« besiegelt, nachdem es durch Artilleriebeschuss schwer beschädigt worden war. Erst 1968 war die Porte des Allemands wieder begehbar.

Heute wird die gründlich umgebaute und renovierte Anlage vor allem für kulturelle Veranstaltungen genutzt.

Die imposante Bahnhofshalle

Saint-Pierre-aux Nonnains

Saint-Pierre-aux-Nonnains gilt als eine der ältesten Kirchen Frankreichs. Das Gebäude wurde vermutlich im 4. Jahrhundert von den Römern erbaut und soll zu einer Thermenanlage gehört haben. Ab dem 7. oder 8. Jahrhundert, darüber streitet sich die Wissenschaft noch, wurde der Bau von einem Frauenorden als Kirche genutzt. Damals auch erhielt er einen Chor, der ihn vom Kirchenschiff trennte. Romanik und Gotik prägten seine weitere Baugeschichte, ehe die Kirche während der Belagerung von Metz durch Karl V. im Jahr 1552 schwer zerstört und kirchlich nicht mehr genutzt wurde. Nachdem Ausgrabungen die römische Vergangenheit des Gebäudes bestätigt hatten, begann man in den 1970er Jahren mit seiner grundlegenden Sanierung. Hin und wieder finden jetzt in Saint-Pierre-aux-Nonnains Konzerte und Ausstellungen statt.

Chapelle de Templiers

Zu den bekanntesten Niederlassungen des Templerordens gehörte die Komturei in Metz, von deren Wirken bis heute die Templerkapelle kündet. Zu den Aufgaben des Ordens gehörte unter anderem die Vorbereitung und Realisation der Kreuzzüge. Nach Auflösung des Ordens Anfang des 14. Jahrhunderts übernahmen Deutscher Orden und Johanniter ihren Besitz.

1840 wurde der Tempel unter Denkmalschutz gestellt, was ihn schließlich vor dem Abriss rettete. Inzwischen ist die achteckige Kapelle einer der vielen mittelalterlichen Zeugen der Stadt, auch wenn im 19. und 20. Jahrhundert neue Elemente hinzukamen. Das gilt vor allem für die Neuausmalung im Inneren, die ikonografisch nichts mehr mit dem Original gemein hat. Nur in einer kleinen Nische haben sich noch ein paar Fragmente der Fresken aus dem 14. Jahrhundert erhalten.

Gare Central

Der Bahnhof war eines der Prestigeobjekte des deutschen Kaisers, dessen Baukosten allerdings völlig aus dem Ruder liefen. Statt der einmal geplanten gut drei Millionen Goldmark kostete der Bau am Ende fast das Zehnfache. 1908 wurde der spektakuläre Neubau mit seinen drei separaten Warteräumen – für jede Bahnklasse einen – in Betrieb genommen. Große Ritterfiguren und Hinweise auf die einst hier regierenden Karolinger an der Fassade signalisierten ebenso wie der Reichsadler jedem, dass sich Metz damals als deutscher Schienenhalt verstanden wissen wollte.

Besonders breit und lang waren die Bahnsteige. Sie sollten es möglich machen, innerhalb eines Tages bis zu 25 000 Soldaten mit dem Zug nach Metz zu schaffen. Im Kriegsfall mit Frankreich war das eine militärische Notwendigkeit. So verlegte man nach Ausbruch des Ersten Weltkriegs Millionen von Soldaten samt

▸ Karte S. 173

Pferden, Waffen und Verpflegung an die Westfront.

Diesem Transportaufkommen war auch der riesige **Wasserturm** für die Dampflokomotiven geschuldet, der noch heute das Bild beherrscht.

Centre Pompidou-Metz

Der sechseckige Museumsneubau, geplant von einem japanischen und einem französischen Architekturbüro, ist über 10 000 Quadratmeter groß, von denen mehr als die Hälfte als Ausstellungsfläche dienen. Stahl, Holz, Glas und Stoff sind seine wichtigsten Materialien, dazu zahlreiche verschiedene Kunststoffe. 1200 Quadratmeter misst die zentrale Ausstellungshalle, deren Höhe sich variieren lässt. Noch höher ist das lichte Foyer, in dem noch größere Ausstellungsstücke präsentiert werden können. Studios für Theateraufführungen und Kinovorführungen, Konferenz- und Vortragssäle, eine gut sortierte Museumsbuchhandlung sowie ein Restaurant mit Dachterrasse und eine Bar gehören weiter zum Kulturtempel, der sich als europäischer Erfahrungs- und Entdeckungsraum künstlerischen Schaffens versteht: als kulturelles Flaggschiff zwischen Frankfurt und Paris, Basel und Luxemburg.

Das Centre Pompidou-Metz

Metz

Vorwahl: +33/(0)3
PLZ: F-57007
Agence Inspire Metz – Office de Tourisme, 2 Pl. d'Armes, Tel. +33/3/87390000; April–Sept. und während des Weihnachtsmarktes Mo–Sa 9.30–18.30, So 10–16, Okt.–März Mo–Sa 10–18, So 10–16 Uhr. Im Tourismusbüro ist auch der **City Pass Metz** erhältlich. Er erlaubt unter anderem den kostenlosen Besuch im Centre Pompidou, die eintägige Nutzung aller öffentlichen Verkehrsmittel und bietet eine Audioführung in deutscher Sprache durch die Stadt an. Im Tourismusbüro findet sich auch ein großes Angebot an Souvenirs. www.tourisme-metz.com
Individuelle Rundwege durch die Stadt offeriert das Tourismusbüro unter: www.tourisme-metz.com/de/entdecken-sie-metz-metropole

Bahnhof, 1 Pl. du Général de Gaulle. Metz ist gut ans europäische Bahnnetz angeschlossen. So gibt es Direktverbindungen nach Paris, Straßburg, Luxemburg und Saarbrücken, von wo es mehrmals täglich Anschlüsse nach allen deutschen Bahnhöfen gibt.

Tonnenschwere Doppelzieharmonika-Busse verkehren unter dem Namen **Mettis** auf zwei Linien mit einer Gesamtlänge von 23 Kilometern in Metz.
Linie A führt von den Vorstädten im Norden durchs Zentrum hindurch in den Westen. **Linie B** verläuft vom Osten kommend durch die City in den Süden. Die Mettis-Busse verkehren werktags zwischen 5.30 Uhr und Mitternacht, sonntags erst ab 8 Uhr.

In den Stadtquartieren selbst sind meist kleinere Busse unterwegs. Mehr Informationen unter: www.lemet.fr

Taxis Metz, Tel. +33/3/87569192. https://taxismetz.fr

La Citadelle Metz – MGallery, 5 Av Ney, Tel. +33/3/87171717; DZ ab 110 Euro. Hotel in der alten Festung mit 73 Zimmern. https://all.accor.com

Hotel de la Cathédrale, 25 Pl. de Chambre, Tel. +33/3/87750002; DZ ab 100 Euro. Gemütliche Zimmer in altem Haus im Schatten der Kathedrale. www.hotelcathedrale-metz.fr

Auberge de Jeunesse Metz, 1 allée de Metz-Plage, Tel. +33/3 87304402. Neu gestylte Jugendherberge im Parkgelände am Moselufer. www.ajmetz.fr

Camping Municipale Metz-Plage, Allée de Metz-Plage, Tel. +33/3/87682648; Mai–Sept. Große Anlage mit ca. 150 Stellplätzen und Restaurant. https://metz.fr/lieux/lieu-1941.php

La Fleure de Ly, 5 Rue des Piques, Tel. +33/3/87740123. In einem mittelalterlichen Haus serviert man u.a. Thunfischröllchen, feinstes Rindfleisch oder Lamm. www.lafleuredely.fr

L'Epicurien, 33 Rue Vigne Saint-Avold, Tel. +33/3/87366911. Gepflegte französische Landhausküche im Viertel Outre-Seille. www.lepicurienmetz.fr

Au détour, 8 Rue des Huilliers, Tel. +33/3/87755284. Einfaches Altstadtlokal, dessen Chef sein Handwerk im Elsass gelernt hat. www.au-detour.fr

Le Petit Frontalier, 3 rue des Parmentiers, Tel. 33/3/87373149. Frischeküche unweit der Kathedrale. www.le-petit-frontalier.fr

Au Coeur de Liban, 11 Pl. de Chambre, Tel. +33/3/357288528. Libanesische Küche unweit der Kathedrale: Falafel, Taboulé und Hummus. www.aucoeurduliban.com

▶ Karte S. 173

Ô Soeurs Saveurs, 19 Rue Taison, Tel. +33/3/87784355. Schönes Kaffee- und Teehaus mit rund 40 Sorten Tee, Kuchen und süßen Teilchen, aber auch hausgemachten Suppen. www.osoeurssaveurs.fr

Opera Café, 39 Pl. de Chambre, Tel. +33/3/87368026, auf facebook. Familiengeführte Bistro-Bar für alle Nachtschwärmer, die auch spät noch einen Käse- oder Wurstteller suchen.

Kathedrale St. Etienne, 2 Pl. de Chambre, Tel. +33/3/8755461; tgl. Sommer 8–19, Winter 8–18 Uhr. Krypta und Schatzkammer werden derzeit renoviert. http://cathedrale-metz.fr

Musée de la Cour d'Or, 2 Rue du Haut-Poirier, Tel. +33/3/57883883; Mi–Mo 10–12.45 und 14–18 Uhr, der Eintritt ist frei. http://musee.eurometropolemetz.eu

Cloître des Récollets, 1 Rue des Récollets, Mo–Fr 7.30–12.30 und 13.30–18 Uhr.

Centre Pompidou-Metz, 1 Parvis des Droits de l'Homme, Tel. +33/3/87153939; Mi–Mo 10–18 Uhr. (April–Okt. Fr–So bis 19 Uhr). Regelmäßige Wechselausstellungen und Veranstaltungen. www.centrepompidou-metz.fr

Église Sainte-Ségolène, 14 Rue des Capucins.

Temple Neuf, Pl. de la Comédie. Die Kirche ist nur zu Gottesdienstzeiten zugänglich, der Garten steht tagsüber offen. Regelmäßige Kunstausstellungen. www.templeneuf.org

Porte des Allemands, Blvd. André Maginot/Ecke Rue des Allemands; Ausstellungen Di–Fr 14–17, Sa/So 14–18 Uhr.

Chapelle de Templiers (Templerkapelle), 3 bis Rue de la Citadelle; Ende Juni–Ende Sept. Di–So 14–18 Uhr, Sa und So gewöhnlich Führungen.

Opéra-Théâtre de Metz, 4–5 Pl. de la Comédie, Tickets +33/3/57883666. Frankreichs ältester Theaterbau pflegt vor allem das Opernrepertoire.
www.opera.eurometropolemetz.eu

Constellations de Metz; Juni-Sept. Festival der digitalen Kunst, Street Art Projektionen, Shows und mehr.
www.constellations-metz.fr

Fête de la Mirabelle; Mitte/Ende Aug. Mirabellenfest mit Umzug, Verkostungen und Wahl der Mirabellenkönigin.

Marchés de Noël; Mitte Nov.–Ende Dez. Großer Weihnachtsmarkt mit vielen Ständen und einem Riesenrad.

Muse, 2 Rue des Messageries, Tel. +33/3/72395570; Mo–Sa 10–20 Uhr. Modernes Einkaufszentrum unweit des Centre Pompidou mit mehr als 100 Einkaufsadressen - vom Schirmgeschäft bis zum Blumenladen.
www.muse-metz.fr

Marché Couvert (Markthalle), Place Jean-Paul II, Di–Sa 7–17.30 Uhr. Populärer Markt mit großem Lebensmittelangebot.

Vélomet' Place de la Republique, 1 Av. Robert Schumann, Tel, 0800002938, Mo-Sa 8.30–18.30. (Mitte Juli–Mitte Aug. Mo–Fr 9.15–17) Uhr.
www.lemet.fr

Solis Bateau Solaire, Quai des Régates, Tel. +33/771757294. Im Angebot sind neben Moseltouren durch Metz auch größere Ausflüge in die Umgebung.
www.metz-bateau-solaire.com

Bootsverleih am Plan d'Eau: La Flotille, 1 Quai des Régates, Tel. +33/3/87368671.

Piscine Lothaire, 44 Rue Lothaire; Mo-Sa 10–18, So 9–13 Uhr (im Sommer verkürzte Öffnungszeiten). Großes Hallenbad für Alt und Jung.
www.piscines-metz.fr

Hôpital Belle-Isle, 2 Rue Belle-Isle, Tel. +33/3/57842800. Rund um die Uhr geöffnetes Großkrankenhaus.
www.uneos.fr

Von Metz zum Dreiländereck

Zugegeben: Die Strecke zwischen Metz und dem Dreiländereck gehört nicht zu den schönsten Abschnitten entlang der Mosel. Denn vor allem im ersten Teil bis Thionville ist die Route zum Teil von der Eisen- und Stahlindustrie geprägt, die wirtschaftlich allerdings eine immer kleinere Rolle spielt. An ihre große Vergangenheit aber erinnert noch immer der Name der kanalisierten Moselroute zwischen Metz und Thionville: **Canal des mines de fer de la Moselle** (Eisenbergwerkskanal). Einblicke in die Welt des Eisenbergbaus gewährt seit neustem auch das **Musée des Mines de fer de Neufchef**, 15 Autominuten nordöstlich von Mondelange.

Immer wieder queren Auto- und Eisenbahnbrücken die dicht besiedelte Region, deren Gemeinden links der Mosel wie Amnéville, Hagondange, Talange, Richemont und Mondelange eng beieinander sind. Nicht ganz so dicht ist die Besiedlung rechts des Flusses, wo in **Bousse** mit der Kirche Notre-Dame de Bousse eine spätgotische Kirche steht. In **Illange** erinnert das **Fort d'Illange** (Feste Illingen) an die Zeit, als die Region zum Deutschen Reich gehörte und von großen Festungsanlagen dominiert wurde. Die Stellung an der Route de Metz, als eine der letzten von den Amerikanern im Zweiten Weltkrieg zurückerobert, ist heute eine Art Freiluftmuseum.

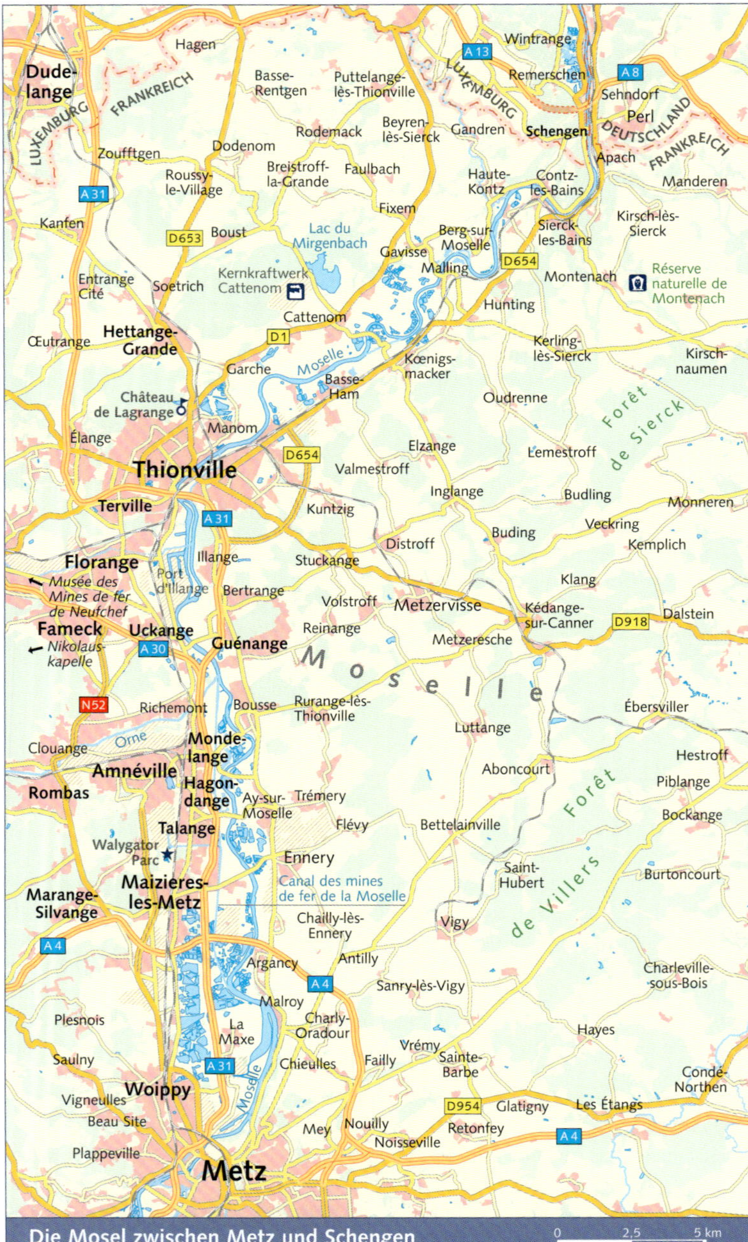

Die Mosel zwischen Metz und Schengen

Amnéville

Dass die Moselregion im Norden Frankreichs kein touristisches Niemandsland ist, liegt an ihren Freizeitanlagen wie dem **Walygator Parc** in Maizieres-les-Metz, einem Vergnügungspark mit vielen Fahrgeschäften. Noch mehr ballen sich die Freizeitanlagen in und um Amnéville. Hier gibt es moderne **Thermalbäder** – das ist der Grund, weshalb sich der Ort auch gern Amnéville-les-Thermes nennt –, eine riesige Konzerthalle, einen großen Golfplatz, ein Spielcasino und eine Skihalle mit einer 650 Meter langen Piste. Kein Wunder, dass Amnéville inzwischen zu den meistbesuchten Orten an der Mosel gehört. Das **Thermalbad**, dessen heilende Kraft Mediziner bei Rheuma und Atemwegserkrankungen empfehlen, zählt jährlich viele hunderttausend Besucher. **Thermapolis** ist die größte Thermaleinrichtung mit Innen- und Außenbecken. Römischen Thermen nachempfunden ist die **Villa Pompéi** mit ihren Schwimmbecken, Hammams und Saunen. Daneben werden eine Reihe hautfreundlicher Therapien und Massagen angeboten. Interessierte sollten wissen, dass man in Frankreich nicht nackt in die Sauna geht, sondern immer etwas anhat!

Freizeitmagnet Nummer Eins freilich ist ein **Zoo**. Er zeigt Giraffen und Zebras in einer Savannenlandschaft, ein Gorilla-Camp in tropischem Ambiente, eine Seelöwenbucht und ein Vivarium voller Reptilien. Besucher können dabei sein, wenn Flusspferde, Eisbären, Polarwölfe, Pinguine oder Menschenaffen gefüttert werden. Auch Tiger, Elefanten und Löwen sind zu sehen. Und wer will, kann im Zoo mit seinen über 2000 Tieren auch mal einen Tag als Tierpfleger arbeiten.

Fameck und Uckange

Nördlich von Amnéville mündet die Orne in die Mosel, einer ihrer wasserreichsten Nebenflüsse. Ein paar Kilometer abseits der Mosel, im Westen von **Fameck**, liegt eine **Nikolauskapelle** aus dem Mittelalter mit schönem Renaissanceportal (Chapelle Saint-Nicolas de Morlange-lès-Rémelange). Sie ist ein romanisches Kleinod und ein Ort des Friedens der von April bis September jeden ersten Sonntag im Monat nachmittags Besuchern offen steht.

Fameck grenzt an **Uckange**, dessen Ende des 19. Jahrhunderts erbautes Hüttenwerk 1991 stillgelegt wurde. Einen der Hochöfen mit seinem 82 Meter hohen Schornstein und anderen Anlagen (U4-Hochofenpark) hat man komplett unter Denkmalschutz gestellt und als historisches Denkmal etikettiert. Es ist der angeblich älteste erhaltene **Hochofen** Frankreichs und ein eindrucksvolles Zeugnis der lothringischen Stahlindustrie, die einmal Weltgeltung hatte. Besuchern steht das Gelände von April bis Ende August fast täglich offen (www.hf-u4.com). Samstagabends um 21 Uhr lockt von Mitte Juni an eine spektakuläre Lichtinstallation.

Thionville

Uckange liegt vor den Toren von Thionville, der letzten großen französischen Stadt vor dem Dreiländereck. Diedenhofen nennen sie die Deutschen. Schön ist die Uferfront, wo sich die meisten Sehenswürdigkeiten finden. Am **Marktplatz** (Place du Marché) steht ein mittelalterlicher **Belfried** wie er sonst nur in Flandern zu finden ist, ein Turm, der einst den Stolz der mittelalterlichen Stadt verkörperte.

Schon zu karolingischen Zeiten gab es in Theodonis Villa, wie der Ort einmal hieß, eine Burg. Karl der Große fühlte sich hier besonders wohl, und auch seine Nachfolger legten manche Reichsversammlung dorthin. Später regierten es

Thionville, Stadtzentrum mit Belfried

die Herzöge von Luxemburg, ehe Burgunder und Habsburger Thionvilles Herrschaft übernahmen. Erst Mitte des 17. Jahrhunderts wurde Thionville französisch. An die Französische Revolution erinnert ein sogenannter **Vaterlandsaltar** (Autel de la Patrie): ein großer Obelisk mitten auf dem Place Claude Arnoult und das angeblich letzte Exemplar eines Denkmals, wie es sie während der Revolutionszeit zu tausenden gab. Dass er bis heute überlebte, lag daran, dass er, mit einem christlichen Kreuz versehen, bis 1948 auf einem Friedhof aufgestellt war. Bürgerhäuser und Villen zeugen von wilhelminischen Zeiten, in denen die Stadt zu Deutschland gehörte. Wohlstand verschafften Thionville die Erzvorkommen in seiner Umgebung. Davon zeugt noch heute der größte französische Binnenhafen für Metalltransporte. Der Niedergang der Stahlindustrie, die dem globalen Wettbewerb nicht mehr standhalten konnte, traf Thionville zuletzt aber hart. Die Geschichte der Stadt dokumentiert vor dem Kopf der Brücke über die Mosel ein Museum im **Tour aux Puces**, einem vierzehnseitigen Wohn- und Wehrturm, den man fachlich Donjon nennt. Er vereint Romanik, Spätgotik und Renaissance. Aus einem alten Klarissenkloster entstand das alte **Rathaus** (1 Rue du Pont) gegenüber. Nur ein paar Schritte entfernt direkt an der Mosel liegt die Mitte des 18. Jahrhunderts gebaute Pfarrkirche **Saint Maximin** (3 Place de l'Église) mit zwei Türmen und klassizistischer Fassade – und einer Orgel mit 3500 Pfeifen.

▶ Karte S. 182

■ Château de Lagrange

Im Norden Thionvilles findet sich das Château de Lagrange. Es zählt zu den schönsten Schlössern im Norden Frankreichs und wurde 1714 erbaut. Zur sehenswerten Inneneinrichtung gehören unter anderem ein riesiger Kachelofen, Wandteppiche aus Flandern, riesige China-Vasen und altes Porzellan sowie eine Bibliothek in der Schlosskapelle. Besonders schön ist auch der **Garten** angelegt, der mit dem Schloss immer wieder als

Kulisse für große Spielfilme diente, die Stars wie Demi Moore zu Dreharbeiten an die Mosel brachten.

Hinter Thionville nähert sich die Mosel langsam der luxemburgischen und deutschen Grenze. Jetzt werden ihre Schleifen wieder größer, die Wiesen an ihren Ufern mehr. Irgendwann tauchen schließlich am linken Ufer die Kühltürme des Kernkraftwerks **Cattenom** auf, einem der größten Atommeiler Europas (→ S. 188).

Gasse in der Altstadt von Sierck-les-Bains

Sierck-les Bains und Apach

Ein paar Kilometer flussabwärts von Cattenom ist die Mosel die industriellen Fesseln, die ihr im 19. und 20. Jahrhundert angelegt wurden, wieder los. Jetzt hat die Natur den Fluss zurück. Ab Contz-les-Bains werden die Hänge sichtbar steiler, die jetzt erstmals wieder Platz für Reben bieten.

Bei **Sierck-les-Bains** schließlich, dem römischen Circum Castellum, verengt sich das Tal. An diesem strategischen Punkt kurz vor dem Dreiländereck errichteten die Herzöge von Lothringen schon zur ersten Jahrtausendwende eine Burg am rechten Moselufer, die im Lauf ihrer Geschichte immer wieder um- und ausgebaut wurde. Heute öffnen sich von den Türmen und Bastionen der Festungsruinen schöne Blicke ins Tal und auf den Ortskern, wo sich in der Grand Rue, der Rue de Tanneries und der Rue du Moulin die ältesten Häuser finden. Von der mittelalterlichen Stadtbefestigung sind nur noch Reste wie der **Uhrturm** in der Rue de la Tour de l'Horloge erhalten. Und in der gleichen Straße findet sich auch eine **spätgotische Kirche** mit großteils barocker Ausstattung.

Eingang zum Château de Lagrange

Apach heißt der letzte französische Ort an der Mosel. Sein riesiger Güterbahnhof erinnert an die Zeiten, an denen Grenzen noch wirkliche Grenzen waren und der Warenverkehr genauestens kontrolliert wurde. Direkt an die Grenze zum Saarland hat ein französischer Unternehmer eine Miniatur des Pariser Eiffelturmes gestellt – ein neun Meter hohes Denkmal, das den Abschied aus Frankreich erleichtern und Besucher willkommen heißen soll.

Von Metz zum Dreiländereck

Vorwahl: +33/(0)3

Office de Tourisme Amnéville, 2 Rue de L'Europe, 57360 Amnéville, Tel. +33/3/87701040; Mo–Sa 9.30–12.30 und 14–18 (Okt.–März 13.30–17), So 9.30–12.30 Uhr. www.amneville.com

Office de Tourisme du Pays Thionville, 31 Pl. Anne Grommerch (Place du Marché), 57100 Thionville, Tel. +33/3/82533318; Mo–Fr 9.30–18, Sa 10–17, Juli und August auch So 11–15 Uhr.
www.thionvilletourisme.fr

Trois Frontieres Tourisme, 3 Pl. Morbach, 57480 Sierck-les-Bains, Tel. +33/3/82837414; Mitte April–Mitte Okt. tgl. 9–12.30 und 13.30–17 Uhr, Mitte Okt.–Mitte April Mo–Fr 10–12.30 und 13.30–16 Uhr. Neben den üblichen Touristikangeboten gibt es auch eine kleine Auswahl an Moselweinen.
www.troisfrontierestourisme.com

Hôtel des Oliviers, 1 Rue du Four Banal, 57100 Thionville, Tel. +33/3/82537027; DZ ab 68 Euro. Inmitten der Altstadt gelegene Herberge mit abschließbarem Innenhof für Fahrräder und Motorräder.
www.hoteldesoliviers.com

Camping du Port, Rue du Stade, 57970 Basse-Ham, Tel. +33/3/82503521; Mai–Sept. Am Sportboothafen von Basse-Ham, 68 Plätze für Wohnmobile, Caravans und Zelte.
www.nautic-ham.fr

Camping Municipale du Parc Napoléon, 6 Rue du Parc, 57100 Thionville, Tel. +33/3/82538375; Mai–Sept. Offener Campingplatz am Moselufer.
www.thionville.fr

Camping de Tilleuls, 4 Chemin des Tilleuls, 57480 Sierck-les-Bains, Tel. +33/3/82837239; Mitte April–Mitte Okt. 48 durch Hecken getrennte Stellplätze.
www.siercklesbains.fr/index.php/le-camping

La Vielle Port, 8 Pl. Morbach, 57480 Sierck-les-Bains, Tel. +33/3/82832261. Restaurant in der Stadtmitte mit großer Weinkarte und französischer Traditionsküche. www.lavieilleporte.fr

Restaurant Soleil gourmant, 34 Rue de la Tour, 57100 Thionville, Tel. +33/3/82518452. Französisch-italienische Küche mit großer Weinkarte, schöne Terrassenplätze.

La Prison Dorée, 46 Rue de l'Ancien Hôpital, 57100 Thionville, Tel. +33/3/82528917. Stylisches italienisches Restaurant in einem alten Gefängns.
www.laprisondoree.com

Brasserie Papyllon, 13 Rue de l'Europe, 57480 Sierck-les-Bains, Tel. +33/6492-77510. Neue Brasserie mit selbst gebrauten Craftbieren, die man dort auch kaufen kann. https://brasseriepapyllon.com

La Mine de Fer de Neufchef, 2 Rue du musée, 57700 Neufchef, Tel. +33/3/82857655; Di–So 14–18 Uhr. Ein Kilometer langer Museumstollen einer Eisenerzgrube, der Einblick ins Leben der Grubenarbeiter gewährt.
www.musee-minesdefer-lorraine.com

Musée de la Tour aux Puces, Cour du Château, 57100 Thionville, Tel. +33/3/82822552; Di–So 14–18 Uhr. Dauerausstellung archäologischer Funde aus der Region und Wechselausstellungen.
www.thionville.fr/tap

Château de Lagrange, 57100 Manom, Tel. +33/3/82538503; Schloss und Gartenanlagen werden grünlich renoviert und stehen erst 2025 wieder für Besucher offen.
www.chateaudelagrange.com

Château des Ducs de Lorraine, 5 Rue du Château, 57480 Sierck-les-Bains, Tel. +33/3/82836797; Mitte März–Mitte Nov. tgl. 11–17 Uhr (Mai–Sept. 10–18 Uhr). www.chateau-sierck.com

Château de Malbrouck, 57480 Manderen, Tel. +33/3/87350387; April–Okt. Di–Fr 10–17, Sa/So 10–18 Uhr. Sehenswerte

▶Karte S. 182

Burg mit Café und Aussichtsterrasse knapp 15 Autominuten von Apach entfernt. www.chateau-malbrouck.com

Schlossfest Sierck-les-Bains; Mitte Aug. Ritterspiele und andere Spektakel.

Zoo d'Amneville, 1 Rue du Tigre, 57360 Amnéville, Tel. +33/3/87702560; April–Sept. tgl. 9.30–19, Okt. 11–17.30, Nov.–Dez. 11–16.30 Uhr. www.zoo-amneville.com

Thermapolis, Av. de l'Europe, 57360 Amnéville, Tel. +33/3/87709943; So, Di–Do 10–21, Fr/Sa 10–22 Uhr. Großes Schwimmbad mit Innen- und Außenbecken, Restaurant und Liegeplätzen. https://polethermalamneville.com

Villa Pompéi, Av. de l'Europe, Tel. +33/3/87709943, 57360 Amnéville. Römische Bäder (So 9–20, Mo–Do 10–21, Fr/Sa 10–22 Uhr), Thermalbecken und Saunen mit Außenbereich, Badekleidung zum Ausleihen. https://polethermalamneville.com/villa-pompei

Uhrturm aus dem 13. Jahrhundert in Sierck-les Bains

EXTRA

Cattenom, ein umstrittenes Atomkraftwerk

Bei gutem Wetter sieht man die weißen Wolken über den vier mächtigen Kühltürmen schon von weitem: den Wasserdampf über einem der größten Kernkraftwerke der Welt. Für Atomgegner ist Cattenom ein Fluch, für seine Befürworter ein Segen. Rund zwölf Kilometer vom Dreiländereck entfernt, ist das Atomkraftwerk noch immer Zankapfel zwischen den Staaten. Während Deutsche und Luxemburger auf seine Stilllegung drängen, tun die Franzosen alles, um die auf 40 Jahre begrenzten Laufzeiten der Reaktorblöcke bis weit ins nächste Jahrzehnt zu verlängern.

1986 ging der erste Reaktor ans Netz. Zahlreiche Anrainer im Norden des Kraftwerks, darunter die Stadt Trier und das Saarland, hatten vor dem Straßburger Verwaltungsgericht vergeblich auf einen Baustopp geklagt. 1,5 Millionen Menschen, so ihre Argumentation, seien allein im Umkreis von 50 Kilometern von dem Meiler bedroht. Vor allem Luxemburg und das Saarland würde eine Reaktorkatastrophe, also ein GAU (Größter anzunehmender Unfall), vernichtend treffen.

Ganz anders sehen die Franzosen ihren Reaktor. Er deckt nicht nur den Großteil des Energiebedarfs im französischen Nordosten, sondern ist auch der größte Wirtschaftsmotor der Region. Inzwischen liefert Cattenom rund zwei Drittel des Stromes für die Region Grand Est mit ihren über fünf Millionen Einwohnern. Über 30 Millionen Euro fließen jährlich im Rahmen der Wartung des Kraftwerks an lokale Unternehmen. Hinzu kommen mehr als 100 Millionen Euro Steuern und Abgaben in Höhe von 108 Millionen Euro, die der Kraftwerkbetreiber – die Gesellschaft Electricité de France (EDF) – jährlich an die lokalen Finanzbehörden zahlt. Insgesamt, so errechnete eine aktuelle Studie, sind vom Kraftwerk direkt und indirekt rund 3700 Arbeitsplätze abhängig.

Das Kraftwerk Cattenom besteht aus vier Reaktorblöcken und erzeugt jährlich über 30 Terawattstunden Strom. Eine TWh, wie man die Terrawattsunde abkürzt, entspricht einer Milliarde Kilowattstunden. Für ausreichendes Kühlwasser sorgt neben der Mosel der neben dem Kraftwerk befindliche Stausee Lac du Mirgenbach (Mirgenbacher See) mit rund sieben Millionen Kubikmeter Wasser.

Knapp 2000 Beschäftigte kümmern sich Tag für Tag um die Erhaltung und den Betrieb der Anlage, darunter ein Sicherheitsteam mit 28 Mitarbeitern, welche die Einhaltung aller Sicherheitsvorschriften permanent überwachen. Am Simulator wird das Verhalten jedes Einzelnen im Ernstfall in jeder Situation geübt. Mit intensiven Schulungen hat man zudem die Zahl der Unfälle mit Arbeitsunterbrechung pro eine Million geleisteter Arbeitsstunden inzwischen auf knapp drei reduziert. All dies und noch viel mehr erfahren Interessierte im Besucherzentrum des Atomkraftwerks, das auch Kraftwerksführungen organisiert.

Rund zehn Milliarden Euro lässt sich der Stromkonzern EDF die schon zur Hälfte abgeschlossenen neuen Sicherheitsmaßnahmen kosten, mit denen man Cattenom so fit machen will, dass auch nach Ablauf der regulären Laufzeit in der zweiten Hälfte dieses Jahrzehnts weiter Strom produziert werden kann. Dazu gehört vor allem auch die kräftige Reduzierung radioaktiver Abfälle und die Nutzung neuartigen Brennstäbe, die länger genutzt werden können.

Allerdings bleiben weiter die Gefahren von Flugzeugabstürzen, Terroranschlä-

Landleben mit Kühltürmen

gen und schweren Erdbeben. Der Betreiber EDF hat das Kraftwerk nur bis Stärke 5,4 als erdbebensicher eingestuft. Aus all diesen Gründen hatte vor einigen Jahren ein breites politisches Bündnis aus Deutschland und Luxemburg eine erneute Klage zur Schließung des Atomkraftwerks geprüft und beim Öko-Institut in Darmstadt ein sicherheitstechnisches Gutachten in Auftrag gegeben. Ergebnis der Überprüfung war, dass das AKW Cattenom nicht den heutigen europäischen Sicherheitsstandards für den Neubau von Atomanlagen entspreche und dies auch durch Nachrüstungen nicht mehr erreichen könne. So bestünde die Gefahr, dass das Feuerlöschsystem und die Notstromversorgung bei einem Erdbeben ausfalle. Auch sei die Anlage nur gegen den Absturz kleinerer Flugzeuge gerüstet, nicht aber gegen Abstürze größerer Maschinen.

Trotzdem wollen Deutschland und Luxemburg erst einmal auf den Klageweg verzichten, auch weil sie wenig Hoffnung haben, vor einem französischen Gericht zu siegen. Stattdessen setzen sie auf den politischen Dialog mit Paris und die Aussicht, künftig noch schneller über Störungen in Cattenom informiert zu werden.

Was die Deutschen gewöhnlich Obermosel nennen, ist geografisch der Flussabschnitt von der französischen Grenze bis zur Mündung der Saar in Konz. Weil er mit Luxemburg, Frankreich und der Bundesrepublik gleich drei Staaten tangiert, nennen wir ihn besser Drei-Länder-Mosel. Eine Besonderheit ist die Grenze zwischen der Bundesrepublik und Luxemburg, die nicht wie sonst üblich mitten im Fluss verläuft, sondern an den Ufern entlang. Die Mosel selbst ist ein von beiden Staaten gemeinsam genutztes Kondominium.

Wasserbillig

DREI-LÄNDER-MOSEL

Von Schengen nach Konz

Nur rund vier Dutzend Kilometer lang ist dieser Moselabschnitt, aber er hat in den letzten Jahrzehnten große Geschichte geschrieben, wurden doch hier jene Dokumente unterzeichnet, die Europa näher zusammenbrachten. Das luxemburgische Dörfchen Schengen steht so heute für ein Europa ohne Grenzen und Kontrollen. Vor Ort ist das hautnah zu erleben, ist der Grenzübertritt zwischen Deutschland, Luxemburg und Frankreich längst kein Problem mehr. Das nutzen inzwischen auch Wanderer, für die immer häufiger grenzüberschreitende Routen ausgewiesen werden. Und mit dem Euro eint die Region zudem eine in allen Staaten entlang der Mosel gültige Währung.

Auf vielen Kilometern von Schengen und Perl flussabwärts ist die Mosel im wahrsten Sinne Bindeglied, dürfen sie rein rechtlich doch Luxemburg und die Bundesrepublik gemeinsam nutzen. Es ist eine Gegend zum Wandern und Radfahren, vor allem aber um Weine wie Riesling oder Elbling zu entdecken, die an beiden Ufern wachsen. Wer will, kann den Abschnitt zum Teil auf Ausflugsschiffen erkunden.

Schengen

▸ Karte S. 193, 195

Nahtlos ist der Übergang von der lothringischen Mosel zur Drei-Länder-Mosel bei Schengen. Das Zusammentreffen der Staaten markiert allenfalls eine kleine Boje im Wasser. Schengen und Perl sind die Eingangstore in die Region, einer links, der andere rechts der Mosel. Beides sind Winzerdörfer. Weltbekannt aber ist das kleine Schengen – anders als sein rund doppelt so viele Einwohner zählendes deutsches Gegenüber.

Für Schengen wurde das sogenannte Schengenabkommen, 1985 auf der Mosel vor dem Winzerdorf unterzeichnet, zu einer Art Ritterschlag. Folglich wurde der bis 2006 zum benachbarten Remerschen gehörende Ort Hauptsitz einer neuen Großgemeinde, die heute fast ein Drittel des gesamten Luxemburger Moselufers verwaltet.

Wichtigste Sehenswürdigkeit ist das **Musée européen Schengen** (→ S. 196), das sich der Einigung Europas verschrieben hat. Ein paar Schritte dorfeinwärts liegt das nur von außen zu besichtigende **Château de Schengen** samt Schlossgarten, errichtet auf den Fundamenten einer mittelalterlichen Wasserburg. Von der ist noch ein Festungsturm erhalten. Treppauf geht es zur Kirche **Salvator-Mundi** (Erlöser der Welt). Sie stammt aus den ersten Nachkriegsjahren. An ihren Wänden erzählt ein Anfang des 17. Jahrhunderts in Stein gehauenes Sandsteingrabmal mit einem gewickelten Kind von einem Wunder anno 1616, als ein Neugeborenes schon gleich nach seiner Geburt sprechen konnte, die Taufe verlangte und dann starb. Heute glaubt solche Geschichten kaum noch einer, so dass man sie eher als Appell aus nachreformatorischen Zeiten werten muss, sich ja nicht protestantisch taufen zu lassen. Vom Friedhof hinter der Kirche geht der Blick in die Weinberge, die von Schengen bis Wasserbillig die Mosel begleiten. Rivaner und Grauburgunder sind an den Hängen zuhause, aber auch Riesling, Weißburgunder und Auxerrois. Wie eine Kapelle ragt aus Schengens Weinbergen die **Domäne des Winzers Henri Ruppert**. Es ist eines der Meisterstücke des Luxemburger Architekten François Valentiny, dem man inzwischen in seinem Geburtsort Remerschen ein interessantes Museum mit über 3000 Objekten eingerichtet hat: die **Valentiny Foundation**.

DEUTSCHLAND
LUXEMBURG
FRANKREICH
Rheinland-Pfalz
Saarland
Echternach
Berdorf
Lac d'Echternach
Consdorf
Scheidgen
Osweiler
Dickweiler
Geyershof
Stein-heim
Godendorf
Rosport
Olk
Newel
Butz-weiler
Beßlich
Kersch
Aach
Wintersdorf
Udel-fangen
Trierweiler
Trier
Sauer
Sûre
Born
Metzdorf
Herresthal
Altrier
Bech
Herborn
Mompach
Moersdorf
Zittig
Rippig
Berbourg
Mesenich
Langsur
Lellig
Boudler
Wasserbillig
Wasserbilliger-brück
Igel
Karthaus
Manternach
Syr
Biwer
Oberbillig
Wasser-liesch
Roscheider Hof
Konz
Mertert
Wecker
Betzdorf
Temmels
NSG Perfeist
Nieder-mennig
Greven-macher
Komm-lingen
Olingen
Berg
Fellerich
Tawern
Mosel
Saar
Wellen
Römischer Tempel
Flaxweiler
NSG Nitteler Fels
Kanzem
Wiltingen
Ober-emmel
Machtum
Nittel
Oberdonven
Onsdorf
Wawern
NSG Langheck
Nieder-donven
Schoden
Mannebach
Beyren
Ayl
Ockfen
Gostingen
Wormel-dange
Rehlingen
Fisch
Warsberg 335 m
Wormeldange-Haut
Saarburg
Irsch
Canach
Ehnen
Wincheringen
Körrig
Bilzingen
Kahren
Krut-weiler
Greiveldange
Wehr (Mosel)
Helfant
Leuk
Trassem
Serrig
Merzkirchen
Kastel-Staadt
Stadtbredimus
Dilmar
Dittlingen
Thorn
Hamm
Bous
Beuren
Meurich
Neunhäuser Wald
Remich
Kreuzweiler
Kirf
Erpeldange
Nennig
Freudenburg
Taben-Rodt
Bech-Kleinmacher
Sinz
Münzingen
Weiten
Wellenstein
Tettingen-Butzdorf
Orscholz
Saarhölzbach
Elvange
NSG Haff Réimech
Besch
Oberleuken
Aussichtspunkt Saarschleife/Cloef
Biodiversum Camille Gira
NSG Atzbüsch
Borg
Römische Villa Borg
Mettlach
Hellendorf
Nohn
Remerschen
Schengen
Büsch-dorf
Tünsdorf
Dreis-bach
Perl
NSG Hammels-berg
Apach
Wehingen
Merzig
N10
N11
N14
N1
N2
A1
A8
A64
418
51
49
268
419
406
407
Die Mosel zwischen Schengen und Trier
0
2,5
5 km

Festungsturm der alten Wasserburg

Ganz in der Nähe, inmitten des **Naturschutzgebietes Haff Réimech**, steht ein weiteres Projekt des Stararchitekten. **Biodiversum Camille Gira** nennt sich der langgestreckte Holzbau in Form eines umgedrehten Bootsrumpfes. Er soll an die Langhäuser der Kelten erinnern, die hier einst siedelten. Im Inneren des Umweltbildungszentrums stellt eine interaktive Ausstellung Luxemburgs vielfältige Natur vor, zu der allein im umliegenden Naturreservat über 250 Vogelarten zählen. Zwei Erlebnispfade, 2, 3 und 4,6 Kilometer lang, und ein 4,3 Kilometer langer barrierefreier Weg erschließen das Naturschutzgebiet, in dem sogar Orchideen wachsen.

Wer wissen will, wie Luxemburgs Weinwelt früher ausgesehen hat, ist im Museum **A Possen** richtig, einem Winzerhaus aus dem 18. Jahrhundert im ebenfalls zu Schengen gehörenden Bech-Kleinmacher. Wohn- und Arbeitsräume wie eine komplett eingerichtete Kinderstube, eine Schusterwerkstatt und vieles mehr gibt es zu besichtigen. Gleich daneben in der Weinstube gibt es Luxemburger Hausmannskost vom Feinsten – so wie den Feirsténgszalot, einen Fleischsalat und Luxemburger Spezialität.

Schengen

Tourist-Information Schengen, 6, rue Robert Goebbels, L-5444 Schengen, Tel. +352/2666581021; tgl. 10–17, im Sommer bis 18 Uhr. Auch Verleih von Fahrrädern und E-Bikes. www.visitschengen.lu

Auberge de Jeunesse Remerschen, 31, Wäistrooss (Route du Vin), L-5440 Remerschen, Tel. +352/262766700; 150 Betten, ab 31 Euro. Die Jugendherberge serviert auch Imbisse und ein täglich frisches und preiswertes Menü. www.youthhostels.lu

Domaine Henri Ruppert, 1, um Markusberg, L-5445 Schengen, Tel. +352/266 65454; Mi–Fr 14–21, Sa/So 11–2 Uhr. Weinstube in architektonisch einmaligem Ambiente. https://domaine-ruppert.lu

Centre Européen (Europamuseum), 6, rue Robert Goebbels, L-5444 Schengen, Tel. +352/26665810; Mo–So 10–17 (April–Okt. bis 18) Uhr. www.visitschengen.lu

Musée A Possen, 2 Keeseschgässel, 5405 Bech-Kleinmacher, Tel. +35/223697353; Mi–So 14–18 Uhr. Auf dem Museumsgelände findet sich auch eine empfehlenswerte Weinstube. https://musee-possen.lu

Naturschutzzentrum Biodiversum Camille Gira, 5, Bréicherwee, 5441 Remerschen, Tel. +352/24756531; April–Okt. Di–So 10–18, Nov.–März Di–So 10–17 Uhr. https://environnement.public.lu

Valentiny Foundation, 34, route du vin, 5440 Remerschen, Tel. +352/621175781; Mi–So 14–18 Uhr. Dem Architekten François Valentiny gewidmetes Museum. www.valentiny-foundation.com

▶ Karte S. 195

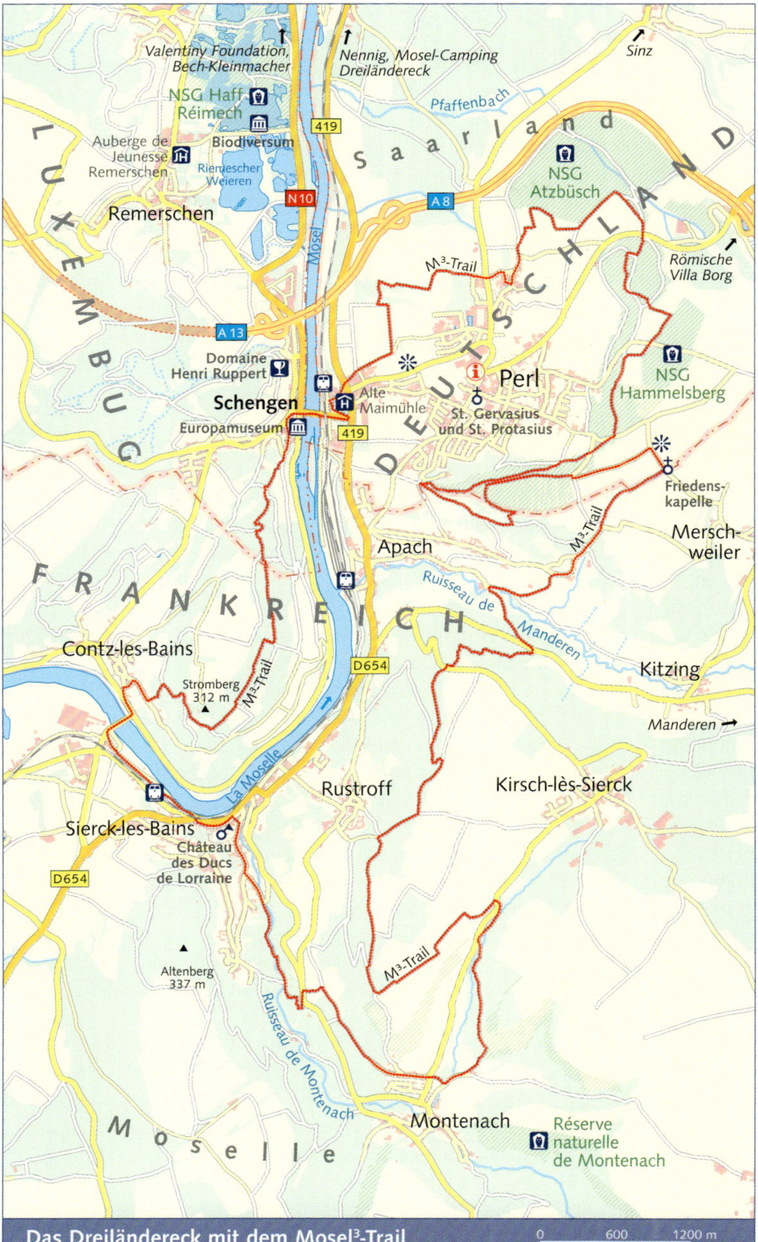

Das Dreiländereck mit dem Mosel³-Trail

Drei-Länder-Mosel

Schengen: Ein Dorf schreibt Weltgeschichte

Jahrhundertelang war Schengen nur ein kleines Winzerdorf. 1985 aber schrieb es Weltgeschichte, als auf einem Schiff vor seinem Ufer das Schengener Abkommen unterzeichnet wurde. Seine Initiatoren waren der damalige deutsche Bundeskanzler Helmut Kohl und der französische Staatspräsident François Mitterand, die sich zusammen mit den Regierungen in Belgien, Luxemburg und den Niederlanden geeinigt hatten, die Grenzkontrollen zu vereinfachen und sie schließlich weitgehend aufzugeben. Dank ihres Engagements können die meisten Europäer inzwischen gewöhnlich ohne Kontrollen vom Nordkap bis nach Sizilien reisen.

Heute steht Schengen für einen Raum ohne Grenzkontrollen, für ein geeintes Europa, dessen Fundamente im Dreiländereck zwischen dem luxemburgischen Schengen, dem deutschen Perl und dem französischen Apach an Bord eines Motorschiffes gefestigt wurden. Inzwischen leben mehr als 400 Millionen Menschen im sogenannten Schengenraum, zu dem neben allen EU-Staaten auch Liechtenstein, Norwegen, Island und die Schweiz gehören.

Wie Schengens Europa in der Praxis aussieht, ist täglich in Schengen zu sehen, wo die Schlagbäume längst verschwunden sind und Grenzbeamte allenfalls in Pandemiezeiten wegen unterschiedlicher Inzidenzen noch einmal tätig wurden. Fast archaisch muten heute die Zeiten an, als Bauern noch ihren Mist verzollen mussten, wenn sie mit ihren Fuhrwerken von Perl nach Schengen über die Brücke fuhren.

An Schengens Moselufer erinnert das Europäische Museum (Centre Européen) an die Unterzeichnung und Bedeutung des Schengener Abkommens. Fotos, Film- und Tonaufnahmen sowie Statements der an dem Zustandekommen des Vertrages Beteiligten erzählen vom Werden Europas in den beiden letzten Jahrhunderten. Eine interaktive Karte liefert Informationen, wie sich seitdem die Machtverhältnisse und damit auch die Grenzen immer wieder verschoben haben und wie der Schengen-Raum heute genau aussieht. Als sichtbarer Beweis für politische Neuordnungen stehen zwei Reststücke der Berliner Mauer unweit des Museums am Moselufer.

Dort auch finden sich drei mächtige Säulen. Sie symbolisieren die Ursprünge der Europäischen Union, die in der Gründung der Europäischen Gemeinschaft für Kohle und Stahl (EGKS, Montanunion) wurzelt, einem 1951 geschaffenen und gemeinsamen Markt für Kohle, Eisenerz und Stahl. Aus diesem Gebilde erwuchs schließlich die Europäische Union, deren Mitglieder auf den Nationensäulen symbolisch verewigt sind. Die Olympischen Ringe zum Beispiel verweisen auf Griechenland, Elche auf Schweden – und das Brandenburger Tor nebst einem Gartenzwerg steht für die Bundesrepublik.

Das Schengener Übereinkommen wurde im Juni 1985 übrigens auf der »MS Princesse Marie-Astrid« unterzeichnet, das nach der Schwester des damaligen luxemburgischen Großherzogs benannt war. Heute verkehrt ein Nachfolgeschiff gleichen Namens (www.entente-moselle.lu) von Ostern bis September sonntags zwischen Trier und dem Dreiländereck auf der Mosel, die hier Musel heißt. 2025 aber, so hofft man in Schengen, wird auch das Schiff, auf dem der Vertrag unterzeichnet wurde und das heute auf der Donau in Regensburg unterwegs ist, wieder in Schengen am Moselufer liegen.

Perl

Schengen gegenüber, auf der deutschen Seite, liegt die Großgemeinde Perl. Zu ihr gehören mehr als ein Dutzend Ortsgemeinden. Es ist die einzig saarländische Moselgemeinde, die wie ihr luxemburgisches Pendant hauptsächlich vom Weinbau und vom Tourismus lebt. Beliebte Wanderwege führen durch zum Teil länderübergreifende Naturschutzgebiete, vor allem aber sind wirklich sehenswerte Zeugen der Römerzeit zu sehen. Dazu gehört vor allem eine **römische Villa** im Ortsteil **Nennig**, die im frühen Mittelalter zerstört wurde und erst 1852 eher zufällig neben einem Rübenacker wiederentdeckt wurde. Sie war vermutlich Heim einer reichen Familie. Davon jedenfalls zeugt noch heute ein gewaltiger Portikus und ein wirklich sehenswerter Mosaikteppich. Er gilt als das größte am angestammten Platz verbliebene römische Bodenmosaik auf deutschem Boden, 160 Quadratmeter groß und aus angeblich über drei Millionen Steinchen zusammengesetzt. Zu sehen sind unter anderem Szenen aus einem römischen Amphitheater: blutige Tierhatzen und der Kampf zweier Gladiatoren. Zwei Musikanten, ein Wasserorgelspieler samt Tubabläser, beweisen, dass die Gladiatorenkämpfe einst musikalisch umrahmt waren. Einen Großteil der Römervilla vermuten Archäologen übrigens unter den umliegenden Häusern und der **Martinskirche** mit ihrem romanischen Turm.

Römisches Leben vermittelt auch der **Archäologiepark Römische Villa Borg** ganz im Nordosten von Perl: ein rekonstruierter Villenkomplex samt Gärten. Der einstige Landsitz einer ebenfalls wohlhabenden römischen Familie wurde detailgetreu nachgebaut und innen mit Nachbildungen antiker Möbel ausgestattet. Sehenswert ist neben den römischen

Gladiatorenkämpfe, Mosaik in der Villa Nennig

Die Villa Borg, ein rekonstruierter römischer Landsitz

Gärten vor allem der Badetrakt mit seiner Thermenanlage, Toilette und Fußbodenheizung. Jederzeit betriebsbereit ist auch die Küche mit Öfen, die bei Veranstaltungen wie »Kochen wie die Römer« angeworfen werden. Von den Römern sind auch die Speisen der **Taverne** inspiriert. Dazu gehören eine gemischte Vorspeisenplatte mit römischen Leckereien – oder Moretum, ein Brotaufstrich aus Frischkäse, Knoblauch, Oliven und Kräutern, zu dem hausgemachtes Römerbrot serviert wird. Kunstfreunde könnte die Kirche **St. Gervasius und St. Protasius** (Biringerstraße 5) interessieren, die einen romanischen Turm, einen spätgotischen Chor und ein schönes Hauptschiff mit barocken Altären besitzt. Ein paar Schritte weiter, am alten Palais von Nell (Biringerstraße 14), findet sich ein sehenswerter und frei zugänglicher, im barocken Stil neu angelegter **Garten**.

▸ Karte S. 195

Wanderungen im Dreiländereck

Die Region ist vor allem bei Wanderern beliebt, auf die eine Reihe schöner Wanderungen warten, von kurzen, knapp einstündigen Spaziergängen bis zu schweißtreibenden Tageswanderungen.

Traumschleifchen

Für Einsteiger geschaffen wurden die sogenannten Traumschleifchen, die viel Abwechslung auf kurzer Strecke bieten. Die Wege zwischen zwei und sechs Kilometer Länge sind vom Deutschen Wanderinstitut zertifiziert und sollen Lust auf weitere Wanderungen machen. Sie bieten meist schöne Aussichten, zu denen Felsen ebenso gehören wie Bäche oder Waldlandschaften. Viele führen auch zu den Sehenswürdigkeiten der Großregion wie zur Villa Borg. Soweit wie möglich hat man die Wanderwege auf naturnahen und gelenkschonenden Pfaden ausgeschildert – manche gar über die Ländergrenzen hinweg.

M³-Trail

Zu den interessantesten im Dreiländereck gehört die Zwei- oder gar Dreitagestour auf dem M³-Trail. Auf 33 Kilometern führt er durch die deutsch-französisch-luxemburgische Grenzregion mit ihrer bewegten Geschichte. So säumen Schützengräben, zugewachsene Panzersperren, Bombentrichter und versteckte Bunkeranlagen ebenso den Weg wie Schengens Europäisches Museum und die deutsch-französische Friedenskapelle von Perl. Es ist die ideale Möglichkeit, den jetzt scheinbar grenzenlosen Kulturraum zwischen Sierck-les-Bains, Schengen und Perl hautnah kennenzulernen.

Orchideenwanderung im Grenzgebiet

Perl ist Ausgangspunkt für zwei der schönsten deutschen Fernwanderwege, den **Moselsteig** und den **Saar-Hunsrück-Steig**. Hinzu kommen sogenannte **Traumschleifen**, die Wanderern die Region näherbringen. Mit den **Naturschutzgebieten Hammelsberg** und **Atzbüsch** auf deutscher und **Montenach** auf französischer Seite laden Naturfreunde zudem mehr als 200 Hektar Feld, Wald, Wiesen und Weinberge zur Entdeckung ein. Seltene Vogelarten wie Rotmilan, Heidelerche, Neuntöter oder Wespenbussard sind dort zuhause, dazu Pflanzen aller Art, die sich in einer der wärmsten Regionen Deutschlands besonders wohl fühlen. Fast zwei Dutzend Orchideenarten sind ihre Juwelen. Die meisten entdeckt man ab Mai auf dem neun Kilometer langen **Panoramaweg Perl**, der herrliche Rundblicke auf das Dreiländereck garantiert – vom französischen Sierck-les-Bain bis ins luxemburgische Schengen. Wer Glück hat, trifft an warmen und trockenen Frühlingstagen vielleicht auf eine der schönsten Heuschrecken, die Gottesanbeterin.

Perl

Vorwahlen: Perl +49/(0)6867, Nennig +49/(0)6866; **PLZ**: D-66706

Tourist-Information Perl, Trierer Str. 8, Tel. +49/6867/66101; Mo–Fr 9–13 Uhr. www.perl-saarschleifenland.de

Schloss Berg, Schloßstr. 27–29, Tel. +49/6866/790; DZ ab 190 Euro. Sternerestaurant und Luxushotel im Ortsteil Nennig mit schönem Wellnessbereich. www.victors.de

Hotel Restaurant Alte Maimühle, Bahnhofstr. 100, Tel. +49/6867/9113170; DZ ab 88 Euro. Familienbetrieb mit großer Tradition und renoviertem Ambiente am Moselufer. www.maimuehle.de

Landgasthaus Birkenhof, Saarbrücker Str. 9, Tel. +49/6866/202; DZ ab 90 Euro. Landgasthof mit regionaler Küche im Ortsteil Sinz. https://birkenhof-sinz.de

Mosel-Camping Dreiländereck, Zur Moselbrücke 15, Tel. +49/6866/322; April–Mitte Okt. Schöner Platz mit 110 Stellplätzen und Zeltmöglichkeiten am Moselufer in Nennig. www.mosel-camping.de

Römische Villa Nennig, Römerstr. 11, Tel. +49/6866/1329; April–Okt. tgl. 10–18 (Febr., März und Nov. 11–16) Uhr. www.roemischevillanennig.de

Archäologiepark Römische Villa Borg, Im Meeswald 1, Tel. +49/686/591170; April–Okt. Di–So 10–18, Febr.–März und Nov. 11–16 Uhr. www.villa-borg.de

Eine Reihe zertifizierter **Premiumwanderwege** an der Mosel und ihrem Hinterland listet die Website www.saarschleifenland.de/Premiumwanderregion

EXTRA

Wandern an der Mosel

In den letzten Jahren hat sich die Moselregion, vor allem in Deutschland und Luxemburg, verstärkt als Wandergebiet profiliert. Neben mehrtägigen Routen locken vor allem sogenannte Traumschleifen und Themenwege. In Luxemburg führt der **Europäische Fernwanderweg 3** von Schengen durch die Weinberge nach Grevenmacher. In Frankreich ist es der **GR5**, der aus dem Dreiländereck zum Teil an der Mosel entlang Richtung Süden führt. Die meisten Wege sind gut beschildert und in Wanderforen wie Outdooractive mit der Routenführung markiert.

Moselhöhenweg: Der Methusalem unter den Wanderstrecken ist der Moselhöhenweg, der seit 1910 auf beiden Seiten des Flusses verläuft. Etwas mehr als 200 Kilometer ist er auf beiden Seiten lang, im Hunsrück etwas länger als auf der Eifelseite. Zahlreiche Streckenabschnitte sind mit dem Moselsteig identisch. Der Moselhöhenweg ist mit einem weißen »M« markiert und verläuft nicht immer parallel zum Fluss. Wer auf der Hunsrückseite (Koblenz–Trier) wandert, genießt immer wieder schattige Routen durch zahlreiche Wälder. Die Eifelstrecke (Koblenz–Wasserbillig) dagegen führt häufig durch Weinberge, deren Querung an heißen Sommertagen zur schweißtreibenden Tortur werden kann. Wer sich mit Muße auf die Tour macht und auch einmal einen Ruhetag einlegen möchte, sollte für beide Strecken jeweils zwei Wanderwochen kalkulieren. Karten finden sich auf der Seite www.alltrails.com.

Moselsteig: Inzwischen hat der 2014 zum Teil auf den Strecken des Moselhöhenweges angelegte Moselsteig dem mehr als 100 Jahre älteren Wanderweg den Rang abgelaufen. Weitaus spektakulärer und anspruchsvoller ist seine Wegführung. Sie zielt auf Erlebnis-Urlauber, für die möglichst viele Attraktionen am Weg liegen sollten: von grandiosen Aussichtspunkten über romantische Weinlokale bis zu ausgefallenen Übernachtungsquartieren. Hatten den Moselhöhenweg noch Wanderfreunde selbst angelegt, konzipierten den Moselsteig vom saarländischen Perl zur Moselmündung in Koblenz professionelle Agenturen. Sie haben den Weg in 24 Etappen unterschiedlichster Schwierigkeitsgrade aufgeteilt. Weil die aber nur die wenigsten Wanderer komplett ablaufen, hat man darauf geachtet, jeden Streckenabschnitt so zu gestalten, dass man auch mit öffentlichen Verkehrsmitteln immer wieder bequem in die Strecke ein- und aussteigen kann.

Schönes Ruheplätzchen für Wanderer am Calmont

Mosel-Camino: Zu den vielen Pilgerwegen nach Santiago de Compostela zählt seit 2008 auch der Mosel-Camino. Er verläuft von Koblenz nach Trier, wo er an der Benediktinerabtei St. Matthias endet. Einige Abschnitte sind identisch mit dem Moselsteig oder anderen Routen. Weit über 1000 Schilder und Aufkleber mit der gelben Jakobsmuschel auf blauem

Grund sowie etliche gelbe Pfeile begleiten den Pilger auf der rund 175 Kilometer langen Tour. Einige längere Strecken führen durch Eifel und Hunsrück. Konditionsmäßig ist der Mosel-Camino fordernd, aber nicht überfordernd, wie es seine Macher beschreiben. Trotzdem verlangen einige Passagen, insbesondere in den Steillagen der Weinberge, Trittsicherheit, was auch festes Schuhwerk heißt. Der Weg verbindet vor allem Klosterkirchen, Kapellen und andere Gotteshäuser, schließlich will er neben Natur- und Kulturerlebnissen auch ein bisschen Spiritualität vermitteln. Den Mosel-Camino muss man nicht an einem Stück gehen! Damit man ihn im Rahmen verlängerter Wochenenden oder an Feiertagen entdecken kann, haben die Planer auf eine gute Anbindung mit öffentlichen Verkehrsmitteln wie Bus und Bahn gesetzt. Der Mosel-Camino, so meinen seine Betreiber, ist kein Premium-Wanderweg, sondern ein sinnenfroher Pilgerweg – getreu dem Motto »Es gibt fürs Pilgern kein besseres Fortbewegungsmittel als das Gehen. Nur Gehen! Darum geht es.«

EXTRA

Die Etappen des Moselsteigs

Etappe	Strecke	Länge
1	Perl–Palzem	24 km
2.	Palzem–Nittel	16,5 km
3.	Nittel–Konz	22,5 km
4.	Konz–Trier	20 km
5.	Trier–Schweich	19,5 km
6.	Schweich–Mehring	3 km
7.	Mehring–Leiwen	16,5 km
8.	Leiwen–Neumagen-Dhron	12 km
9.	Neumagen-Dhron–Kesten/Osann-Monzel	14,5 km
10.	Kesten/Osann-Monzel–Bernkastel-Kues	15,5 km
11.	Bernkastel-Kues–Ürzig	18,5 km
12.	Ürzig–Traben-Trarbach	15 km
13.	Traben-Trarbach–Reil	14 km
14.	Reil–Zell (Mosel)	12,5 km
15.	Zell (Mosel)–Neef	20 km
16.	Neef–Ediger-Eller	11 km
17.	Ediger-Eller–Beilstein	18 km
18.	Beilstein–Cochem	14 km
19.	Cochem–Treis-Karden	24 km
20.	Treis-Karden–Moselkern	12,5 km
21.	Moselkern–Löf	13 km
22.	Löf–Kobern-Gondorf	14,5 km
23.	Kobern-Gondorf–Winningen	14 km
24.	Winningen–Koblenz	15 km

Palzem

Nördlich von Perl liegt Palzem, die erste rheinland-pfälzische Gemeinde an der Mosel. Hier ist das Reich des Elblings, eine der ältesten Weinsorten Europas. Palzems Schmuckstück ist das **Moselschloss Thorn**, das angeblich älteste Schlossweingut an der Mosel. Es wurde im 13. Jahrhundert über einer Moselfurt erbaut und nahm im Lauf der Jahrhunderte immer wieder neue Gestalt an. Angeblich stand hier schon zu Römerzeiten ein Turm, um den Flussübergang zu kontrollieren. Heute ist die Anlage eine stilistische Mischung aus Mittelalter, Renaissance, Barock und Empire. Im Winzerdorf Palzem aber kommen nicht nur Weinfreunde auf ihre Kosten, sondern auch Angler und Wanderer – und Wasserskiläufer, die hier meist barfuß fahren.

Palzem

Vorwahl: +49/(0)6583
PLZ: D-54439

Schloss Thorn, 54439 Schloss Thorn-Palzem, Tel. +49/658/3433; DZ ab 70 Euro. Weingut mit B & B. Gästen stehen eine komplett eingerichtete Küche mit Essplatz sowie Waschmaschine und Trockner zur Verfügung. Die Vinothek öffnet auf Anfrage (Tel. +49/152 54108550).
www.schloss-thorn.de

Weingut Boesen, Auerstr. 2, 54439 Palzem, Tel. +49/658/453; Ferienwohnungen ab 60 Euro. Weingut mit Straußwirtschaft und preisgünstigen Ferienwohnungen.
www.weingut-boesen.de

Remich

Gegenüber Palzem und dem Perler Ortsteil Nennig liegt die Gemeinde Remich auf der linken Moselseite. Réimech heißt sie in Luxemburg. Weinbauinstitut, Kellereien und Weinhandlungen haben hier ihren Sitz. Vom Weinbau zeugt auch der sich drehende **Bacchus-Brunnen** an Remichs Esplanade, einer kilometerlangen Uferpromenade, an der sich Cafés und Restaurants mit ihren Terrassen reihen. »Perle der Mosel« nennt sich das antike Remacum heute. Sein Stolz sind neben der Altstadt mit der **Nikolauspforte** die katholische Pfarrkirche **St. Stephan** mit ihrer spätbarocken Fassade und einem romanischen Kirchturm aus dem 12. Jahrhundert.

Moselufer mit Bacchus-Brunnen in Remich

▲ Karte S. 193

Wie touristisch Remich ist, beweisen Restaurants mit indischer, französischer, spanischer, italienischer, türkischer, peruanischer, chinesischer und thailändischer Küche, neben denen die traditionellen Weinstuben etwas verblassen.

Am Moselufer, unweit der vom luxemburgischen Stararchitekten Valentiny konzipierten **Touristeninformation**, liegen die Ausflugsschiffe vor Anker, die vom Frühjahr bis zum Herbst zu ihren täglichen Touren starten. Eines hat man zur **Péniche Vintage** umfunktioniert, zum schwimmenden Weinprobierstand mit Souvenirverkauf. Fast direkt unter der Moselbrücke nach Nennig liegen auch einige Elektroboote, die man ohne

Führerschein zur Erkundung der Mosel mieten kann. Und am **Moselufer** Richtung Stadtbredimus erwarten Besucher interessante Kunstobjekte wie eine lebensgroße Kuh mit Flügeln.

Einen besonderen Brauch pflegt man übrigens am Aschermittwoch in Remich, wenn mit dem Verbrennen einer Strohpuppe auf der Moselbrücke die Fastnacht nach einem Umzug ihr Ende findet. »Stréimännchen« nennen sie die Einheimischen, die in Schaltjahren freilich ein »Stréifrächen« in Flammen aufgehen lassen.

Remich

Touristinfo Centre Visit Remich, 1, route du Vin, L-5549 Remich, Tel. +352/27075416; tgl. 10–17 Uhr.
www.visitremich.lu

Hotel-Restaurant Ecluse, 29, route du Vin, L-5450 Stadtbredimus, Tel. +352/23619191; DZ ab 100 Euro. Modern eingerichtetes Haus gegenüber der Moselschleuse, mit Sauna und Wellnessmöglichkeiten, Terassenrestaurant.
www.hotel-ecluse.lu

Restaurant An der Tourelle, 12, route du Vin, L-5450 Stadtbredimus, Tel. +352/23/698511. Gehobene Küche am Moselufer, sonntags viergängige Menüs (Reservierung ratsam).
www.tourelle.lu

Restaurant Mëtschekëscht, 9, Esplanade, L-5533 Remich, Tel. +352/26664856, auf facebook. Auch für Vegetarier und Veganer geeignetes Lokal am Moselufer - vom Frühstück bis zum Abendessen.

Camperpark Remich, 2, route du Vin, L-5549 Remich, Tel. +352/27075416. 26 Stellplätze am Moselufer.
www.remich.lu

Navitours, Anlegestelle: Quai de la Moselle, L-5553 Remich, Tel. +352/758489. Ausflugsfahrten auf der Mosel und großes Angebot an Event-, Themen- und Party-Touren.
www.navitours.lu

MS Princesse Marie-Astrid. Großes Ausflugsschiff, das von Grevenmacher aus zwischen Ostern und Ende September zu Ausflugs- und Eventfahrten auf der Mosel startet.
www.entente-moselle.lu

Ironman Remich; Juni. Beliebter Triathlon mit mehreren tausend Teilnehmern: Schwimmen in der Mosel, Radeln durch die Weinberge und Laufen am Flussufer.

Luxemburgische Weinstraße

Von Schengen führt die Route du Vin die Mosel entlang bis zur Mündung der Sauer in Wasserbillig. Auf rund 1300 Hektar Rebfläche reifen an den Hängen des Flusses kräftige Spätburgunder, vor allem aber süffige Weißweine wie Weißburgunder, Grauburgunder, Auxerrois, Riesling, Elbling oder Rivaner. Besonderen Wert legen die Luxemburger Winzer auf das Terroir, das den Charakter der meisten Weine ausmacht.

Unbedingt probieren sollten Besucher der Weinstraße einen Crémant de Luxembourg. Die 1991 eingeführte Marke ist ein Qualitätsschaumwein aus aromatischen Trauben mit passender Säure, gleich ob weiß oder rosé. Die Trauben müssen dabei mit der Hand geerntet, die Cuvée mindestens neun Monate auf der Hefe gelagert werden. Crémants, hergestellt von rund 50 Winzern, machen inzwischen mehr als ein Viertel des gesamten Weinmarkts im Großherzogtum aus. »De gudde Patt« ist übrigens ein Gütesiegel, mit dem Bars und Cafés für den Ausschank offener Luxemburger Weine werben. Domaines Vinsmoselle ist der

Traubenlese in Wormeldange

bedeutendste Wein- und Crémantproduzent zwischen Schengen und Wasserbillig, der über mehrere Verkaufsstellen entlang der Strecke verfügt (www.vins moselle.lu).

Eine Liste von Winzern mit Direktverkauf findet sich auf der Seite www.privat wenzer.info.

Wormeldange

Mit über 360 Hektar Rebfläche ist Wormeldange (Wormeldingen) - einfach nur Wormer heißen es die Einheimischen - Luxemburgs größte Weinbaugemeinde. Sie besteht aus mehreren Ortschaften und Siedlungen, von denen **Ehnen** einen Zwischenstopp lohnt - nicht nur wegen seines schönen Ortsbildes, dem Bauten aus dem 16. und 17. Jahrhundert viel Nostalgie einhauchen. Aus dem frühen 19. Jahrhundert dagegen stammt Luxemburgs einzige **Rundkirche**, auch die eine kleine Sehenswürdigkeit.

Höchster Punkt in den Weinbergen über Wormeldange ist das **Wormer Koeppchen**, von dem sich ein herrlicher Blick ins Tal bietet. Die dortige Kapelle ist dem Weinheiligen Donatus gewidmet. Wormeldange ist über eine Brücke mit dem deutschen Wincheringen verbunden, das ebenfalls vom Weinbau lebt.

▸ Karte S. 193

Wormeldange

Domaines Vinmoselle Caves Cremants, 115, Route du Vin, L-5481 Wormeldange, Tel. +352/768211; Do–Di 10–20 Uhr. Sektkellerei mit Verkostungsraum.

Bistro-Brasserie Koeppchen, 9, Berreggaass, L-5485 Wormeldange-Haut, Tel. +352/760046. Luxemburger Traditionslokal, Spezialitäten sind frittierte Fische und Mehlknödel. www.koeppchen.lu

Nittel

Was Wormeldange auf der Luxemburger Moselseite ist Nittel auf der deutschen: mit fast 300 Hektar Rebfläche die größte Weinbaugemeinde im weiten Umkreis. Das liegt am Kalkboden, auf dem der Elbling - er macht rund drei Viertel des Anbaus in Nittel aus - bestens gedeiht und der Fertigung von Sekt zugutekommt.

Dem Wein und seinem Werdegang ist zudem ein ausgeschilderter und informativer **Weinlehrpfad** gewidmet.

Zwei schöne **Wanderwege** führen durch die beiden Naturschutzgebiete **Nitteler Fels** und **Langheck**. Mitten in der Natur, umrahmt von Weinbergen und einem kleinen Friedhof, liegt auch Nittels größte Sehenswürdigkeit: die aus dem Mittelalter stammende **Rochuskapelle**. Sie ist immer wieder Ziel von Pilgern, schon Mitte des 19. Jahrhunderts suchten nach Ausbruch einer Cholera-Epidemie hier Tausende Trost. Allerdings steht die oberhalb des Dorfes weit außerhalb gelegene Kapelle Besuchern nur sonn- und feiertags offen.

Nittel

Gästehaus, Weingut und Restaurant Culinarium, Weinstr. 5, D-54453 Nittel, Tel. +49/6584/91450; DZ ab 105 Euro. Familienbetrieb mit guter Regionalküche und neuen Gästezimmern. www.culinarium-nittel.de

Grevenmacher

»Das Lager dieses Stättleins ist über die massen lustig und mit vielen Bergen umbgeben, an welchen bey guten Jahren herrlicher Wein und bißweilen auff die 300. Fuder den Burgern wächst«, beschrieb ein Chronist Mitte des 16. Jahrhunderts das Moseldörfchen Grevenmacher, das heute eine Brücke mit Deutschland verbindet. Sehenswert ist neben dem **Luxemburger Druck- und Spielkartenmuseum** samt einem Kulturcafé und einem Kino in einem ehemaligen Schlachthof, dem Kulturhuef, vor allem der **Schmetterlingsgarten**. »Päiperleksgaart« nennen ihn die Luxemburger. In einer kleinen Halle tummeln sich dort bei permanent 28 Grad Wärme und hoher Luftfeuchtigkeit Hunderte bunte Falter neben Chamäleons, Geckos, Schildkröten und Vögeln. Wer Glück hat, sieht sogar den einen oder anderen Schmetterling schlüpfen – vor allem für Kinder ein einmaliges Erlebnis!

Bewohner des Schmetterlingsgartens

Grevenmacher

Touristinformation Grevenmacher, 10, route du Vin, L-6794 Grevenmacher, Tel. +352/758275; Sept.–Mai Mo–Fr 8–12 und 13–17 Uhr (Juni–Aug. auch Sa 10–15, im Juli und August zudem So 10–15 Uhr). www.visitmaacher.lu

Camping Route du Vin, L-6794 Grevenmacher, Tel. +352/750234. Großer Platz mit kleinen Hütten und benachbartem Freibad, Fahrrad- und E-Bike-Verleih (April-Sept.). www.visitmaacher.lu

Simons Plaza, 7, Potaschberg, L-6776 Grevenmacher, Tel. +353/267444; DZ ab 105 Euro. Einfaches, modernes Hotel samt Restaurant mit werktäglichem Stammessen. https://simons-plaza.com

Bistro Quai, 3, route du Vin, L-6794 Grevenmacher, Tel. +352/24558775. Modernes Bistro mit großer Terrasse am Moselufer. www.quai.lu

Schmetterlingsgarten (Jardin des Papillons), 56, route de Trèves, L-6793 Grevenmacher, Tel. +352/758539; April–Okt. 9–17 Uhr. Zu der Anlage gehören auch eine Brasserie mit Terrasse und ein Souvenirshop. www.papillons.lu

Kulturhuef – Luxemburger Druck- und Spielkartenmuseum, 54, Route de Trèves, L-6793 Grevenmacher, Tel. +352/26746425; Di–So 14–18 Uhr. www.kulturhuef.lu

Wasserbillig und Mertert

Luxemburg verlässt die Mosel an der Mündung der Sauer. Es ist ihr größter linker Nebenfluss und touristisch von Interesse. Vor allem Kanufahrer schätzen den Flusslauf. Ebenso Radfahrer, die den Ausflug die windungsreiche Sauer entlang nach Echternach mit seiner sehenswerten Abtei genießen. **Wasserbillig** heißt der Mündungsort, aus dem der langjährige Präsident der Europäischen Kommission Jacques Santer stammte.

Sehenswert ist Wasserbilligs barocke **Kirche** mit ihren Haubentürmen und dem aus dem ehemaligen Bernkasteler Kapuzinerkloster stammenden Hochaltar aus der Mitte des 18. Jahrhunderts. Wer gerne Fische schaut, ist im einzigen **Aquarium** Luxemburgs richtig, wo sich in mehr als einem Dutzend zum Teil dichtbepflanzten Becken Fische jeder Art tummeln – vom Piranha bis zum Koi. Nicht nur logistisch von Interesse ist die solarbetriebene Elektrofähre **Sankta Maria II**, die ins gegenüber liegende deutsche Oberbillig verkehrt. Auffallend sind die vielen Tankstellen entlang der Straße zwischen Wasserbillig und Mertert. Die meisten verfügen über einen Supermarkt, in dem vorwiegend Zigaretten, Spirituosen, Kaffee und Sekt verkauft werden, die in Luxemburg wie auch der Sprit niedriger besteuert werden und daher meist billiger als in Deutschland und Frankreich sind.

Luxemburgs einziger Binnenhafen, der nach der Kanalisierung der Mosel entstand und heute mit dem Hafen in Trier konkurriert, liegt in **Mertert**. An Massengütern werden auf dem 65000 Quadratmeter großen Gelände vor allem Bau- und Brennstoffe, Düngemittel, Getreide, Schrott und Mineralien umgeschlagen. Regelmäßige Schiffsverbindungen gibt es in den belgischen Seehafen Antwerpen und ins französische Metz. Viele Container aber kommen inzwischen auch per Bahn oder LKW und werden von dem Dutzend Kränen in Merterts Hafen nur noch umgesetzt.

Wasserbillig

Autofähre Wasserbillig–Oberbillig, Tel. +49/172/3156126; Mo–Fr 6.30–13.30, Sa/So 11–17 Uhr.

Aquarium Wasserbillig, Rue des Pépinères, L-6645 Wasserbillig, Tel. +352/26/40237; Ostern–Sept. tgl. 10–18, sonst nur Fr–So 10–17 Uhr (Dez. und Jan. geschl.). Gut drei Dutzend Fischsorten sind dort in 15 Becken zuhause. www.visitwasserbillig.lu

Abstecher nach Echternach

In Wasserbillig mündet die Sauer in die Mosel. Mit einer Wasserführung von durchschnittlich fast 54 Kubikmeter pro Sekunde ist es der größte linke Nebenfluss der Mosel. Wie die Mosel selbst ist auch die Sauer auf ihren letzten Kilometern Grenzfluss zwischen der Bundesrepublik und Luxemburg und als Kondominium ausgewiesen, als ein von beiden Staaten gemeinsam genutzter und verwalteter Fluss. Vor allem Wassersportler haben ihn ins Herz geschlossen. Gut 20 Autominuten trennen Reisende von der Mündung der Sauer in die Mosel von

▶ Karte S. 193

Solarfähre in Wasserbillig

Am Place du Marché in Echternach

Luxemburgs ältester Stadt Echternach. Zu ihren Sehenswürdigkeiten gehören die **Römische Villa Echternach** und die Sankt-Willibrord-Basilika. Die Römische Villa liegt an einem großen **See** zum Angeln, Surfen und Segeln, ringsum ein attraktives Wandergebiet, das sich als »Kleine Luxemburger Schweiz« einen Namen gemacht hat.

Von römischen Zeiten zeugen heute Reste einer **Villa Rustica** am Seeufer der Stadt, die erst 1975 bei der Anlage eines Freizeitsees entdeckt wurden. Sie gehörten zu einer der größten römischen Villen nördlich der Alpen. Ein **Besucherzentrum** neben dem ehemaligen Wohntrakt und den nur zum Teil ausgegrabenen Wirtschaftsgebäuden bietet inzwischen interessante Einblicke in den Alltag der Römer. Im Garten der Anlage finden sich zudem Dutzende von Pflanzen, die dort zu deren Zeiten zuhause waren. An Gewicht aber gewann Echternach erst mit dem heiligen Willibrord. Er gründete im Jahre 698 an der Sauer eine Abtei, die zu den bedeutendsten Europas gehörte und im Mittelalter fast überall entlang der heute deutschen Mosel über eigenen Grundbesitz verfügte. Besonders berühmt wurde sie dank ihrer Buchmalerei, die heute - allerdings gewöhnlich nur im Faksimile - im Abteimuseum in den Kellerräumen des Abteipalastes zu sehen ist. Die meisten der Originale nämlich wie das Goldene Evangeliar von Echternach oder der Codex Aureus Spirensis liegen heute in den großen Museen Europas.

Im Jahr 1236 erhielt Echternach das Stadtrecht und umgab sich mit einer kilometerlangen Stadtmauer samt Türmen, die bis ins 19. Jahrhundert das Bild bestimmten. Drei mittelalterliche Türme wurden inzwischen als Ferienwohnungen hergerichtet, die das Büro der Tourist-Info vermietet. Ein paar ältere Häuser haben sich bis heute erhalten, wie das ehemalige **Gerichtshaus** aus dem 14. Jahrhundert, das allerdings immer wieder umgebaut wurde und sich deshalb heute neogotisch zeigt.

Echternach selbst ist längst ein Hort der Kunst und Kultur, die das Jahr über ein großes Angebot an Konzerten am Leben hält. Immer einen Besuch wert ist auch die **Peter-und-Paul-Kirche** mit ihren merowingischen, romanischen und gotischen Stilelementen, in deren Inneren sich ein römischer Brunnen findet.

Basilika Sankt Willibrord

Ziel fast aller Besucher ist die mächtige romanische Basilika, die ein Großbrand im Jahr 1031 und der Zweite Weltkrieg weitgehend zerstörten. In den 1950er Jahren wurde sie allerdings wieder aufgebaut. In ihrer Krypta befindet sich das **Grab des heiligen Willibrord**. Es ist der einzige Heilige, der in Luxemburg begra-

▲ Karte S. 193

ben ist. In einem Seitenschiff des Gotteshauses ist inzwischen die Geschichte der weltberühmten Echternacher Springprozession dokumentiert, die 2010 zum UNESCO-Weltkulturerbe erhoben wurde. Ein Dokumentarfilm zeigt die Prozession in Bild und Ton.

Ziel aller Wallfahrer am Pfingstdienstag ist traditionell die Basilika, wo der Reliquienschrein des heiligen Willibrord das Jahr über in einer Seitenkapelle ruht. Im Jahr 695 hatte ihn der Papst zum Bischof von Utrecht geweiht, drei Jahre später gründete Willibrord das Kloster in Echternach als Basisstation für seine Missionsreisen von Thüringen bis Dänemark. Schon bald nach seinem Tod anno 739 wurde sein Grab in Echternach zur Pilgeradresse. Im Lauf der Jahre schwoll der Strom der Wallfahrer schließlich so an, dass man die Klosterkirche mehrmals erweitern musste. Nach der Aufhebung der Abtei infolge der Französischen Revolution, als Plünderer Willibrords Knochen in den Dreck geworfen hatten, fand sein Sarkophag vorübergehend woanders Aufstellung, kehrte 1906 aber in die Abteikirche Echternachs zurück.

Echternacher Springprozession

Die weltbekannte Prozession mit meist über 10 000 Teilnehmern findet jährlich am Dienstag nach Pfingsten statt und wurde durch ihren eigenwilligen Sprungstil bekannt: drei Schritte vor und zwei zurück. Diese Schrittfolge wurde immer wieder beschrieben, hat es so aber vermutlich nie gegeben. Vielleicht, erklärt man sich in Echternach das Missverständnis, geriet die Prozession früher hin und wieder ins Stocken. Dann sprangen die Pilger auf der Stelle oder gar zurück, so dass der Eindruck entstand, es würde systematisch zurückgesprungen. Allerdings gab es auch immer wieder Gruppen, die sich der vermeintlichen Tradition verpflichtet fühlten und vorwärts und rückwärts sprangen.

Seit 1947 jedenfalls geht es nur noch nach vorn, einen Schritt seitlich nach links, einen seitlich nach rechts, gut 1,2 Kilometer kreuz und quer durch Echternach, vorbei am dichten Spalier der Neugierigen. Mitmachen kann jeder, Treffpunkt ist der Hof der Abtei.

1497 fanden erstmals springende Pilger in einer Chronik Erwähnung. Doch es währte Jahrhunderte, ehe ihr Sprungstil zum Markenzeichen wurde. Eröffnet wird die Prozession traditionsgemäß von den sogenannten Sängern: von rund 1000 meist älteren Menschen, denen das Springen zu mühsam ist. Hinter ihnen kommen noch einmal so viele Beter. Hinter dem Reliquiar des Heiligen folgen schließlich die Springer, von denen viele noch immer mit einem echten Anliegen kommen. »Als meine Mutter schwer krank war,« erzählt ein Mann, »habe ich mir vorgenommen, nach Echternach zu

Die Basilika von Echternach

Echternacher Springprozession um 1900

pilgern, um für sie zu beten. Als ich zurückkam, war sie gesund.« Kleine, weiße Tücher halten die Pilger beim Zug durch die Straßen zusammen. Nähe zum Nachbarn schafft das, aber auch die Distanz, die man zum Springen braucht. Schließlich will niemand dem anderen auf die Füße treten. Früher, heißt es in Echternach, hatten viele einen Schirm dabei, um Abstand zu schaffen. Heute haben sich die zusammengeknoteten Tücher durchgesetzt, die fast alle Springer in den Händen halten.

Manche wollen die Prozession auf mittelalterliche Veitstänze zurückführen, auf Gelübde zum Dank für die Befreiung von Viehseuchen oder Krankheiten. Und noch immer erzählt man auch gern die Geschichte, Willibrord selbst hätte allzu übermütigen Christen, die statt zu beten in der Kirche getanzt hätten, die Springprozession als Buße verordnet. Wahrscheinlicher freilich ist, dass die Prozession auf mittelalterliche Zehntabgaben zurückgeht. Denn schon im Mittelalter waren über 150 Ortschaften in der Großregion verpflichtet, zu Pfingsten den Echternacher Kirchenfürsten ihren Zehnt abzuliefern.

Echternach

Echternach Tourist Office, 9–10, Parvis de la Basilique, L-6486 Echternach, Tel. +352/720230; Mo/Di 13.30–17, Mi–So 9–12 und 13.30–17 Uhr. www.visitechternach.lu

Johannishof, Trierer Str. 24, D-54308 Langsur, Tel. +49/6501/923390; DZ ab 84 Euro. Hotel und Restaurant mit gutbürgerlicher Küche zwischen Wasserbillig und Echternach auf der deutschen Seite der Sauer. www.johannishof.eu

Jugendherberge Echternach, 100, rue Grégoire Schouppe, L-6479 Echternach, Tel. +352/262766400; 118 Betten in 29 Zimmern. Mit Restaurant, Bar und Fahrradverleih sowie einer Sporthalle samt Kletterwand. www.youthhostels.lu/echternach

Camping Officiel Wollefsschlucht, 17, route de Diekirch, L-6430 Echternach, Tel. +352/720272. Zelt- und Wohnwagenstellplatz in naturnaher Umgebung an der Sauer, ideal für Kanufahrer. Mit Schwimmbad und Supermarkt. www.visitechternach.lu

Abteimuseum Echternach, 11, Parvis de la Basilique, L-6486 Echternach, Tel. +352/727472; Palmsonntag–1. Nov. tgl. 10–12 und 14–17 Uhr (Juli/Aug. durchgehend). https://abteimuseum.org

Römervilla Echternach, 47a, rue des Romains, L-6486 Echternach, Tel. +352/479330214; April–Sept. Di–So 10–12 und 13–17 Uhr. www.mnaha.lu

Mullerthal-Trail: Mehr als 100 Kilometer ausgewiesene Premiumwanderungen. www.mullerthal-trail.lu

▶ Karte S. 193

Trierer Land

Schon früh war diese Region stark besiedelt. Davon zeugen zahlreiche Denkmäler und Baureste – allen voran das neben dem Mainzer Drususstein größte römische Grabmal nördlich der Alpen: die **Igeler Säule**.

Ebenfalls in Igel, mitten in den Weinbergen, steht eine weitere römische Grabstätte, das **Grutenhäuschen**. Sein Name verweist auf die in einer Art Grotte abgestellten Sarkophage. Errichtet wurde die Grabanlage wohl im 3. oder 4. Jahrhundert.

Anfang des Jahrtausends wurde die verfallene Grabanlage – sie besteht aus einer kellerartigen Grabkammer und einem von Säulen gefassten Tempelchen – von Archäologen rekonstruiert. In dem einstigen Totentempel kann man heute übrigens heiraten. Das Grutenhäuschen kann jederzeit besichtigt werden.

i

Vorwahl: +49/(0)6501

Deutsch-luxemburgische Touristeninformation, Moselstr. 1, D-54308 Langsur-Wasserbilligerbrück, Tel. +49/6501/602666; April–Okt. Mo–Fr 9–17, Sa 10–14 Uhr, Mitte Nov.–März Mo–Fr 11–16 Uhr. Touristeninformationsstelle mit Radverleih.
www.lux-trier.info

Das Grutenhäuschen, einstige römische Grabstätte

Die Igeler Säule

Johann Wolfgang von Goethe beeindruckte das Grabmal im Dörfchen Igel ebenso wie den späteren Preußenkönig Friedrich Wilhelm IV., den französischen Schriftsteller Victor Hugo und den genialen Baumeister Friedrich Schinkel. Sie alle faszinierte das Monument, das eine römische Tuchhändlerfamilie namens Secundinier Mitte des 3. Jahrhunderts vor den Toren Triers aufgestellt hatte, wie alle Grabmäler damals direkt neben der Hauptstraße, wo es für jeden sichtbar aus dem Leben des Verstorbenen erzählte. Die meisten Bilder nämlich, auch wenn sie inzwischen stark verwittert und meist nur noch schwer zu erkennen sind, zeigen die Arbeit der Tuchhändlerdynastie Secundinier.

Auf dem Sockel der Denkmalsüdseite ist ihr Laden zu sehen: mehr als ein Dutzend Menschen, die sich um die beiden Ladentische drängen und die Stoffe begutachten. Die Wolle für ihre Ware, so nimmt man an, bezogen die Secundinier von den Pächtern ihrer großen Ländereien, wo in ihrem Auftrag Schafe gehalten wurden. Vom Versand ihrer Stoffe berichtet an gleicher Stelle ein Bild auf der Nordseite der Säule. Der Sockel auf der Westseite schließlich zeigt ein mit Stoffen beladenes Pferdefuhrwerk. Ganz unten auf der Nordseite ist zudem ein weiterer Stofftransport zu sehen, der per Schiff getreidelt, also von kräftigen Männern an Land durchs Wasser gezogen wurde. Auf dem Fries an der Südseite präsentiert sich die Familie beim Essen. Ihren Status symbolisieren sie mit einem großen Sofa, das sich damals nur die Reichsten leisten konnten. Bedienstete servieren Getränke – vermutlich Wein, den man damals gern mit Honig und Kräutern versetzte. Rechts zeigt ein Schnappschuss aus der Küche das Personal beim Abwasch. Noch mehr Einblick in die Küche gewährt der

Die Igeler Säule erzählt die Geschichte der Familie Secundinier

Fries auf der Ostseite, wo gleich eine Handvoll Sklaven kocht, Geschirr spült und trocknet.

Ganz dem Zeitgeist entsprachen die mythologischen Szenen zwischen den realen Lebensbildern. Sie zeigen Hylas, den Freund des Herkules, der als Jüngling von Wassergeistern gepackt und in die Tiefe gezogen wurde. Oder Achilles, der eigentlich als unverwundbar galt, eine Göttin zur Mutter hatte und dennoch sterben musste, weil ein Pfeil seine einzig verwundbare Stelle, die Ferse, traf. All diese Heroen sollten die Familie über den frühen Tod eines ihrer Mitglieder trösten.

▶ Karte S. 193

Die Trauernden zeigt das zentrale Bild auf der Südseite, auf dem die beiden älteren vom jüngeren Familienmitglied Abschied nehmen. Es ist dieses Trio, dem die Igeler Säule höchst wahrscheinlich verdankt, dass sie noch heute dort steht. Nach Untergang des Römischen Reiches nämlich wertete man das monumentale Grabmal vor den Toren Triers als Darstellung der Hochzeit der heiligen Helena, der Mutter Kaiser Konstantins. Keiner der ersten christlichen Bilderdeuter dachte deshalb daran, das Monument abzureißen. Erst im 16. Jahrhundert erkannte die Wissenschaft, dass es sich bei der Igeler Säule um das Grabdenkmal einer römischen Familie handelt. Besonderen Gefallen fand schließlich Johann Wolfgang von Goethe an der Sandsteinsäule, die 1765 erstmals baulich gesichert worden war. »Man hatte diesen ganzen Spitzbau aus tüchtigen Sandquadern roh übereinander getürmt und alsdann wie aus einem Felsen die architektonisch plastischen Gebilde herausgehauen. Die so manchem Jahrhunderte widerstehende Dauer dieses Monuments mag sich wohl aus einer so gründlichen Anlage herschreiben«, befand er nach der ersten Inspizierung der Säule im August 1792. Nachdem er sie im Oktober noch einmal im Sonnenlicht gesehen und gezeichnet hatte, schwärmte er vom »antiken Sinn«, der über dem ganzen Denkmal walte. »Vielleicht war die Macht des Altertums nie so gefühlt worden als an diesem Kontrast: ein Monument, zwar auch kriegerischer Zeiten, aber doch glücklicher, siegreicher Tage und eines dauernden Wohlbefindens rühriger Menschen in dieser Gegend«. Weil Goethe auf der Säule »die glücklichsten Familienverhältnisse, übereindenkende und wirkende Verwandte, redliches genußreiches Zusammenleben darstellend« erkennen wollte, empfahl er, die Säule künstlerisch zu kopieren. Ein Wunsch, den ihm die Sayner Hütte in Bendorf, spezialisiert auf Nachbildungen antiker Modelle im Kunstgussverfahren, 1829 erfüllte. Einer ihrer ersten Bronzeabgüsse ging so an Goethe nach Weimar, der den Abguss als »ungemein reinlich, und ohne sichtbare Spuren späterer Nachhilfe« lobte.

Im frühen 20. Jahrhundert folgte schließlich ein Kunststeinabguss der originalen Säule, deren Zustand sich erheblich verschlechtert hatte. Heute steht er im Innenhof des Trierer Landesmuseums, wo die Bilderzählung besser zu erkennen ist als am Original in Igel. 1993 wurde sie nach Farbspuren, die man dort gefunden hatte, koloriert. Zum UNESCO-Weltkulturerbe aber gehört nur die Säule in Igels Trierer Straße. Stark verwittert und nur schwer noch als Vogel zu erkennen sitzt ein Adler mit ausgebreiteten Flügeln auf ihrer Spitze – der Vogel, der dem Dorf Igel seinen Namen gab.

Wasserliesch

Igel gegenüber liegt die Gemeinde Wasserliesch mit ihrer schönen neobarocken **Pfarrkirche**. Ihr Prunkstück ist ein Rokokoaltar aus der ersten Hälfte des 18. Jahrhunderts. Über dem Tabernakel prangt eine Nachbildung des Gnadenbildes Mariahilf, das Lucas Cranach der Ältere 1537 geschaffen hatte und das seitdem zu den am häufigsten kopierten Marienbildern gehört.

Die meisten Besucher aber kommen zum Wandern nach Wasserliesch. Schließlich liegt mit dem 22 Hektar großen **Perfeist** ein weit über die Region hinaus bekanntes Naturschutzgebiet in der Gemarkung. Zwei Wanderrouten führen auf jeweils sechs Kilometer langen Rundwegen mit einem Höhenunterschied von 200 Metern durch das Gebiet, das ansonsten nicht betreten werden darf. Für Orchi-

Kopie des Cranach-Bildes am Altar der Pfarrkirche in Wasserliesch

deenfreunde ist es ein Paradies, wachsen hier doch verschiedene Knabenkräuter, Ohnhorn, Gewöhnliche Kuhschelle, Herbstzeitlose, Blauer Enzian, Kornelkirsche und Echte Schlüsselblume. Auf dem Liescher Berg findet sich die **Löschemer Kapelle**, ein rund 300 Jahre altes Kulturdenkmal, das eindrucksvolle Panoramablicke über das Mosel- und Saartal eröffnet. Als Marienwallfahrtsort ist die Kapelle über einer steilen Felswand noch immer viel besucht.

Konz

Zu Füßen des Liescher Berges begegnet die Mosel der Saar. Konz heißt der Ort an der Mündung, der erst 1959 zur Stadt erhoben wurde. An das römische Contionacum erinnern heute noch Reste einer **Kaiservilla** aus der Mitte des 4. Jahrhunderts. Der Prachtbau mit mindestens 30 Räumen lag auf einer Anhöhe mit schönem Blick ins Tal und die Saarmündung. Heute ist davon allerdings nicht mehr viel übrig. Bögen aus Stahl verdeutlichen vor der modernen Pfarrkirche **St. Nikolaus** (Martinstraße 22) ihre einstige Größe. Reste der antiken Heizungsanlage finden sich in der Krypta des Gotteshauses.

Ebenfalls an die Römerzeit erinnert im Ortsteil **Tawern** eine **römische Tempelanlage** aus dem frühen 1. Jahrhundert. Sie war dem Gott Merkur geweiht und bestand ursprünglich aus mehreren Kultbauten verschiedener Epochen, von denen man zwei auf den alten Grundmauern rekonstruierte. Die Anlage selbst, wo man den Göttern nach einer gelungenen Fernreise dankte, wurde wahrscheinlich im Rahmen der Christianisierung Ende des 4. Jahrhunderts zerstört. Die bei der Ausgrabung der Anlage in den 1980er Jahren gefundenen Opfergaben sind heute im Rheinischen Landesmuseum in Trier zu sehen.

Oberhalb von Konz liegt das **Volkskunde- und Freilichtmuseum Roscheider Hof**, mit 22 Hektar Freigelände eines der größten deutschen Volkskundemuseen. Zahlreiche alte Häuser aus Hunsrück und Eifel sowie der Moselregion haben hier einen neuen Platz gefunden. In vielen der Bauten wird altes Handwerk dokumentiert – an Feiertagen, Wochenenden und im Rahmen von Ausstellungen auch gern live. Kern der Anlage ist ein mittelalterlicher Klosterhof. Aber auch eine Schule, ein Tante-Emma-Laden und eine kleine Kapelle gehören inzwischen zum Museum, ebenso wie sehenswerte Spielzeug- und Zinnfigurenausstellungen. Nicht zu übersehen ist das ehemalige **Kartäuserkloster** im nach ihm benannten Stadtteil **Karthaus**. Das Kloster aus dem frühen 18. Jahrhundert dient heute als Bürgerhaus und soll in den nächsten Jahren gründlich erneuert werden.

▸ Karte S. 193

Konz

Vorwahl: +49/(0)6501
PLZ: D-54329
Touristinfo Konz, Saarstr. 1, Tel. +49/6501/6018040; Mai–Okt. Mo–Fr 9–17, Sa 10–14, Nov.–März Mo–Fr 9–16, April Mo–Fr 9–17 Uhr. www.saar-obermosel.de

Weingut & Gästehaus Giwer-Greif, Neudorfstr. 24, 54332 Wasserliesch, Tel. +49/6501/180522; DZ ab 130 Euro. Ferienwohnungen und Ferienhäuser. www.giwer-greif.de

Campingplatz Igel, Moselstraße, Tel. +49/6501/12944. An der Mosel gelegener Platz für Camper und Zelter samt Anlegestelle für Kanufahrer und Slipanlage für Bootseigner. www.camping-igel.com

Hygge, Im Sonnenschein 15, Tel. +49/6501/946169. Empfehlenswerte Frischeküche, zu der auch Flammkuchen und selbst gebackene Baguettes gehören. https://restaurant-hygge.de

Volkskunde- und Freilichtmuseum Roscheider Hof, Roscheiderhof 1, 54329 Konz, Tel. +49/6501/92710; Mo–So 10–18 (Kassenschluss 17) Uhr, Ende Dez. und Jan. geschlossen. www.roscheiderhof.de
Westwallmuseum Konz Villa Gartenlaube, Granastr. 25, Tel. +49/1788817014; März–Okt. jeden 2.und 4. So 14–18 Uhr. 1937 gebauter Bunker, der noch gut erhalten ist. Eintritt frei! www.westwallmuseum-konz.de
Tempelbezirk Tawern. Frei zugängliche Tempelanlage am Fuß des Metzenberges. Er ist via Bachstraße aus Tawern nur zu Fuß erreichbar. www.roemisches-tawern.de

Bike-Passion, Konstantinstr. 1, 54329 Konz, Tel. +49/6501/1212196; Di–Fr 10–18, Sa 10–14 Uhr. Verleih von Fahrrädern und Service. www.bike-passion.de
Saar-Pedal; 3. Sonntag im Mai. Autofreier Erlebnistag im Saartal zwischen Konz und Merzig.

Römische Tempelanlage in Tawern

Abstecher an die Saar

In Konz mündet die Saar in die Mosel. Es ist ihr längster Nebenfluss, den schon der römische Dichter Ausonius in seinem Loblied auf die »Mosella« erwähnte. Und wie die Mosel muss auch die Saar sich die letzten Kilometer auf ihrem langen Weg aus den Vogesen durch das Rheinische Schiefergebirge zwängen. Gleich zu Anfang zwingt dies die Saar bei **Mettlach** zu einer großen Schleife. Den besten Blick darauf hat man von einem Aussichtspunkt, der als **Cloef** bekannt ist. Dort liegt einem die Saar buchstäblich zu Füßen. Wer gut zu Fuß ist und Spaß hat, die Natur zu durchwandern, startet in Mettlach seinen Weg zum Aussichtspunkt. Dort hat der bekannteste deutsche Keramikhersteller Villeroy & Boch seinen Firmensitz. In der **Keravision**, einem Erlebnismuseum, lässt er die mehr als zweieinhalb Jahrhunderte alte Firmengeschichte Revue passieren. Ein historischer Milchladen dient dem Museumscafé als Kulisse. Und natürlich gibt es auch ein **Factory Outlet**, in dem die Keramikprodukte des Unternehmens zum Verkauf stehen, manchmal mit kräftigen Rabatten. Und weil das Outlet so bekannt ist, haben gleich mehrere andere Markenartikler wie Bassetti oder WMF in der Nähe Outlets errichtet.

Der kürzeste Weg zum Panoramablick über die Saarschleife aber führt vom **Besucherzentrum Cloef-Atrium** fast ebenerdig zum Aussichtspunkt. Abenteuerlustige nehmen den Weg über einen **Baumwipfelpfad**, einem mehr als einen Kilometer langen und haushohen Holzsteg in Wipfelhöhe. Er endet in einem 42 Meter hohen Turm, der einen einmaligen Blick auf die Saarschleife bietet, 180 Meter über dem Fluss.

Touristisch weniger überlaufen ist saarabwärts die **Kleine Saarschleife** bei **Hamm**, einem Ortsteil von Taben-Rodt. An der Landstraße von Serrig zur Bundesstraße 268 gibt es den passenden Aussichtspunkt mit Panoramasicht.

Für Geschichtsinteressierte ist die **Klause von Kastel-Staadt** bei Serrig einen Halt wert. Sie liegt auf der Spitze eines vor-

Saarschleife bei Mettlach

▲ Karte S. 193

springenden Sandsteinfelsens, der schon Römern und Kelten als Kultort diente. Heute steht dort eine sehenswerte **Grabkapelle**, die ein Pilgerpfad mit der Pfarrkirche in Kastel verband, in der die heilige Helena, die Mutter des Kaisers Konstantin, besondere Verehrung fand. Errichtet wurde die Kapelle im frühen 17. Jahrhundert von einem franziskanischen Einsiedler. Nachdem die Anlage aber knapp 200 Jahre später verfallen war, schenkte man ihre Ruinen 1833 dem preußischen Kronprinzen und späteren König Friedrich Wilhelm IV. Der wiederum ließ an diesem romantischen Ort eine Grabkapelle für den 1346 in der Schlacht bei Crécy gefallenen König Johann von Böhmen bauen. Der war einer seiner Vorfahren und für Friedrich Wilhelm der Inbegriff ritterlicher Tapferkeit. Kein anderer als der berühmte preußische Architekt Karl Friedrich Schinkel fertigte die Entwürfe für die Kapelle. Zwar ruhen die Gebeine des böhmischen Königs längst in der Kathedrale in Luxemburg, der Sarkophag aus schwarzem Marmor samt Bronzelöwen auf der Deckelplatte aber steht noch immer hoch über der Saar in einer Kapelle, die jene Romantik verkörpert, die Deutschland Mitte des 19. Jahrhunderts prägte.

Saarburg

Auf dem Weg zur Mosel passiert die Saar schließlich Saarburg, eine Kleinstadt mit Bilderbuchpanoramen. Die verdankt sie dem dort mündenden Leukbach. Er garantiert ihr nicht nur einen haushohen Wasserfall inmitten der Altstadt, sondern auch einige Mühlen, die heute als Museum genutzt werden. Der **Mühlenkomplex** umfasst drei hintereinander gestaffelte Mühlen, deren Räder sich auch heute noch unterhalb des Wasserfalls drehen. Bis zum Jahre 1974 wurde hier Getreide gemahlen. Im Keller der Mühle sind die vielen Zahnräder zu besichtigen, die durch einen Lederriemen mit dem Mahlstuhl im oberen Geschoss verbunden waren.

Wasserfall und Mühlen in Saarburg

Saarburgs **Wasserfall** ist angeblich der einzige in Europa, der direkt in einer Stadt mitten zwischen Häusern liegt. Einst führte der ihn heute speisende Bach um Saarburg herum. Im 13. Jahrhundert aber wurde er durch den Ort geleitet, um im Fall des Falles genügend Löschwasser zu haben. Heute sorgt er vor allem im Sommer für mediterranes Flair, weshalb die Einheimischen die Gegend um den Wasserfall herum mit ihren vielen Cafés und Gaststätten manchmal auch »Klein-Venedig« nennen.

Zu den Sehenswürdigkeiten der Stadt gehört unter anderem auch die über der Stadt thronende **Saarburg**, die schon Ende des 1. Jahrtausends urkundlich erwähnt wurde. Sie gilt als eine der ältesten Höhenburgen im Südwesten Deutschlands. Von mehreren Aussichtsplateaus und von einem ihrer Türme genießt man einmalige Aussichten ins Saartal.

Blick auf Saarburg

Eine Sesselbahn führt auf den **Warsberg,** den Hausberg der Saarburger. Die 700 Meter lange Fahrt führt von der Talstation durch einen kleinen Tannenwald zur Bergstation. Von dort führen schöne Wege wieder talwärts - einer zu einem **Greifvogelpark**, in dem Adler, Falke und Bussard ihr Können zeigen. Von der Bergstation führt auch eine **Sommerrodelbahn** kurvenreich zu Tal.

Von Saarburg saarabwärts auf dem Weg zur Mündung liegt **Kanzem**, bis 1794 eine luxemburgische Enklave im Kurtrierer Territorium. Enge Gassen und alte Häuser prägen den Weinort, der ebenfalls über eine schöne Saarschleife verfügt. Sie wird gern von Wassersportlern genutzt, weil die kanalisierte Saar mittels eines Stichkanals am Dorf vorbeigeführt wird.

Abstecher an die Saar

Vorwahlen: Mettlach-Orscholz +49/(0)6865, Saarburg: +49/(0)6581

PLZ: Mettlach-Orscholz D-66693, Saarburg D-54439

Touristinformation Cloef-Atrium, Mettlach-Orscholz, Tel. +49/6865/91150; April–Sept. tgl. 10–17, Nov.–März 11–16 Uhr. www.mettlach-saarschleifenland.de

Tourist-Information Saarburg, Graf-Siegfried-Str. 32, Tel. +49/6581/995980; April–Okt. Mo–Fr 9–17 (Mai–Okt. auch Sa 10–14 Uhr), Nov.–März Mo–Fr 9–16 Uhr. www.saar-obermosel.de

Im Sommer (Ostern–Anfang Okt.) verkehrt in Saarburg ein **Stadtbähnchen** zu den wichtigsten Sehenswürdigkeiten. Start ist am Wasserfall.www.saartalbahn.de

Saarburger Sesselbahn, Talstation: Im Erdenbach 43, Tel. +49/6581/995218; Karwoche–Okt. Di–So 10–17.45 Uhr (Juli und Aug. auch Mo). www.saarburger-sesselbahn.eu

Buchnas Landhotel Saarschleife, Cloefstr. 44, Mettlach-Orscholz, Tel. +49/6865/1790; DZ ab 123 Euro. Schön gelegenes und familiengeführtes Hotel unweit der Saarschleife mit guter Dorf- und Landküche. www.hotel-saarschleife.de

Saarschleifenlodge, Steinbach 2, 66693 Dreisbach, Tel. +496868/1809911; Übernachtung ab 75 Euro. Ökolodge mit Suiten, Tiny Houses und Baumwipfelhäusern am Saarufer. www.saarschleifenlodge.eu

Hotelrestaurant Zunftstube, Am Markt 11, Saarburg, Tel. +49/6581/91870; DZ

▶ Karte S. 193

ab 114 Euro. Am Leukbach, im Restaurant gibt es deutsche Küche mit großem Fisch- und Fleischangebot. www.restaurant-zunftstube.de

Mettlach Outlet Center, Freiherr-vom-Stein-Straße, Mettlach, Tel. +49/6864/2031; Mo–Fr 9.30–19, Sa 9.30–18 Uhr. Die Stores finden sich rund um den Marktplatz. www.villeroy-boch.de

Forellengut Rosengarten, Untere Neumühle 48–57, 5441 Trassem, Tel. +49/6581/91990. Nachhaltige Fischzucht und Flussfischerei an Mosel und Saar. Im Angebot sind Forellen aller Art, Barsch, Saibling, Karpfen, Aal und Zander, alles frisch oder geräuchert, dazu kommen Fischpasteten und -suppen. www.fisch-rosengarten.de

Landesdenkmal Klause Kastel-Staadt, König-Johann-Str. 66, 54441 Kastel-Staadt, Tel. +49/6581/995980; April–Okt. Mi–So 10–16 Uhr (Juli/Aug. bis 17 Uhr).

Mühlenmuseum, Staden 6, Saarburg, Tel. +49/6581/994642; Mai–Okt. Di–So. 14–17 Uhr. www.amueseum-saarburg.de/museum/mühlenmuseum

Kanu Saarfari, Hauptstraße 57a, 5441 Schoden, Tel. +49/152/34003462. Verleih von Kanus und SUP (Stand Up Paddling) Boards. Im Angebot sind auch geführte Kanutouren. www.kanusaarfari.de

Von der **Anlegestelle Mettlach** verkehren im Sommer zweimal wöchentlich Ausflugsschiffe nach Saarburg und umgekehrt. Außerdem gibt es eine 90-minütige Rundfahrt zur Saarschleife. www.saarflotte.de

Greifvogelpark Saarburg, Am Engelbach 1, Saarburg, Tel. +49/6581/996094; März–Nov. tgl. 10–18 Uhr, Flugvorführungen tgl. um 11 und 15 Uhr. www.greifvogelpark-saarburg.de

Sommerrodelbahn Saar-Rodel, In den Urlaub 9, Saarburg, Tel. +49/6581/996670. Gut 500 m lange Bahn. www.sommerrodelbahn-saarburg.de

Restaurants am Saarburger Wasserfall

Trier

Die Mosel ist die populärste Urlaubsregion im deutschen Südwesten. Besuchsmagnet ist Trier, das in guten Jahren fast eine halbe Million Gäste zählt. Sie sorgen für knapp 850 000 Übernachtungen. Publikumsrenner sind neben den vielen steinernen Zeugen aus der Römerzeit – von der Porta Nigra bis zu den Thermen – vor allem die Kirchen und das Karl-Marx-Museum, das die Erinnerung an den bekanntesten Sohn der Stadt wachhält.

Trier liegt eingebettet zwischen Hunsrück und Eifel. Obwohl die Stadt im Zweiten Weltkrieg mehr als ein Drittel ihrer Einwohner verlor, ist sie heute mit knapp 113 000 Einwohnern wieder eine Großstadt. Fast jeder fünfte studiert an der Trierer Universität, was der ältesten deutschen Stadt ein Stück jugendlichen Charme und viel Flair verleiht. Den hatten einst auch die Römer mitgebracht, die dort in den ersten Jahrhunderten nach Christi Geburt eine ihrer mächtigsten Städte nördlich der Alpen errichteten. Stattliche Bauten wie die Porta Nigra, die Kaiserthermen, die Römerbrücke oder das Amphitheater zeugen bis heute von dieser Glanzzeit. Zusammen mit dem Dom, den Barbarathermen und der Liebfrauenkirche gehören sie zu den Weltkulturerbestätten der UNESCO.

Von der Ära, als in Trier die Regierung des Weströmischen Reiches ihren Sitz hatte oder als »heilige Stadt« die Politik im Mittelalter mitbestimmte, aber kann man heute in der Westecke der Bundesrepublik nur träumen. Auch wenn die amtierende rheinland-pfälzische Ministerpräsidentin Malu Dreyer in der Moselmetropole wohnt, zum Regieren muss sie noch immer an den Rhein.Europäisch betrachtet aber ist diese Randlage gar kein Nachteil, liegt doch Trier näher an Paris, Brüssel, Amsterdam, Genf oder Zürich, ja sogar in London ist man mit dem

In den Kaiserthermen ließen sich die Römer verwöhnen

▲ Karte: hintere Umschlagklappe

Auto von der Mosel manchmal schneller als in der Bundeshauptstadt. Touristisch jedenfalls ist nicht nur die Lage ein Pluspunkt, sondern auch die Kompaktheit der Innenstadt. Von der einen zur anderen Sehenswürdigkeit ist es meist nicht sehr weit, manchmal sind es nur ein paar Schritte um die nächste Ecke.

Geschichte

Triers Name geht auf den keltischen Stamm der Treverer zurück, die in der Gegend zuhause waren. Julius Cäsar hatte sie Mitte des ersten vorchristlichen Jahrhunderts erstmals besiegt. Um sie auf Dauer in Schach zu halten, errichteten die Römer schließlich ein Militärlager auf dem Petrisberg, dessen Überreste als frühestes Zeugnis ihrer Präsenz im heutigen Stadtgebiet gelten. Deshalb nennt sich Trier heute stolz älteste Stadt Deutschlands.

Ein gutes Jahrzehnt später schlugen die Römer eine erste hölzerne Brücke über die Mosel, die zur Keimzelle einer größeren Siedlung am rechten Ufer wurde. Augusta Treverorum (Augustusstadt der Treverer) wurde sie benannt. Das lässt vermuten, dass sie Kaiser Augustus, der sich von 16 bis 13 vor Christus in Gallien aufhielt, selbst gründete.

Im 1. und 2. Jahrhundert nach Christus wuchs die Stadt rasch, in der sich neben den Römern auch die Treverer einlebten, die sich nach einem blutig niedergeschlagenen Aufstand im Jahr 70 nach Christus endgültig in die neuen Machtstrukturen einfügten und zur Grundlage einer neuen gallo-römisch genannten Kultur wurden. Im Jahr 144 erhielt Trier eine neue Moselbrücke, diesmal aus Steinen, die dafür sorgten, dass die Brücke noch heute existiert. Schließlich sicherte man die Stadt mit einer sechs Meter hohen Mauer und Toren, deren nördliches, die Porta Nigra, ebenfalls noch steht.

Fast 2000 Jahre alt: die Römerbrücke

Trotzdem vermochte auch die mächtige Mauer nicht, Franken und Alemannen von einem Angriff auf die Stadt abzuhalten, die sie im 3. Jahrhundert großteils zerstörten.

Doch nachdem die Römer die Angreifer vertrieben hatten, bauten sie die Stadt neu auf. In kurzer Zeit entwickelte sie sich so zur römischen Weltmetropole, von der aus man ein Gebiet von Schottland bis Marokko kontrollierte. Zu verdanken war dieser Aufschwung vor allem Konstantin dem Großen, dessen Vater schon in der weströmischen Hauptstadt Augusta Treverorum regiert hatte. In Konstantins Amtszeit entstanden mächtige Regierungsbauten wie die Konstantin-Basilika, die Kaiserthermen und Teile des Doms. Zudem verhalf er der katholischen Kirche in Deutschland auf die Beine, war er doch der erste römische Kaiser, der sich zum Christentum bekannte – auch wenn er sich erst auf dem Sterbebett taufen ließ. Schließlich

Kopie des Marktkreuzes am Hauptmarkt

erklärte er gar den Sonntag zum arbeitsfreien Tag, von dem wir bis heute profitieren. Mit dem Ende des Römerreiches aber war die Blüte der Stadt zu Ende. Mitte des ersten Jahrtausends übernahmen die Franken die Macht, die bei der Teilung ihres Reiches im 9. Jahrhundert die Stadt erst Lotharingien, dann dem Ostfränkischen und schließlich dem Heiligen Römischen Reich zuschlugen. Wie aus dem Nichts tauchten im Jahr 882 die Wikinger an der Mosel auf und legten die Stadt über Ostern in Schutt und Asche.

Civitas sancta, die heilige Stadt

Doch der Spuk war bald vergessen – auch dank der Trierer Erzbischöfe, die gute Beziehungen zu den Ottonen hatten. 958 stellte man das heutige Marktkreuz auf, das seitdem das Marktrecht der Stadt symbolisiert. Trier reifte im Hochmittelalter zur Civitas sancta, zur heiligen Stadt, mit zahllosen Kirchen, Kapellen und Klöstern. Zudem entstand ein eigenes Judenviertel samt Synagoge und Ritualbad.

▸ Karte: hintere Umschlagklappe

Triers neue gesellschaftliche Stellung zeigte sich auch im Rang des Erzbischofs, der zu den sieben Kurfürsten gehörte, die den deutschen König wählten. Unmittelbar neben dem Dom entstand im 13. Jahrhundert die Liebfrauenkirche, einer der ersten gotischen Prachtbauten. Aus einem Kolleg, das anfangs nur Rechtsstreitigkeiten schlichtete, wurde ein Stadtrat, in dem die in Zünften organisierte, wachsende Handwerkerschaft ihren Einfluss geltend machte, allen voran Weber, Tuchmacher, Winzer und Gerber.

Das bürgerliche Selbstbewusstsein schlug sich in prächtigen Gebäuden wie der Steipe am Hauptmarkt nieder, der Gründung der Universität und der Organisation des einzigen Reichstages in der Stadt Anfang des 16. Jahrhunderts. An dessen Horizont aber zeichneten sich schon die Wirren der Reformation ab. Das Bollwerk Katholizismus, von dem Trier so profitiert hatte, geriet ins Wanken. 1522 tauchten die Truppen des Reichsritters Franz von Sickingen vor den Stadttoren auf, um den Protestantismus gewaltsam

Am Hauptmarkt

Dom und Liebfrauenkirche

in die Stadt zu tragen – allerdings vergeblich. Mit dem Dreißigjährigen Krieg aber bekam Trier die Glaubenskämpfe um so heftiger zu spüren. Notgedrungen flüchteten sich die Erzbischöfe und Kurfürsten immer häufiger in ihre Exile wie auf die Festung Ehrenbreitstein an der Moselmündung. Ende des 18. Jahrhunderts schlugen sie ihre Zelte schließlich ganz in Koblenz auf.

1794 besetzten französische Revolutionstruppen die Stadt. Napoleon bescherte der Stadt schließlich nicht nur zahlreiche Kirchenschließungen, sondern auch die Restaurierung der Porta Nigra. Bald darauf aber war die Franzosenzeit zu Ende, Trier wurde preußisch.

Schwere Schäden verursachten Erster und Zweiter Weltkrieg. Von rund 9000 Häusern überstanden nur gut 1400 unbeschadet die Flächenbombardements des Jahres 1944. Nach dem Zweiten Weltkrieg aber ging es relativ rasch wieder aufwärts. Städtebauliche Wunden wurden schnell versorgt, gerettet, was gerettet werden konnte. Vor allem die Wiederöffnung der 1798 von den französischen Besatzern geschlossenen Universität 1970 führte zu einer spürbaren Neubelebung der Stadt. Dazu trug vor allem eine fächerübergreifende, anwendungsbezogene und praxisorientierte Lehre und Forschung bei – und die internationale Vernetzung der Bildungseinrichtung. Als Teil einer »Universität der Großregion« haben Studierende und Forschende heute die Möglichkeit, gleichzeitig an mehreren Hochschulen zu studieren und zu forschen – etwa an den Universitäten in Metz und Nancy, Luxemburg, Lüttich, Saarbrücken und Kaiserslautern.

Sehenswürdigkeiten

■ Dom

Deutschlands älteste Bischofskirche vereint fast alle Epochen der europäischen Kunst- und Baugeschichte. Ihr Kern wurzelt in der Römerzeit. Nachdem Konstantin der Große anno 313 allen Bürgern Religionsfreiheit gewährt hatte, begann man mit dem Bau des Domes. Das passende Grundstück hatte Konstantins Mutter Helena dem Trierer Bischof Agritius gestiftet, der darauf eine erste Basilika errichten ließ, deren Reste heute unter der Dom-Information zu besichtigen sind.

Unter Bischof Maximin wurde die erste Basilika zu einer der größten Kirchenanlagen des 4. Jahrhunderts ausgebaut, dazu kam ein weiterer Neubau, dessen Außenmauern heute den Kern des Doms bilden. Mit der Wende vom ersten ins zweite Jahrtausend wurde die Domkirche einschließlich der Krypten und der Westfassade gründlichst erneuert. Danach wurde sie um einen spätromanischen Chor erweitert, die beiden schlanken Osttürme erhöht und der südliche Westturm aufgestockt. Viele Grabdenkmäler entstammen noch diesen Zeiten. Die nächsten großen Umbauarbeiten folgten nach Ende des Dreißigjährigen Krieges, in deren Folgen am Scheitel des Ostchors auch die sogenannte **Heiltumskammer** entstand. Sie ist heute Aufbewahrungsort der kostbarsten Domreliquie, dem **heiligen Rock**. Neue Altäre, ein schmiedeeisernes Chorgitter und eine Schwalbennestorgel brachte schließlich die Barockisierung des Domes im 18. Jahrhundert. Das Zweite Vatikanische Konzil inspirierte die Dombauherren letztlich zur letzten großen Domrenovierung in den 1960er und frühen 1970er Jahren, als das Innere völlig neu gestaltet und der Altarraum im Hinblick auf moderne liturgische Formen neu konzipiert wurde. Besonders sehenswert ist der **Domschatz**, zu dem wertvolle Reliquien wie der Zahn des heiligen Petrus, einer der vier Nägel, mit denen Christus ans Kreuz geschlagen wurde, und die Sandale des heiligen Andreas zählen. In Reliquiaren, also in kostbaren Werken der Handwerkskunst eingebunden, sind sie heute die Juwelen des Domschatzes. Hinzu kommen bedeutende Handschriften des Mittelalters wie der Simeonskodex oder das Perikopenbuch des Kuno von Falkenstein, bestickte liturgische Gewänder, ein mittelalterliches Rauchfass und Messkelche.

Zahlreiche Schätze birgt auch das **Museum am Dom**, in dem viele Zeugen aus den spätantiken Vorgängerbauten des heutigen Doms zu sehen sind. Prunkstück ist das Konstantinische Deckengemälde, dessen mehr als 30 000 Einzelteile unter dem Dom gefunden wurden und in jahrelanger Puzzlearbeit wieder zusammengesetzt wurden.

Im Hof zwischen Dom und Liebfrauenkirche liegt der sogenannte **Domstein**, eine meterlange schwer Granitsäule. Sie wurden 1614 bei Arbeiten unter dem Domfußboden entdeckt und gehörten zu den vier Säulen, die den ersten Dombau trugen. Jede der Säulen war etwa 12 Meter hoch und rund 65 Tonnen schwer. Beim Umbau der Urkirche zerbrachen die per Schiff aus der Odenwald-Region angelieferten Säulen und blieben im Boden liegen. Den Kindern erklärt man das ganze ein bisschen anders: Um die Säulen herbeizuschaffen, hätte der Architekt dem Teufel erzählt, er benötige sie zum Bau der weltgrößten Kneipe. Zuversichtlich schleppte Gottes Widersacher die Säulen bei. Als er aber merkte, dass sie für eine Kirche gedacht waren, schmiss er die letzte wütend auf den fast fertigen Dom, verfehlte aber sein Ziel, so dass die Säule bis heute vor dem Eingang liegt.

▲ Karte: hintere Umschlagklappe

Der Bischof und der Tod im Dom

Der heilige Rock

Der heilige Rock, aufbewahrt im Trierer Dom, zählt zu den kostbarsten Reliquien der Christenheit. Deshalb auch wird er nur in großen zeitlichen Abständen öffentlich ausgestellt. Allerdings ist seine Echtheit umstritten. Eine zuletzt durchgeführte wissenschaftliche Untersuchung des Textilstückes konnte weder Alter noch Herkunft genau bestimmen.

Wie das Grabtuch von Turin gibt auch Triers heiliger Rock weiterhin Rätsel auf. Das Gewand Jesu umgab schon in den Evangelien ein Geheimnis. So erwähnte der Apostel Johannes, sein Leibrock sei nach der Kreuzigung in vier Teile zerschnitten und an römische Soldaten verschenkt worden. Matthäus hingegen schrieb, sein Leibrock sei unzerteilt einem Soldaten zugelost worden. Angeblich soll die heilige Helena, die Mutter Kaiser Konstantins, die Reliquie bei ihrem Besuch im Heiligen Land entdeckt habe. So jedenfalls will es die Mitte des 12. Jahrhunderts entstandene Kaiserchronik wissen. Sie beschreibt in Reimen, wie Helena den heiligen Rock zusammen mit anderen Textilien an die Mosel schickte.

Urkundliche Erwähnung fand der heilige Rock jedenfalls erst 1196, als Triers Erzbischof den neuen Hochaltar des Domes weihte und die Reliquie darin einschloss. Einer der ersten, der ihn zu sehen bekam, war Kaiser Maximilian I., der 1512 im Rahmen des Reichstags in Trier weilte. Danach wollten ihn auch die Bürger in Augenschein nehmen, so dass man ihn im Sommer erstmals auch dem Volk zeigte. Mehr als 100 000 Menschen sollen ihn damals gesehen haben. Im folgenden Jahr errichtete man an der Westapsis des Domes eine Holztribüne, auf der man den Pilgern den heiligen Rock, aber auch den Petrusstab und andere Reliquien aus dem Trierer Domschatz zeigte.

Bis 1517 fanden so jährliche Wallfahrten zum heiligen Rock statt. Danach wurden die »Zeigungen« auf jedes siebte Jahr terminiert: 1524, 1531, 1538 und 1545, ehe Kriege und die heftige Kritik der Protestanten am Reliquienkult zur Einstellung der Wallfahrten zwangen. Im Rückblick auf die letzte Wallfahrt 1545 schimpfte Martin Luther über »die neue Bescheißerei zu Trier«. Von »Götzendienst« sprach der Genfer Reformator Johannes Calvin.

Zwischen 1628 und 1794 war die Reliquie aus Sicherheitsgründen die meiste Zeit auf der Koblenzer Festung Ehrenbreitstein untergebracht, wo man sie 1765 ausstellte. Triers letzter Kurfürst nahm die Reliquie schließlich mit ins Exil. Erst 1810 kehrte der heilige Rock wieder nach Trier zurück, wo man ihn nach seiner öffentlichen Präsentation in einer Art Tresor verschloss und im Hochaltar des Domes einmauerte.

1844 aber wurde er wieder gezeigt. Damals geriet die Wallfahrt zum heiligen Rock zum Event mit über einer Million Besucher. »Ein Zwergsack nahm die erforderlichen Lebensmittel auf, wie ehemals bei den alten Heeren, wo jeder für seinen Unterhalt selbst zu sorgen hatte«, beschrieb der katholische Publizist und gebürtige Koblenzer Joseph Görres damals seine Eindrücke von der Wallfahrt. »Die Frauen hatten teilweise ihre säugenden Kinder mit auf die Fahrt genommen; Erwachsene liefen nebenan, und die Ermüdeten wurden in Wagen aufgenommen, die in großer Zahl den Zügen folgten.« Nicht alle Pfarrer aber konnten diesem Treiben viel abgewinnen. Einer schrieb dem Trierer Bischof, die Wallfahrt sei eigentlich ein »Götzendienst« und die meisten Pilger nur einfache Leute, »aus den niedern Volksklassen, ohnehin in großer Armut, gedrückt, unwissend, stumpf, abergläubisch und zum Theil entartet.« Die Rüge an der Wallfahrt freilich brachte dem klerikalen Kritiker die Exkommunikation, den Ausschluss aus der Gemeinschaft der Gläubigen.

Triers Bischöfe jedenfalls ließen sich von solchen Urteilen nicht beirren. Für die Wallfahrt 1891, zu der fast zwei Millionen Pilger kamen, wurde gezielt auch im Ausland geworben. Schließlich machte die Eisenbahn jetzt auch längere Pilgerreisen möglich. Kaum kleiner war auch der Zulauf zu den nächsten Heilig-Rock-Wallfahrten 1933 und 1959. Unter dem Motto »Mit Jesus Christus auf dem Weg« kamen 1996 immerhin noch 700 000 Interessierte an die Mosel. 550 000 Wallfahrer waren es zuletzt 2012. Für diese Wallfahrt hatte man eigens darauf verzichtet, wie sonst üblich, den Papst um einen Ablass zu bitten. Evangelischen Christen sollte das die Teilnahme an der Heilig-Rock-Wallfahrt erleichtern, die man heute auch als ökumenisches Ereignis versteht.

Seit 1891 wird die Reliquie ungefaltet in einem neugotischen Schrein aufbewahrt, der seit den 1970er Jahren hinter einer Glasvitrine in der gewöhnlich verschlossenen barocken Heiltumskapelle steht. In festen zeitlichen Abständen wird der Schrein geöffnet, um den Zustand der Reliquie zu überprüfen. Nach Angaben von Fachleuten hat das Gewand inzwischen seine textile Oberfläche vollkommen verloren, als sein Kern lassen sich Wollfasern aus zerbröckelndem Filz ausmachen, deren genaues Alter nicht mehr zu bestimmen ist.

Ausstellung des heiligen Rocks 1996

Liebfrauenkirche

Im Schatten des Doms steht die Mitte des 13. Jahrhunderts erbaute Liebfrauenkirche, die eng mit dem Dom verbunden ist. Lange Zeit diente sie dem Domkapitel zum Lesen der täglichen Messe und als Grablege der Geistlichkeit, was im Lauf der Zeit zu einer Überfrachtung der Kirche mit Gräbern führte. Bis auf wenige wurden die meisten freilich im Gefolge der Französischen Revolution entfernt.

Die Liebfrauenkirche ist eine der ältesten rein gotischen Kirchen Deutschlands und gehört wie der Dom zum Weltkulturerbe. Baumeister aus der Champagne und der Île de France drückten ihr den Stempel auf. Allerdings ging den Bauherren zwischendurch das Geld aus, so dass man auswärts Spenden sammelte, um den Bau zu vollenden. Aus der Entstehungszeit des Gotteshaus Mitte des 13. Jahrhunderts stammt wahrscheinlich auch der reiche Figurenschmuck der **Westfassade**. Das Tympanon zeigt die Muttergottes mit dem Jesuskind in der Mitte. Auf der einen Seite huldigen ihr die Heiligen Drei Könige samt Hirten. Die andere Seite zeigt die Darstellung Jesu im Tempel und den Kindermord von Bethlehem, ein besonders im Mittelalter beliebtes Bildthema. Im Inneren sehenswert ist eine **holzgeschnitzte Madonna mit Kind** aus der Mitte des 14. Jahrhunderts.

Portal der Liebfrauenkirche

▲ Karte: hintere Umschlagklappe

Porta Nigra

Das Schwarze Tor (lateinisch: Porta Nigra) ist neben dem Dom das Wahrzeichen der Stadt und das angeblich am besten erhaltene römische Stadttor nördlich der Alpen. Inzwischen hat man seinen Baubeginn nach gründlichen dendrochronologischen Untersuchungen genau auf das Jahr 170 datieren können, so dass man nicht mehr wie früher spekulieren muss. Den Namen »Schwarzes Tor« erhielt das Bauwerk erst im Mittelalter, war das Stadttor doch anfangs aus hellem Sandstein, ehe Feuer und Verwüstungen die Mauern dunkeln ließen.

Rätselhaft ist noch immer, was der Bau eigentlich sollte: ob er nur als Stadttor dienen sollte – dann hätte man ihn nicht so aufwändig und groß bauen müssen – oder ob es ein repräsentativer Prachtbau werden sollte, der das Macht- und Selbstbewusstsein der Römer an der Mosel zeigen sollte. Insgesamt wurden für den Bau rund 7200 Steinquader verwendet, die größten bis zu sechs Tonnen schwer. Dass sich das Tor bis heute erhalten hat, liegt vor allem an einem aus Sizilien stammenden byzantinischen Mönch namens Simeon, der sich Anfang des 11. Jahrhunderts in dem Gebäude als Einsiedler niederließ. Er habe sich dort einmauern lassen, sagt man ihm nach. Nach seinem Tod im Jahr 1035 wurde er noch im gleichen Jahr heiliggesprochen. Zu seinen Ehren baute man das Tor an-

Die Porta Nigra, eines der Wahrzeichen Triers

schließend zu einer zweistöckigen Doppelkirche um, in deren unterem Teil der Heilige sein Grab fand. Da man für die Kirche aber nur einen Turm benötigte, wurde der zweite Turm der Porta Nigra damals abgerissen. Es war die bis heute einzig sichtbare und gründliche Veränderung des Originalbaus.

Anfang des 19. Jahrhunderts ließ Napoleon Bonaparte Kirche und Stift aufheben. Bei einem Besuch in Trier verfügte er im Oktober 1804 zudem den Rückbau der kirchlichen Bauten, so dass nach gründlicher Entkernung das römische Tor wieder zum Vorschein kam. Lediglich den unteren Teil der mittelalterlichen Apsis ließ man aus denkmalpflegerischen Gründen stehen.

Stadtmuseum Simeonstift

Neben der Porta Nigra steht das Simeonstift. Es resultierte aus dem Umbau des Stadttores zur Doppelkirche und sollte den Kanonikern des Stiftes ein Zuhause bieten. Wie die Kirche in der Porta Nigra wurde es ebenfalls zu napoleonischen Zeiten aufgehoben und privatisiert. Seit 1904 beherbergt es das **Stadtmuseum**, das die Geschichte Triers präsentiert – unter anderem mit einem großen Modell der Stadt um 1800. In der Dauerausstellung zu sehen sind Gemälde, mittelalterliche Skulpturen wie das originale Marktkreuz aus dem 11. Jahrhundert, Kunsthandwerk, aber auch koptische Textilien, Möbel und aus einer Privatsammlung stammende ostasiatische Kleinplastiken aus Elfenbein, Knochen oder Holz. Dazu kommen immer interessante Sonderausstellungen.

Hauptmarkt

Das Zentrum der Stadt zieren zahlreiche historische Bauten und eine **Kopie des Marktkreuzes**, das aus einer römischen Säule gefertigt wurde. Ab dem 13. Jahrhundert diente die auch als Pranger, was man noch heute an vier eingeschlagenen Löchern erkennen soll, an denen angeblich einmal Ketten mit Halseisen, Fußfesseln und Schandstein befestigt waren. Über einem Blattkapitell trägt das Marktkreuz in drei Metern Höhe die lateinische Inschrift »Henricus archiepiscopus Treverensis me erexit« (übersetzt: »Der Trierer Erzbischof Heinrich hat mich errichtet«) und auf der Vorderseite ein Abbild des Lamm Gottes. Nur ein paar Schritte weiter steht der Ende des 16. Jahrhunderts geschaffene **Petrusbrunnen**, den eine Figur des Stadtpatrons, des heiligen Petrus, krönt. Darunter zeigen sich die vier Kardinaltugenden: Gerechtigkeit, Klugheit, Mäßigung und Tapferkeit.

Zu den Prachtbauten aus allen Bauepochen, die den Hauptmarkt säumen, zählt die **Steipe**. Ihr Name resultiert aus den Stützen der Arkaden, die mundartlich Steipe genannt werden. Der im Zweiten Weltkrieg fast komplett zerstörte gotische Bau wurde in den späten 1960er Jahre wieder originalgetreu aufgebaut. Zwischen den Arkaden finden sich unter kleinen Dächern die Figuren der Apostel Jakobus, Petrus und Paulus sowie die heilige Helena, die Mutter Kaiser Konstantins. Auf der Höhe des ersten

Der Petrusbrunnen

▲ Karte: hintere Umschlagklappe

Die Konstantinbasilika

Stocks stehen außerdem zwei Ritter in Harnisch. Heute beherbergt die Steipe eine Gaststätte im Keller, ein Café im Erdgeschoss und in den oberen Geschossen ein **Spielzeugmuseum**.

Konstantinbasilika

Die Basilika ist der einstige Thronsaal Kaiser Konstantins und mit 67 Meter Länge und 33 Meter Höhe der größte erhaltene säulenlose Raum der Antike. Einst war er mit kostbarem Marmor, kunstvollen Mosaiken und Statuen ausgestattet und angenehm beheizt. Nach seiner teilweisen Zerstörung in der Völkerwanderungszeit diente er als Burganlage, ehe Triers Erzbischöfe und Kurfürsten seine Mauern für ihre Paläste recycelten. Erst die Preußen verliehen dem Bau im 19. Jahrhundert wieder seine monumentale Größe und machten ihn zum protestantischen Gotteshaus – als Gegenstück zum katholischen Dom. Wegen ihrer guten Akustik wird die Konstantinbasilika heute auch von Konzertveranstaltern geschätzt.

Kurfürstliches Palais und Palastgarten

Nicht von innen zugänglich ist das an die Konstantinbasilika grenzende Kurfürstliche Palais. Weil der wunderschöne Palastgarten aber Besuchern fast immer offen steht, lohnt sich der Abstecher. Vor allem im Sommer ist die Anlage ein viel besuchter Ort stadtnaher Erholung. Vom Garten aus ist die Mitte des 18. Jahrhunderts geschaffene Rokokofassade ein beeindruckender Anblick. Den Palast selbst hatte der Trierer Kurfürst 1615 anlegen lassen.

Kaiserthermen

Nicht weit vom Palastgarten entfernt liegen die Ende des 3. Jahrhunderts erbauten Kaiserthermen, die einmal eine der größten Badeanlagen im Römerreich werden sollten. Ihr Herz waren die zahlreichen Badebecken. Allerdings wurde die Thermenanlage nie ganz fertig, und nach Kaiser Konstantins Umzug nach Byzanz wurde das Gebäude schließlich als

Das Kurfürstliche Palais

Kaserne ausgebaut. Im Eingangsbereich der Thermen informiert eine Filmanimation über die Entwicklung der Stadt und ihrer Thermen. Dazu gehören vor allem die **Barbarathermen** (Friedrich-Wilhelm-Straße), die mit 42 000 Quadratmetern deutlich größer als die Kaiserthermen waren und im Gegensatz zu jenen auch tatsächlich genutzt wurden. Und auch die erst 1986 entdeckten **Thermen am Viehmarkt** zeugen davon, dass die Römer viel Wert auf ihr Aussehen legten, wozu der regelmäßige Besuch der Thermen gehörte. Dort wurden nämlich auch Nägel und Bart geschnitten sowie lästiges Körperhaar entfernt. Außerdem sorgten Masseure für Entspannung und Wohlbefinden, indem sie die Körper mit parfümiertem Olivenöl einrieben.

Rheinisches Landesmuseum

Unweit der Konstantinbasilika ist das Rheinische Landesmuseum zuhause, eines der bedeutendsten Museen im deutschen Südwesten. Seine Dauerausstellung offeriert eine Tour durch die Geschichte der Region – von der Eiszeit bis zum letzten Trierer Kurfürsten. Zu den Exponaten zählen die ältesten von Menschen hergestellten Steinwerkzeuge der Region sowie Schmuck und Waffen aus prunkvollen keltischen Gräbern. Die meisten Objekte entstammen der Römerzeit wie das Original des römischen **Weinschiffes aus Neumagen** oder eine farbig gefasste **Kopie der Igeler Säule**. Besonders prachtvoll sind die vielen **Mosaiken**. Juwel der Ausstellung ist der »**Trierer Goldschatz**«, die größte erhaltene römische Münzsammlung der Welt. Von der Ära nach den Römern erzählen Grabfunde aus fränkischen Zeiten, romanische und gotische Skulpturen und die letzten erhaltenen Glasmalereien aus dem Trierer Dom.

Amphitheater

Von den Kaiserthermen war es nur ein kurzer Fußmarsch zum Amphitheater. Es fasste bis zu 20 000 Zuschauer. Getreu dem römischen Motto »Panem et circenses« (»Brot und Spiele«) bot man dem Volk, dem sogenannten Plebs, zum Teil grausame Showveranstaltungen wie Gladiatorenkämpfe und Tierjagden. Für die Kämpfer gab es eigene Umkleidekabinen und für die wilden und ausgehungerten Tiere mehr als ein Dutzend Käfige. Zum Teil waren die Spiele auch musikalisch umrahmt. Zu den Besonderheiten der Trierer Anlage gehörte, dass man sie mit Wasser füllen konnte und so etwa auch Schiffsschlachten inszenieren konnte. Spektakuläre Inszenierungen ermöglichte eine hölzerne Hebebühne. Hinter dem Amphitheater erhebt sich der **Petrisberg** mit einem 20 Meter hohen **Aussichtsturm**, den die Stadt Luxemburg Trier aus Anlass der Landesgartenschau 2004 schenkte. Die spektakuläre Skulptur schuf der luxemburgische Stararchitekt François Valentiny aus Stahl.

▲ Karte: hintere Umschlagklappe

Karl-Marx-Haus

Dem größten Sohn der Stadt ist eine Ausstellung im Geburtshaus von Karl Marx gewidmet. Zwar fehlen ihr viele originale Erinnerungsstücke, dafür aber zeichnet das Museum ein umfangreiches Bild des Mannes, der hier am 5. Mai 1818 geboren wurde, schon bald aber mit seinen Eltern in die Nähe der Porta Nigra zog. Marx hatte eine besondere Beziehung zum Wein und den Winzern, deren soziales Elend ihn schließlich zu seiner Weltsicht führte.

Ein sogenannter Auftaktraum im Geburtshaus ist ebenso wie der gut sortierte Shop mit Bücher und Souvenirs kostenlos zugänglich. Die übrige Ausstellung thematisiert Marx' Leben und die Weite seiner Ideen. Im zweiten Obergeschoss geht es um die Wirkungsweise des Marxismus in den letzten 100 Jahren.

Benediktinerabtei Sankt Matthias

Ganz im Süden der Stadt liegt die spätgotische Basilika, deren Front mit ihrem hoch aufragenden Turm bis heute beeindruckt. Sie zählt zu den interessantesten Bauten Triers - auch weil hier der Apostel Matthias und die Gründer der Trierer Bischofskirche Eucharius und Valerius in der Krypta begraben liegen. Dass Kirche und Kloster relativ weit vom Stadtkern entfernt sind, liegt daran, dass die ersten Christen sich außerhalb der Stadtmauern niederließen - so wie es in den antiken Römerstädten üblich war.

Kurz vor der Jahrtausendwende übernahmen die Benediktiner den Ort, die im Jahr 1127 bei Abrissarbeiten für den Neubau einer Kirche am Vorgängerbau die Reliquien des Apostels Matthias entdeckten. Weil sich das schnell herumsprach, setzte schon bald eine rege Wallfahrt nach Trier ein. Höhepunkt des mittelalterlichen Lebens war schließlich die Weihe der neuen Kirche durch Papst Eugen III. Im Jahr 1148. Im Rahmen der Säkularisation wurde die Abtei aufgelöst, inzwischen aber sind die Benediktiner wieder in Trier zurück. Wer will, kann sich als Gast ihrem Leben ein paar Tage anschließen.

Sankt Paulin

Ganz im Norden Triers kommen Freunde barocker Kirchenbaukunst auf ihre Kosten. Dort steht ein spätbarocker Prachtbau, der vor allem innen fasziniert. Er ist Nachfolger der antiken Ursprungskirche und eines romanischen Baus, dessen Krypta sich bis heute erhalten hat. Sie ist Grabstätte des Bischofs Paulinus, der Mitte des 4. Jahrhunderts Bischof von Trier war. In der Krypta finden sich auch noch einige Reste des römischen Erstbaus.

Kein Geringerer als Balthasar Neumann gab der heutigen Kirche ihr Gesicht. Im Inneren machte er aus dem einschiffigen Bau ein opulentes Kunstwerk mit filigranen Stuckelementen und Gemälden an Wänden und Decken. Dynamisch wirkt hier alles, nicht statisch wie in vielen anderen Kirchen. Die Kirche ist wegen ihrer Bedeutung seit 1958 eine Basilica Minor. Vor der Basilika steht das sogenannte **Märtyrerkreuz** auf einem antiken Gräberfeld. Es erinnert an die Thebäische Legion, eine römische Legion, deren Mitglieder angeblich alle den Märtyrertod erlitten. Obwohl die Wissenschaft heute an der Existenz dieser Legion Zweifel hat, genießt sie im Volksglauben noch viel Verehrung. So heißt es in Trier, das Blut der Märtyrer habe die Mosel bis Cochem rot gefärbt. Unter dem Kreuz werden noch heute am Palmsonntag die Palmen geweiht und in der Osternacht das Osterfeuer entzündet. Das Martyrium der Thebäischen Legion bestimmt auch das große Deckengemälde in der Basilika.

Vororte

Unter den früher eigenständigen Trierer Stadtteilen ist **Pfalzel**, rund fünf Kilometer moselabwärts, der gewichtigste. Dort finden sich noch heute Reste eines spätrömischen Palastes (Palatiolum), in dem im 7. Jahrhundert ein Nonnenkloster Einzug hielt, das später in ein palastartiges Kanonikerstift umgewandelt wurde. Die Pfalzeler Bastion mit ihrer Wallmauer am Moselufer diente den Trierer Erzbischöfen wiederholt als Ausweichquartier, wenn es in der Stadt für sie unangenehm wurde.

Im Ortsteil **Ehrang** hat sich noch eine mittelalterliche Ringmauer erhalten, die zum Teil in den angrenzenden Häusern vermauert wurde. Wirtschaftliches Rückgrat ist der Hafen in Ehrang, der viele hundert Arbeitsplätze sichert.

Trier

Vorwahl: +49/(0)651

PLZ: D-54290

Tourist-Information Trier, Simeonstr. 60 (An der Porta Nigra), Tel. +49/651/978080; März–Dez. Mo–Sa 9–18 und So 10–17, Jan./Febr. Mo–Sa 10–17 Uhr. www.trier-info.de

Bahnhof, Bahnhofsplatz 1, im Osten der Stadt. U.a. direkte Züge nach Koblenz, Luxemburg und Saarbrücken.

Vienna House Easy by Wyndham, Metzer Allee 6, Tel. +49/651/93770; DZ ab 80 Euro. Schönes Haus nahe dem Amphitheater, Hunde willkommen. www.wyndhamhotels.com

Boutique-Hotel Kloster Pfalzel, Klosterstr. 10, Tel. +49/651/968440; DZ ab 94 Euro. Hotel und Restaurant im Vorort Pfalzel in einer alten Kirche, große Außenterrasse. www.hotel-klosterschenke.de

Wirtshaus zur Glocke, Glockenstr. 12, Tel. +49/651/9998800; tgl. 11.30–22 Uhr. Familiengeführte Traditionsgaststätte in der Fußgängerzone mit Trierer Spezialitäten wie zum Beispiel Flieten (frittierte Hähnchenflügel). www.romantikhotel-zur-glocke.de

Textorium, Wechselstr. 4, Tel. +49/651/47482; Mo–Sa 18–1, Mo–Fr auch 12–14.30 Uhr. Restaurant mit Terrasse in einer ehemaligen Tuchfabrik. Werktags preiswerter Mittagstisch inkl. Vorspeise und Dessert. www.textorium-trier.de

Römerstadt-Jugendherberge, An der Jugendherberge 4, Tel. +49/651/146620; ab 34 Euro/Pers. Jugendherberge mit 370 Betten am Moselufer, alle Zimmer mit Dusche und WC. www.diejugendherbergen.de

Campingpark Treviris, Luxemburger Str. 81, Tel. +49/651/86921. Camping- und Reisemobilpark am Moselufer, mit Ladestation für E-Bikes und Schließfächern für Zelter. www.camping-treviris.de

Vinothek der Bischöflichen Weingüter Trier, Gervasiusstr. 1, Tel. +49/651/145760; Mo–Fr 9–18, Sa 10–14 Uhr. Im Angebot sind 200 Weine. www.bischoeflicheweingueter.de

Porta Nigra, Porta-Nigra-Platz, Tel. +49/651/4608965; April–Sept. 9–18, Nov.–Febr. 9–16, Okt. und März 9–17 Uhr. Karten für die Erlebnisführungen Di, Sa und So um 13 Uhr mit einem römischen Zenturio gibt es in der Tourist-Information. www.trier-info.de

Städtisches Museum Simeonstift, Simeonstr. 60, Tel. +49/651/718459; Di–So

▶ Karte: hintere Umschlagklappe

10–17 Uhr, kostenlose Audioguides gibt es an der Museumskasse.
www.museum-trier.de

Konstantinbasilika, Konstantinplatz, Info-Tel. +49/651/99491200, April–Okt. und Dez. Mo–Sa 10–18, So 14–18 Uhr; Nov. und Jan.–März Di–Sa 10–12 und 14–16, So 14–15 Uhr.
www.trier-info.de

Dom St. Peter, Domfreihof 1; tgl. 6.30–18 Uhr (Nov.–März nur bis 17.30), keine Besichtigung bei Gottesdiensten. Informationsmaterial und Führungen bietet die Dom-Information (Liebfrauenstr. 12, Tel. +49/651/9790790. Domschatz: Mo–Sa 11–17, So 12.30–17 Uhr.
www.trierer-dom.de

Museum am Dom, Platz der Menschenwürde 1, Tel. +49/651/7105255; Di–Sa 9–17, So 13–17 Uhr.
www.museum-am-dom-trier.de

Liebfrauen-Basilika, Liebfrauenstr. 2; Besichtigung: 10–18 Uhr.

Schatzkammer der Stadtbibliothek Weberbach, Weberbach 25; Di–So 10–17 Uhr. Ein Wohlfühlort für Bibliophile mit dem zum Weltdokumentenerbe gehörenden »Codex Egberti«, kostbaren Handschriften, einer Gutenberg-Bibel und Originalhandschriften von Johann Wolfgang Goethe und Karl Marx. www.stadtbibliothek-weberbach.de/schatzkammer

Kaiserthermen, Weimarer Allee 2, Tel. +49/651/4362550; April–Sept. 9–18, Okt. und März 9–17, Nov.–Febr. 9–16 Uhr. Besucher können die Kaiserthermen mit einem Multimediaguide ober- und unterirdisch erkunden. www.trier-info.de

Amphitheater, Olewiger Str. 25, Tel. +49/651/9774210; April–Sept. tgl. 9–18 Uhr, Okt. und März tgl. 9–17 Uhr; Nov.–Febr. tgl. 9–16 Uhr
www.zentrum-der-antike.de

Museum-Karl-Marx-Haus (Friedrich-Ebert-Stiftung), Brückenstr. 10, Tel. +49/651/970680; tgl. 10–18 Uhr.
www.karl-marx-haus.de

Rheinisches Landesmuseum Trier, Weimarer Allee 1, Tel. +49/651/97740, Di–So 10–16.30 Uhr. Die Multimedia-Inszenierung »Im Reich der Schatten – Leben und Lieben im römischen Trier« entführt die Zuschauer mittels modernster Technik in die phantastische Welt des antiken Triers, Sa und So 12, Mi 14.30 Uhr.
www.zentrum-der-antike.de

Benediktinerabtei Sankt Matthias, Matthiasstr. 85, Tel. +49/651/17090; tgl. 8–19 Uhr. https://abteistmatthias.de

Sankt Paulin, Thebäerstraße; Mo, Mi–Sa 8–17, Di 11–18.30, So 10–19.30 Uhr.

Stadttheater, Am Augustinerhof, Tel. +49/651/718181. Schauspiel, Ballett, Musiktheater und Konzerte.
https://theater-trier.de

Rosenmontagszug: Großer Umzug zu Fastnacht.

Weihnachtsmarkt: Budenzauber und Glühweinromantik am Hauptmarkt und dem Domfreihof

Altstadtfest; letztes Juniwochenende. Livekonzerte auf vielen Plätzen der Stadt.

Fahrradstation Gleis 11, Bahnhofsplatz 2, Tel. +49/651/99989058. Verleih, Reparatur und Verkauf.
https://fahrradstation.bues-trier.de

Schiffsrundfahrten nach Saarburg oder Bernkastel Kues.
www.moselrundfahrten.de

Weinkulturpfad am Petrisberg: Ca. 2 km langer Themenweg im Trierer Osten durch die Weinberge (Starten kann man am Amphitheater), schöne Blicke auf die Altstadt vom Luxemburg-Turm.

Brüderkrankenhaus, Nordallee 1, Tel. +49/651/2082216. 24 Stunden geöffnete Notfallklinik.
www.bk-trier.de

Karl Marx, Triers populärster Sohn

Carl Marx hieß laut Geburtsurkunde das dritte Kind des Rechtsanwaltes Heinrich Marx und dessen Ehefrau Henriette. Zuhause waren sie in der Brückergasse, die inzwischen Brückenstraße heißt. Heute ist sein Elternhaus ein Museum, das an den populärsten Sohn der Stadt Trier erinnert. Die auf das Jahr 1818 datierte Geburtsurkunde hatte übrigens ein Weingutsbesitzer ausgestellt, der damalige stellvertretende Trierer Bürgermeister. Es war der Urururgroßvater des heutigen Quizmasters Günther Jauch, der inzwischen selbst ein Weingut an der Saar betreibt.

Auch der Vater von Karl Marx, wie er sich später schrieb, hatte einen Weinberg in Mertesdorf bei Trier, wie es sich für besser gestellte Moselaner damals gehörte. Für kurze Zeit war Marx selbst Weinbergsbesitzer, nachdem er die Rebanlagen seines Vaters geerbt hatte. Selbst die Schule, die er besuchte, soll sich über die Einkünfte aus einem großen Weingut finanziert haben. Kein Wunder, dass Marx schließlich 1835 seine Abiturarbeit über das Gleichnis vom Weinstock schrieb, das von der Abhängigkeit des Stockes von den Reben und umgekehrt kündete.

Marx war ein Mensch, der Diskussionen liebte, ein humanistisch gebildeter Mann mit Sinn für Romantik, die sich schon früh in kleinen Gedichten niederschlug. Noch als Twen verlobte er sich mit seiner Jugendliebe Jenny, die er nach seinem Jurastudium 1843 heiratete. Zwei Jahre zuvor hatte er seine Dissertation (Thema: »Differenz der demokritischen und epikureischen Naturphilosophie«) zum Doktor der Philosophie verfasst und sich anschließend eine Professur erhofft.

Daraus aber wurde nichts, weil er dem preußischen Staat als glühender Anhänger des Philosophen Georg Wilhelm Friedrich Hegel nicht genehm war. Also musste er sich einen anderen Job suchen, den er 1842 als Mitarbeiter der neu gegründeten *Rheinischen Zeitung* fand, die im Vormärz eines der Sprachrohre der politischen Opposition war. Noch im gleichen Jahr übernahm Marx die Redaktion des Blattes, in deren Rahmen er erstmals mit Friedrich Engels zusammentraf. Schon im März des Folgejahres aber kündigte er den Job, weil er immer wieder mit den staatlichen Zensoren aneinander geraten war.

Zusammen mit seiner Familie zog er nach Paris, wo er sich mit journalistischen Aufsätzen und Zeitungsartikeln durchs Leben schlug. Hier auch knüpfte er eine enge Freundschaft zu Heinrich Heine, einem entfernten Verwandten. Als Herausgeber einer Zeitschrift gewann er zudem Friedrich Engels als Autoren. Es war der Auftakt einer lebenslangen Freundschaft und gemeinsamer Arbeit.

1845 legte Marx zusammen mit Engels das »Manifest der Kommunistischen Partei« vor, die Ideensammlung einer damals noch im geheimen agierenden Organisation von Arbeitern, Handwerkern und Intellektuellen. Nach der gescheiterten März-Revolution musste Marx Deutschland endgültig verlassen. In London fand er sein nächstes Zuhause, wo die British Library sein Lieblingsort wurde. Tage und Wochen verbrachte er dort mit Lesen und Nachdenken, aus dem schließlich sein Hauptwerk resultierte: »Das Kapital. Kritik der politischen Ökonomie«. Als Korrespondent und Leitartikler der damals weltweit auflagenstärksten Zeitung *New York Daily Tribune* nahm er in zahllosen Analysen Europas politische Landschaft unter die Lupe. Mehr und mehr engagierte er sich auch in der internationalen Arbeiterbewegung, deren intellektueller Kopf er war. Lohn, Preis und Profit waren

Themen, die ihn umtrieben und die nicht bei allen auf Wohlwollen stießen. So lehnte man unter anderem seinen Antrag auf die britische Staatsbürgerschaft ab, weil er ein Agitator und Anwalt kommunistischer Prinzipien sei.

Besonders hart trafen ihn der Tod seiner Frau im Dezember 1881 und der seiner ältesten Tochter zwei Jahre später. Auch zahlreiche Krankheiten machten ihm schwer zu schaffen. Lange Kuren am Mittelmeer oder der Isle of Wight halfen zuletzt wenig. Im Alter von 64 Jahren verstarb Marx im März 1883 an einer Kehlkopfentzündung in London, wo er auch seine letzte Ruhe fand. »Wie Darwin das Gesetz der Entwicklung der organischen Natur, so entdeckte Marx das Entwicklungsgesetz der menschlichen Geschichte«, befand sein Freund Friedrich Engels bei der Trauerrede. Sein Verdienst sei es gewesen, »das spezielle Bewegungsgesetz der heutigen kapitalistischen Produktionsweise« analysiert zu haben.

Richtig zum Tragen aber kamen diese Erkenntnisse erst nach seinem Tod in den kommunistisch geprägten Staaten. Die meisten Anhänger hat er heute in China, das auch einen Großteil der Besucher stellt, die sein Geburtshaus besuchen. Zu seinem 200. Geburtstag spendierten die Chinesen eine Statue des kommunistischen Vordenkers, die seitdem auf dem Simeonstiftplatz steht. In Anspielung auf seinen Geburtstag, den 5. Mai, fertigte man sie in einer Größe von 5,50 Metern.

Marx-Denkmal vor dem Stadtmuseum Trier

Zwischen Trier und der Verbandsgemeinde Traben-Trarbach zwängt sich die Mosel in immer neuen Schleifen durch Hunsrück und Eifel – ein Weg, den sie in Millionen Jahren mühsam fand. Es ist eine schon zu Römerzeiten dicht besiedelte Region, die vor allem vom Weinbau lebt, von Lagen mit Weltruhm auch. Zu den bekanntesten Weinorten an der Mittelmosel zählen Schweich, Bernkastel-Kues, Kinheim, Kröv, Traben-Trarbach und Reil.

Blick auf Trittenheim

DIE DEUTSCHE MITTELMOSEL

Von Schweich nach Bernkastel-Kues

Mit Trier hat sich die Mosel jene Attraktivität verschafft, die ihr internationale Aufmerksamkeit garantiert. Ausländische Fernsehanstalten beginnen ihre Dokumentationen über die Mosel so fast immer mit Bildern aus Deutschlands ältester Stadt. Und auch ein Großteil der Moselreiseführer ignoriert die Tatsache, dass der Fluss in Trier schon die längste seiner Strecke zurückgelegt hat. Erst ein paar Kilometer moselabwärts aber, wo die Hänge langsam dichter an den Fluss rücken und die Dörfer pittoresker werden, hat die Mosel ihr weltweit bekanntes Gesicht gefunden.

So wie in Trier haben die Römer auch diesem Abschnitt der Mosel ihren Stempel aufgedrückt. Davon zeugen bis heute bestens ausgestattete Römervillen wie in **Mehring** (→ S. 246) oder **Longuich** (→ S. 245), antike Wasserleitungen wie in **Pölich** (→ S. 247) – vor allem aber römische Kelteranlagen wie in **Erden** (→ S. 274) oder **Piesport** (→ S. 256). In **Neumagen** (→ S. 254) hat man zudem einen römischen Weintransporter rekonstruiert, mit dem zu Römerzeiten Weinfässer verschifft wurden. Als Vorbild diente ein dort gefundenes Grabdenkmal, dessen Original heute im Landesmuseum Trier steht.

Der Fährturm von Schweich

▸ Karte S. 241

Bestimmend in der Region ist der Weinbau auf beiden Seiten des Ufers, der einige weltbekannte Lagen wie den *Bernkasteler Doctor*, die *Wehlener Sonnenuhr*, das *Piesporter Goldtröpfchen* oder das *Trittenheimer Altärchen* hervorgebracht hat. Publikumsmagneten auf der Strecke sind **Bernkastel-Kues** (→ S. 262) und **Traben-Trarbach** (→ S. 279). Mit altem Fachwerk und engen Gassen punktet Bernkastel, Traben-Trarbach glänzt mit schönen Bauten aus der Belle Époque.

Schweich

Was Bingen für den Rhein, ist die Verbandsgemeinde Schweich samt ihrer mehr als einem Dutzend selbstständiger Ortsgemeinden sozusagen für die Mosel: die Pforte zu einem Abschnitt voller Romantik. Schon in der Antike führte bei Schweich eine Furt über die Mosel nach Longuich. Heute vereint eine 1906 erbaute Brücke die beiden Ortschaften. Bis dahin verkehrte eine Fähre, von der noch ein Fährturm am Yachthafen von Schweich zeugt. Triers Kurfürst hatte ihn Ende des 18. Jahrhunderts bauen lassen, ganz stylisch als Fünfeck.

Sehenswert ist neben der neogotischen Pfarrkirche **St. Martin** und der **ehemaligen Synagoge** der auf den Resten einer römischen Villa angelegte **Niederprümer Hof.** Heute beherbergt er Archiv und Ausstellungsräume der Stefan-Andres-Gesellschaft, die das kulturelle Erbe des größten Sohnes der Stadt verwaltet. An Stefan Andres erinnert neben einer Ausstellung zudem eine nach ihm benannte Schule und eine Straße mit einem schö-

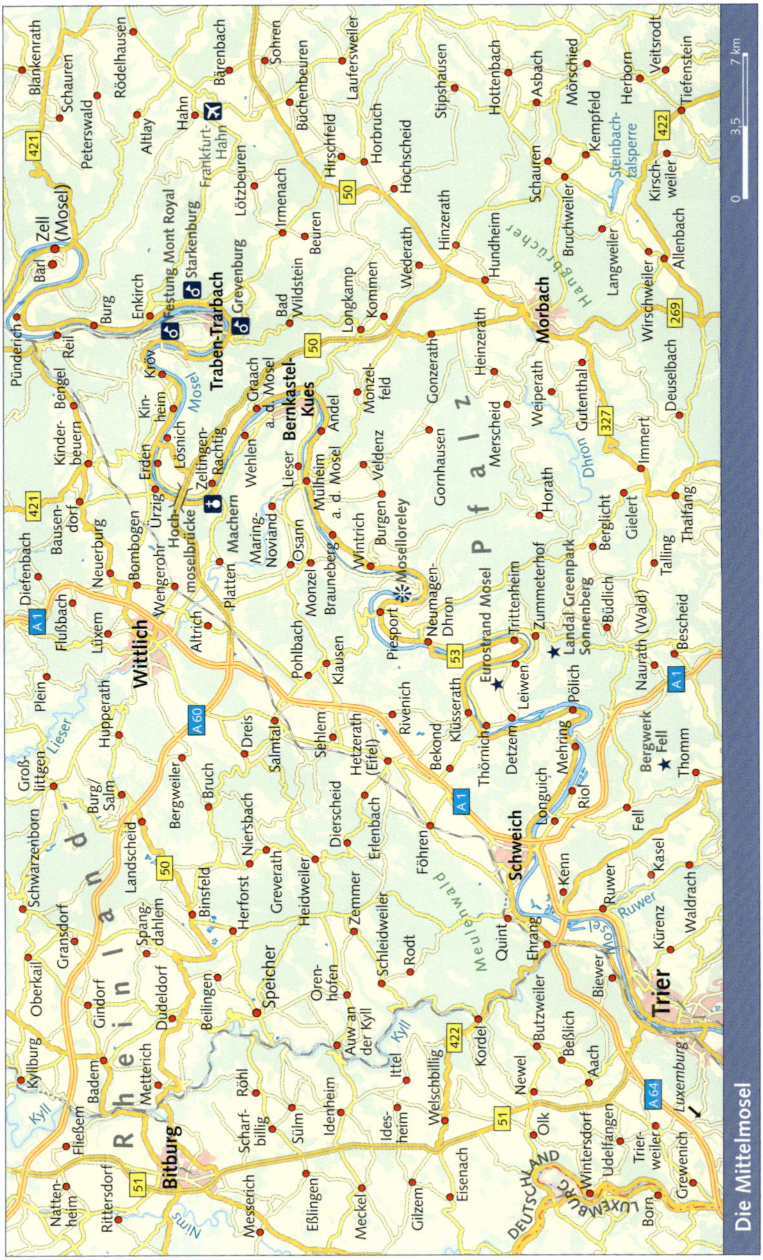

Die deutsche Mittelmosel

Campingplatz am Moselufer in Schweich

nen Brunnen, der Besuchern die Kinderjahre des Schriftstellers bildlich vor Augen führt. Auch ein mittelschwerer Wanderweg (→ S. 243) bringt Besuchern auf einer Tageswanderung die Region näher, in der Stefan Andres groß wurde. Von den zahlreichen Mühlen in Schweich und Umgebung – auch der Vater von Stefan Andres war übrigens Müller – hat die **Molitorsmühle** bis heute überlebt. Auf vier Stockwerken funktionierte die alte Technik noch so wie im 19. und frühen 20. Jahrhundert, als man hier Mehl mahlte.

Schweich

Vorwahl: +49/(0)6502

PLZ: D-54338

Tourist-Information Schweich, Brückenstr. 46, Schweich, Tel. +49/6502/93380; Mai–Okt. Mo–Fr 9–12.30 und 13–18, Sa 9–12 Uhr, Nov.–April Mo–Fr 9–12.30 und 13–17 Uhr. www.roemische-weinstrasse.de

Hotel und Restaurant Grefen, Brückenstr. 31, Tel. +49/6502/92400; einfache DZ ab 82 Euro. Preiswerter Mittagstisch (Di, Mi, Fr, So 12–14 Uhr), Mo–Mi, Fr–Sa 17.30–23 Uhr. www.hotel-grefen.de

Niederprümer Hof (Stefan-Andres-Museum), Hofgartenstr. 26, Tel. +49/6502/6524; Besuch nach Vereinbarung.

Molitorsmühle, Am Föhrenbach, Tel. +49/6502/1336; Ostern–Ende Okt. So 14–18 Uhr. Museumsmühle, die eine alte Turbine antreibt. www.molitorsmuehle.de

Fest der Römischen Weinstraße; Anfang Mai. Weinstände, außerdem Antik- und Flohmarkt.

Schweicher Fahrradladen, Brückenstr. 16, Tel. +49/6502/9977965; Di–Fr 9–13 und 14–18, Sa 9–13 Uhr. Fahrradverleih und Reparaturen.

Wassersport- und Freizeitzentrum Kreusch, Am Yachthafen, Tel. +49/6502/91300. Camping- und Wohnmobilplatz mit Restaurant am Moselufer. Verleih von Kajaks, Tretbooten und führerscheinfreien Motorbooten. www.kreusch-wassersport.de

► Karte S. 241

Auf den Spuren von Stefan Andres

Niederprümer Hof heißt das Kulturzentrum am Friedhof, das Stefan Andres gewidmet ist, dem größten Sohn der Stadt. Vor allem in den ersten Jahrzehnten der Nachkriegszeit erreichten seine Bücher Millionenauflagen. Märchen, Erzählungen, Novellen und Romane, aber auch Dramen, die Deutschlands Theater gern auf die Bühne brachten.

Am Niederprümer Hof beginnt auch eine Wanderung auf den Spuren des Literaten. Nach Unterquerung der Autobahn lockt eine der besten Weinlagen des Ortes, der Annaberg. Andres durchstreifte ihn gern. Stefan war das neunte Kind eines Müllers und die ersten vier Jahre in der Breitwiesmühle südlich von Trittenheim aufgewachsen. 1910 zog die Familie nach Schweich und legte beim Wohnungswechsel vielleicht einen ähnlichen Weg zurück wie jetzt die Wanderer. Auf dem Gang nach Schweich, erinnerte sich Andres später in einem Essay, sah er erstmals eine Eisenbahn.

Sie »... zischte, puffte und bimmelte. Der kleine Zug machte einen so tiefen Eindruck auf mich, daß ich ihn lange Zeit und sehr wider Willen Nacht um Nacht zu Besuch hatte. Denn im Traum verließ er die Schienen und puffte querfeldein so lange hinter mir drein, bis ich mich vor dem schwarzen Kobold ins Erwachen rettete«. Von der Kleinbahn, die auf der rechten Moselseite seit 1903 Trier und Leiwen verband und bis 1962 als »Saufbähnchen« berüchtigt war, existieren heute nur noch die Haltepunkte.

Am Anfang der Wanderung bleibt Schweich fast immer im Blickfeld, wo man damals den jüngsten Sohn des neuen Bauern gern hänselte und er deswegen hin und wieder die Schule schwänzte. Ein Stefan Andres gewidmeter Brunnen in Schweich zeigt den kleinen Stefan als Hirtenjungen. »Ich glaube, dass meine besten Erzieher in jenen Jahren die Kühe waren, die Käfer und Bäume und Bienen und Blumen, auch die Wolken, das Licht, die Glocken und die Träume, die einen jungen Menschen mit dem Duft des Heus, das er ausspreitet, berühren – und wieder gehen, um ihn allein zu lassen, sehnsüchtig und verwirrt.«

Als Hirtenjunge brachte er die Kühe morgens zur Weide und holte sie abends wieder nach Hause. »Dies Leben hat ein braunes, glattes Fell, ein stolzes Hörnerpaar, ein ruhig bewegtes Haupt mit Augen, die selbst einen unruhigen Menschen ruhig machen müßten, so viel Kraft, Gelassenheit und sanftes Staunen kommen hier zusammen, um die Welt zu spiegeln. Wenn ich Durst bekam, griff ich nach dem Euter und ließ einen warmen Strahl in meinen Mund spritzen, und die geduldige Milchquelle muhte leise und ließ mich auf diese Weise wissen, daß sie wohl merke, was da hinten bei ihr vorgehe, daß sie aber nichts dagegen habe, es sei ja genug da. Manchmal guckte sie auch zärtlich, als wäre ich ihr Kälbchen«.

Über die Moselhöhen führt der Wanderweg nach Mehring. Zeit genug, die Jugendjahre des Literaten Revue passieren zu lassen, der nach dem Willen seiner Eltern Priester werden sollte. Nach der Volksschule schickten sie ihn deshalb in eine Redemptoristen-Schule nach Aachen, wo ihn die Patres aber schon bald wieder wegschickten. Notgedrungen heuerte er als Krankenpfleger in Trier an, aber auch dort blieb er nicht lang. Drei Jahre hielt er es anschließend in einem Franziskanerorden aus, wo erste dramatische Stücke entstanden. 1926 trat er als Novize den Kapuzinern bei, doch die Aufnahme in den Orden lehnten seine Mitbrüder ab. Zu radikal war der Moselaner ihnen in seinen Ansichten. Und auch er selbst hatte gelernt, das geistliche Ämter nichts für ihn sind. So studierte er Germanistik, Kunstgeschichte und Philosophie. Erst in Köln, dann in Jena, wo er eine Medizinstudentin kennenlernte, die schließlich seine Frau wurde.

Weiter führt der Wanderweg auf der rechten Moselseite durch die Berge Richtung Leiwen. Es ist die Landschaft, die Andres immer wieder beschrieben hat. »Die Berge und Hügel an der Mosel ... sind durch die Flußläufe gewissermaßen in Bewegung geraten, sie stehen wie Schiffe bald mit der Breitseite, bald mit dem Bug gegen den Fluß; bald fallen sie ... in steilen Terrassen zum Wiesenufer ab, bald schwingen sie schön gewölbt ganze Kilometer in reinen Südlagen dahin.«

Gegen Ende des Weges rückt schließlich Trittenheim ins Blickfeld, der Geburtsort des Literaten. Zu seinem 100. Geburtstag hat man ihm dort einen Brunnen aufgestellt – gewidmet dem »Knaben im Brunnen«, der Titelfigur seines 1953 erschienenen Romans seiner Kindheit. Wahrscheinlich hätte Andres sich bei seinen Spaziergängen an der Mosel entlang ihrer noch öfter erinnert, wäre dem überzeugten Katholiken die deutsche Nachkriegspolitik mit ihrer Wiederbewaffnung und Raketenaufrüstung nicht zuwider gewesen. Im Herbst 1961 wanderte er deshalb nach Italien aus, wo er im Sommer 1970 starb.

Der von Schweich nach Leiwen führende »Stefan-Andres-Weg« ist bestens ausgeschildert. Die reine Gehzeit beträgt sechs bis sieben Stunden. Streckenführung unter: www.outdooractive.com/de/route/themenweg/moseltal/der-stefan-andres-wanderweg-auf-den-spuren-des-dichters-stefan-andres/22917279

Die Andres-Familie in ihrem Dorf, Detail am Brunnen in Schweich

Longuich

Auf der rechten Moselseite liegt Longuich mit einer teilweise rekonstruierten **römischen Villa** (Villa urbana) hoch in den vor Hochwasser geschützten Weinbergen. Die ursprüngliche Anlage, deren Reste 1984 bei einer Flurbereinigung entdeckt wurden, entstammt dem späten 2. Jahrhundert. Besonders interessant ist der Badetrakt des Herrenhauses, der schon damals mit kaltem und warmen Wasser versorgt war. Im rekonstruierten Inneren finden sich noch originale Teile des Heiz- und Abflusssystems sowie Badewannen. Reste bemalter Wände, Marmorverkleidungen und Glasmosaiken lassen auf eine gehobene Ausstattung der palastartigen Villa schließen, die wahrscheinlich den Germaneneinfällen Mitte des 4. Jahrhunderts zum Opfer fiel. Ein östlich der Villa aufgestellter Steinsarg barg einst neben einer sehenswerten Glasflasche aus dem 4. Jahrhunderts ein zierliches Mädchenskelett.

Beim Gang durch den Ort fallen die vielen stattlichen **Winzerhäuser** ins Auge. In der Maximinstraße überrascht eine alte **Burg**, die heute als Weinschänke mit Gästehaus dient, und die um 1771 erbaute Saalkirche **St. Laurentius** mit dem romanischen Turm der Vorgängerkirche. Der Taufstein im Inneren wurde aus römischen Steinresten zusammengesetzt. Der Hochaltar zeigt den Kirchenpatron Laurentius im Zentrum, seitlich die Heiligen Petrus und Barbara. Aus der Erbauungszeit stammen die reich verzierte Kommunionbank, die Kanzel, zwei Beichtstühle und die Kirchenbänke, allesamt wertvolle Schnitzereien. Noch älter als der Kirchenbau ist die sogenannte Traubenmadonna, eine spätgotische Holzfigur der Mutter Gottes mit Jesuskind auf der Mondsichel.

Wer gern unter Tage auf Entdeckung geht, ist im **Besucherbergwerk** im benachbarten **Nossertal** zwischen Fell und Thomm richtig. Es besteht aus zwei übereinander liegenden Dachschiefergruben mit einer konstanten Temperatur von 12 bis 13 Grad Celsius und informiert über den einstigen Schieferabbau in der Region. Das **Besucherbergwerk Fell** mit einem Informationszentrum und kleiner Gastronomie liegt an einem Grubenwanderweg, der an zehn Schiefergruben und Steinbrüchen entlangführt.

i Longuich

Vorwahl: +49 (0)6502

PLZ: D-54340

Touristinformation Longuich-Kirsch, Maximinstr. 18, Longuich, Tel. +49/6502/1716; Mai–Okt. Mo–Sa 10–12, Fr 16–18 Uhr.
www.longuich.de

Villa Urbana, GPS-Koordinaten 49.803828 6.764514; öffentliche Führungen April–Okt. So 10.30 Uhr. Die Anlage oberhalb Longuichs ist frei zugänglich.

St. Laurentius, Maximinstr. 11; Ostern–Ende Okt. Sa/So 16–18 Uhr.

Besucherbergwerk Fell, Auf den Schiefergruben, 54341 Fell, Tel. +49/6502/988588; April–Okt. Di–So 10–18 Uhr, Führungen finden gewöhnlich alle 45 Minuten statt.
www.bergwerk-fell.de

St. Laurentius Weinkirmes; 2. Augustwochenende. Großes Weinfest.

Riol

Wo der Feller Bach in die Mosel mündet, hat das Winzerdorf Riol seinen Platz. In seinem Süden – etwa dort, wo jetzt die Autobahn verläuft – fand im Jahr 70 nach Christus jene historische Schlacht statt, in der sich die Römer endgültig die Macht gegenüber den Treverern sicherten. Nach ihrem Sieg gründeten die Römer an der Mosel eine Siedlung namens »Rigodulum«, von der freilich nur ein paar Steine übrig blieben. Einige sind in der Treppe verbaut, die zur auf römischen Fundamenten stehenden Pfarrkirche **St. Martin** mit ihrem romanischen Glockenturm führt. Die Kirche prägt noch immer das Ortsbild

Riol

Vorwahl: +49/(0)6502, **PLZ**: D-54340

Riol Triolago, Am Campingplatz 1, Tel. +49/6502/7119. Freizeitzentrum mit großem Campingplatz und Badesee, Strand, Wasserskiseilbahn, Kanu- und Ruderbootverleih. https://triolago.eu

Klettersteig zum Kumer Knüppchen, einem Aussichtspunkt mit Panoramablick. Der Klettersteig führt, gesichert durch Seile, durch steiles und felsiges Gelände. Er ist Teil einer 1,4 km langen Bergwanderung, die von Riol über den Weinerlebnispfad möglich ist. Von oben bietet sich ein Panoramablick über Mehring.

Mehring

Rund 15 Kilometer moselabwärts von Trier auf der linken Flussseite liegt Mehring, auch das eine Gründung der Römer. Besonders stolz ist man in einer der größten Weinbaugemeinden an der Mosel, schon dreimal die deutsche Weinkönigin gestellt zu haben.

Weniger Glück brachte die Geschichte dem Dorf. So machte Mehring Mitte des 19. Jahrhunderts ein Brand zu schaffen, dem zwei Drittel aller Bauten zum Opfer fielen. Auch im Rahmen der Moselkanalisierung wurden viele Häuser abgebrochen.

Auch die größte Sehenswürdigkeit neben einer klassizistischen **Saalbau-Kirche** und einem alten **Fährturm**, eine römische **Villa Rustica** aus der ersten Hälfte des 2. Jahrhunderts, ist nur eine Teilrekonstruktion. Von der einst prächtigen Ausstattung ihrer Räume zeugen aber

Die Villa rustica in Mehring

▶ Karte S. 241

noch immer Reste eines mehrfarbigen Fußbodenmosaiks und eine Wandverkleidung aus schwarzem Marmor. Weitere Fundstücke aus der Römerzeit und Ausstellungsstücke seit der ersten urkundlichen Erwähnung Mehrings im Jahr 752 bis heute zeigt das kleine **Heimat- und Weinmuseum** im barocken Rathaus, in dem auch die Touristeninformation ihren Sitz hat. Im Norden Mehrings finden sich noch Reste einer römischen Tunnelwasserleitung. Schöner ist freilich die im benachbarten **Pölich**. Oberhalb der Kirche hat man dort eine Wasserleitung freigelegt, die eine Villa mit frischem Wasser aus der Eifel versorgte. Der Anfang des 3. Jahrhunderts in den Schieferfels gehauene Kanal ist heute auf rund 50 Meter begehbar. Allerdings ist er nur rund 50 Zentimeter breit und 1,20 Meter hoch.

Mehring

Vorwahl: +49/(0)6502, **PLZ**: D-54346
Touristinformation Mehring, Bachstr. 47, Tel. +49/6502/1413; April–Okt. Mo–Do 9–11.30, Fr 9–11.30 und 16–18, Sa 9–11 Uhr.
www.mehring-mosel.de

Hotelrestaurant Zum Fährturm, Peter-Schroeder-Platz 2, Tel. +49/6502/2403; DZ ab 94 Euro. Restaurant mit großer Terrasse. http://faehrturm-mehring.de

Moselcamping Pölicher Held, Zum Moselufer, 54340 Pölich, Tel. +49/6507/703347. Großer Campingplatz mit Sauna, Bootsanlegestelle (Boote bis 7 m Länge) und rustikalem Restaurant.
www.moselcamp.de

Villa Rustica, In der Kirchheck 20, Mehring, Tel. +49/6502/4465; April–Okt. frei zugänglich, öffentliche Führungen auf Anfrage.

Detzem

Bis in die Höhen des Hunsrücks erstreckt sich das Gemeindegebiet von Detzem. Seinen Namen verdankt es einem Zehn-Meilen-Stein, der in der Dorfmitte steht und zu römischen Zeiten die Entfernung nach Trier markierte – allerdings nur noch als Kopie, das Original ist im Trierer Landesmuseum. Von der spätgotischen Kirche existieren nur noch Sakristei und Chor. Wichtigste Touristenattraktion ist die **Moselschleuse**, denn mit neun Meter Höhe fällt hier die Mosel besonders tief. Bis zu 20 000 Kubikmeter Wasser rauschen bei der Schleusung machtvoll durch die Kammern, ein Spektakel!

Thörnich

Fast nahtlos geht Detzem in Thörnich über, ein Winzerdorf, das im Verhältnis zur Einwohnerzahl angeblich mehr Weinbaubetriebe als alle anderen deutschen Winzerdörfer besitzt. Seine besten Weinlagen sind allerdings auf der linken Moselseite, wo im steilen Schiefer der Ritsch weltbekannte Rieslinge reifen. Sie wusste man schon früh im englischen und schwedischen Königshaus zu schätzen. Mit einem Wein aus dieser Lage versuchte 1955 auch Bundeskanzler Konrad Adenauer nach dem Zweiten Weltkrieg, die Beziehungen zur Sowjetunion zu normalisieren, als er 72 Flaschen 1953er Thörnicher Ritsch als Gastgeschenk mit nach Moskau nahm – 24 für den Partei- und Regierungschef Nikita Chruschtschow, 24 für den Außenminister Wjatscheslaw Michailowitsch Molotow und 24 für den Verteidigungsminister Nikolai Alexandrowitsch Bulganin.

Klüsserath

Fast zwei Kilometer lang reiht sich in Klüsseraths Hauptstraße wie auf einer

Perlenschnur ein Haus an das andere. Das älteste ist die schon 1270 urkundlich erwähnte **Klüsserather Burg** (Burgweg 2). Aus jener Zeit stammt auch die **Pfarrkirche** mit ihrem gotischen Chor und dem Grab eines noblen Kreuzfahrers. Sehenswert ist eine Gruppe »Anna selbdritt« aus dem Mittelalter.

In den Blickpunkt der Öffentlichkeit rückt die Gemeinde alle fünf Jahre mit einem **Passionsspiel**, das nächste Mal 2028. Es beginnt mit der Szene des Abendmahls am Altar der Pfarrkirche, von wo die Akteure, Chor und Publikum stumm zu den weiteren Spielorten ziehen, ehe sie zur Grablegung an den Altar zurückkehren. Wie das Passionsspiel findet auch das Klüsserather **Adventsspiel** nicht auf einer Bühne, sondern mitten im Dorf in der Hauptstraße statt, wo man sich bei Kerzenschein und Chorgesang ebenfalls in kurzen Spielszenen - vom Sündenfall und den Ankündigungen des Messias im Alten Testament bis zum Warten auf die Heilige Nacht - auf Weihnachten einstimmt.

Ganzjährig lockt Krippenfreunde das **Haus der Krippen**. Auf zwei Etagen präsentiert es knapp 100 Krippen aus allen Materialien. Die Darstellungen von Christi Geburt, mal ganz modern, mal nostalgisch, stammen aus aller Welt.

Klüsserath

Vorwahl: +49/(0)6507

PLZ: D-54340

Touristinformation und Vinothek Klüsserath, Kirchstr. 3, Tel. +49/6507/3099, Mo–Mi und Sa 9–11.30, Do und Fr 15–17.30 (im Winter nur bis 11 bzw. 17) Uhr.

Campingplatz Klüsserath, Moselufer an der Bundesstraße 53, 54340 Klüsserath, Tel. +49/6507/4667; April–Okt., Wohnmobilstellplätze ab 16,50 Euro. https://campingplatz-kluesserath.de

Haus der Krippen – Domus Praesepiorum, Hauptstraße 83, 54340 Klüsserath, Tel. +49/6507/939204. www.krippenmuseum.info

Traditionelles Seifenkistenrennen; 3. So im Mai. Nostalgieveranstaltung.

Leiwen

Angeblich soll Kaiser Augustus dort, wo heute Leiwen liegt, seiner für die Namensgebung des heutigen Dorfes herhaltende Gattin Livia eine prunkvolle Sommerresidenz errichtet haben. Bodenfunde aber belegen allenfalls, dass es hier eine herrschaftliche Römervilla gegeben hat - nicht aber zu Lebzeiten der Kaisergemahlin. Die Münze mit dem Porträt Livia Drusillas (58 vor–29 nach Christus) im Ortswappen aber wollen sich die Leiwener trotzdem nicht nehmen lassen. Gelegen an einer schönen Schleife rechts des Flusses ist die nach Zell und Piesport drittgrößte Weinbaugemeinde an der Mosel ein Touristenmagnet. Das liegt weniger an ihren Sehenswürdigkeiten als an zwei riesigen Ferienparks, die jährlich zehntausende Urlauber auf den Höhen über Leiwen beherbergen. Der **Landal Greenpark Sonnenberg** wendet sich an Familienurlauber, der **Eurostrand Mosel** an Wellnessgäste und partyerprobte Feierbiester, für die in den Weinbergen sogar Getränkeautomaten mit passenden Moselweinen stehen.

Zum Wandern laden kilometerlange Wanderwege - etwa zu einem »Moselkino« genannten Aussichtspunkt, von dessen rund um einen großen Holzrahmen aufgestellten Bänken man die »Traumaussicht ins Moseltal« genießen

▸ Karte S. 241

Leiwen (links) und Trittenheim

kann. In Leiwen wird der Blick als »einer der besten Naturfilme der letzten Jahre« beworben.

Zu den klassischen Sehenswürdigkeiten in Leiwen gehören neben einem kleinen **jüdischen Friedhof** (Detzemer Straße) und einer dem heiligen Eucharius geweihten frühneuzeitlichen **Kapelle** (Euchariusstraße 6) vor allem die katholische **Pfarrkirche**. Sie lockt mit prächtiger Rokokoausstattung und gotischen Fresken in der Krypta, die 1902 dem kleinen Stefan Andres als Taufkapelle diente.

Am Ortsausgang Richtung Trittenheim steht das Anfang des 19. Jahrhunderts errichtete **Dhrontalkraftwerk** mit vier großen Turbinen samt Generatoren mit einer Höchstleistung von 2000 PS. Wie vor über 100 Jahren spendet die Anlage noch heute jährlich 8,8 Millionen Kilowattstunden Strom. Das Wasser zur Energiegewinnung liefert ein knapp zwei Kilometer langer Druckstollen zur Drohntalsperre, für deren Bau Stefan Andres' Eltern einst ihre Mühle aufgeben mussten. Kunst- und Gartenfreunde könnte am Ortsrand ein Skulpturengarten (Im Bohnengarten 1) interessieren, der auf 13 000 Quadratmetern ausschließlich mit heimischen Pflanzen angelegt wurde.

Leiwen

Vorwahl: +49/(0)6507
PLZ: D-54340
Touristeninformation Leiwen, Römerstr. 1, 54340 Leiwen, Tel. +49/6507/3100; April–Okt. Mo–Sa 9–12, verkürzte Zeiten im Winter.
www.leiwen.de

Landal Greenpark Sonnenberg, Sonnenberg 1, Tel. +49/6507/4913900; DZ ab 75 Euro. Ferienanlage mit über 200 Ferien-häusern und -wohnungen samt Kletterwald und Hallenschwimmbad, Campingplatz für Zelter und Wohnmobilfahrer.
www.landal.de/parks/sonnenberg

Eurostrand Resort Moseltal, Moselallee 1, Tel. +49/4022633430. Ferienanlage mit Hallenbad, Saunen, Tennisplätzen, Bowling, Minigolf und Wellnessbereichen.
www.eurostrand.de

Hotel Alte Metzgerei, Römerstr. 11, Tel. +49/6507/3328. Rustikales Restaurant mit Gästezimmern ab 86 Euro. www.hotel-herres.de

Vierzehn85 – Essen&Wein, Euchariusstr. 10–12, Tel. +49/6507/9393901; DZ ab 130 Euro. Namensgeber des Restaurants plus moderner Gästezimmer ist das Baujahr des Fachwerkhauses. Regionale Küche. https://vierzehn85.de

Weinfest; 3. Wochenende im Aug. Mit großem Umzug und Krönung der Weinkönigin.

Die beiden Fährtürme von Trittenheim

Karte S. 241

Trittenheim

Schräg gegenüber Leiwen findet sich Trittenheim. Es ist der einzige Moselort, der noch über **Fährtürme** auf beiden Seiten der Mosel verfügt, obwohl die Fähre nach dem Bau einer Brücke vor über 100 Jahren nicht mehr benötigt wird. Der ortsseitig gelegene Turm hat vier Geschosse, in denen einst der Fährmann wohnte, und verfügt über einen Zugang aus dem Dachgeschoss zum alten Brückenhäuschen, wo man zeitweise zur Finanzierung des Flussübergangs einen Brückenzoll entrichten musste. Der rechte Fährturm ist nur zweigeschossig. Am alten Brückenkopf steht ein **Denkmal** zu Ehren des größten Sohnes der Gemeinde: **Johannes Trithemius** (→ S. 252).

Ältester Zeitzeuge ist ein etwa 3500 Jahre alter **Menhir**, der genau auf der Gemarkungsgrenze der Gemeinden Trittenheim, Köwerich und Klüsserath steht. Mit dem zentnerschweren Stein ist eine Legende verbunden, nach der sich eine christliche Jungfrau auf der Flucht vor einem heidnischen Ritter mit ihrem Esel an dieser Stelle durch einen weiten Sprung ins Tal gerettet habe. Zurück sei der Hufabdruck des Reittiers geblieben. An die Römerzeit erinnern zwei inzwischen restaurierte und mit einem Schutzdach versehene **Sarkophage** rechts der Mosel in der berühmten Weinlage *Trittenheimer Apotheke*.

Immer eine Stippvisite wert ist eine herrlich über der Moselschleife gelegene und dem Weinheiligen Laurentius geweihte mittelalterliche **Kapelle**.

Im Ort selbst glänzt die katholische Pfarrkirche **St. Clemens**, Ende des 18. Jahrhunderts an der Stelle eines Vorgängerbaus errichtet, mit barockem Interieur. Und auffallend sind die vielen, Mitte des 17. Jahrhunderts entstandenen **Bildstöcke**, die von Trittenheimer Familien errichtet wurden, welche die Pest verschont hatte. Sie alle wurden in den letzten Jahren fachmännisch restauriert und sind heute ein für alle sichtbares Zeichen Moselaner Volksfrömmigkeit. Über ihre Standorte und Motive informiert: www.trittenheim.de/urlaub-machen/sehenswertes/pestkreuze.html

Trittenheim

Vorwahl: +49/(0)6507

PLZ: D-54349

Touristinformation Trittenheim, Moselweinstr. 55, Tel. +49/6507/2227; April–Weihnachten Mo–Sa 9–12, Mo, Di, Do, Fr 14.30–16.30 Uhr, Weihnachten–März Mo–Sa 9–12 (Fr zusätzlich 14.30–16.30 Uhr). www.trittenheim.de

Wein & Tafelhaus, Moselpromenade 4, Tel. +49/6507/702803; Di–Sa 18.30–20 Uhr. Gehobenes Restaurant mit Gästehaus und Vinothek, Terrasse am Moselufer. https://wein-tafelhaus.de

Weinhotelchen Clüsserath, Weingut und Gästehaus Ernst Clüsserath, Hinkelweg 8, Tel. +49/6507/2607; DZ ab 79 Euro. Weingut mit Gästezimmern und Ferienwohnung am Ortsrand. www.weingut-ernst-cluesserath.de

Gästehaus Moselkloster, Johannes-Trithemius-Str. 21, Tel. +49/6507/2632; DZ ab 115 Euro. Weingut mit modern eingerichteten Gästezimmern. https://weinguteifel.de

Campingplatz Trittenheim, Moselpromenade, Tel. +49/6507/2148; Mitte April–Mitte Okt., Stellplätze ab 20,50 Euro. www.camping-trittenheim.de

Flurprozession zur Laurentiuskapelle Trittenheim; 2. Wochenende im Aug. Mit Segensgottesdienst.

Johannes Trithemius: Bücherwurm und Geheimschrift-Erfinder

Er war Gottesmann, Abt und Universalgelehrter, ohne je eine Universität besucht zu haben. Als leidenschaftlicher Bücherfreund bereicherte seine Sammelwut Bibliotheken, und als Autor von fast 100 Büchern nahm er es mit der Heiligen Schrift nicht immer so genau. Mit der Kirche geriet er deshalb heftig aneinander, als er behauptete, auch Anna, die Mutter Mariens, habe die Gottesmutter unbefleckt empfangen. »Ioannes Tritemius« nannte er sich als gebildeter Twen vornehm latinisiert, Johannes aus Trittenheim. Am Fuß der Moselbrücke thront er auf einem meterhohen Sockel in Bronze. Das Haus, in dem er nach eigenen Angaben »etwa eine halbe Stunde vor Mitternacht am 1. Februar 1462« als Johannes Heidenberg geboren wurde, existiert nicht mehr, ein Schild an einem einfachen Haus in der Ergeneschstraße 4 zeigt an, dass Trithemius hier zur Welt kam. Von dort aus war es für den kleinen Johannes jedenfalls nur ein Katzensprung ins Pfarrhaus, wo er beim Ortspfarrer Griechisch und Latein lernte. Zum Unmut seines Stiefvaters, den seine Mutter nach dem frühen Tod seines leiblichen Vaters geheiratet hatte. 17 Jahre hielt es Trithemius zuhause aus, ehe er sich in Trier, Köln und Heidelberg weiteres Wissen aneignete. Von seinem Bildungseifer erzählt ein Relief in Trittenheim, das in 17 Szenen sein Leben schildert. Eine zeigt einen Traum, in dem man dem 15-jährigen Johannes im Schlaf zwei Tafeln vorhält: eine mit Bildern und eine mit Buchstaben. Trithemius entschied sich angeblich für die Buchstaben!

Erster Höhepunkt auf seinem Lebensweg war in Sponheim bei Kreuznach, wo er im Januar 1482 in die Benediktinerabtei aufgenommen und schon ein Jahr später zum Abt gewählt wurde. Trithemius gelang es schnell, das finanziell desolate Kloster neu aufzustellen. Seine Managerqualitäten nutzten auch umliegende Klöster, die der Mann von der Mosel sanierte. Seine Leidenschaft war das Sammeln von Handschriften und Büchern, in deren Erwerb Trithemius einen Großteil der Klostergelder steckte. Auf Einladung des Kurfürsten Joachim I. von Brandenburg – er nannte den Moselaner den »Glanz unseres Zeitalters« – ging er für einige Monate als Regierungsberater nach Berlin, ehe er im Oktober 1506 im Würzburger Kloster Sankt Jakob als Abt ein neues Amt antrat. Immer stärker wurde letztlich seine Beschäftigung mit okkulten Praktiken wie der Hexerei, die er mit seinen Schriften wie dem *Antipalus maleficiorum* (*Gegner der Hexereien*) zu bekämpfen suchte. Andererseits schrieb er von »Planetengeistern«, die in Gottes Auftrag die Welt regierten. Eine Weltsicht, die sein Schüler Agrippa von Nettesheim (1486–1535) nach langen Studien in Sponheim in seinem Werk *De occulta Philosophia* perfektionierte, das ihm den Ruf einbrachte, mit dem Teufel im Bund zu stehen. Kein Wunder, dass manches Trithemius-Werk auf dem päpstlichen Index landete. Die Buchstaben, für die er sich angeblich im Traum entschieden hatte, prägten schließlich seine kryptologischen Werke, in denen er konkrete Geheimsprachen vorstellte, so wie die »Tabula Recta« in seiner sechsbändigen *Polygraphia*. Es war ein polyalphabetisches Verschlüsselungsverfahren, das auf der Verschiebung von Buchstaben basierte. So wurde etwa aus dem Satz »Dieser Klartext ist jetzt zu verschluesseln« die Buchstabenfolge DKGXIY QSIBEQIH ZIL BWOTQ XT VFTXGNRCNCDQZB. Im Dezember 1516 starb Trithemius in Würzburg, wo er auch begraben liegt.

Trithemius-Denkmal in Trittenheim

Rund um Bernkastel-Kues

Im Süden der Gemeinde Neumagen-Dhron verlässt die Mosel den Landkreis Trier-Saarburg, um in den Landkreis Bernkastel-Wittlich zu wechseln. Von jetzt an steht sie im Bann der Verbandsgemeinde Bernkastel-Kues, zu der neben der Stadt fast zwei Dutzend Ortsgemeinden gehören. Die meisten und einwohnerreichsten liegen an der Mosel – so wie Zeltingen-Rachtig, Piesport oder Neumagen-Dhron. Wie in den Ortschaften weiter moselaufwärts leben auch die Menschen zwischen Neumagen-Dhron und Lösnich vom Weinbau und dem Fremdenverkehr – und vom Erbe ihrer Ahnen, die ihnen keltische und römische Zeugnisse hinterlassen haben. Schön anzusehen sind die sehenswerten Fachwerkbauten und Gotteshäuser.

Neumagen-Dhron

Zu den interessantesten Stationen jeder Moseltour zählt Neumagen. Zusammen mit dem nördlich gelegenen Drohn, dem Mündungsort des gleichnamigen Flusses, bildet es eine Doppelgemeinde. Neumagens Kapital ist sein reiches römisches Erbe, zu dem auch der Nachbau des berühmten Neumagener Römerschiffes gehört. Neumagens antikes Gesicht prägte der römische Kaiser Konstantin, der in seiner Regierungszeit im frühen 4. Jahrhundert in Noviomagum ein Kastell anlegen ließ. Seine Besatzung sollte die strategisch wichtige Römerstraße von Trier nach Mainz über Bingen sichern. Die Verbindung markiert noch heute die Kopie eines sogenannten **Leugensteins** vor der katholischen Pfarrkirche. Auf dem Straßenwegweiser findet sich nicht nur eine Längenangabe, sondern auch ein Lobspruch auf die damaligen römischen Herrscher. »Ragende Villen hier, auf hängendem Ufer gegründet, und grünende Hügel dem Bacchus gewidmet und der Mosel lieblich strömende Flut, die mit leisem Gemurmel einher fliesst. Sei mir gegrüßt, o Fluss!« So überschwänglich pries der römische Dichter und Konsul Decimus Magnus Ausonius einst die Gegend, als er anno 368 von Bingen nach Trier reiste und erstmals das Moseltal erblickte. Neu-

Das neue Weinschiff auf Jungfernfahrt

▲ Karte S. 241

magen reklamiert diese Beschreibung gern für sich, zumal es noch heute grüne Wiesen am Flussufer und Reben an den Hängen gegenüber kennt. Besonderes Lob fand der Dichter damals übrigens auch für die Wasserqualität des Flusses, die er mit Quellwasser aus dem Wald verglich: »... Und so rein ist zum Trunk nicht der Waldquell als deine Gewässer!«
Mit dem Untergang des Römerreiches war die Idylle vergessen, Neumagen ein Moseldorf unter vielen. Inmitten der zweiten Hälfte des 19. Jahrhunderts aber stießen Arbeiter beim Neubau eines Hauses auf auffälliges Mauerwerk mit Reliefs, die ihnen der damalige Direktor des neu gegründeten Museums in Trier zu einem Spottpreis abkaufte. Für umgerechnet eine Mark pro Zentner wurde so der Grundstock für eine der größten römischen Museumssammlungen Europas gelegt. Auch in den Folgejahren wurde in Neumagen weiter ausgegraben, kamen immer mehr römische Zeugnisse zutage. Inzwischen weiß man, dass viele der über 1000 Fundstücke zu einem römischen Kastell gehörten, zu dessen Bau man vor allem auch zerstörte Grabmäler aus dem Raum Trier verwendete. Heute geben sie Einblick in die frühe Welt der Moselaner. Die meisten finden sich im Trierer Landesmuseum, doch inzwischen halten am Fundort in Neumagen auch Kopien die Geschichte wach - allen voran das berühmte **Weinschiff** vor der Peterskapelle aus dem 14. Jahrhundert. Auf der Grundlage dieses Modells zimmerte man vor einigen Jahren einen knapp 18 Meter langen und 4,20 Meter breiten weiteren Nachbau mit Drachenköpfen an Bug und Heck: die *Stella Noviomagi*. Heute ist sie eine der touristischen Attraktionen an der Mosel. Auch wenn sich auf der Galeere wie einst zahlreiche Ruderer in die Riemen legen können, um das Schiff zu bewegen, unter Deck arbeiten in der Regel PS-starke Dieselmotoren. Sie garantieren den bis zu 40 Gästen an Bord eine gemütliche Moselreise.
Wegen der Vielfalt römischer Zeugnisse in Neumagen, zu denen auch die **Reste eines Turms** in der Spielesgasse gehören, hat man einen **archäologischen Rundweg** angelegt, der sich mit Hilfe einer sogenannten Lauschtour-App (Römertour Neumagen-Dhron) erobern lässt. Zu den schönsten Reliefs auf seiner Route gehört eine Darstellung des römischen Schulunterrichts. Es zeigt zwei einander gegenübersitzende Buben in Lehnstühlen, die eine aufgeschlagene Buchrolle in den Händen halten. Zwischen den beiden sitzt der Lehrer. Dahinter naht ein weiterer Knabe mit hölzernen Schreibtafeln.
Fast alle Sehenswürdigkeiten Neumagens ballen sich entlang der **Römerstraße** mit ihren Fachwerkbauten. Im Gebäude der Touristeninformation vermittelt eine kleine Ausstellung zudem viel Hintergründiges zum römischen Leben an der Mosel. So erfährt man im **Museum Noviomagi** Interessantes über den römischen Straßen- und Wohnbau und den Alltag im Kastell Noviomagus Treverorum.

i Neumagen-Dhron

Vorwahl: +49/(0)6507, **PLZ**: D-54347

Touristinformation Neumagen-Dhron, Römerstr. 137, 54347 Neumagen-Dhron, Tel. +49/6507/6555; Mai–Weihnachten Mo–Fr 9–12.30 und 14–16.30 (außer Mi), Sa 9–12 Uhr; Weihnachten–April Mo–Sa 9–12 Uhr. Sa (15.30 Uhr) und So (10 Uhr) gibt es für Einzelgäste von April bis Okt. die Möglichkeit, eine Fahrt mit dem Weinschiff zu unternehmen. www.neumagen-dhron.de

Hotelrestaurant Lekker, Grafenweg 1, Tel. +49/6507/939771; DZ ab 115 Euro. Restaurant mit Sommerterrasse. www.hotel-lekker.de

Marina Mittelmosel, Jachthafen Neumagen-Dhron, Moselstr. 21, Tel. +49/174 9678296. Zur Marina (80 Boote bis 15 m Länge) gehören außerdem 60 Wohnmobilstellplätze und ein Boots- und Fahrradverleih. www.marina-mittelmosel.de

Piesport

Mit rund 450 Hektar Weinbergsfläche ist Piesport die mit Abstand größte Weinbaugemeinde an der Mosel. Hier ist das Mutterland des Rieslings. Dank eines Pfarrers, der die Piesporter schon 1763 überredete, nur noch Rieslingreben zu pflanzen – fast ein Vierteljahrhundert vor einer entsprechenden Verfügung durch den letzten Trierer Kurfürsten. Aus kirchlichen Rebanlagen verkaufte er ausgesuchte Rieslingstecklinge. An den geistlichen Riesling-Propagandisten erinnert heute ein Brunnen vor der Michaelskirche am linken Moselufer.

Kirchenschiff der Michaelskirche

▲ Karte S. 241

Schon zu Römerzeiten führte im heutigen Piesport höchstwahrscheinlich eine Furt durch den Fluss. Sie war angeblich einem Mercurius Bigontius geweiht, der dem Namen Piesport Pate gestanden haben soll. Dem Lokalheiligen Bigontius war am linken Ufer auch ein Bergheiligtum geweiht, das später christianisiert und unter das Patronat des Erzengels Michael gestellt wurde.

Die heutige **Michaelskirche** gleich neben der Moselbrücke gilt als Wahrzeichen des Ortes: eine Rokokokirche wie aus dem Bilderbuch, errichtet von einem Tiroler Baumeister. Über dem Portal thront die Skulptur des Erzengels Michael, dem man auch auf einem der drei monumentalen Deckengemälde begegnet. »Piesporter Himmel« heißen die Einheimischen die Bilder. Über dem Altarraum zeigt sich die Himmelfahrt Mariens mit dem offenen Sarkophag und den zwölf Aposteln. In der Mitte ist der Sturz der Engel durch den Erzengel Michael zu sehen. Und zum Eingang hin predigt der heilige Franz Xaver. Besondere Betrachtung verdient das Deckengemälde auch deshalb, weil es auf schönste Weise einen Konflikt zwischen seinem Maler, dem Trierer Johann Peter Weber – er schuf das Werk 1778 – und dem damaligen Pfarrer schildert. Weil sich der Künstler über die schlechte Bezahlung ärgerte, gab er im Höllensturz dem auf dem Rücken liegenden Teufel, der seine Maske verloren hatte, die Gesichtszüge des knausrigen Pfarrers. Außerdem versteckte er in den Rissen und Klüften der aufbrechenden Hölle die Initialen des Pfarrers. In der Szene nebenan, wo der heilige Franz Xaver

Römische Kelteranlage in Piesport

missioniert, sieht man den Maler als einzigen fast nackt neben seiner blau gekleideten Frau und in deutlicher Entfernung zu dem Geistlichen. Holzaltäre, Kommunionbank und Kanzel stammen aus der Zeit der Erbauung, die in Rokokoformen gehaltene Orgelempore wurde erst Mitte des 19. Jahrhunderts eingebaut.

Die außen angefügte neugotische offene Halle birgt ein großes Kruzifix mit dem Gekreuzigten im Lendenschurz. Das Mosaik dahinter zeigt zwei Engel, die Christus huldigen, sowie einen Engel zu seinen Füßen, der aus einer Schale Blut gießt. Ihm gegenüber zertritt ein Winzer in einer Holzwanne Trauben – ganz so wie man zu antiken Zeiten kelterte. Einmal jährlich, beim **Weinfest** im Oktober, wird das in Piesport anschaulich vorgeführt: in der **römischen Kelteranlage** aus dem 3. Jahrhundert, die mehrfach erweitert wurde. Die Größe des Areals lässt vermuten, dass hier einst eine Art Domäne stand, die jährlich bis zu 60 000 Liter Wein produzierte. In der 1985 entdeckten Anlage wurden zudem Traubenkerne entdeckt, die beweisen, dass damals an der Mosel auch wirklich Weinbau im professionellen Stil betrieben wurde. In einem der Kellerräume war sogar eine Räucherkammer (Fumarium) installiert, in welcher der Wein geräuchert wurde. So wollte man den Rebensaft schneller reifen lassen, was seinem Geschmack aber nicht gerade förderlich war.

Am linken Moselufer gegenüber dem Ortsteil Reinsport liegt die **Moselloreley**, ein Felsklotz ähnlich wie der am Rhein. Das 85 Meter aus der Mosel steil aufragende Naturdenkmal steht so dicht am Fluss, dass für Fußgänger oder Radler dort kein Platz mehr ist. Sie führt ein Weg weiter oben durch das Felsmassiv, das wunderschöne Blicke auf die Mosel und ihre Windung bietet.

Piesport

Vorwahl: +49/(0)6507, **PLZ**: D-54498
Tourist-Information Piesport, Heinrich-Schmitt-Platz 1, 54498 Piesport, Tel. +49/6507/2027; Mai–Okt. Mo–Fr 8.30–12 und 14–17, Sa 10–12, Nov.–April Mo–Fr 8.30–12 Uhr. www.piesport.de

Wohnmobilstellplatz Piesporter Goldtröpfchen, Moselstr. 18, Tel. +49/175/5248528; ab 12 Euro. 30 Plätze am Ufer.

Weingut Lehnert-Veit, In der Dur 6–10, Tel. +49/6507/2123; Mai–Okt. 12–22 Uhr, Gästezimmer ab 105 Euro. Beliebte Straußwirtschaft am Moselufer mit großem Garten. www.lehnert-veit.de
Restaurant Schanz, Bahnhofstr. 8a, Tel. +49/6507/92520. Gourmettempel mit dreistelligen Menüpreisen. www.schanz-restaurant.de

Weinfest; 2. Oktoberwochenende. Mit Umzug und Traubentreten in der römischen Kelteranlage.

Fahrradverleih Peter Später, Römerstr. 43, Tel. +496507/939350.

Brauneberg

Wie in Piesport findet sich auch in Brauneberg eine römische Kelteranlage. Sie steht am Fuß der »Juffer«, einem von der Sonne besonders verwöhnten und bis zu 87 Prozent steilen Weinhang auf der dem Ort gegenüberliegenden Moselseite. Im Schatten der Felsen werden an heißen Sommertagen manchmal Temperaturen von über 40 Grad im Schatten gemessen – etwa in der weltbekannten Weinlage »Juffer Sonnenuhr«. Der Name »Juffer« wurzelt angeblich in napoleonischen Besatzungszeiten. Damals soll ein Winzer angesichts seiner drei ledigen Töchter die Steillage »Juffer« genannt haben, was im moselfränkischen Dialekt Jungfer heißt.

Brauneberg ist ein typisches Straßendorf. Sein Juwel ist eine 2,2 Kilometer lange **Nussbaumallee**, die im September Schauplatz eines großen Weinfestes ist. Eine Besonderheit ist die **Pfarrkirche**, die als einzige in der Region von beiden großen Konfessionen genutzt wird – als Simultankirche, wie das im Fachjargon heißt. Das liegt daran, dass das bis 1925 noch Dusemond genannte Dorf – der Name verwies auf die antike Siedlung »Duos Amondos super Mosellam« (Zwei zu Liebende an der Mosel) – lange Zeit zur protestantisch regierten Grafschaft Veldenz und später zur Kurpfalz gehörte. Die Nutzung von Kirchen durch beide Konfessionen entstand nach dem Ende des Dreißigjährigen Krieges (1618–1648) und war nicht nur dem Mangel an Mitteln für den Wiederaufbau zerstörter Kirchen geschuldet: Das sogenannte Simultaneum sollte auch weitere religiöse Unruhen verhindern. Ein Erlass von 1684 bestimmte die gemeinsame Nutzung in Orten mit nur einer Kirche. Das galt auch für die heutige Kirche in Brauneberg, einen gegen Ende des 18. Jahrhunderts geschaffenen barocken Saalbau. Sein Baumeister war süddeutsch-italienischer Abstammung, weshalb er dem Gotteshaus als angeblich einzigem an der Mosel einen Zwiebelturm verpasste. 1956 wurde zwischen Langhaus und Chor eine Mauer eingezogen, um beiden Konfessionen gleichzeitige Gottesdienste zu ermöglichen. Seitdem ist der Chor evangelisch, das Langhaus katholisch. Turm und Glocken gehören beiden Gemeinden zusammen, die Uhr schon seit 1880

▸ Karte S. 241

der Ortsgemeinde. Von außen ist der Kirche von ihrer Teilung übrigens nichts anzusehen. Der barocke Hochaltar steht ebenso wie der evangelische Altar an der Trennwand zwischen den Kirchenteilen. Vom alten Gestühl ist nur etwas im protestantischen Teil übrig geblieben, auf der katholischen Seite wurde die Bestuhlung erneuert. Auch die alte Kanzel blieb den Protestanten.

Richtung Wintrich, im Ortsteil Filzen, liegt das ehemalige **Kloster Filzen** mit dem romanischen Andreasturm aus dem späten 11. Jahrhundert, dem ältesten Kirchturm an der Mittelmosel. Heute ist die Klosterkirche eine dem heiligen Josef geweihte katholische Pfarrkirche, deren Ausstattung großteils aus dem frühen 18. Jahrhundert stammt. Eine Ausnahme ist eine geschnitzte Kalvarienberg-Gruppe aus der zweiten Hälfte des 15. Jahrhunderts.

Kloster Filzen

Brauneberg

Vorwahl: +49/(0)6534, **PLZ**: D-54472

Touristikbüro Brauneberg, Moselweinstr. 101, Tel. +49/6534/933333; Mo–Fr 9–12 und Mo, Di, Fr 14–17 Uhr. Das Touristikbüro verleiht auch Fahrräder nebst Anhängern und Kindersitzen. www.brauneberg.de

Gästehaus Martin Prüm, Im Neudorf 7, Tel. +49/6534/8324; DZ ab 71 Euro. Schönes Gästehaus an der Mosel mit großem Garten. www.martin-pruem.de

Gasthof Zur Klosterschenke, Moselweinstr. 21, Tel. +49/6534/93213. Speisegaststätte mit kleiner Außenterrasse, auch vegetarische Angebote. https://kamiladurlej.wixsite.com/klosterschenke

Wohnmobilstellplatz Brauneberger Juffer; ab 13 Euro. 25 Stellplätze am Moselufer.

St. Remigius, Moselweinstr. 165, Brauneberg, Tel. +49/6535/325.

Wein- und Straßenfest; 3. Wochenende im Sept. an der Nussbaumallee. Neben heimischen Weinen, Sekten und Spirituosen gibt es mit Walnüssen verfeinerte Speisen.

Mülheim an der Mosel

Direkt an Brauneberg grenzt Mülheim an der Mosel. Weil es wie der Nachbarort einst zur protestantischen Grafschaft Veldenz gehörte, ist es heute noch mehrheitlich protestantisch und damit an der Mosel eine Rarität. Sehenswert ist die **evangelische Kirche**, ein barocker Saalbau mit einer wertvollen Orgel und schönen Tafelbildern an den Brüstungen der Empore. Sie entstanden Anfang des 18. Jahrhunderts und zeigen biblische Szenen, die von rechts und links auf ein zentrales Pfingstbild zulaufen.

Schloss Lieser

Abstecher nach Veldenz

Veldenz liegt südöstlich von Mülheim in einem verlandeten Tal der Urmosel. Schon früh war es besiedelt und schließlich Hauptstadt einer gleichnamigen Grafschaft und eines Fürstentums, dem zeitweise mehr als 100 Dörfer bis weit nach Lothringen angehörten. Touristisch entdeckt wurde Veldenz erst im 19. Jahrhundert, als romantisch gesinnte Reiseautoren auf die dortige **Schlossruine** stießen. Sie liegt weit außerhalb des Ortes und wurde im 12. Jahrhundert an der Stelle einer spätrömischen Befestigungsanlage errichtet. Zeitweise war die auf einem nach drei Seiten steil abfallenden Bergsporn liegende Burg eine der größten in der Moselregion. Französische Truppen zerstörten sie jedoch Ende des 17. Jahrhunderts. Heute ist sie im Besitz einer Trierer Familie, die die Anlage nach und nach hergerichtet hat. Schmuckstück ist der **Rittersaal** mit historischem Interieur, in dem gern Burgfeste gefeiert werden.

Lieser

Das protestantische Mülheim ist mit dem katholischen Lieser gegenüber durch eine Brücke verbunden. Auch hier entdeckte man vor einigen Jahren eine römische Kelteranlage am Moselufer, die man aber wieder zugeschüttet hat. Die strategische Lage Liesers an der Postkutschenverbindung zwischen Brüssel und Wien verschaffte dem Fährort im 16. und 17. Jahrhundert viele Vorteile.

Die **alte Poststation** gehört heute neben der neuromanisch-gotischen **Paulskirche** in den Weinbergen und der sorgfältig restaurierten spätbarocken **Pfarrkirche St. Peter**, die weithin sichtbar auf einem Felsvorsprung über Lieser steht, zu den Sehenswürdigkeiten.

Unbestrittenes Schmuckstück Liesers und Blickfang am Moselufer ist das inzwischen fein herausgeputzte **Schloss**, ein Bau wie aus dem Bilderbuch. Es entstammt der Blütezeit Liesers Ende des 19. Jahrhunderts, als eine Eisenbahnlinie den Moselort mit Bernkastel-Kues und der Eifelstadt Wittlich verband. Vorgängerbau war ein Hofgut aus dem frühen 18. Jahrhundert, an dessen Stelle man schließlich das Schloss setzte. Konzipiert hatte es ein Frankfurter Architekt, der unter anderem auch den Palmengarten in der heutigen Großstadt am Main konzipiert hatte. Das Gebäude

▲ Karte S. 241

war der Familiensitz des Industriellen Eduard Puricelli (1826–1893), der Miteigentümer einer Hüttengesellschaft war, das meiste Geld aber in Trier verdiente, das er mit Gas belieferte. Puricelli, vertrat die Trierer als konservativer Abgeordneter eine Zeitlang im deutschen Reichstag und ließ das Schloss für seine Familie als Wohnhaus erbauen. Da seine beiden Söhne früh verstarben, vererbte Puricelli das Haus an seine Tochter Maria. Die ehelichte 1880 Dr. Clemens Freiherr von Schorlemer (1856–1922), einen damals ranghohen preußischen Beamten, der 1910 preußischer Landwirtschaftsminister wurde. Schorlemer ließ das alte Schloss Anfang des 20. Jahrhunderts weiter ausbauen – versehen mit einem eigenen kleinen Kraftwerk.

Den Unterschied zwischen altem und neuem Schloss sieht man noch heute deutlich. So zeigt sich der ältere Teil im verschnörkelten Stil der Neorenaissance, der jüngere im Jugendstil. Kaiser Wilhelm II. war mehrmals bei seinem Staatsdiener Schorlemer im neuen Prachtbau zu Gast, ebenso wie Kronprinz Wilhelm und Prinz Oskar.

Nach dem Tod Schorlemers aber verlor die Familie an Einfluss und Bedeutung. Allenfalls als Kulisse für den Film wie in den 1950er Jahren war das Schloss noch gefragt. 1981 kaufte Lieser der letzten Schlossherrin das Gebäude für 600 000 Mark ab und stellte es unter Denkmalschutz.

Zwei Millionen Euro legte ein Investor 2001 für das meist leerstehende Schloss auf den Tisch, in das ein anderer Investor weitere Millionen steckte und aus ihm ein Luxushotel machte, heute vermarktet von der Marriott-Hotelgruppe.

Mülheim, Veldenz, Lieser

Vorwahl: Mülheim an der Mosel, Veldenz +49/(0)6534, Lieser +49/(0)6531

PLZ: Mühlheim D-54486, Veldenz D-54472, Lieser D-54470

Touristinformation Mülheim an der Mosel, Hauptstr. 60, Tel. +49/6534/948734; Mai–Okt. Mo–Sa 9–13, Di und Fr auch 13.30–16.30, Nov.–April Mo, Mi, Do 9–14 Uhr. www.muelheimmosel.de

Verkehrsamt Veldenz, Hauptstr. 28, Tel. +49/6534/1203; Mo–Fr 9–12 Uhr. www.veldenz-mosel.de

Touristinformation Lieser, Am Markt 38, Tel. +49/6531/8746; Mo–Fr 10–12 und zusätzlich Ostern–Nov. 16–17.30, Sa (Mitte April–Nov.) 10–12 Uhr. www.lieser-mosel.de

Schloss Lieser, Moselstr. 33, Tel. +49/6531/986990; DZ ab 199 Euro. Luxushotel mit 50 Zimmern und schönem Garten am Moselufer. Gehobene Küche, Schwimmbad und Spa. www.mariott.de

Weinromantikhotel Richtershof, Hauptstr. 81–83, Mülheim an der Mosel, Tel. +49/6534/ 9480; DZ ab 189 Euro. Traditionsreiches Haus mit stilvollem Restaurant, in dem der Gast noch König ist. www.weinromantikhotel.com

Landhaus Kuntz, Schloßbergstr. 23, Lieser, Tel. +49/6531/3875; DZ ab 100 Euro. Weingut mit Gästehaus und Fahrradverleih. www.kuntz-mosel.de

Vinothek Hugo Hower, Moselstr. 42, Lieser, Tel. +49/6531/3446;Ostern–Okt. Weinausschank in modernem Ambiente. www.weingut-hower.de

Evangelische Kirche, Hauptstr. 10, Mülheim an der Mosel, Tel. +49/6534/235.

Schloss Veldenz, Tel. +49/651/40636; Führungen April–Okt. Mi 15 Uhr. Die Anfahrt ist in Veldenz von der Kirche an ausgeschildert. www.schlossveldenz.com

Bernkastel-Kues

Die an einem Moselbogen liegende Doppelgemeinde Bernkastel-Kues ist die Verkörperung jeder Moselromantik und deswegen vor allem im Sommer oft überlaufen. Seit 1905 sind die über eine schöne und große Brücke verbundenen, früher selbstständigen Orte Bernkastel und Kues miteinander vereint. Die Stadtteile Bernkastel und Andel liegen am rechten, die Stadtteile Wehlen und Kues am linken Moselufer. Schmuckstück ist die Altstadt von Bernkastel mit ihren engen Gassen und sehenswerten Fachwerkhäusern, die beim jährlichen Weihnachtsmarkt im Dezember in ein ganz neues Licht rücken.

In den über Bernkastel liegenden Steillagen reift einer der teuersten Weine der Welt, der »Bernkasteler Doctor«. Pretiosen aus dieser Lage können schnell ein paar tausend Euro pro Flasche kosten. Der Legende nach geht die Lagenbezeichnung auf einen schwerkranken Kurfürsten zurück, der während seines Aufenthaltes auf der Burg Landshut viel Wein getrunken habe und so gesundet sei. Wahrscheinlicher aber ist die Erklärung, dass der Name »Bernkasteler Doctor« seinen Namen von einem früheren Weinbergsbesitzer mit einem Doktortitel hat, der den dann auf seinen Wingert übertragen hat. Schon der Schriftsteller Hermann Hesse lobte den Bernkasteler Doctor: »Er ist ein Held und Zauberer. Er ist ein Verführer und Bruder des Eros. Er vermag Unmögliches: Arme Menschenherzen füllt er mit schönen und wunderlichen Träumen. Er hat mich zum Einsiedler, zum Bauern, zum König, Dichter und Weisen gemacht. Leergewordene Liebeskähne belastet er mit meinen Schicksalen und treibt Gestrandete in die eilige Strömung des großen Lebens zurück.«

▸ Karte S. 263

Stadtgeschichte

Schon in der Jungsteinzeit gab es in Kues auf der linken Moselseite eine Siedlung wie Ausgrabungen Anfang der 1960er Jahre belegen konnten. Bernkastel wird erstmals im 11. Jahrhundert urkundlich erwähnt. Allerdings ist sich die Wissenschaft nach Bodenfunden in der Nähe der heutigen Burg Landshut inzwischen sicher, dass schon zur Antike im heutigen Bernkastel – damals nannte man es »Princastellum«, also erstes Kastell – eine große Festung stand.

Auch in den späteren Jahren beherrschten immer wieder neue Burgen den strategisch wichtigen Platz über das zu ihren Füßen langsam wachsende Dorf, dem im Mai 1291 König Rudolf von Habsburg die Stadtrechte verlieh. Damit war Berrincastel geboren, das heutige Bernkastel, das langsam Kontur und Gestalt gewann.

1401 erblickte im Haus eines Moselschiffers im gegenüberliegenden Kues Nicolaus Cusanus das Licht der Welt. Ein halbes Jahrhundert später errichtete man das St.-Nikolaus-Hospital, das heute als Cusanusstift bekannt ist. Pest und Kriege suchten die beiden Ortschaften immer wieder heim, die 1872/74 erstmals durch eine Brücke verbunden wurden. Der Zweite Weltkrieg traf Bernkastel hart, die Altstadt wurde im Februar 1945 bei Bombenangriffen stark zerstört. Inzwischen sind alle Kriegswunden geheilt, die beiden einst selbstständigen Orte vereint.

Als heilklimatischer Kurort spricht Bernkastel-Kues neben Moseltouristen auch Gesundheit suchende Langzeitgäste an, denen ein großes Angebot an Rad- und Wanderwegen zur Verfügung steht – und dazu zahlreiche Sehenswürdigkeiten.

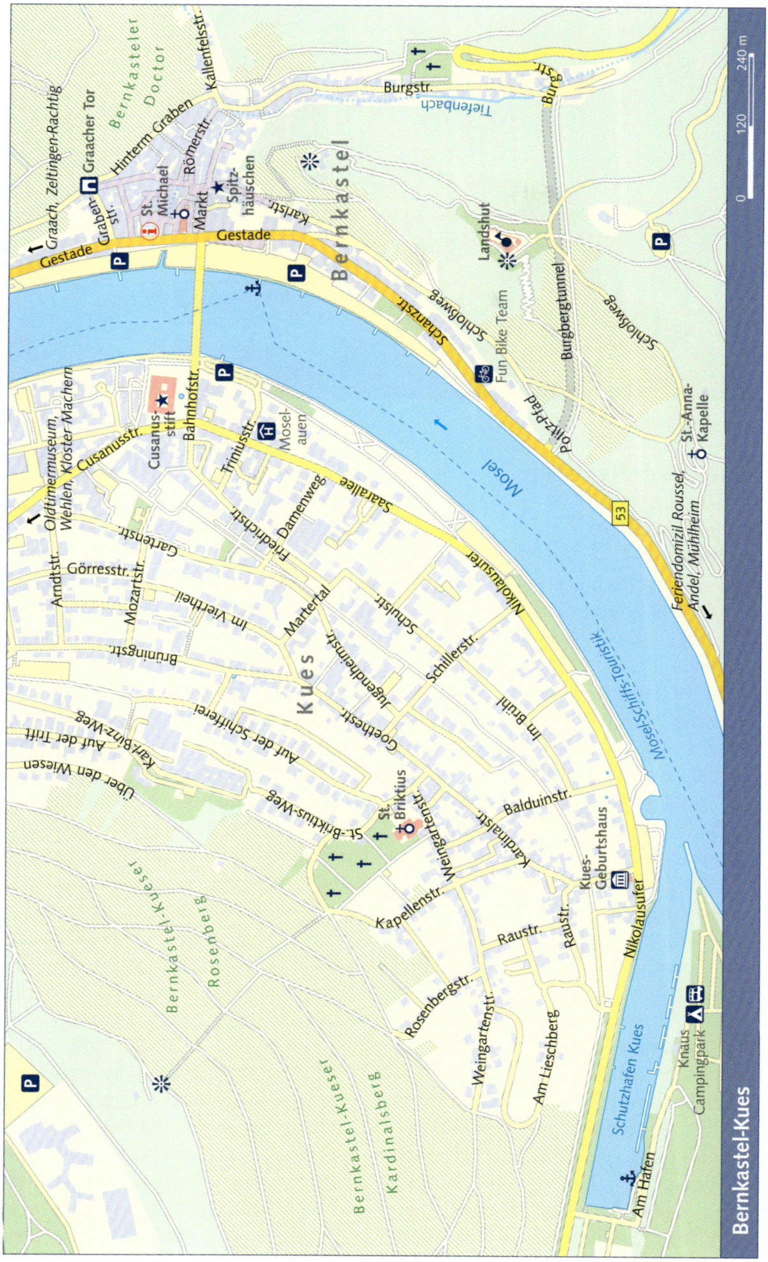
Bernkastel-Kues
Bernkastel
Kues
Mosel
Mosel-Schiffs-Touristik
Schutzhafen Kues
Gestade
Graach, Zeltingen-Rachtig
Graacher Tor
Graben-str.
Hinterm Graben
Kallenfelsstr.
Bernkasteler Doctor
St. Michael
Römerstr.
Markt
Spitzhäuschen
Karlstr.
Burgstr.
Tiefenbach
Burg-str.
Landshut
Schanzstr.
Schloßweg
Fun Bike Team
Burgbergtunnel
Ollig-Pfad
St.-Anna-Kapelle
Feriendomizil Roussel, Andel, Mühlheim
53
Cusanusstift
Bahnhofstr.
Triniusstr.
Moselauen
Cusanusstr.
Oldtimermuseum, Wehlen, Kloster Machern
Arndtstr.
Görresstr.
Gartenstr.
Mozartstr.
Friedrichstr.
Damenweg
Saarallee
Nikolausufer
Im Viertheil
Martertal
Schulstr.
Brüningstr.
Jugendheimstr.
Schillerstr.
Im Brühl
Goethestr.
Auf der Schifferei
Karl-Binz-Weg
Auf der Trift
Über den Wiesen
St.-Briktius-Weg
St. Briktius
Weingartenstr.
Balduinstr.
Kardinalstr.
Kues-Geburtshaus
Kapellenstr.
Raustr.
Rosenbergstr.
Am Lieschberg
Bernkastel-Kueser Rosenberg
Bernkastel-Kueser Kardinalsberg
Knaus Campingpark
Am Hafen
0 120 240 m

Burg Landshut

Sehenswürdigkeiten in Bernkastel

Burg Landshut

Jahrhundertelang war die Burg Landshut eine wenig beachtete Ruine. Neu entdeckte Mauerreste auf dem Burgberg aber zeigen, dass schon die Römer hier oben eine Festung hatten. Nach 1276 wurde ihr Bau unweit zweier Vorgängerburgen unter Erzbischof Heinrich von Vinstingen (1260–1286) begonnen und unter Kurfürst Balduin (1307–1354) um 1320 vollendet. 1505 tauchte in einem kurfürstlichen Erlass dann erstmals der Name »Landshut« auf. Im Lauf ihrer Geschichte gab es immer wieder neue Burgherren, die sich die Immobilie gewaltsam aneigneten. 1692 fiel sie einem Feuer zum Opfer, über dessen Ursachen man noch immer rätselt. Zurück blieb eine Ruine, in die man in den letzten Jahren viele Millionen Euro investierte, um aus dem alten Gemäuer mit dem 30 Meter hohen Bergfried und dem nördlich daran anschließenden Wohngebäude ein interessantes Ausflugsziel mit einem schönen Restaurant zu machen, dessen Panoramablick zu den schönsten an der Mosel zählt. Auf einem beschilderten und **barrierefreien Rundweg** um die Burg hat man zudem auch die Reste des römischen Kastells entsprechend in Szene gesetzt.

Altstadt Bernkastel

Jahrhundertealte Fachwerkhäuser in meist engen Gassen prägen den historischen Kern der Stadt, der komplett unter Denkmalschutz steht. Sein Zentrum ist der **Marktplatz** mit seinem **Brunnen**, auf dessen Spitze der heilige Michael, der Stadtpatron, thront. Das Original der Figur stammt aus dem frühen 17. Jahrhundert, wurde 1945 zerstört und ein Jahr später durch eine Kopie ersetzt. Das **Rathaus** nebenan ist einer der schönsten deutschen Renaissancebauten und das einzige ganz aus Stein erbaute Gebäude am Platz. Das Wappen des Bauherren ziert neben dem kurtrierischen Kreuz und dem Bernkasteler Stadtwappen den Erker auf einer Basaltsäule, die auf ihrer Spitze Christus mit der Weltkugel zeigt. Am linken Eckpfeiler ist noch heute der Pranger zu sehen, an dem jahrhundertelang Übeltäter mit Ketten und Handschellen an die sogenannte Schandsäule gefesselt und dem Volk zur Schau gestellt wurden. Fast alle Häuser am Markt, viele

▸ Karte S. 263

davon reich verziert und mit ornamentalen Elementen veredelt, entstammen dem 16. und 17. Jahrhundert. Zur Attraktion wird das Haus der **Adler-Apotheke** vom ersten Dezembertag an, wenn sich jeden Abend bis Weihnachten hinter den Fenstern ein Adventstürchen öffnet. Zu den ältesten Häusern Bernkastels zählt das **Spitzhäuschen** (Karlstr. 13), ein Winzerhaus aus dem frühen 15. Jahrhundert mit ausgebautem Weinkeller. Viel Fachwerk findet sich auch in der vom Marktplatz abzweigenden **Römerstraße**. Von der einstigen Stadtmauer hat sich nur das **Graacher Tor** im Norden der Altstadt erhalten, hinter dessen Durchgang sich schon die Reben der berühmten Weinlage »Bernkasteler Doctor« zeigen. Heute beherbergt der Bau ein kleines **Museum zur Stadtgeschichte**. Zu sehen sind unter anderem die Revolutionsfahne der Bernkasteler Bürgerwehr von 1848 und Ausstattungsstücke aus dem einstigen Kapuzinerkloster sowie zahlreiche Stadtansichten und Fotos, die von Eisgängen, Hochwasser und Feuersbrünsten zeugen. **Gestade** nennt sich das Moselufer vor der Altstadt. Es zieren ebenfalls zahlreiche Bauten, die in der Regel aber erst dem 19. oder gar 20. Jahrhundert entstammen. Ältestes Gebäude an der Uferfront ist die Pfarrkirche St. Michael, deren Turm als Wahrzeichen Bernkastels gilt.

Pfarrkirche St. Michael

Vermutlich schon aus dem späten 13. Jahrhundert stammt der 56 Meter hohe Turm der Michaelskirche aus unverputztem Bruchsteinmauerwerk. Ursprünglich stand er frei und diente als Wehrturm. Erst mit der Erweiterung und Befestigung der Stadt wurde er der Stadtmauer und später auch der Kirche einverleibt. Der Turm mit seinen meterdicken Mauern ist das wuchtige Gegenstück zur 1968 wiederhergestellten barocken Fassade der dreischiffigen Kirche. Das Gotteshaus entstammt der zweiten Hälfte des 14. Jahrhunderts, das Mittelschiff wurde im 17. Jahrhundert um ein Joch nach Westen erweitert. 1438 wurde Nikolaus Cusanus hier Pfarrer, später sein Bruder, der im Chor der Kirche beerdigt wurde. Sehenswert im Inneren sind die **Kreuzigungsgruppe** mit lebensgroßen Holzfiguren über dem Hochaltar aus dem Jahr 1496, ein **Marienaltar** aus Alabasterstein im nördlichen und ein **Nikolausaltar** im südlichen Seitenschiff, beide aus der Mitte des 18. Jahrhunderts.

Am Marktplatz von Bernkastel

Nikolaus von Kues

Gegenüber Bernkastel liegt Kues. Dort kam 1401 Nikolaus von Kues zur Welt. Schon früh fand er Gönner, die es ihm ermöglichten, Latein zu lernen. Als »Nycolaus Cancer de Coeße clericus Treuerensis dyocesis« schrieb er sich schon als 15-jähriger an der Universität Heidelberg ein, als Nikolaus Krebs aus Kues aus der Diözese Trier. Doch schon wenig später wechselte er an die juristische Eliteuniversität nach Padua, wo er sein Studium als Doktor des kanonischen Rechtes abschloss. Noch wichtiger als der Titel aber waren die vielen Freundschaften, die er in Italien zu einflussreichen Männern geknüpft hatte und die ihm zum Teil ein Leben lang freundschaftlich verbunden waren.

1423 kehrte Nikolaus Krebs aus Padua nach Deutschland zurück, wo er im Trierer Erzbischof und Kurfürsten einen weiteren Freund fand. Deshalb hängte er die Juristerei an den Nagel und konzentrierte sich auf die Theologie. Schon im Januar 1425 hatte ihm sein neuer Gönner eine Pfarrei in der Eifel zugewiesen. Weitere Stationen auf seinem Weg als Kleriker waren Trier, Oberwesel, Koblenz, Karden, Münstermaifeld – und die Pfarrkirche St. Michael in Bernkastel.

Wichtiger aber waren seine theologischen Vorträge, zu denen er durch ganz Europa reiste. So bereicherte er das Konzil von Basel, das 1433 unter dem Vorsitz eines Studienfreundes aus Padua tagte, mit der Idee der »Concordantia Catholica«. Damit machte er sich für Versöhnung und die Überwindung von Gegensätzen stark. Konkordanz und Harmonie wurden so zu zentralen Grundbegriffen cusanischen Denkens. Im Auftrag des Papstes bemühte er sich zudem auf einer Reise nach Konstantinopel, die Risse zwischen Ost- und Westkirche zu kitten.

Im Februar 1440 vollendete er in seinem Elternhaus an der Mosel sein philosophisches Hauptwerk »De docta ignorantia« (»Über die belehrte Unwissenheit«), das ihm viel Ärger bei den ewig Gestrigen einbrachte. Es war die Einsicht, dass man Gott allein mit dem Verstand nicht begreifen könne. »Je tiefer wir in dieser Unwissenheit belehrt sein werden, desto mehr werden wir uns der Wahrheit selbst nähern«. Das Wissen um das eigene Nichtwissen war für den Moselaner deshalb die größte Erkenntnis auf der Suche nach Wahr- und Weisheit.

In diesem Sinne versuchte er angesichts der zunehmenden Bedrohung Europas durch die Türken, Christen und Muslime im Gespräch einander näher zu bringen. So entwickelte er 1453 nach der Eroberung Konstantinopels durch die Türken einen visionären Plan zur Vereinheitlichung der Religionen: Zwar könne jeder nach eigenen Riten feiern, aber nur im Namen eines Gottes.

1448 wurde er in Rom zum Kardinal, zwei Jahre später zum Bischof von Brixen in Südtirol ernannt. Cusanus aber blieb bescheiden. Statt mit großer Entourage wie viele andere Kardinäle oder päpstliche Legate reiste er auf einem Maultier durch die Lande. Als Zeichen seiner Würde ließ er sich nur ein silbernes Kreuz voraustragen, das ihm der Papst geschenkt hatte. Auch beim Besuch seiner Schwester in Trier, so heißt es, bestand der Kardinal darauf, dass sie ihr Festkleid ausziehe und statt dessen in die übliche Tracht schlüpfe. Damals auch reifte in ihm der Entschluss zur Gründung eines Hospitals in Kues, das noch heute existiert. 33 betagte Männer sollten aus dem Stiftungskapital – dem Vermögen seiner Eltern und kinderlosen Geschwister – Wohnung und Unterhalt erhalten.

Cusanus aber hatte nicht nur Freunde, sondern auch Widersacher wie den Tiroler Landesherren Sigismund, den die Predigten des Moselaners erzürnten. Immer wieder erhielt er deshalb Todesdrohungen, so dass er sich schließlich in die in den Dolomiten gelegene Burg Buchenstein zurückzog. Als er für kurze Zeit nach Brixen zurückkehrte, nahm ihn Herzog Sigismund gefangen und ließ ihn erst wieder frei, als er versprochen hatte, seine Diözese nicht mehr zu betreten.
Den Rest seines Lebens verbrachte Cusanus deshalb als Kurienkardinal in Rom, wo mit Pius II. inzwischen der Lebemann Enea Silvio Piccolomini als Papst regierte. »Nichts gefällt mir, was hier an der Kurie getrieben wird; alles ist verdorben, keiner tut seine Pflicht. Beobachtung der Kanones? Ehrfurcht vor den Gesetzen? Eifer im Gottesdienst? Ehrgeiz und Habsucht fördern alle! Wenn ich im Konsistorium endlich einmal von Reform spreche, werde ich ausgelacht«, klagte ihm Cusanus. Auf dem Weg nach Livorno, wo er im Auftrag des Papstes das Auslaufen der genuesischen Flotte gegen die Türken beschleunigen sollte, starb Cusanus 1464 in Todi. Sein letzter Wunsch war es, wenn er südlich von Florenz sterben sollte, in Rom begraben zu werden, wenn er weiter nördlich sterbe, an der Mosel. Deshalb liegt sein Leichnam heute in der römischen Kirche San Pietro in Vinculi. Sein Herz aber hat in Kues unter einer Messingplatte in der Nikolauskapelle des Cusanusstiftes Platz gefunden.

Im Vorgängerbau dieses Hauses kam Nikolaus von Kues zur Welt, heute ist es Museum

Sehenswürdigkeiten in Kues

Geburts- und Elternhaus des Nikolaus von Kues

Am Ortsausgang von Kues Richtung Lieser kam Nikolaus von Kues 1401 zur Welt. Das dort stehende heutige Haus ist allerdings fast 200 Jahre jünger, war aber immer im Besitz der Familie des großen Gelehrten, die mit bürgerlichem Namen Krebs (Kriftz/Cryfftz) hieß. Mit seinem Zinnenkranz und den rekonstruierten Fenstern an der Moselseite hat man das Haus bei seiner Renovierung 1980 weitgehend den Vorstellungen angepasst, wie man sich ein spätmittelalterliches Bürgerhaus vorzustellen hat. Heutiger Eigentümer ist die Stadt, die im Gebäude ein kleines **Museum** eingerichtet hat. Es zeigt Leben und Werk des Kirchenmannes. Außerdem ist das Haus Hort kultureller Veranstaltungen – von Konzerten über Fotoausstellungen bis zu Vorträgen und Lesungen.

Sankt-Nikolaus-Hospital

Bauliches Juwel im Stadtteil Kues ist das Sankt-Nikolaus-Hospital (Cusanusstift), einer der schönsten spätgotischen Bauten an der Mosel. Besonders sehenswert sind die Kapelle, der mittelalterliche **Kreuzgang** mit der Vielfalt seiner Gewölbe und die prächtige **Bibliothek** im Obergeschoss, die allerdings nur im Rahmen von Führungen zugänglich ist. In ihr finden sich die wichtigsten Werke des Gelehrten und Diplomaten Nikolaus von Kues, seine Handschriften und Entwürfe seiner Predigten sowie einige persönliche Hinterlassenschaften.

Das Cusanusstift in Kues

▸ Karte S. 263

Nikolaus von Kues hatte das Seniorenstift noch zu seinen Lebzeiten Mitte des 15. Jahrhunderts für 10 000 rheinische Goldgulden errichten lassen. Gemäß dem Lebensalter Jesu bot es 33 alten und bedürftigen Männern im Alter über 50 Jahren Wohnung, Kost und Unterhalt. Noch heute dienen die Gebäude älteren Mitbürgern als Wohnsitz und kulturelle Begegnungsstätte. Finanziert wird die Anlage unter anderem aus dem Stiftungskapital, zu dem viele zehntausend Weinstöcke in besten Lagen gehören.

Erst nach dem Tod des Stifters fertiggestellt wurde die **Kapelle**, in deren Chorraum ein dreiteiliger Flügelaltar aus der zweiten Hälfte des 15. Jahrhunderts mit eindrucksvollen Passionsdarstellungen steht. Sie zeigen auch eine der ältesten Abbildungen von Nikolaus Cusanus, der kniend unter einem Kreuz zu sehen ist. Das Triptychon wird dem »Kölner Meister des Marienlebens« zugeschrieben.

Im Altarraum findet sich eine **Grabplatte** aus Messing, unter der das Herz des Nikolaus von Cusanus in einer Bleikapsel ruht. Auch die Schwester des größten Sohnes der Stadt, Clara Kriftz, hat hier ihre letzte Ruhe gefunden. Schwebende Engel zieren ihren Grabstein. Sie tragen ein Wappen mit einem Krebs, dem Namensgeber der Cusanus-Familie, wie man es auch im Schlussstein der Kapelle und im Kreuzgang antrifft. Im Erdgeschoss des Hospitals liegt der schönste Raum aus der Bauperiode des 18. Jahrhunderts, in dem das Stift erweitert wurde: der barocke **Konventsaal** mit prachtvoller Stuckdecke.

Moselweinmuseum

In den Gewölbekellern des Cusanusstifts findet sich auch eine **Vinothek**, wo mehr als 100 Moselweine auf ihre Verkostung warten: Qualitätsweine ebenso wie Hochgewächse, Kabinett, Spät- und Auslesen, ja sogar Trockenbeerenauslesen. Wer möchte, kann für 23 Euro die ganze Bandbreite des Angebots genießen – täglich zwischen 10 und 17 Uhr. Betrieben wird Vinothek vom Sozialwerk des Deutschen Roten Kreuzes, das im Stift so auch Arbeitsplätze für Menschen mit Behinderung geschaffen hat. Im der Vinothek angeschlossenen Shop gibt es die Weine sowie von den Moselwinzern erzeugte Spirituosen auch alle zu kaufen.

Oldtimermuseum

Lust auf eine Zeitreise in die ersten Nachkriegsjahrzehnte? Dann sind sie im **Zylinderhaus** am Ortsausgang Richtung Wehlen richtig, wo rund 150 Automobile, und 100 Zweiräder auf interessierte Besucher warten, alle auf Hochglanz poliert und voller Nostalgie. Ältestes Fahrzeug ist ein luxuriöser Horch 8-Zylinder aus dem Jahr 1937. Die meisten Autos aber stammen aus den 1950er, 1960er und 1970er Jahren. Dazu gehören Winzlinge wie das Goggomobil oder eine schicke BMW Isetta. Für nostalgische Gefühle sorgen auch eine Sammlung alter Schreibmaschinen, ein Tante-Emma-Laden, ein Spielzeugladen, eine Dorfapotheke und ein alter Zeitungskiosk.

Wehlen

Mit schicken Fachwerkhäusern aus dem 17. Jahrhundert überrascht der Stadtteil Wehlen. Die schönsten liegen in der

Sonnenuhr im Weinberg bei Wehlen

Hauptstraße (Hausnummer 58, 64 oder 77). Weil Eule der Neckname für die Einwohner von Wehlen ist, begegnen Besucher im Ort immer wieder Darstellungen des Vogels. Eine Besonderheit ist auch die auf die andere Moselseite führende **Hängebrücke**, die einzige an der Mosel. Lokalpatrioten schwärmen von dem Bauwerk als der kleinen Schwester der weltbekannten Golden-Gate-Brücke im kalifornischen San Francisco.

Größtes Kapital des Ortes aber sind die Weinberge auf der rechten Moselseite, wo die **Wehlener Sonnenuhr** zuhause ist, einer der bekanntesten natürlichen Zeitmesser an der Mosel. Sie zeigt, wie alle alten Sonnenuhren, die sogenannte wahre Ortszeit an. Denn nur, wenn die Sonne ihren Höchststand über Wehlen erreicht hat, fällt der Zeigerschatten auf die Zwölf. Diese Zeit weicht etwa eine halbe Stunde von der Mitteleuropäischen Zeit ab, die es bei Errichtung der Wehlener Sonnenuhr Mitte des 19. Jahrhunderts noch nicht gab. Ein halbes Jahrhundert später jedenfalls wurde die Lagebezeichnung »Wehlener Sonnenuhr« für den Wein eingeführt, von der heute zahlreiche Sonnenuhren in den Weinbergen künden.

Kloster Machern

Kloster Machern

Unbedingt einen Besuch wert ist das ehemalige Kloster Machern. Das liegt nicht nur an seinem großen **Biergarten** vor einmaliger Kulisse, sondern auch an den Weinen und Bieren, die von hier stammen. Das 1238 gegründete Zisterziensereinnenkloster lag an einem strategisch günstigen Platz, an dem eine Zeitlang auch Eisenerze aus der Eifel und andere Waren umgeschlagen wurden. Deshalb war es den Nonnen erlaubt, zumindest einmal im Jahr am Corneliustag Mitte September Wein auszuschenken. Es war der Tag des Schutzpatrons des Klosters, dessen Reliquien neben denen anderer Heiliger für viele Wallfahrer sorgten. Ende des 17. Jahrhunderts wurde die Anlage deshalb um eine Kapelle und einen barocken Saal erweitert, der heute wegen seiner viel gelobten Akustik Schauplatz interessanter Konzerte ist. Anfang des 19. Jahrhunderts wurde das Kloster säkularisiert und als Weingut weitergeführt – mit vielen wechselnden Besitzern, die zudem neben dem Weingut eine Klosterbrauerei installierten und zwei kleine **Museen**. Eines zeigt historisches Spielzeug, Teddys und Puppen, das andere die private Kollektion eines Ikonensammlers, mehr als 200 Exemplare aus Russland, den Balkanstaaten und Äthiopien.

Bernkastel-Kues

Vorwahl: +49/(0)6531, **PLZ:** D-54470

Tourist-Information Bernkastel-Kues (Mosel-Gäste Zentrum), Gestade 6, Tel. +49/6531/500190; März–Okt. Mo–Fr 9–17, Sa 10–14, Nov./Dez. Mo–Fr 9.30–16, Jan./Febr. 9.30–15 Uhr.
www.bernkastel.de

Hotel Moselauen, Saarallee 5, Tel. +49/6531/9174455; DZ ab 135 Euro. Beliebtes Haus im Stadtteil Kues.
www.hotel-moselauen.de

Feriendomizil Roussel, Am Ring 37, Tel. +49/6531/97260; DZ ab 85 Euro. Weingut mit Ferienwohnungen und gehobener Küche im Vorort Andel.
www.roussel.de

Knaus Campingpark, Am Hafen 2, Tel. +49/6531/8200. Campingplatz zwischen Yachthafen und Mosel mit Einstiegstellen für Wassersportler. Zum Übernachten stehen auch einfache Holzhütten in Fassform zur Verfügung (DZ ab 54 Euro).
www.knauscamp.de/bernkastel-kues.html

▸ Karte S. 263

Weinbistro Kloster Machern, An der Zeltinger Brücke, Tel. +49/6532/9539990; tgl. 10–18 Uhr. Vesperküche mit hausgemachten Kuchen oder Flammkuchen. Zum Ausschank kommen Klosterbier und Weine aus dem Klostershop, die man plus einer Servicegebühr für die Gläser auch gleich vor Ort genießen kann. www.weinbistro-klostermachern.de

Pfarrkirche St. Michael, Gestade 8, Tel. +49/6531/3082. www.bernkastel.de

Heimatmuseum Graacher Tor, Graacher Str. 17, Tel. +49/6531/7260; Ostern–Weihnachten Sa 16–18, So 11–13 Uhr. www.bernkastel.de

Geburtshaus des Nikolaus von Kues, Nikolausufer 49, Tel. +49/6531/2831; Museum Di–So 12–17 Uhr, im Winter verkürzte Zeiten. www.nikolaus-von-kues.de

Sankt-Nikolaus-Hospital, Cusanusstr. 2, Tel. +49/6531/2260; Kapelle: So–Fr 9–18, Sa 9–15 Uhr. Die Bibliothek ist nur im Rahmen von Führungen (April-Okt. Di 10.30 und Fr 15 Uhr) zugänglich. www.cusanus.de

Zylinderhaus (Oldtimermuseum), Adolf-Kolping-Str. 2, Tel. +49/6531/9737776; Do–So 10–17 Uhr. www.zylinderhaus.com

Kloster Machern, An der Zeltinger Brücke, Tel. +49/6531/951640; Museum: Ostern–Okt. Di–So 10–18 Uhr (Fr 11–17 Uhr), in der Wintersaison verkürzte Öffnungszeiten. **Klosterbrauerei**: in der Hauptsaison tgl. 12–17 Uhr (im Winter nur Sa und So), Klosterrestaurant tgl ab 11 Uhr. www.klostermachern.de

Weinfest der Mittelmosel; 1. Wochenende im September (Do–Mo). Fünftägiges Event mit Feuerwerk am Samstag und großem Festzug am Sonntag, Kunsthandwerkermarkt und Fahrgeschäften.

Weihnachtsmarkt: Vielgerühmter und traditioneller Markt in der Altstadt von Bernkastel.

Fahrradverleih Fun Bike Team, Schanzstr. 22, Tel. +49/6531/94024; Mo–Fr 9–13 und 14–18, Sa 9–14 Uhr. Im Angebot sind Tourenräder, E-Bikes und Kinderräder. www.funbiketeam.de

Von Mai bis Okt. gibt es **einstündige Rundfahrten** (zwischen 10 und 17 Uhr vom Moselufer) oder mehrstündige Ausflugstouren nach Traben-Trarbach, Trier, Cochem oder Zell. www.moselrundfahrten.de

Den **Spuren des Nikolaus von Kues** folgt ein 4 km langer Wanderweg, den ein roter Krebs markiert.

Ganz neu ist der **Skywalk** hoch über dem Stadtteil Kues. Er ist Teil des Kurparks und erlaubt einmalige Blicke auf die Stadt und die Mosel.

Graach

Graacher Himmelreich, Dompropst oder Abtsberg heißen die bekanntesten Weinlagen, die einst Eigentum von Trierer Kirchen und Klöstern waren und erst nach der Säkularisation privatisiert wurden. Heute zeugen davon der **Mattheiserhof** (Kirchstraße 11) mit einem kleinen **Heimatmuseum**, das **ehemalige Hofgut der Trierer Abtei St. Matthias** und der weit außerhalb gelegene **Josephshof** (Hauptstraße 2) mit seinem Kapellchen.

Hoch über Graach, einem moseltypischen Weinort mit viel Fachwerk, finden sich noch **Reste einer Schanzanlage**, hinter der sich preußische Truppen gegen den Einfall der französischen Revolutionsarmee in Stellung bringen sollten.

Zwangsrekrutierte Bewohner mussten deshalb auf der höchsten und schmalsten Stelle auf dem Plateau der Moselschleife große Gräben ausheben. Rund ein halbes Jahr später aber wurden die Arbeiten wieder eingestellt, da die preußischen Truppen hier keine Möglichkeit sahen, sich erfolgreich zu verteidigen.

Graach an der Mosel

Vorwahl: +49/(0)6531
PLZ: D-54470
Gemeinde- und Touristikbüro Graach, Hauptstr. 94, 54470, Tel. +49/6531/2541; Di, Do und Fr 9–12 (Sept./Okt. zusätzlich Sa 9–12) Uhr. www.graach.de

Weingut Petrushof, Weingartenstr. 20, Tel. +49/6531/8594; DZ ab 105 Euro. Restaurant und Vinothek mit Gästebetten, Stellplätze für Wohnmobile 20 Euro. www.petrushof.de

Zeltingen-Rachtig

Gegenüber dem ehemaligen Kloster Machern liegt die Doppelgemeinde Zeltingen-Rachtig am rechten Ufer, eingebettet in die große Moselschleife zwischen Bernkastel-Kues und Traben-Trarbach. Es ist eine der wenigen Moselgemeinden mit einer Doppelschleuse. Bis Ende des 18. Jahrhunderts waren die beiden Ortschaften eine Enklave des Kurfürstentums Köln, das die beiden Ortschaften allerdings immer wieder an neue Herrschaften verpfändete oder Teile verschenkte. So fielen Mitte des 13. Jahrhunderts größere Teile Rachtigs und das Patronat der Pfarrei an den Deutschen Ritterorden, der in der Deutschherrenstraße 23 einen der schönsten **spätgotischen Profanbauten** der Großregion hinterließ. Das nach der Säkularisation verfallene Gebäude ist inzwischen renoviert und als Hotel eine gute Adresse. Die **Stephanus-Kirche** in Zeltingen (St. Stephanstraße) überrascht mit schönen Altären aus dem frühen 17. Jahrhundert, die der Immaculata, der unbefleckten Empfängnis der Gottesmutter, geweihte **Marienkirche** in Rachtig mit einer Kreuzigungsgruppe im Turmeingang und einer schönen Marienfigur am linken Seitenaltar.

Zeltingens schönste Fachwerkbauten am **Marktplatz** bilden alle zwei Jahre die Kulisse für eine Operette. Rund 100 Bürger entführen Besucher dann an mehreren Abenden ins »Zeltinger Himmelreich«. Die Operette wurzelt in einem Wettbewerb, den die Gemeinde Zeltingen in den 1950er Jahren ausgeschrieben hatte, um die bekannte Weinlage »Zeltinger Himmelreich« mit einem Lied zu ehren. Der Sieger des Wettbewerbs, von dem auch Lieder wie »Wenn das Wasser im Rhein goldner Wein wär'« stammten, gewann damals drei Wochen Urlaub an der Mosel. Die sollen ihm angeblich so viel Spaß gemacht haben, dass er gleich eine ganze Operette schrieb, die anfangs im Saal, heute aber in allen ungeraden Jahren im Freien zur Aufführung kommt. Die Handlung führt ins Jahr 1780, als die Winzer in Zeltingen ihren Weinzehnt nicht mehr an ihren Landesherren, den Kurfürsten zu Köln, abliefern wollten. Angeblich sei er zu sauer geraten und deshalb als Trank am Hofe nicht mehr geeignet. Als aber ein Abgesandter des Kurfürsten an der Mosel auftauchte, um vor Ort die Qualität des Weines zu prüfen, war guter Rat gefragt. Mit List und Tücke, garniert mit einer Liebesgeschichte, gelang es den Winzern schließlich, den Kontrolleur hinters Licht zu führen.

Jüngste Attraktion der Doppelgemeinde ist die umstrittene **Hochmoselbrücke** im Norden. Höher als der Kölner Dom, spannt sie sich mit vier Fahr- und zwei Standstreifen fast zwei Kilometer lang über das Moseltal. Die Brücke ist Teil der Bundesstraße 50, einer schnellen

▸ Karte S. 241

Verbindung zwischen dem Rhein-Main-Gebiet und den Benelux-Staaten. Rund 175 Millionen Euro kostete die Autobrücke die Steuerzahler, das gesamte Projekt Hochmoselübergang fast 500 Millionen Euro. Ganze zehn Pfeiler - im Vergleich zur Gesamtlänge sehr wenig - tragen das Bauwerk. 150 Meter misst der höchste, 20 Meter der niedrigste. Ihre Stabilität sollen mehr als 100 in den Boden gerammte Pfähle garantieren, jeder zwischen 8 und 47 Meter tief. Wie die Beine eines Tisches sorgen sie für die Festigkeit der Brücke.

Beim Bau der Brücke wurde eine sogenannte Selbstkletterschalung genutzt. Das heißt, alle Pfeiler wuchsen in Fünf-Meter-Abschnitten - und mit ihnen die Baukräne, die den Beton zur Schalung nach oben wuchteten. Die Brücke selbst besteht aus rund 900 vorgefertigten Stahlteilen, jedes zwischen 15 und 25 Meter lang, die vor Ort zusammengeschweißt und dann auf die Pfeiler im Tal geschoben wurden.

Hochmoselbrücke bei Rachtig

Zeltingen-Rachtig

Vorwahl: +49/(0)6532, **PLZ**: D-54492

Verkehrsbüro Zeltingen-Rachtig, Uferallee 10, Tel. +49/6532/2404; April–Okt. Mo–Fr 9–12 und 14–17 (ab Mai auch Sa 9–12) Uhr; Nov.–März Mo, Di, Do, Fr 9–12 Uhr. www.zeltingen-rachtig.de

Vegan Hotel Nicolay 1881, Uferallee 7, Tel. +49/6532/93910; DZ ab 138 Euro. Traditionsreiches Restaurant und Hotel am Moselufer mit veganer Küche und Frühstück, 70 Terrassenplätze. www.hotel-nicolay.de

Café-Bistro Zum Weingärtner, Uferallee 40, Tel. +49/6532/2989899; Mi–So 11–22 Uhr. Wein- und Biergarten mit Hausmannskost an der Mosel.

Ein eigens ausgewiesener, rund 8 km langer Kulturweg **Von Kurköln zu den Deutschherren** führt Besucher durch die Weinberge und die historischen Ortskerne der beiden Orte Zeltingen und Rachtig (leicht, mind. 2 Std. Laufzeit sollte man einplanen).
www.zeltingen-rachtig.de/erleben

Ürzig

Flussabwärts der Hochmoselbrücke liegt auf der linken Seite der Mosel Ürzig. In den 1980er und frühen 1990er Jahren bildete das Dorf die Kulisse der beliebten Fernsehserie »Moselbrück«. Sechs Jahre lang unterhielt die Serie in drei Staffeln mit Liane Hielscher in der Hauptrolle das TV-Publikum. Im Mittelpunkt stand das fiktive Weingut »Moselbrück«, das seit drei Jahrhunderten Weine von hoher Qualität herstellte,

Mönchshof mit Windspiel

unter der steigenden Nachfrage nach billigen Süßweinen aber zu leiden hatte. Nach dem überraschenden Tod ihres Mannes musste die Winzerswitwe mit großen Schulden weitermachen und ihr Leben mit Unterstützung von Sohn und Stiefsohn neu ordnen.

Das **Weingut Mönchshof**, dessen aufwändige Neorenaissancefassade der Fernsehserie als Kulisse diente, prägt auch heute noch die Uferfront des Moselortes. Patrizier- und Fachwerkhäuser aus dem 16. und 17. Jahrhundert bilden den historischen Ortskern um den **Rathausplatz**, der komplett unter Denkmalschutz steht. Die Hauptsehenswürdigkeit der katholischen Pfarrkirche **St. Maternus** mit ihrem gotischen Turm ist eine steinerne Kreuzigungsgruppe im Seitenschiff, die zwei wohlhabende Weinhändler 1618 stifteten.

Um Ürzig lagen einst mehrere Burgen, von denen allerdings nur noch Reste vorhanden sind – so wie die Mauer eines **Wachturms der Burg zur Leyen** am Ortsende, den eine Sonnenuhr schmückt. Viele halten sie für die älteste Sonnenuhr an der Mosel mit einem römischen Zifferblatt. Und wie viele alte Sonnenuhren zeigt auch sie die genaue Ürziger Uhrzeit, die im Verhältnis zur mitteleuropäischen Zeitrechnung um mehr als eine halbe Stunde nachgeht.

Naturfreunde könnte der 2400 Quadratmeter große **Ürziger Gewürzgarten** locken, der mitten in einer Steillage mit schönstem Moselblick liegt. Wo früher Trauben reiften, gedeihen jetzt mediterrane Pflanzen und Kräuter. Der Garten ist in Terrassen gegliedert und von Schiefermauern und Pfaden durchzogen. Rund 10 000 Stauden, mehrere tausend Zwiebelpflanzen, viele einheimische Sträucher und über 20 verschiedene Rosenarten sind dort zuhause. Botanische Führungen offeriert das Verkehrsbüro in Ürzig.

Erden

Erden liegt auf der rechten Moselseite, hat seine besten Weinlagen aber auf der linken. So wie das »Erdener Treppchen«, durch das inzwischen auch ein Klettersteig führt. Sein Einstieg markieren zwei **römische Kelteranlagen**, die beweisen, dass hier schon früh Wein angebaut wurde. Die ältere, aber weniger gut erhaltene, stammt aus dem 2. Jahrhundert und gilt als einer der frühesten Beweise für Weinbau an der Mosel. Und wie in Piesport wurde auch hier der Wein zu Römerzeiten gern geräuchert. Vor der Anlage findet sich übrigens die Rekonstruktion einer römischen Baumkelter. In der Dorfmitte steht die barocke Pfarrkirche **St. Anna** mit sehenswertem Hochaltar aus der Mitte des 17. Jahrhunderts. Er zeigt biblische Szenen wie die heilige Familie, die Dreifaltigkeit und die Krönung Mariens.

▸ Karte S. 241

Lösnich

Lösnich gehört zu den ruhigen Ferienorten an der Mosel, was auch an den wenigen Sehenswürdigkeiten liegt, zu denen eine spätgotische Friedhofskapelle, die neugotische Pfarrkirche und eine stattliche Anzahl an Fachwerkbauten und Winzerhäuser gehören. In der dem Heiligen Vitus geweihten katholischen Pfarrkirche mit schönen Fenstern stehen links neben dem Hochaltar der Kirchenpatron Sankt Vitus, rechts der Heilige Rochus, beide aus dem späten 17. Jahrhundert.

Ürzig, Erden, Lösnich

Vorwahl: +49/(0)6532, **PLZ**: Ürzig D-54539, Erden, Lösnich D-54492

Verkehrsbüro Ürzig, Rathausplatz 7, Tel. +49/6532/2620; Mai–Okt. Mo–Mi, Fr/Sa 9–11 und Di/Mi, Fr 15–17 Uhr, Nov.–April Mo–Mi, Fr 9–11 Uhr.
www.uerzig.de

Verkehrsbüro Erden, Hauptstr. 72, Tel. +49/6532/2549. www.erden.de

Tourist-Information Lösnich, Untergasse 2, Ecke Gestade, Tel. +49/6532/953867.
www.loesnich.de

Weingut und Pension Oster, Wittlicher Str. 1, Tel. +49/6532/2545; DZ ab 60 Euro. Weingut mit einfachen Gästezimmern in Ürzig. www.osterwein.de

Wohnmobilstellplatz Ürzig, Moselufer, Tel. +49/6532/2620; April–Nov., 25 Stellplätze ab 14 Euro.
www.uerzig.de

Campingplatz Erden, Am Moselufer 1, 54492 Erden, Tel. +49/6532/4060; Stellplätze ab 20 Euro.
www.camping-erden.de

Wohnmobilstellplatz Lösnich, Gestade 8, Tel. +49/6532/953867; April–Nov., ab 14 Euro. Großer Stellplatz für 120 Wohnmobile am Moselufer.
www.loesnich.de

Rund um Traben-Trarbach

In Kinheim erreicht die Mosel das Gebiet der Verbandsgemeinde Traben-Trarbach. Es ist die flächenmäßig größte Stadt zwischen Trier und Koblenz. Zweitgrößte der von ihr mit verwalteten Gemeinden ist Kröv. Es ist nicht nur für seinen Nacktarsch bekannt, dessen Etikette Jahr für Jahr viele zehntausend Weinflaschen zieren, sondern auch für ein eigenes kleines Reich, das lange Zeit existierte und erst mit dem Ende der Kurfürstenstaaten von der Landkarte verschwand.

Kinheim

Erster flussabwärts gelegener Ort der Verbandsgemeinde Traben-Trarbach ist Kinheim, das mit dem benachbarten Ortsteil Kindel über eine schmale Brücke verbunden ist. Dort wurde bei Ausgrabungen eine römische Villenanlage aus dem 3. Jahrhundert und ein Hochrelief des Gottes Sucellus entdeckt, den manche Wissenschaftler dem römischen Gott Jupiter gleichsetzen. Weil er sich in Kindel auch mit Weintrauben zeigt, feiern Lokalpatrioten die ausgegrabene Figur als »ältestes Zeugnis für einen Weinbau an der Mosel«. Inzwischen hat das Original im Rheinischen Landesmuseums Trier Platz gefunden, muss sich Kindel mit einer Kopie trösten. Von der mittelalterlichen Kinheimer Burg auf der anderen Moselseite ist nur noch ein vierstöckiger **Turm** in der Burgstraße übrig. Bleiben zur Ansicht ein paar schöne **Fachwerkhäuser** aus dem 17. Jahrhundert und die klassizistische **Martinskirche**.

Kröv

Aus dem römischen Croviacum ist längst ein typisches Weindorf geworden. Aller-

Das Dreigiebelhaus in Kröv

dings sind seine Winzerhöfe oft stattlicher als anderswo, was an Krövs Geschichte liegt. Schließlich war es einmal Hauptstadt eines eigenen kleinen Reiches, dem sogenannten Cröver Reich (→ S. 278), in dem renommierte Klöster wie Stablo oder Echternach eigene Außenstellen hatten. Auch der Adel fühlte sich hier wohl. Von dieser Zeit zeugen ein Dutzend ansehnlicher Winzer- und Wohnhöfe und die Pfarrkirche St. Remigius, welche die Abtei Echternach 1725 errichten ließ. Fast alle der alten Winzerhöfe ballen sich in der Robert-Schumann-Straße, einige wenige in der Moselweinstraße. Krövs Prunkstück ist ohne Zweifel aber das Dreigiebelhaus, ein Prachtbau mit aufwändigen Schnitzereien an der Außenfront. Datiert ist es auf 1658, Fachleute aber halten es für älter. Lange Zeit wurde das Cröver Reich von hier aus verwaltet, heute ist das Haus eine Straußwirtschaft mit großem Garten.

■ Kröver Nacktarsch

Ein nackter Arsch hat den Kröver Wein zur Weltmarke gemacht hat. Denn viele Flaschen zeigen auf ihrem Etikett Winzer, die einem oder zwei Buben den nackten Hintern versohlen. Es ist ein Motiv, dem man auch in Kröv immer wieder begegnet. Weinrechtlich ist der Nacktarsch eine mehr als 300 Hektar umfassende Großlage, deren sechs Einzellagen sich in schöner Südlage finden. Wie die Weinlage zu ihrem Namen kam, weiß niemand genau. Sicher ist nur, dass der einstige Wirt der 1685 erbauten und noch immer existierenden »Reichsschenke zum Ritter Götz« den Namen besonders propagierte, weshalb das Lokal als Urschenke des Kröver Nacktarsch gilt.

Ansonsten gibt es nur Spekulationen um die Herkunft des Namens. Eine besagt, dass ein Kröver Kellermeister zwei Buben den Hintern versohlte, als er sie erwischt hatte, wie sie aus einem seiner Fässer tranken. Wieder eine andere Geschichte erzählt von ganz früher, in denen die Weinbergsarbeiter einen Tag lang Trauben für ihren eigenen Bedarf lesen durften. Um diese Zeit möglichst kurz zu halten, soll ein besonders geiziger Winzer seinen Lesekräften an

▸ Karte S. 241

diesem Tag schon früh morgens frisch geschlachtetes und in kaltes Wasser getauchtes Schweinefleisch kredenzt haben, was die dann während der Lese immer wieder in die wenigen Büsche am Rand des Wingerts trieb. Nur einer soll tapfer durchgehalten haben, indem er kurzerhand die Hose auszog und sein Hemd hochband. So befreit schnitt er weiter lustvoll die Trauben von den Stöcken. Angesichts dessen soll der Winzer gerufen haben: »Ei, dieser Nacktarsch hat mich überlistet!«

Etymologen freilich wollen den Namen vom lateinischen »Nectarius« oder dem keltischen »Nackas« ableiten. Von Wörtern, die beide so viel wie »felsige Höhe« bedeuten und auf die Gegend der Weinlage verweisen, die den Namen Nacktarsch trägt. Bundesweit Schlagzeilen machten die Kröver vor einigen Jahren, als sie ihrer neuen Veranstaltungshalle den Namen »Nacktarschhalle« geben wollten und so einen Sturm der Entrüstung auslösten. Am Ende hieß sie »Weinbrunnenhalle Kröver Nacktarsch«.

Kinheim und Kröv

Vorwahl: Kinheim +49/(0)6532, Kröv +49/(0)6541

PLZ: Kinheim D-54538, Kröv D-54536

Touristinformation Kinheim, Harelbekeplatz 1, Tel. +49/6532/3444; März–Okt. Mo, Di, Do 9–12, Fr 9–17, Sa 10–12, Nov.–März Mo, Mi, Fr 9–12 Uhr. www.kinheim.de

Tourist-Information Kröv, Moselweinstr. 35, Tel. +49/6541/9486; Mai–Okt. Mo–Fr 8–17 und Sa 9.30–11.30, Nov.–April Mo–Fr 8–12 Uhr. www.kroev.de

Hotel-Restaurant Sonnenlay, Im Flurgarten 19, Kröv, Tel. +49/6541/9660; DZ mit Moselblick ab 110 Euro. Familienbetrieb mit 13 Zimmern und gediegenem Restaurant mit Terrasse.
www.sonnenlay.de

Gut Hermes, Robert-Schuman-Str. 219, Kröv, Tel. +49/6541/4581; DZ ab 100 Euro. Ferienwohungen und Penthouse.
www.gut-hermes.de

Ferienwohnungen Mosel 115, Kröver Str. 15, Kinheim, Tel. +49/6532/954535; DZ ab 50 Euro. Zwei Appartements und eine Ferienwohnung samt Fahrradgarage für E-Bikes mit Stromanschluss in Kinheim-Höhe.
www.mosel115.de

Straußwirtschaft Im Spundloch, Robert-Schuman-Str. 56a, Kröv, Tel. +49/179/1263768. Straußwirtschaft, die auch einige Ferienwohnungen und ein Ferienhaus anbietet.
www.steinfelderhof.de

Beth's Römerkeller, Moselweinstr. 58, Kröv, Tel. +49/6541/813465; Fr–Mi 17–23 Uhr. Familienbetrieb mit italienischem Küchenchef, der sich Nudelspeisen ebenso verpflichtet fühlt wie Schnitzeln und Winzerschmaus.
www.roemerkeller-kroev.de

Campingplatz Kröver Berg, Sportzentrum Kröver Berg, Tel. +49/6541/8663936. Ganzjährig geöffneter Campingplatz mit Hundeauslaufwiese, Ferienwohnungen (ab 84 Euro/2 Pers.) und Gästezimmern samt Restaurant und 50 Wohnmobilstellplätzen. www.kroever-berg.com

Wohnmobilabstellplatz Kinheim, Moselweinstr. 14, Tel. +49/6532/3444; 50 Stellplätze ab 10 Euro.
www.kinheim.de

Internationales Trachtentreffen in Kröv; erstes Juliwochenende. Viertägiges Fest, zu dem Trachten- und Musikgruppen aus ganz Europa zu Umzug und Folklorepräsentationen zusammenkommen.
www.kroev.de/trachtentreffen

Das Cröver Reich

Rund ein Jahrtausend lang war Kröv Zentrum eines eigenen Reiches, dem neben Kröv die Dörfer Reil, Kinheim, Bengel, Erden, Kövenig und Kinderbeuren angehörten. Über seine Wurzeln weiß man wenig. Bis in die zweite Hälfte des 13. Jahrhunderts jedenfalls waren die sieben Dörfer zusammenhängender Besitz im Heiligen Römischen Reich deutscher Nation. 1274 allerdings verpfändete König Rudolf von Habsburg das Territorium an die Grafen von Sponheim – zum Ärger der Trierer Kurfürsten, in deren Hoheitsgebiet es wie ein Stachel hineinragte. Immer wieder versuchten die Trierer Erzbischöfe deshalb, das Reichspfand einzulösen und den Sponheimern das Cröver Reich abzunehmen. Besonders spektakulär war in dem lange währenden Machtkampf die Aktion der Gräfin Loretta von Sponheim (1300–1346), die den Trierer Kurfürsten Balduin von Luxemburg während einer Schiffsfahrt 1328 entführte und ihm auf ihrer als uneinnehmbar geltenden Starkenburg das Versprechen abrang, auf das Cröver Reich zu verzichten (→ auch S. 284). Trotzdem gelang es den Trierern im Laufe des 14. Jahrhunderts, die sogenannten Vogteirechte über die Moseldörfer zu erhalten, also das Anrecht auf gewisse Abgaben und Einnahmen und die hohe Gerichtsbarkeit. Als die Sponheimer die Pfandschaft in ein echtes Lehen umwandelten, entstand politisch ein Kondominium, also die gemeinsame Ausübung der Herrschaft durch zwei verschiedene Parteien. In zähen Verhandlungen zwischen den Trierern und Sponheimern, an denen auch ausgesuchte Einwohner teilnehmen durften, was im Mittelalter einer Sensation gleichkam, entstand das sogenannte Weistum, eine Art Grundgesetz, das unter anderem die Rechtsprechung bis ins Detail regelte. So wurden Mörder gerädert, Diebe erhängt und Falschmünzer in heißem Öl gesiedet. Wer einer Vergewaltigung für schuldig befunden wurde, dem schlug man einen Pfahl durch den Bauch. Allerdings wurden diese Strafen nur selten verhängt. Politisch schwerwiegender waren auf Dauer die Auseinandersetzungen zwischen Katholiken und Protestanten im Cröver Reich. So predigten die protestantischen Grafen von Sponheim den Einwohnern den evangelischen Glauben, was die Trierer Kurfürsten unbedingt vermeiden wollten. Kein Wunder, dass der Glaubenskrieg im Cröver Reich besonders heftig war. Mit dem Ende der Kurfürstenstaaten aber verschwand auch das Cröver Reich. Im preußischen Staat verlief die Grenze zwischen den neu geschaffenen Regierungsbezirken Trier und Koblenz entlang des untergegangenen Cröver Reiches, dessen Bewohner sich mit der politischen Neuordnung allerdings nicht abfinden wollten. Außerdem, heißt es in einer Chronik, sollen die Menschen in Reil und Kröv an den Dorfgerichtstagen festgehalten haben, an denen die Geldstrafen der Verurteilten gleich an Ort und Stelle versoffen wurden.

Fachwerkhaus aus dem 16. Jahrhundert in Kröv

Traben-Trarbach

In der Südkehre einer Moselschleife liegen die seit 1904 zu einer Doppelgemeinde zusammengeschlossenen Ortschaften Traben und Trarbach. Über Trarbach thront die **Grevenburg**, die im 17. Jahrhundert vom französischen Festungsbaumeister Vauban angelegt wurde. Von ihm stammt auch die gegenüberliegende Festung Mont Royal, die Mitte des 18. Jahrhunderts allerdings zerstört wurde. Wie die meisten Moselorte lebt auch Traben-Trarbach vom Wein – oder besser gesagt vom Weinhandel, dem die Stadt ihre schönsten Bauten verdankt. Es sind Perlen der Belle Époque, Prachtstücke des Jugendstils, für die nach zwei verheerenden Stadtbränden 1761 und 1857 viel Platz war.

Geschichte

Traben und Trarbach sind zwei keltische Namen, die hier schon früh einen Übergang über die Mosel vermuten lassen. Urkundlich aber finden die beiden Stadtteile erst relativ spät Erwähnung: Traben anno 820, Trarbach im Jahr 1144. Jahrhundertelang gehörten sie zur Hinteren Grafschaft Sponheim, einem reichsunmittelbaren Territorium des Heiligen Römischen Reiches Deutscher Nation. Das sollte sich schließlich als Vorteil erweisen, weil dessen anfangs auf der Starkenburg und dann auf der Grevenburg residierende Verwalter nach der Reformation den evangelischen Glauben mit in die Region brachten. An der katholischen Mosel wurden Traben-Trarbach und Umgebung so zur protestantischen Hochburg.

Nachdem Traben-Trarbach 1815 Teil Preußens und der Weinhandel zum bestimmenden Wirtschaftsfaktor geworden war, waren die Kontakte der gut vernetzten Protestanten gefragt. So gründeten sich über 100 Handelsfirmen in

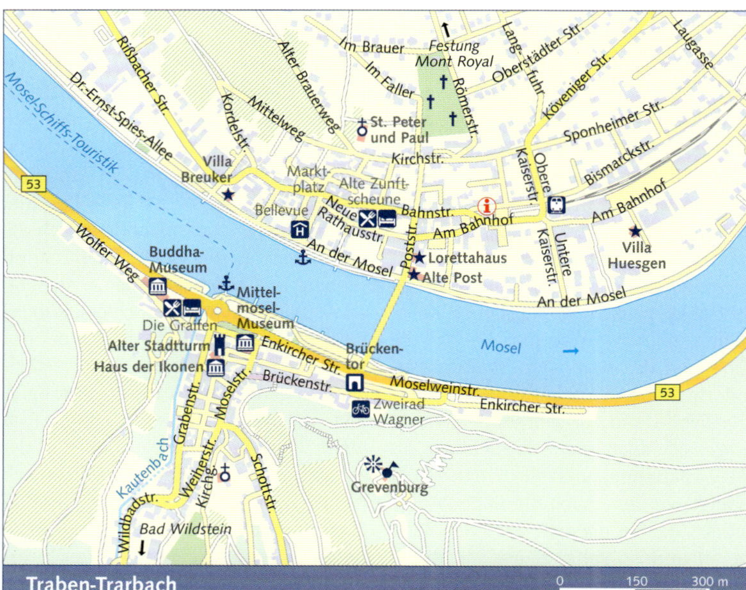

Blick auf Traben-Trarbach von der Grevenburg

der Stadt, welche die Nachfrage nach feinem Riesling in aller Welt stillen sollten. Nachdem ein Großbrand 1857 fast ganz Trarbach vernichtet hatte, konnte man es den Erfordernissen der Zeit entsprechend neu aufbauen. So entstanden riesige Kelleranlagen mit teilweise mehrstöckigen und über 100 Meter langen Gewölben - eine eigene Unterwelt, in deren Fässern edle und teure Weine für den Weltmarkt reiften. Angeblich lagen 1899 rund 15 Millionen Liter Wein in den unterirdischen Depots, die heute auf geführten Touren auch touristisch zu entdecken sind, im Sommer und Herbst gleich mehrmals in der Woche. Einige Keller bilden im Advent zudem die Kulisse für einen der schönsten Weihnachtsmärkte an der Mosel.

Der Wohlstand zur Jahrhundertwende zeigte sich auch in der Beleuchtung, als die Gaslaternen durch elektrisches Licht ersetzt wurden. Auch die neue Moselbrücke, damals die erste zwischen Bernkastel und Koblenz, zeigte mit ihrem Brückenturm, dass man in Traben und Trarbach nicht mehr jeden Pfennig umdrehen musste. Heute ist der Brückenturm neben der Grevenburg das Wahrzeichen der Doppelgemeinde.

Belle Époque an der Mosel

Bruno Möhring (1863–1929) hieß der Mann, der das Bild Traben-Trarbachs prägte. Deshalb auch setzte man ihm einen Gedenkstein am Moselufer zu Traben. Möhring gehörte zu den wichtigsten Architekten der Belle Époque. Nach kurzen Studium ohne Abschluss an der Technischen Hochschule Charlottenburg und anschließender Anstellung als Architekt im Berliner Schlossbaubüro hatte sich der spätere Mitbegründer des Deutschen Werkbundes 1892 selbstständig gemacht. Sein erstes Großprojekt war die Rheinbrücke in Bonn. Fast gleichzeitig aber arbeitete er auch an der Konstruktion einer Brücke von Trarbach nach Traben, deren 1899 errichtetes **Brückentor** heute einer der Publikumsmagneten an der Mosel ist. Detailreich war die Front des Brückentors, verziert mit

▶ Karte S. 279

Reliefs und Ornamenten, zu denen vor allem ein tanzendes Winzerpaar gehörte. Im Brückenturm gab es zudem eine Gaststätte, die schnell zum Treffpunkt der Weinhändler wurde, die damals das gesellschaftliche Leben in der Stadt bestimmten.

Viele dieser Geschäftsleute hatten sich im Lauf der Zeit mit Möhring angefreundet und ihm Aufträge zur Gestaltung ihrer Villen und anderer Bauten erteilt. Schon ab 1901 entstand so das **Hotel Clauss-Feist** (An der Mosel 11), das heute als Jugendstil-Hotel Bellevue firmiert. Ein großer Teil der von Möhring entworfenen Inneneinrichtung ist noch vorhanden – auch deshalb, weil sich die späteren Hoteliers weigerten, ihr Haus zu modernisieren.

1904 folgte der Bau der **Villa Huesgen** (Am Bahnhof 50), deren Innenräume und Park Möhring im Sinnes eines Gesamtkunstwerkes gleich mitgestaltete. Für das Personal gab es ein eigenes Treppenhaus. Sogar einen Tanz- und Theatersaal im Dachgeschoss plante der Architekt, in dem sich Jagd- und Weinfreunde zu geselligen Abenden trafen. Auf heute umgerechnet soll der Prachtbau mit seinen 70 Zimmern angeblich neun Millionen Euro gekostet haben, so

Das Brückentor

Das Lorettahaus mit Jugendstilelementen

dass man seinen Bauherren, den Weingutsbesitzer Adolph Huesgen, liebevoll »Mosel-Bismarck« nannte.

Ein Jahr später entstand die **Villa Breuker** (An der Mosel 7): ein kubisch-verschachtelter Bau, der sich heute als Villa Nollen ebenfalls in die Uferfront Trabens einreiht. Wieder ein Jahr später schuf Möhring im Traben-Trarbacher Stadtteil **Bad Wildstein** einen Erweiterungsbau für das Kurhaus (Wildbadstraße 201), das inzwischen als »Ayurveda Parkschlösschen« mit 5-Sterne-Service aufwartet.

Als **Buddha-Museum** fungiert heute die 1907 fertiggestellte **Großkellerei Julius Kayser & Co.** (Bruno-Möhring-Platz 1), in dem sich ebenfalls noch viele Deko-Elemente aus der Ära Möhring finden. Und auch ein paar weitere Weingüter an der Mosel tragen noch immer die Handschrift des preußischen Stararchitekten. Für einen reichen Weinhändler fertigte er sogar ein filigranes Grabmal auf dem Friedhof in Traben.

Jugendstilelemente prägen auch zahlreiche andere Gebäude in der Doppelge-

Die deutsche Mittelmosel

meinde wie die **Alte Post** am Trabener Brückenkopf und ein paar Schritte weiter das sogenannte **Lorettahaus** (Poststraße) aus dem Jahr 1907 mit seinen vielen Erkern und Türmchen. Blickfang ist auch der alte **Bahnhof** in Traben, in dem heute die **Tourist-Information** ihren Sitz hat. Dort auch startet im Sommer an jedem ersten und dritten Sonntag im Monat um 11 Uhr ein »weinarchitektonischer Spaziergang«, der einem die Jugendstilraritäten näherbringt.

■ Grevenburg

Die mächtige Burg über Trarbach wurde von Graf Johann III. von Sponheim Mitte des 14. Jahrhunderts errichtet. Daher auch der Name, denn die Grevenburg ist nichts anderes als eine Grafenburg. Ab 1437 verwalteten adelige Oberamtsmänner von hier aus die Hintere Grafschaft Sponheim. Immer wieder wurde sie erobert, teilweise zerstört, wieder hergerichtet und durch den französischen Festungsbaumeister Vauban wehrtechnisch verstärkt. 1734 allerdings wurde sie wieder einmal gesprengt und nicht wieder aufgebaut. Zurück blieben eine Fassade des Kommandantenhauses, Mauerreste und zwei Vorbauten, deren Wehrgänge zum Teil noch begehbar sind, am besten mit einer Taschenlampe.

Ruine der Grevenburg

▲ Karte S. 279

■ Alter Stadtturm

Der restaurierte Stadtturm ist eines der letzten Überbleibsel der mittelalterlichen Stadtbefestigung Trarbachs aus dem 14. Jahrhundert. Sie erstreckte sich einst entlang des Moselufers bis hinauf zur Grevenburg. Heute dient die Feste, die ursprünglich noch höher war, als Aussichtsturm. Im Inneren zeigt das benachbarte Mittelmosel-Museum historische **Kamin- und Ofenplatten**. Neueste Errungenschaft ist ein Glockenspiel aus 28 Bronzeglocken, die täglich um 12, 15, 16, 17 und 18 Uhr ertönen.

■ Haus der Ikonen

Links neben dem alten Stadtturm begrüßt das Haus der Ikonen Besucher. Es ist das Vermächtnis und Lebenswerk des Ikonensammlers Alexej Saweljew (1918–1996), eines staatenlosen Ikonographen, der seine religiösen Kunstobjekte in aller Welt zusammensuchte. Ein Großteil der Werke sind moderne Arbeiten der sogenannten Nowgoroder Schule. Das Museum begreift sich aber nicht nur als Kunstschau, sondern vor allem als ein Ort der Einkehr und Begegnung im interreligiösen Dialog.

■ Mittelmosel-Museum

Die vom Stadtbrand 1857 verschont gebliebene barocke Villa der Trarbacher Kaufmannsfamilie Böcking ist bis unters Dach mit Kunst und Antiquitäten gefüllt. Vieles wie etwa Möbel stammt noch von den einstigen Hausherren, die in ihren Räumen Preußens König Friedrich-Wilhelm IV. ebenso willkommen hießen wie Johann Wolfgang von Goethe, dem man

nach seinem Besuch in Trarbach sogar bequeme Matratzen zum Nächtigen auf der Heimfahrt per Schiff mitgab.
In 20 Schauräumen zeigt das Museum, wie eine Patrizierfamilie im 18. und 19. Jahrhundert eingerichtet war. Zu sehen sind unter anderem ein Schlafgemach mit Himmelbett und ein Schrank voller Wäsche, Rokoko-Salon nebst Herrenzimmer und der mit über 1000 Delfter Fliesen ausgestattete Speisesaal. Im Dachgeschoss erinnern Funde aus der Zeit der Römer und Franken, Pläne der Festung Mont-Royal und ein Modell der alten Grevenburg an die Stadtgeschichte von Traben-Trarbach.

Buddha-Museum

Mit vielen Ausstellungsräumen, Dachgarten und einer großen Freifläche ist eine ehemalige Jugendstil-Weinkellerei heute Hort eines Museums, das sich ganz dem Buddhismus und seiner Kultur verschrieben hat. Rund 2000 Buddha-Figuren, Bilder, Skulpturen und andere Sammlungsstücke entführen in eine Welt, die auf den Betrachter eine fast magische Ausstrahlung hat. Die Vielfalt des Buddhismus unterstreicht eine moderne Multimedia-Installation. Und natürlich gibt es einen Shop, der neben Buddhafiguren aller Art auch buddhistische Literatur und Musik anbietet.

Festung Mont Royal

Reste der unter Ludwig XIV. angelegten Festung sind hoch über Traben zu besichtigen. Sie hätte einmal 12 000 Mann und 3000 Pferden Unterkunft bieten sollen und wäre damit eine der größten Festungen Europas gewesen. Ihr Konstrukteur war der französische Festungsbaumeisters Vauban, der das Bollwerk allerdings noch vor seiner Fertigstellung Ende des 17. Jahrhunderts als Ergebnis des Friedensvertrages von Rijswijk wieder schleifen musste. In den Jahren 1929 bis 1937 wurden die Festungsreste teilweise mit Hilfe des Reichsarbeitsdienstes ausgegraben, um damit Frankreich propagandistisch einzuschüchtern. Heute stehen die ausgegrabenen Mauern und Kellergewölbe zur Besichtigung offen. Pläne und Ausgrabungsfunde zeigt das Mittelmoselmuseum.

Bad Wildstein

Ebenfalls zu Traben-Trarbach gehört das in einem Seitental gelegene Bad Wildstein, dem die Stadt ihren Titel als Kurort verdankt. Ende des 18. Jahrhunderts waren Bergleute beim Abbau von Kupfererzen auf eine heiße Quelle gestoßen, die jahrelang das Badehaus des Dorfes speiste. Heute dient das 33 Grad heiße Wasser der **Moseltherme**, einem modernen Schwimmbad mit Wellness-Einrichtungen.

i Traben-Trarbach

Vorwahl: +49/(0)6541
PLZ: D-56841
Tourist-Information Traben-Trarbach, Am Bahnhof 5, Tel. +49/6541/83980; Mai–Okt. Mo–Fr 9–17, Sa 9–13, April Mo–Fr 10–16, Nov.–März Mo/Di, Do/ Fr 10–14 Uhr.
www.traben-trarbach.de

Restaurant und Ferienwohnungen Alte Zunftscheune, Neue Rathausstr. 15, Tel. +49/6541/9737; Ferienwohnungen und Appartements ab 72 Euro. Im Restaurant gibt es ländliche Frischeküche in nostalgischem Ambiente.
www.zunftscheune.de

Die Graifen, Wolfer Weg 11, Tel. +49/6541/811075; Di–Fr 17–22, Sa 12.30–14.30 und 17–22 Uhr. Weingut mit Restaurant, im Angebot sind auch Wohnungen und ein Ferienhaus.
www.graifen.de

Mittelmosel-Museum, Casinostr. 2, Tel. +49/6541/9480; April–Okt. Di–So 10–17, Sa/So 12–16 Uhr.
www.mittelmosel-museum.de
Buddha-Museum, Bruno-Möhring-Platz 1, Tel. +49/6541/8165180; Ostern–Okt. Di–So 10–18 Uhr.
www.buddha-museum.de
Haus der Ikonen, Mittelstr. 8, Tel. +49/6541/812408; April–Anfang Nov. Fr–So 10–17 Uhr. www.haus-der-Ikonen.de

Zweirad Wagner, Brückenstr. 42, Tel. +49/6541/1649. Reparaturwerkstatt und Fahrradverleih.
www.zweirad-wagner.de

Moseltherme, Wildsteiner Weg 5, Bad Wildstein, Tel. +49/6541/83030; Mo 14–21, Di–Fr 9–21, Sa/So 9–18 Uhr. Badelandschaft und Saunen
www.moseltherme.de

Starkenburg

Moselabwärts nach Enkirch lohnt der Umweg über Starkenburg. Hoch über dem Fluss liegt die Burgruine Starkenburg, in der die Grafen und Gräfinnen von Sponheim residierten. 1328 machte Loretta von Sponheim von sich reden, als sie den Trierer Kurfürst Balduin, mit dem sie wegen eines Burgenbaus in Birkenfeld im Clinch lag, während einer Schiffsreise nach Koblenz samt Gefolge gefangen nahm und auf die Starkenburg verfrachtete. Nachdem der Kurfürst und Erzbischof ihr zugestand, auf den Bau der Burg zu verzichten und dazu ein stattliches Lösegeld zahlte, von dem Loretta sich einen neuen Witwensitz an der Nahe leisten konnte, wurde er wieder freigelassen.

Blick von der Starkenburg ins Moseltal

Nachdem das Geschlecht der Starkburg-Sponheimer Anfang des 15. Jahrhunderts ausgestorben war und die Nachfolger kein Interesse an der Burg mehr hatten, zerfiel die Anlage mehr und mehr. Mit den Steinen der Burg bauten die Bergbewohner, die von der Landwirtschaft und dem Weinbau lebten, sich ihre Häuser. Heute ist die Burgruine ein schöner Aussichtspunkt, von dem der Blick von Enkirch bis Traben-Trarbach reicht.

Enkirch

»Schatzkammer rheinischen Fachwerkbaus« nennt sich Enkirch heute stolz. Seine Siedlungsgeschichte reicht bis in die Steinzeit, das zeigen Funde. Urkundlich erwähnt wurde der Ort freilich erstmals im Jahr 733 unter dem gallo-römischen Namen »Anchiriacum«, aus dem schließlich Enkirch wurde. Die Grafen von Sponheim hatten auch hier das Sagen, gaben den Bürgern aber mehr Freiheiten als andere Landesherren. So schafften sie schon früh die Leibeigenschaft ab und errichteten eine von den Grafen unabhängige Gerichtsbarkeit, was im Dorf für Aufschwung sorgte, so dass das protes-

▲ Karte S. 241

Fachwerkhaus in Enkirch

tantische Enkirch eine Zeitlang zu den größten Moselorten zählte.

Heute sind es die vielen Fachwerkhäuser, die von diesen Zeiten erzählen. Auffallend sind ihre oft filigranen Erker. So wie am **Krieger'schen Haus** (Weingasse 16), das 1675 ein Uhrmachermeister bauen ließ. Den vielen Neidern im Dorf empfahl er auf einem Spruchband am Haus: »Wer da bauet an der Strassen, muss die Leute reden lassen, es ist kein Meister auf der Welt, der baue, dass jedem gefällt.« In der benachbarten Ratsweinschenke (Weingasse 20), ebenfalls ein Fachwerkhaus, gibt es angeblich rund 200 verschiedene Weine aus allen örtlichen Weinlagen. Dass manche Fachwerkhälften besser als die nebenstehenden wirken, liegt an der auch an der Mosel schon früh praktizierten Realteilung bei der Erbverteilung, die dazu führte, Häuser einfach zu halbieren.

In der ersten Etage der Ratsweinschenke ist das **Heimatstubenmuseum** zuhause, wo neben einer Küferwerkstatt auch eine typische Winzerküche zu sehen ist. Publikumsmagnet aber ist eine Sammlung mittelalterlicher Instrumente zur Bestrafung, zum Beispiel eine sogenannte Doppelhalsgeige, die man Straftätern umhängte und sie einen Tag lang so zum Spott vor das Rathaus stellte. Am eindrucksvollsten ist die Einrichtung einer Schöffenstube mit Richterstuhl aus dem 15. Jahrhundert.

Eine Besonderheit in Enkirch ist am Ende der Drillesgasse der »**Drilles im Spilles**«, ein Drehkäfig, der im 16. Jahrhundert zur öffentlichen Bestrafung diente. Etwas höher liegt die **evangelische Pfarrkirche** (Am Wallgraben 19), die im Lauf ihrer Geschichte immer wieder umgebaut und erweitert wurde. An ihrer linken Außenseite findet sich ein in Deutschland einmaliger Anbau, das »Balghäuschen«. Es wurde aus der Not geboren, als man 1761 für die neue Orgel aus der berühmten Orgelwerkstatt der Gebrüder Stumm einen Blasebalg unterbringen musste, für den in der Kirche kein Platz mehr war. Die ältesten Kirchenteile stammen aus dem 13. Jahrhundert - und damit wie auch ein spätgotisches Sakramentshäuschen und einige Grabsteine noch aus katholischen Zeiten. Die heutige **katholische Pfarrkirche** (Sponheimer Straße 1) wurzelt in einer gotischen Marienkapelle. Sehenswert sind der Taufstein, einige Ölgemälde und der Hochaltar aus dem frühen 18. Jahrhundert.

Reil

Beim Dorf Burg führt eine Brücke ins links des Flusses gelegene Reil. Es ist neben Kröv der zweite gewichtige Ort im Cröver Reich. Auch hier fallen Fachwerkbauten wie in der Moselstraße sofort ins Auge. Reil war eine der Stationen, an der die Moselschiffer gern Halt machten, um die vor Erfindung der Dampfschifffahrt bei Bergfahrten nötigen Zugpferde zu wechseln und zu übernachten. Heute sind es Weinbau und Tourismus, die für Leben sorgen. »Reiler vom heißen Stein« heißt die bekannteste Weinlage Reils. Um die rankt sich auch eine Sage, die heute in einem Brunnen inmitten des Dorfes Gestalt gefunden hat. Sie erzählt von einem Pfalzgrafen, der dem Teufel alle Weine der Welt geboten hatte, um seine Seele zu retten, die er dem Leibhaftigen schon vor längerer Zeit verschrieben hatte. Doch dem genügte das nicht, so dass er begann, unter dem Reiler Schiefer in den Weinbergen das Höllenfeuer anzufachen. Das aber ließ dort einen Wein wachsen, der schließlich auch dem Teufel schmeckte. »Endlich der Tropfen vom heißen Stein!« soll er ausgerufen haben. Damit hatte die Weinlage ihren Namen.

Über die Grenzen hinaus ist Reils Kirche **Maria Heimsuchung** bekannt, allerdings nicht aus architektonischen oder kunsthistorischen Gründen, sondern als Sommerquartier von rund 2000 **Fledermäusen**. Sie nisten dort im Dachstuhl, ehe sie sich im Herbst in ihre Winterquartiere zurückziehen. Bis zu 300 Kilo Kot gilt es dann auszumisten.

Enkirch und Reil

Vorwahl: Enkirch +49/(0)6541, Reil +49/(0)6542

PLZ: Enkirch D-56850, Reil 56861

Tourist-Information Enkirch, Brunnenplatz 2, Tel. +49/6541/9265; März–Okt. Mo–Fr 9–12 und Mo, Di, Do, Fr 14–17 (ab Juli zusätzlich Sa 9–12) Uhr, Nov.-Febr. Mo/Di, Do/Fr 9–12, Fr 14–17 Uhr. Die Tourist-Information verwaltet auch die kommunalen Wohnmobilstellplätze am Brunnenplatz. www.enkirch.de

Tourist-Information Reil, Hutgasse 16, 56861 Reil, Tel. +49/6542/21036; April–Okt. Mo–Fr 9.30–12, Mo, Mi, Fr 15–17.30 (Aug.-Okt. auch Sa 9.30–12) Uhr; Nov.-März Mo–Fr 10–12, Mi 15–17 Uhr. www.reil-mosel.de

Moselromantik-Hotel Dampfmühle, Am Steffensberg 80, Enkirch, Tel. +49/6541/813950; DZ ab 99 Euro. 15 einfache Unterkünfte im Haus mit Liegewiese und Schwimmbad.
www.dampfmuehle-enkirch.de

Hotel Villa Melsheimer, Moselstr. 5, Reil, Tel. +49/6542/900034; DZ ab 90 Euro. Hotel mit zeitgemäßer Küche in klassischer Tradition.
www.melsheimer.de

Wohnmobilstellplatz Reil, Moselstraße, Reil, Tel. +49/6542/21036; Ostern–Okt., ab 12 Euro. 70 Stellplätze direkt am Moselufer. www.reil-mosel.de

Karte S. 241

Die Mosel bei Enkirch

Die Untermosel ist das letzte, knapp 100 Kilometer lange Teilstück der Mosel, ehe sie in Koblenz in den Rhein mündet. Einige der steilsten Weinberge Europas wie der Calmont geben ihr auf dem Schlussspurt Geleit. Meist sind es nach Süden und Westen ausgerichtete Hänge, auf denen die Winzer bis hoch in Hunsrück und Eifel ihre Reben pflegen – oft noch in mühevoller Handarbeit. Weil die Steillagen gewöhnlich mit Hilfe von Trockenmauern terrassiert sind, wird die Untermosel touristisch inzwischen als Terrassenmosel vermarktet. Cochem und Zell sind ihre Publikumsmagnete – und natürlich Koblenz mit der Moselmündung.

DIE UNTERMOSEL

Moselschleife bei Zell, Blick vom Prinzenkopf

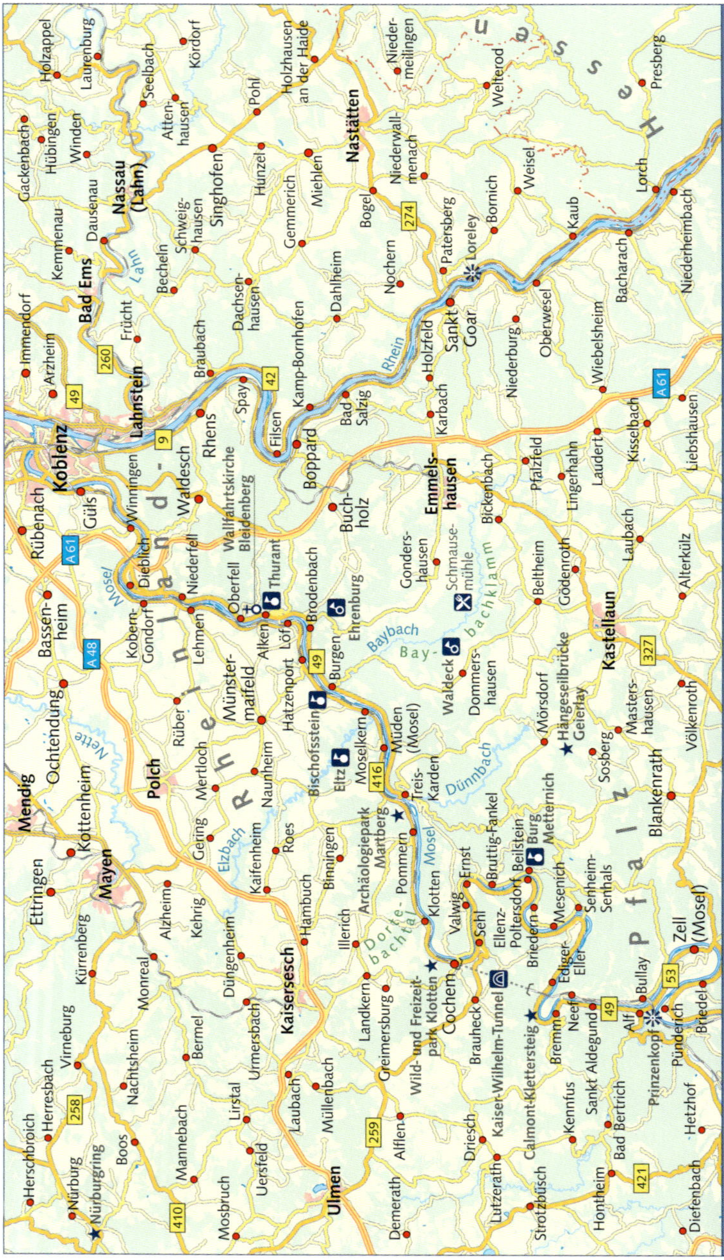

Die Untermosel von Zell bis Koblenz

Ferienregion Zeller Land

Die Verbandsgemeinde Zell schmiegt sich wie Traben-Trarbach oder Bernkastel-Kues an eine der vielen Moselschleifen. Zwei Dutzend Orte im Hunsrück und an der Mosel gehören ihr an, die meisten mit Ausnahme von Bullay, Briedel und Zell nicht einmal 1000 Einwohner zählend. Die an der Mosel liegenden Orte vereint der Weinbau, der wichtigste Wirtschaftszweig der Region. Die bekannteste Weinlage ist die »Zeller Schwarze Katz«, welche die Gegend weltberühmt gemacht hat.

Pünderich

Rechts der Mosel liegt Pünderich mit schönen Fachwerkhäusern und breiter Uferpromenade. Seine größten Sehenswürdigkeiten aber liegen auf der anderen Moselseite: das Hangviadukt, die Marienburg und der Aussichtsturm auf dem **Prinzenkopf**.

Eine Fähre verbindet die beiden Moselseiten – und gleich vom westlichen Fähranleger führt ein **Weinwanderweg** auf das Pünderich gegenüberliegende Bergplateau. Sein Juwel ist der 28 Meter hohe stählerne **Prinzenkopfturm**, eine überdachte Aussichtsplattform mit einmaligem Panoramablick auf die enge Moselschleife und weiten Blicken in Hunsrück und Eifel: 108 Stufen, die jede Anstrengung lohnen! Unterhalb des Aussichtsturmes liegt die **Marienburg**. Die aus einem Kloster hervorgegangene Festung legten französische Revolutionstruppen Ende des 18. Jahrhunderts in Trümmer, aus denen das Bistum Trier in den 1950er Jahren eine Jugendbildungsstätte schuf.

Pünderich punktet mit alten und sehenswerten Fachwerkbauten – vor allem in der vom Moselufer in den Ort führenden **Kirchstraße**. Eines der renovierten Glanzstücke versteckt sich hinter der Hausnummer 16. Es stammt angeblich aus dem Jahr 1517, könnte nach Ansicht von Fachleuten aber noch älter sein. Sehenswert ist auch das **Alte Rathaus** (Rathausstr. 13), ein stattliches dreigeschossiges Gebäude aus dem Jahr 1548. Eine Stippviste in der Kirchstraße hat auch die tagsüber meist geöffnete katholische **Pfarrkirche** mit ihrer spätbarocken Innenausstattung verdient. Pünderichs Schokoladenseite ist das **Moselufer** mit seinen großen Wiesen, die zum Picknick einladen. Auf dem anderen Ufer gegenüber findet sich das längste **Eisenbahn-Hangviadukt** Deutschlands, ein architektonisches Prachtstück inmitten der Weinhänge.

Briedel

Nicht weit von Pünderich, ebenfalls auf der rechten Moselseite, liegt Briedel. Das fränkische Bredaculo gehört zu den

Winzerhaus am Moselufer in Pünderich

Blick auf Briedel mit der Martinskirche

ältesten Siedlungen der Region. Die Ringmauer, die Briedel schon im Mittelalter umgab, wurde 1689 von den Franzosen zerstört. Teil von ihr war auch der sogenannte **Eulenturm** (Bergstraße), ein Wehrturm in den Weinbergen am südöstlichen Ortsrand, der noch heute steht.

Die heutige, gegen Ende des 18. Jahrhunderts an der Stelle der Vorgängerkirchen erbaute barocke **Martinskirche** überrascht mit herrlichen Deckenmalereien, einer klangvollen Orgel und einem restaurierten Hochaltar.

Briedel ist vor allem bei **Wanderern** beliebt. Sie erwarten rundum Wälder mit romantischen Felspartien, beeindruckenden Aussichtspunkten und gut markierten Wanderrouten wie einen »Briedeler Schweiz« benannten Rundwanderweg.

Pünderich und Briedel

Vorwahl: +49/(0)6542

PLZ: Pünderich D-56862, Briedel D-56867

Touristinformation Pünderich, Raiffeisenstr. 3, Tel. +49/6542/900021; Ostern–Okt. Di, Do–Sa 10–12 Uhr. www.puenderich.de

Tourist-Information Briedel, Moselstr. 25, Tel. +49/6542/4013; April–Okt. Mo 9–12, Fr 15–18 Uhr, Nov.–März Mo 9.30–12 Uhr. www.briedel.de

Straußwirtschaft und Gästehaus Dahm, Bahnhofstr. 4, Pünderich, Tel. +49/6542/2805; drei Ferienwohnungen ab 75 Euro. In der Straußwirtschaft Dahm wird von Juli bis Oktober moselländische Küche angeboten.
www.alfred-dahm.de

Restaurant und Café Korkenzieher, Hauptstr. 86, Briedel, Tel. +49/6542/1814014. Neben dem täglich geöffneten Weincafé

▶ Karte S. 290

gibt es auch Ferienwohnungen (DZ ab 70 Euro). www.korkenzieher-briedel.de

Campingplatz Moselland, Im Planters 1, Pünderich, Tel. +49/6542/2618; April–Okt. Zeltwiese und 200 Wohnmobilstellplätze. www.campingplatz-moselland.de

Rundwanderweg Briedeler Schweiz. Die vom Deutschen Wanderinstitut als Premiumweg ausgewiesene Route führt meist durch Wald mit immer neuen Einblicken in die Moselregion. Mehr unter: www.wanderinstitut.de/premiumwege/rheinland-pfalz/briedeler-schweiz

Zell an der Mosel

Wie Traben-Trarbach oder Bernkastel-Kues schmiegt sich auch Zell an eine Schleife der Mosel. Die Namen Merl und Kaimt, wie die beiden Vororte der Stadt heißen, verweisen darauf, dass hier schon zu keltischen Zeiten gesiedelt wurde. Unter den Römern gab es eine Furt durch die Mosel mit kleiner Hafenanlage und Lagerhallen, sogenannte *cellae*. Sie standen schließlich Pate für den Stadtnamen. Bekannt gemacht hat die Stadt die weltberühmte »Zeller Schwarze Katz«, eine der populärsten Weinlagen an der Mosel.

Zu den schönsten Bauten der Stadt zählt das **kurfürstliche Schloss**, die Nebenresidenz der Trierer Kurfürsten, zu deren Sprengel Zell bis zur Säkularisation gehörte. Heute wird das aus spätgotischen und barocken Elementen zusammengesetzte Gebäude aus rotem und weißem Sandstein zum Teil als Hotel genutzt. Den vorderen, an die Schlossstraße stoßenden und 1543 erbauten Flügel flankieren zwei stattliche Türme. Der zweigeschossige Zwischenbau kam wenig später hinzu – ebenso die Einfriedung von Hof und Garten, deren Pfeiler Diana, Apollo und vermutlich Minerva tragen, allesamt typische Figuren aus der Rokokozeit.

Wahrzeichen der Stadt ist der **Runde Turm** an der Moselpromenade. Er war Teil der alten Stadtmauer aus dem 13. Jahrhundert, die nach vorangegangenen schweren Zerstörungen nach dem Großbrand im Jahr 1848 bis auf zwei Türme endgültig abgerissen wurde. Der ursprüngliche Spitzhelm des Runden Turm wurde Ende des 17. Jahrhunderts durch eine geschweifte Haube ersetzt, damit er besser zur benachbarten katholischen **Pfarrkirche Sankt Peter** passte. Die punktet zwischen Kirchgasse und Jakobstraße mit einer Marienfigur aus dem 15. Jahrhundert am linken Seitenaltar und einem Taufstein auf der rechten Chorseite, der aus dem 16. Jahrhundert stammt. Wertvollster Kirchenschatz jedoch ist ein kleines Reliquiar, ein Kästchen aus Kupfer mit Emailschmuck, das normalerweise in einem Tresor aufbewahrt und nur zum Fest der Apostel Peter und Paul öffentlich gezeigt wird. Es ist eine eindrucksvolle Arbeit Limoger Goldschmiede aus der Mitte des

Das kurfürstliche Schloss in Zell

13. Jahrhunderts. Der Reliquienschrein enthält angeblich einen Fußknochen von der Ferse des rechten Fußes des Pfarrpatrons, des heiligen Petrus.

Das älteste kirchliche Zeugnis der Stadt findet sich in der modernen **Jakobuskirche** (Marienburgstraße) mit ihrem spätromanischen Turm im auf der anderen Moselseite liegenden Stadtteil **Kaimt**. Im Gegensatz zu Zell war der von großen Bränden verschont geblieben, was sich heute in vielen alten Fachwerkbauten zeigt. Neben dem Tabernakel hängt dort ein Christus-Torso aus der Übergangszeit von der Romanik zur Gotik. Besonders interessant ist eine romanische Sandsteintafel aus dem frühen 13. Jahrhundert.

Kunstfreunde könnte ein sehenswertes Antwerpener Altarretabel aus dem frühen 16. Jahrhundert in der **Pfarrkirche St. Michael** im Zeller Stadtteil **Merl** interessieren. Zells abwechslungsreiche Geschichte lebt im kleinen **Wein- und Heimatmuseum** im Rathaus, wo auch die Touristeninformation und die Stadtverwaltung ihren Sitz haben. Stumme Zeugen der Römerzeit finden sich dort ebenso wie das Uhrwerk der alten Rathausuhr, eine Küferwerkstatt, alte Handwerkskunst und historische Fotografien.

Blick auf Zell mit der Weinlage Schwarze Katz

▲ Karte S. 290

Zeller Schwarze Katz

Mehr als vier Millionen Weinstöcke stehen heute in Zells Großweinlage, deren Geschichte 1863 beginnt, als angeblich rheinische Großhändler zum Weineinkauf an die Mosel kamen. Im 19. Jahrhundert war es üblich, den Wein direkt bei den Winzern in Fässern zu kaufen und erst am Verkaufsort in Flaschen abzufüllen oder gleich aus dem Fass auszuschenken.

Nach ausgiebigen Proben sollten sich eines Tages so Einkäufer aus Aachen zwischen den Weinen aus drei Fässern entscheiden. Allerdings konnten sie keine Einigung erzielen, in welchem der beste sei. Die Wahl fiel schließlich der schwarzen Hauskatze zu, die plötzlich auf eines der Fässer sprang, einen Buckel machte und jeden anfauchte, der sich dem Fass nähern wollte. Damit war für die Kaufleute klar, dass sie das Fass, das die schwarze Katze so hartnäckig bewachte, mit nach Aachen nehmen sollten. Einige Zeit später waren die Weinhändler zurück an der Mosel, um alle Weine zu kaufen, zu der ihnen die Katze den Weg gewiesen hatte. Damit war die Großlage »Zeller Schwarze Katz« geboren, deren Weine noch heute zu über 80 Prozent exportiert werden, vor allem nach Japan, in die USA, Kanada und Südamerika.

Mit dem »Schwarze Katz-Brunnen« im Herzen der Altstadt, 1936 aus Eifel-Basalt errichtet, hat die Stadt ihrem Exportschlager ein Denkmal gesetzt. Und auch am Verkehrskreisel gleich am Ortseingang von Trier her grüßt längst eine schwarze Katze. Ein **Themenwanderweg Zeller Schwarze Katz** führt vom Rathaus in die Weinlage und informiert über die Arbeit der Winzer. Katzenpfoten dienen zur Markierung der knapp vier Kilometer langen Route (www.zellerland.de/tour/zeller-schwarze-katz-themenwanderweg).

Zell an der Mosel

Vorwahl: +49/(0)6542
PLZ: D-56856
Zeller Land Tourismus, Balduinstr. 44 (Rathaus), Tel. +49/6542/96220; April–Juli: Mo–Fr 9–17 (ab Mai zusätzlich Sa 10–13) Uhr; August-Okt. Mo–Fr 9–18, Sa 10–15; Nov.-März Mo–Do 9–12.30 und 13.30–16.30, Fr 9–13 Uhr
www.zellerland.de

Hotel Garni »Café im Hamm«, Merlerstr. 5, Tel. +49/6542/4566. Familienbetrieb direkt an der Mosel mit Café und individuell gestalteten Zimmern (ab 124 Euro).
www.cafe-im-hamm.de

Alte Winzerstube, Balduinstr. 6, Tel. +49/176/64430102. Flammkuchen und Schnitzel, die für Vegetarierer aus Gemüse gemacht werden, alles immer frisch zubereitet. www.altewinzerstube-zell.de

Campingpark Zell, Mosel-Hamm-Ufer 30, Tel. +49/6542/961216. Campingplatz mit Biergarten und Frühstückscafé und einer Unterkunft im Weinfass im Stadtteil Kaimt, Stellplätze ab 22 Euro.
www.campingpark-zell.de

Wein- und Heimatmuseum, Balduinstr. 44, Tel. +49/6542/96960; April–Okt. Mi–So 14–16.30 Uhr. www.zell-mosel.com

Traditioneller Karnevalsumzug von Zell-Kaimt nach Zell-Mosel, Rosenmontag.

Fahrradverleih Zell Mosel Wanderland, Balduinstr. 95, Tel. +49/6542/406761. Fahrräder aller Art einschl. Kindersitz und Hundekorb. www.fahrradverleih-zell.de

Bullay

Eisenbahnfans werden Bullay sicher kennen. Das liegt zum einen am **Prinzenkopf-Tunnel**, einem fast 500 Meter langen Durchstich durch den Prinzenkopf, der mit der Elektrifizierung der Eisenbahnstrecke zwischen Trier und Koblenz tiefer gelegt werden musste, und zum anderen an Deutschlands erster **Doppelstockbrücke** am Tunneleingang. Sie war im Rahmen des Baus der sogenannten Kanonenbahn als reine Eisenbahnbrücke geplant, erhielt aber – nachdem sich die umliegenden Gemeinden und einige Unternehmer an ihrer Finanzierung beteiligt hatten – auch eine Trasse für Fußgänger, Radfahrer und Fuhrwerke.

»Kanonenbahn« nannte der Volksmund die Bahnstrecke von Berlin nach Metz. Amtlich war der Name nie, aber an der Mosel wusste jeder, was damit gemeint war. Schließlich mussten die Moselaner nicht nur einmal mit ansehen, wie Panzer und Kanonen auf speziellen Waggons in endlos langen Zügen ihre Ortschaften passierten. Schon 1896 war die anfangs eingleisige Strecke zweispurig befahrbar. Im Sommer 1914 schaffte das deutsche Militär so mehr als drei Millionen Soldaten Richtung Westen – mit Tempo 30 in bis zu 550 Meter langen Zügen. Da aber auch die Franzosen ihr Schienennetz ausgebaut hatten, war der rasche Truppen- und Munitionstransport per Schiene im Ersten Weltkrieg kein Vorteil mehr für die Deutschen. Nach dem Krieg, der die Rückgabe der lothringischen Gebiete an Frankreich brachte, nutzten die Franzosen die Kanonenbahn vor allem zum Transport von Kohle aus dem Ruhrgebiet, die Deutschland als Kriegsentschädigung abzuliefern hatte. Unter den Nationalsozialisten diente die Kanonenbahn anfangs den Erbauern des Westwalls zur Lieferung von Baumaterial, später karrte die Bahn Soldaten an die Front. 1945 aber lag die Strecke in Trümmern, waren ihre Brücken zerstört, manches Tunnelgewölbe eingestürzt. Schon wenig später aber war die Strecke von Trier nach Metz wieder befahrbar, ein Jahr später die nach Bullay. 1947 wurde die dortige Moselbrücke fertiggestellt, was erstmals wieder eine nahtlose Verbindung zwischen Trier und Koblenz möglich machte. Heute fahren wie früher wieder oben die Eisenbahnen, einen Stock tiefer die Autos von Bullay nach Alf oder umgekehrt über die 1400 Tonnen schwere Stahlgitterkonstruktion, welche die Mosel mit sechs Trägern auf fünf Flusspfeilern überspannt und neben den beiden Doppelstockbrücken der Biggetalbahn im Sauerland die einzige dieser Art in der Bundesrepublik ist.

Noch immer auch ist das schon zu Römerzeiten besiedelte Bullay ein Verkehrsknotenpunkt, von dem regelmäßig Züge nach Koblenz und weiter nach Düsseldorf verkehren, in der Gegenrichtung nach Trier und direkt weiter nach Luxemburg oder Saarbrücken. Außerdem führt eine Stichbahn nach Traben-Trarbach. Nicht mehr unterwegs allerdings ist das sogenannte Saufbähnchen, eine Bahn von Trier nach Bullay, die jahrzehntelang den Weintourismus entlang der Mosel prägte. Die privat betriebene Bahn folgte allen Bögen des Flusses und machte auf ihrer rund vierstündigen Fahrt dreißigmal Halt. Zum besonderen Service des Betreibers gehörte der Ausschank vieler Weine, deren Lagen der Zug während seiner Fahrt passierte. Mangels Rentabilität wurde der Betrieb der Strecke 1968 eingestellt.

Alf

Mit der Doppelstockbrücke und einer Fähre ist Bullay mit Alf links der Mosel verbunden. Sein Name wurzelt in der römischen Siedlung Albis. In der Wilburggasse 5 steht das älteste Haus des Dorfes aus der Mitte des 15. Jahrhunderts. In der ehemaligen Dorfschule aus dem 18. Jahrhundert, einem schönen Fachwerkhaus, ist heute ein kleines **Heimatmuseum** zuhause, unweit des ehemaligen kurtrierischen Amtshauses (Auf Kockert 6; Mai–Okt. 16–18 Uhr).

Wichtigste Sehenswürdigkeit aber ist die 1120 erstmals schriftlich erwähnte **Burg Arras**. Mitten im Wald thront sie heute hoch über einem Tal. Die Burg war anfangs im Besitz der Pfalzgrafen, später gehörte sie den Trierer Erzbischöfen und Kurfürsten. Im Rahmen des Pfälzischen

Die Doppelstockbrücke von Bullay

▲ Karte S. 290

Blick auf Alf

Erbfolgekriegs schleiften die Franzosen die im Lauf der Zeit immer mehr verstärkte Festung bis auf die Grundmauern. Nur der haushohe Bergfried aus salischen Zeiten mit seinen vier Meter dicken Mauern trotzte allen Sprengungen.

Nachdem die Reste der Burg Ende des 18. Jahrhunderts zum Staatseigentum erklärt worden waren, erwarb sie samt der umliegenden Wälder ein Industrieller, dessen Nachfahren sie einem Winzer aus Alf verkauften. Der fand schließlich einen Bergwerksdirektor als neuen Burgherren, der aus den Ruinen Anfang des 20. Jahrhunderts die alte Burg wieder erstehen ließ. Seine Erben wiederum verkauften die Anlage weiter, die schließlich, um einen weiteren Flügel erweitert, zum Burghotel samt Restaurant wurde. All das erzählt heute das **Burgmuseum**, in dessen Räumen der heutige Burgherr - ein Neffe von Wilhelmine Lübke, der Gattin des ehemaligen Bundespräsidenten - einen Teil des Nachlasses des Staatsoberhauptes ausgestellt hat: zum Beispiel einen Wandbehang von Madame de Pompadour, den Frankreichs Staatspräsident de Gaulle in den 1960er Jahren Heinrich Lübke geschenkt hatte. Blickfang des Museums freilich sind neben Ritterrüstungen und Waffen zahllose Bilder und Grafiken mit alten Ansichten der Mosel und Bildnissen der Trierer Kurfürsten.

i Alf

Vorwahl: +49/(0)6542
PLZ: D-56859
Touristinformation Alf, Am Ferdinand-Remy-Platz 7, Tel. +49/6542/2419. www.alf-mosel.de

Burg Arras, Wittlicher Str. 1, Tel. +49/6542/22275; Mo–Fr 10–18, Sa/So 9–18 Uhr (Jan./Febr. geschlossen). www.arras.de

St. Aldegund

St. Aldegund wurde erstmals Ende des 11. Jahrhunderts als Sanctam Aldegundam erwähnt - benannt nach der heiligen Aldegundis, einer merowingischen Fürstentochter und Äbtissin. Um sie ranken sich viele Geschichten und Legenden. Eine erzählt von einem Engel, der sie über die Fluten eines Flusses geleitet habe, als sie vor einem hartnäckigen Liebhaber fliehen musste. Eine andere berichtet von einer Taube, die bei ihrer Wahl zur Äbtissin ihr den Schleier umlegte oder von einer Kerze, die umgefallen und erloschen war, sich aber von selbst wieder entzündete, als sie mit einer Mitschwester über Gott nachsann. Zu St. Aldegunds Sehenswürdigkeiten gehört deshalb die ursprünglich zu ihren Ehren errichtete romanische **Kirche** hoch über dem Dorf, die schon 1144 urkundlich erwähnt ist. Später wurde sie dem heiligen Bartholomäus geweiht, dem Viehheiligen, so dass sie für die Landwirte der Umgebung schnell zur Wallfahrtsstätte wurde. 1872 wurde sie allerdings profanisiert und im Ersten Weltkrieg als Gefangenenlager und Reitstall ge-

Das Christophorushaus in St. Aldegund stammt aus dem 15. Jahrhundert

nutzt, im Zweiten Weltkrieg gar als Munitionslager. Darum musste sie nach ihrer gründlichen Renovierung 1971 noch einmal neu geweiht werden. Finanzieller Förderer ihrer Neugestaltung war der Aachener Kunstmäzen Peter Ludwig, der auch für die Freilegung der mittelalterlichen Fresken sorgte. Zum Dank legte man für den großzügigen Kunstsammler und dessen Gattin eine Gruft unter dem Altar an, in der die beiden heute begraben sind. Zur wertvollen Innenausstattung der Kirche gehören eine »Christus in der Rast« genannte, farbig gefasste Sandsteinskulptur aus dem Jahr 1522, eine lebensgroße spätgotische Madonna sowie eine schmiedeeiserne Kanzel aus der Mitte des 17. Jahrhunderts. Auch der bei der Profanisierung verkaufte Renaissance-Seitenaltar, 1951 in den Besitz der Familie Ludwig geraten, hat dank ihres Mäzenatentums wieder an die Mosel gefunden.

Die Gottesdienste in St. Aldegund finden heute allerdings gewöhnlich in der **neugotischen Kirche** in der Ortsmitte statt, deren 51 Meter hoher Turm nicht zu übersehen ist. Blickfang sind ein barocker Marienaltar aus der Mitte des 18. Jahrhunderts und eine »Anna selbdritt« aus dem 15. Jahrhundert, bei der das Jesuskind voller Freude nach einer Traube in der Hand der heiligen Anna greift.

Gleich um die Ecke in der Christophorusstraße finden sich die schönsten Häuser des mit Fachwerk gut ausgestatteten Dorfes. Etwa das sogenannte **Christophorushaus** (Christophorusstraße 10) aus dem späten 15. Jahrhundert mit einer schön geschnitzten Figur des Heiligen am Anbau. Einen wunderbaren Blick über das Moseltal bietet ein **Heiligenhäuschen** in den Weinbergen nördlich des Ortes, von dem man durch einen Wald nach Bremm laufen kann.

Neef

Letzte Gemeinde auf dem Weg moselabwärts durch das Zeller Land ist Neef. Es liegt unterhalb der Staustufe St. Aldegund auf der rechten Moselseite. Hoch über dem Dorf auf dem Petersberg finden sich die ältesten Spuren der Besiedelung, die bis in die mittlere Steinzeit reichen. Oben auf dem Petersberg, auf einem schmalen Berggrat, steht eine romanische Kapelle aus dem 12. Jahrhundert, die lange Zeit zum Kloster Stuben gehörte, von dem am Moselufer nur noch eine Ruine gegenüber dem mächtigen Bergklotz des Calmond steht.

Im Inneren der **Petersbergkapelle**, die im 16. und 17. Jahrhundert um den romanischen Chor erweitert wurde, prägt ein schöner Altaraufsatz aus der Spätrenaissance das Bild. Gefertigt hat ihn wahrscheinlich der Künstler, der in Trier den Marktbrunnen und die Domkanzel schuf. In der Mitte zeigt er ein Relief der Kreuzabnahme und seitlich davon die Figuren der Heiligen Petrus und Paulus.

▶ Karte S. 290

Darüber ist die Auferstehung Jesu zwischen den Heiligenfiguren Sebastian und Rochus zu sehen.

Der **Friedhof** im Schatten der Kapelle ist der einzige noch heute genutzte Höhenfriedhof an der Mosel. Er zählt zu den interessantesten in Deutschland, nicht nur wegen seiner Lage, sondern auch wegen der Gestaltung mancher Grabsteine. Früher trug man die Toten in feierlicher Prozession auf den Berg, heute fährt sie der Leichenwagen hoch. Weit jedenfalls reicht der Blick von oben ins Moseltal, zur Klosterruine Stuben und die Moselschleife bei Bremm. Manche freilich halten die Aussicht vom drei oder vier Fußminuten entfernten **Eulenköpfchen**, einem weiteren Aussichtspunkt, fast für noch schöner.

Auf dem 6,5 Kilometer langen **Wanderweg Neefer Petersberg** lässt sich die Natur ebenso entdecken wie manch altes Bauwerk.

Neef selbst hat ein paar schöne Fachwerkhäuser und ein **Burghaus** (Moseluferstraße 7) aus dem Mittelalter. Die romanischen Fenster haben bis heute überlebt, ebenso das Portal aus der Renaissancezeit. In dem zeitweise auch als Wasserburg genutzten Haus kam Ende des 15. Jahrhunderts einer der Trierer Kurfürsten und Erzbischöfe zur Welt. Eine ganz andere fromme Geschichte aus dem Haus erzählt der erste große rheinische Chronist Caesarius von Heisterbach von der einst dort lebenden Gattin des Grafen von Sponheim, der 1189 zum Kreuzzug ins Heilige Land aufgebrochen war. Wegen der langen Abwesenheit ihres Mannes habe sie eines Tages »der Geist der Unzucht« überfallen. »Denn plötzlich war sie so in Glut versetzt, dass sie hin und her rannte und weder stehen noch sitzen konnte, als hätte sie glühendes Eisen im Schenkel. Da sie das Feuer der Liebe nicht ertragen konnte, ging sie, ihre Keuschheit vergessend, hinab zu dem Torwächter und sprach zu ihm: »Komm mit in meine Kammer, vergesse deinen Treueschwur und liebe mich so leidenschaftlich, wie es mein Gatte täte, wenn er nur hier wäre«. Der Wächter aber wies sie zurück, so dass die Frau zur Mosel lief und so lange im Wasser sitzen blieb, »bis sie die Glut der Leidenschaft gekühlt hatte«. Dann ging sie zum Torwächter zurück und dankte ihm für seine Ablehnung. Am Wahrheitsgehalt darf gezweifelt werden, war doch der Autor einer der großen Fake-News-Meister des Mittelalters, der solche Geschichten fast schon im Akkord produzierte, um christliche Tugenden wie Treue zu propagieren.

Neef

Vorwahl: +49/(0)6542

PLZ: D-56858 Neef

Touristinformation Neef, Moseluferstr. 23, Tel. +49/6542/1814055; April–Okt. Mo 10–12, Mi 13–14 und 18–19, Sa 11–12 Uhr. www.neefmosel.de

Urlaubsweingut Zecherhof, Auf der Kehr 20, Tel. +49/6542/21717; Ferienwohnung ab 115 Euro. In den Weinbergen gelegenes Weingut mit Winzerschenke mit großer Terrasse; auch Vermietung von Ferienwohnungen. www.weingut-zecherhof.de

Zur Blauen Traube, Moseluferstr. 11, Tel.+49/6542/900966. Einfache und frische Gerichte wie Forelle und selbstgemachte Kuchen und Torten. https://zurblauentraube-neef.business.site

Vom Bahnhof in Neef führt eine knapp 13 km lange **Rundwanderung** mit eindrucksvollen Panoramablicken durch das Zeller Land. Streckenverlauf auf: www.komoot.de/smarttour/283683

Ferienland Cochem

Manche halten den Abschnitt zwischen Bremm und Moselkern für den schönsten an der Mosel. Ganz nah rücken hier oft die Berge an den Fluss, der sich in immer neuen Schleifen den Weg Richtung Rhein sucht, von Bremm aber erst einmal südöstlich fließt – ganz so, als müsse er auf dem Weg zum Ziel noch einmal umkehren. Die Ortschaften am Ufer gehören zur Verbandsgemeinde Cochem, der fast zwei Dutzend Gemeinden angehören. Die größten wie Treis-Karden, Klotten oder Bruttig-Fankel liegen direkt an der Mosel, mit Beilstein auch eines der romantischsten Moseldörfer. Touristische Hochburg der Region aber ist die Stadt Cochem, über der die Reichsburg thront.

Bremm

Dass das Winzerdorf Bremm heute auch weitgereiste Bergwanderer kennen, liegt an seinem **Klettersteig**, der mitten durch einen der steilsten Weinberge Europas führt. Calmont heißt der Felsblock mit seinem fast 400 Meter hohen Gipfel. Noch vor Jahrzehnten waren es allenfalls Winzer, die hier dem Berg ein paar Quadratmeter Weinbergsfläche abrangen, um sie in mühsamer Handarbeit zu bebauen. Ganz im Wissen, dass hier Weine von einmaliger Qualität reifen können. 1051 findet Brembe, wie Bremm einst hieß, erstmals schriftlich Erwähnung. Dem heiligen Laurentius ist die **Dorfkirche** geweiht, die am oberen Ortsrand steht. Der romanische Kirchturm, dem man im 19. Jahrhundert noch ein weiteres Geschoss und einen Helm aufsetzte, hat sich bis heute erhalten. Im Inneren steht ein sehenswerter Hochaltar aus dem 17. Jahrhundert, dessen Mitte das Abendmahl zeigt. Oben zeigt sich der Kirchenpatron Laurentius, wie er auf einem Eisenrost den Feuertod erleiden muss.

In der Moseluferstraße 167 findet sich das sogenannte **Storchenhaus**. Seinen Namen verdankt der Fachwerkbau einem geschnitzten Storch an der Brüstung. In-

Badestrand vor der Klosterruine Stuben

▸ Karte S. 290

teressant ist auch das spätmittelalterliche **Zehnthaus** des ehemaligen Klosters Stuben auf der anderen Moselseite. Vom Kloster dagegen ist dort nur eine Ruine geblieben, die heute entsprechend illuminiert eine eindrucksvolle Kulisse bei Freiluftkonzerten und anderen Veranstaltungen bildet. Vor allem im Sommer ist die Ruine ein begehrtes Ausflugsziel, gibt es doch zu ihren Füßen einen beliebten kleinen Badestrand.

Kloster Stuben wurde im 12. Jahrhundert gegründet und war unter Pilgern für die sogenannte Staurothek bekannt: eine Reliquienlade mit Partikeln des heiligen Kreuzes und angeblich mehrerer persönlicher Zeugnisse Jesu. Die Reliquien hatte man vor der Französischen Revolution rechtzeitig auf die rechte Rheinseite in Sicherheit bringen können, wo sie im neu gegründeten Bistum Limburg unterkamen. Von dem langgestreckten einstigen Klosterbau sind heute nur noch Außenmauern erhalten. Von der ehemaligen Ausstattung der Stiftskirche überlebte unter anderem ein Muttergottes-Altar in der Pfarrkirche St. Hilarius zu Ediger-Eller.

Calmont Klettersteig

Zu den attraktivsten, aber auch anstrengendsten Wanderungen an der Mosel zählt der einst vom Deutschen Alpenverein angelegte Klettersteig zwischen Eller und Bremm. Es ist eine anspruchsvolle Tour mit künstlichen Sicherungen, Tritt- und Halteeisen an Felsen, Drahtseilsicherungen und Kletterleitern, für die man schwindelfrei und trittsicher sein sollte. Er führt auf 200 bis 300 Höhenmetern über der Mosel quer durch einen der steilsten Weinberge Europas.

Die rund drei Kilometer lange Route beginnt direkt hinter der Eisenbahnbrücke in **Eller**, wo man den längs der Bahnböschung laufenden Fußweg nimmt. Ver-

Auf dem Calmont Klettersteig

laufen kann man sich eigentlich nicht, ist der Weg doch gut ausgeschildert. Außerdem gibt es an den jeweiligen Einstiegen gewöhnlich kostenlose Faltblätter mit einer Skizze der Wanderstrecken. Zunächst geht es, teilweise in Serpentinen steil ansteigend, zur **Galgenlay**. Dort soll früher tatsächlich ein Galgen gestanden haben.

Weiter führt der Weg erst einmal geradeaus, dann einen steilen Felshang hinauf durch die Weinberge Richtung Bremm. Zum Verschnaufen lockt schließlich ein **Rastplatz**, in dessen Nähe im Frühjahr Orchideen blühen können. Kurz hinter einer Informationstafel muss man sich dann entscheiden, wie man weitermacht: entweder dem ausgewiesenen Klettersteig, der noch einige Herausforderungen birgt, bis Bremm folgen und dann auf dem Radweg an der Mosel zurückwandern, oder den Rückweg über die Höhen des Calmont einschlagen. Der geht noch einmal in Serpentinen kräftig bergauf, allerdings laden unterwegs immer wieder

Nichts für einen Sonntagsspaziergang: der Calmont Klettersteig

Bänke zur Rast. Zum **Gipfelkreuz** führt schließlich ein kurzer Stichweg durch einen Buchenwald. Von Ostern bis Oktober ist dort am Wochenende ab 10 Uhr eine kleine **Weinschänke** geöffnet. Wer Angst hat, dort zu versacken und seine Kräfte noch etwas schonen will, läuft weiter auf der Höhe, vorbei an einem rekonstruierten **römischen Heiligtum**. Wenig weiter führt ein kleiner Stichweg zum **Vierseenblick**, einem herrlichen Aussichtspunkt über die Moselschleife bei Bremm. Schließlich geht es nur noch bergab zurück zum Ausgangspunkt in Eller.

Der Rundwanderweg ist in beiden Varianten eine schöne Tour, für die man mindestens einen halben Tag einplanen sollte. Der reine Klettersteig verlangt, je nach Kondition und Muße, knapp zwei bis drei Stunden Zeit. Wer am Moselufer entlang zurückkehrt, muss eine gute halbe Stunde dazurechnen, die drei- bis vierfache Dauer erfordert der Heimweg über die Höhe. Weil die Sonne den Schiefer im Sommer schnell auf über 40 Grad Celsius aufheizen kann, sollte man immer genügend Getränke mit auf die Wanderung nehmen. Schließlich nannten schon die Römer den Calmont »calidus mons«, »heißer Berg«.

▶ Karte S. 290

i Bremm

Vorwahl: +49/(0)2675, **PLZ**: D-56814
Tourist-Information im Calmont-Lädchen, Calmontstr. 48, Tel. +49/2675/9394051; Mo–Fr 6.30–11, Mo/Di, Do/Fr 15–18, Sa 6.30–12, So 7–9.30 Uhr. Dorfladen, der auch für touristische Informationen offen steht.
www.bremm-mosel.de

Ediger-Eller

Eller bildet seit 1969 mit dem benachbarten Ediger eine Doppelgemeinde. In Eller kreuzt eine Eisenbahnbrücke die Mosel, die auf der anderen Seite unter dem Petersberg hindurch weiterführt. In Ellers Norden dagegen geht die Strecke durch den **Kaiser-Wilhelm-Tunnel**, den mehr als ein Jahrhundert längsten deutschen Eisenbahntunnel. Fünf Minuten braucht der Zug von Eller nach Cochem, viermal weniger Zeit als mit dem Auto die Schleifen der Mosel entlang.

Die Weinbergs-Steillagen von Ediger und Eller lieferten schon früh vorzügliche Weine, die Wohlstand brachten. Das sieht man den vielen **Fachwerkhäusern** und **Weinhöfen** in der Doppelgemeinde noch heute an – vor allem in Ediger, wo sich schöne Bauten aus dem 15. bis 18. Jahrhundert ballen. Der Ortskern steht komplett unter Denkmalschutz, weshalb manche gar vom »Rothenburg an der Mosel« schwärmen. Hoch-, Kirch-, Kapellen-, Moselwein-, Bach- und Brunnenstraße sind so immer einen Bummel wert.

Auch in Ediger-Eller reichen die Siedlungsspuren weit zurück, erinnern die Namen beider Dörfer an keltische Ursprünge. Früh auch prägten Kirchen und Klöster das Bild, die heute zu den wichtigsten Sehenswürdigkeiten zählen. In Eller ist es die **Pfarrkirche St. Hilarius** aus dem frühen 18. Jahrhundert. Noch von der Vorgängerkirche stammt der spätromanische Turm. Bemerkenswert im Inneren ist ein romanischer Weihwasserkessel, der einst angeblich als Eichmaß diente und als »Eller Maß« weithin bekannt war. Zu den Kirchenschätzen zählen weiter ein Marienaltar vor dem barocken Kirchenschiff von 1621 und zwei Gemälde des letzten Trierer Hofmalers von 1766, eine Marienkrönung und eine Maria Magdalena.

Älter und kunstgeschichtlich nicht weniger bedeutend ist die gegenüberliegende romanische Kapelle, die allgemein als **Rochuskapelle** bekannt, aber dem heiligen Arnulf geweiht ist. Den auch zeigt ein mittelalterliches Fresko, auf dem der Heilige einen von einem Bauern gehaltenen Hund durch Brennen mit einem sogenannten Hubertusschlüssel von der Tollwut befreit – eine bis in das 19. Jahrhundert angewandte Methode der Tollwut-Bekämpfung.

In Ediger ist die auf einem kleinen Felssporn gelegene **Martinskirche** die Attraktion. Ihre romanischen Reste zwischen dem gotischen Hauptbau sind unschwer zu erkennen. Besonders ins Auge fällt der mit Gauben, Ecktürmchen und Wasserspeiern aus Sandstein reich verzierte und 50 Meter hohe Kirchturm mit seinem achteckigen Helm, wie man ihn in dieser Pracht nur selten an der Mosel findet. Ungewöhnlich luxuriös ist das weit verzweigte Sternengewölbe mit seinen über 100 Schlusssteinen im Inneren, deren Reliefs unter anderem Christus und Maria, Apostel, Kirchenväter, Heilige en masse, aber auch Handwerker zeigen. Neun Gewölbekonsolen präsentieren neben einem Ritter und Narren auch den Steinmetzmeister, der einst den steinernen Himmel schuf. Zur Ausstattung gehören weiter ein Vesperbild, eine spätgotische Pieta, ein Standbild des Kirchenpatrons St. Martin von 1741, der Hochaltar, zwei Nebenaltäre und die Kanzel. Die eigentlichen Prachtstücke aber verstecken sich in der Kapelle nördlich des Chores, allen voran ein Schmerzensmann aus der Zeit um 1500, eine farbig gefasste Grablegung aus dem Jahr 1671 und ein Steinquader aus dem Jahr 1600, der auf der einen Seite den heiligen Hilarius, auf der anderen

Die Grablegung in der Kirche St. Martin aus dem 17. Jahrhundert

Der Ortskern von Ediger mit der Martinskirche

»Christus in der Kelter« zeigt, eines der bekanntesten Kunstwerke an der Mosel. Das Motiv findet sich in farbiger Fassung in der **Heilig-Kreuz-Kapelle** wieder, die am Ende eines sehenswerten Kreuzwegs im Tal hinter der Martinskirche liegt. Den im 15. Jahrhundert angelegten Kreuzweg, einer der ältesten Deutschlands, säumen heute 15 Stationen. Die erste zeigt die Verurteilung Jesu, die letzte Kaiserin Helena mit dem wiedergefundenen heiligen Kreuz. Die Tradition des Kreuzwegs entstammt den Kreuzzügen in das Heilige Land und wurde vor allem von den Jesuiten im Rahmen der Gegenreformation als besondere Frömmigkeitsübung gefördert. Zu den ersten deutschen Kreuzwegorten gehörten so Ediger und das benachbarte Kloster Stuben. Zur Verbreitung des Brauches trug auch der Kapuziner Martin von Cochem (1634–1712) bei, der für die Kreuzwegandachten eigene Gebete schrieb.

Ediger-Eller

Vorwahl: +49/(0)2675
PLZ: D-56814
Touristinformation der Mosel-Calmont-Region, Pelzerstr. 1, Tel. +49/2675/1344; Mo–Sa 10–12 und Mo–Fr 16.30–18 im Winter Mi und Sa 10–12 Uhr.
www.ediger-eller.de

Mosel-Landhaus Hotel Oster, Moselweinstr. 61, Tel. +49/2675/232; DZ ab 139 Euro. Hotel mit Ferienwohnungen und Appartements. www.hotel-oster.de

Schinnens Scheune, Uckertstr. 1–3, Tel. +49/2675/331; DZ ab 70 Euro. Urige Straußwirtschaft, zu der auch Ferienwohnungen und Gästezimmer gehören.
www.schinnensscheune.de

Alte Weinstube, Weinhaus Peter Andre, Moselweinstr. 11, Tel. +49/2675/393. Weinstube mit kleinen Gerichten. Der Familienbetrieb vermietet auch einige Gästezimmer. www.weinhaus-andre.de

Campingplatz Zum Feuerberg, Moselweinstr. 2, Tel. +49/2675/701; April–Okt. Familien- und hundefreundlicher Campingplatz mit Bootsanleger.
www.zum-feuerberg.de

Die **Karfreitagsprozession zur Heilig-Kreuz-Kapelle** ist eines der schönsten Beispiele Moselaner Volksfrömmigkeit.

An der Martinskirche startet der **Kulturweg der Religionen**: ein 4 km langer Rundwanderweg, der Wanderern keltischen Naturglauben, römische Reichsreligion, monotheistisches Judentum und das hieraus entstandene Christentum näher bringt. Eine Broschüre und Infos zu geführten Wanderungen in der Touristinformation, Karte unter:
www.ediger-eller.de/dokumente/upload/f81ca_kulturweg_der_religionen.pdf

▶ Karte S. 290

Im Weinberg des Herrn ist Christus die Edeltraube

Als kleiner Frechdachs zeigt sich der Gottessohn in der neuen Pfarrkirche von St. Aldegund an der Mosel. Ein bisschen tollpatschig grapscht er, auf dem Schoß seiner Mutter Maria stehend, nach ein paar Trauben in der Hand seiner Oma Anna. Das Trio aus dem Mittelalter, in der Kunstwelt als »Anna selbdritt« bekannt, ist ein Monument familiärer Lebensfreude. Nicht einmal zehn Autominuten weiter aber, in der Kreuzkapelle über dem Winzerdorf Ediger, zeigt Jesus ein ganz anderes Gesicht. Dort drückt eine tonnenschwere Presse auf den ein Kreuz tragenden Gottessohn, aus dessen Körpermalen ein Blutstrom rinnt.

Was ausschaut, als entstamme es zwei verschiedenen Welten, birgt genauer betrachtet aber die gleiche Botschaft. Sie resultiert aus einem über Jahrtausende geprägten Bild, das Christus als Edeltraube ausweist. Die reifte lange im Weinberg Gottes und fand mit der Kelter ihr Ende. Die Traubenpresse steht stellvertretend für Christi Leiden und seinen Tod am Kreuz. Mit Beginn der Aufklärung aber wurden diese Zeichen immer weniger verstanden. Viele Christen fühlten sich vom Bild des unter schweren Pressen steckenden und blutenden Christus mit der Dornenkrone verstört. Vor allem in Regionen, in denen man keinen Weinbau betrieb, wurden diese Darstellungen deshalb massenweise aus den Kirchen entfernt.

In der Kunstgeschichte war das als »Christus in der Kelter« oder »Christus in der Presse« bekannte Motiv schon zu Beginn des 12. Jahrhunderts aufgetaucht. Das Bild war die allegorische Umsetzung eines Spruches des Propheten Jesajas (etwa 740–701 vor Christus) aus Jerusalem, der mit martialischen Worten den Sieg Jahwes über die Feinde Israels ausdrückte: »Ich allein trat die Kelter; von den Völkern war niemand dabei. Da zertrat ich sie voll Zorn, zerstampfte sie in meinem Grimm. Ihr Blut spritzte auf mein Gewand und befleckte meine Kleider ...« (Jesaja 63, 3).

Anna selbdritt in der St. Aldegunder Bartholomäuskirche

Im Mittelalter jedoch legte man diese Bibelstelle nicht im alttestamentlichen Sinn als Ausdruck des Zornes Gottes aus, sondern brachte sie ganz neutestamentlich mit dem Leiden Christi und seinem Opfertod in Verbindung, also dem aus der Passion resultierenden Sieg des Erlösers über die Feinde des Heils. Als Argumentationshilfe diente die Apokalypse, die Offenbarung des Johannes (Offenbarung 19, 13–15). Im jüngsten Gericht erscheint Jesus dort im blutgetränkten Gewand, begleitet von Engeln auf weißen Pferden, um »die Kelter des Weines, des rächenden Zornes Gottes, des Herrschers über die ganze Schöpfung« zu treten.

Schon im 14. Jahrhundert aber, unter dem Einfluss der Mystik, veränderte sich das Bild vom Keltertreter entscheidend. Zeigte es Christus anfangs im langen Gewand fast ausschließlich beim Treten der Trauben im Bottich, tauchte er jetzt im Lendenschurz und mit Dornenkrone unter den Pressbalken der Keltern auf. Da die mystische Leidensschau unter der Kelter den mittelalterlichen Menschen stärker berührte als der Trauben tretende Gottessohn, setzte sich das neue Motiv als Andachtsbild schnell durch. Auf Holzschnitten, Kupferstichen, in Handschriften, auf Glocken, Taufsteinen, Kanzeln, Grabmälern, Altären, Tafelbildern, Wand- und Deckengemälden tauchte Christus in der Kelter jetzt auf. Der Heiland unter der Traubenpresse war zur Verkörperung des Gekreuzigten geworden, aus dessen Wunden ständig Blut floss. In den von Magie und Alchemie geprägten Zeiten des Spätmittelalters wirkten diese Bilder fast wie Drogen, auch wenn es nur gemalte Zeichen waren. So oft man ein solches Bild küsse, glaubte mancher Betrachter, könne eine Seele im Fegefeuer erlöst werden. In einigen Regionen nahm diese Form der Volksfrömmigkeit derart überhand, dass die Amtskirche ab dem späten 18. Jahrhundert einen Großteil der Kelterbilder vernichten ließ, was ihre heutige Seltenheit erklärt.

Vom Kirchenbann nicht betroffen waren die Darstellungen der Gottesmutter, die ebenfalls Teil der christlichen Weinbergserzählungen war. Sie galt als die Weinrebe, an der Christus als Edeltraube gewachsen war. Eine Erkenntnis, die auch manches Kirchenlied bereicherte. In Predigten wurde Maria zur »fruchtbringenden Rebe, aus der Christus als Traube hervorgesproßt ist«.

Und in einem mittelalterlichen Brevier, dem täglichen Gebet der Priester, hieß es: »Gottesmutter, die wahre Rebe bist du. Du ließest sprossen des Lebens Frucht ... Als du die Traube, die reife, die du, o Reine, ohne Bestellung in deinem Schoß getragen, am Kreuze hängen sahst, da hast du unter Wehklagen geschrien und gerufen«.

Christus in der Kelter in der Heilig-Kreuz-Kapelle in Ediger

Diese Vorstellungen prägten die sogenannten Weinrebenmadonnen. So nennt die Kunstgeschichte alle Darstellungen der Gottesmutter mit dem Jesuskind, bei denen einer oder beide eine Traube in den Händen halten. Besonders häufig taucht die Traube schließlich auch in den Darstellungen der Anna selbdritt auf, dem familiären Trio von Mutter und Großmutter um das Jesuskind. Genealogisch korrekt verweist sie auf die Edeltraube Jesu und ihren Stammbaum. Heutige Betrachter freilich halten die Traube meist für ein folkloristisches Accessoire der Weinregionen, nicht aber für ein jahrtausendealtes Zeichen christlichen Glaubens.

Senheim-Senhals

Senheim liegt am rechten Moselufer, sein wesentlich kleinerer Ortsteil Senhals auf dem anderen. Er grenzt direkt an Nehren, wo hoch in den Weinbergen eine **römische Grabanlage** liegt. Sie besteht aus zwei Kammern, von denen eine schöne Wandmalereien aus spätrömischer Zeit birgt. Eindrucksvoll ist von hier oben der Blick ins weite Moseltal – nach Senhals und Senheim, die durch eine Brücke verbunden sind, und auf den großen Hafen, in dem Yachten neben Ausflugsbooten liegen.

Gleich drei Landesherren teilten sich jahrhundertelang das Territorium: neben dem Trierer Kurfürsten die Grafen von Sponheim und die Herren von Metternich. Während ihrer Herrschaft wuchs das von einer Mauer umgebene Dorf mit stattlichen Adels- und Klosterhöfen. Davon sichtbar ist noch heute ein einst in die Stadtmauern eingebundener **Wohnturm** (Vogtei 4) aus dem 13. Jahrhundert, der bis zur französischen Revolution bewohnt war. Er verfügte über zwei Kaminanlagen, die zur Heizung des Hauses dienten und einen Abort in der südlichen Wand des dritten Obergeschosses. Hart traf Senheim 1839 ein Großbrand, der alles in Schutt und Asche legte – bis auf die **katholische Kirche** am nördlichen Ortsrand, auf die beim Neuaufbau alle Straßen hin gradlinig angelegt wurden. Dies ist ein wesentliches Unterscheidungsmerkmal zum Großteil der meisten Moselorte. So ist das barocke Gotteshaus (Kirchplatz 1) mit seinem spätromanischen Westturm, den ein spätgotischer Helm krönt, heute die wichtigste Sehenswürdigkeit Senheims. Auf dem angrenzenden Friedhof findet sich noch eine Reihe alter Kreuze.

Senheim, Durchblick zur Mosel

Moderne Kunst dominiert in einem frei zugänglichen **Skulpturenpark**, für Freunde des geschriebenen und gesprochenen Wortes ist der **Literatenweg** gedacht – Gedichte am Wegrand laden zum Innehalten.

Weinproben offeriert das seit dem frühen 17. Jahrhundert existierende **Weingut Schlagkamp-Desoye**, die im angeblich größten deutschen privaten **Weinmuseum** angeboten werden.

i Senheim-Senhals

Vorwahl: +49/(0)2673

PLZ: D-56820

Heimat- und Verkehrsverein Senheim-Senhals, Am Gestade 6, Tel. +49/2673/962820. www.senheim.de

Hotel und Restaurant Halfenstube, Moselweinstr. 30/31, Tel. +49/2673/4579; DZ ab 160 Euro. Wellnesshotel und Restaurant mit Terrasse an der Mosel, im Angebot ist u.a. ein täglich neu komponiertes Menü. www.hotel-halfenstube.de

Zum Schinkenkeller, Brunnenstr. 9, Tel. +49/2673/4270. Restaurant mit Biergarten und deftiger Küche. www.schinkenkeller.de

Jachthafen Senheim und **Camping Holländischer Hof**, Am Campingplatz 1, Tel. +49/2673/4660. 140 Bootsliege- und 200 Wohnmobil-Stellplätze; Restaurant, Einkaufsmöglichkeit. www.moselhafen.de

Weinmuseum Schlagkamp-Desoye, Zeller Str. 11, Tel. +49/2673/4381; April–Okt. Mo–Sa 9–17 Uhr. Einige tausend Exponate zum Thema Wein. www.schlagkamp-wein.de

Mesenich

Zwischen Senheim und Briedern auf der rechten Moselseite liegt Mesenich. Wie der Anker im Ortswappen verrät, spielte hier auch der Schiffsbau einmal eine Rolle. Und nicht verwunderlich ist deshalb auch, dass die einzige Sehenswürdigkeit im Ort dem Schifferpatron Nikolaus gewidmet ist. Schon im 11. Jahrhundert hatte man ihm eine Kapelle geweiht, aus der schließlich die heutige **Nikolauskirche** hervorging. Um 1200 erneuerte man den romanischen Kirchturm, 1730 erhielt das Gotteshaus den heutigen Haupt- und Seitenaltar, wenig später kam ein barockes Langhaus hinzu. Mit seinen **Fachwerkhäusern** aus dem Mittelalter und der frühen Neuzeit steht der Ortskern unter Denkmalschutz. Zu seinen Prunkstücken zählt der **Brauweiler Hof** (Zehnthofstraße 17): ein gründlich renovierter spätbarock-klassizistischer Bau.

Briedern

Wie Mesenich hatte sich auch Briedern der Schifffahrt verschrieben. So findet sich im Ortswappen ein Boot, und auch die größte Privatreederei an der Mosel, die Firma Gebrüder Kolb, ist hier zuhause. Rund zwei Dutzend Ausflugsschiffe stehen von Koblenz bis Trier in ihren Diensten. Wahrzeichen des Moseldorfes ist die katholische Kirche **St. Servatius** (Moselstraße 14): eine Mischung aus Romanik, Gotik und einer angebauten Sakristei mit Fachwerk-Erker, die wohl als Außenkanzel für Gottesdienste diente. Das Inventar wie die Altaraufsätze stammt gewöhnlich aus dem 18. Jahrhundert. Sie zeigen auf dem linken Seitenaltar im Bischofsgewand den heiligen Servatius. Dem Kirchenpatron ist auch ein Brunnen geweiht, dessen Wasser den Einheimischen als heilkräftig gilt. Im Schatten der Kirche steht ein Jahrhunderte lang genutztes **Backhaus** (»Backes«), in dem noch immer einmal im Jahr auf traditionelle Art und Weise Sauerteigbrot gebacken wird.

▶ Karte S. 290

Briedern

Vorwahl: +49/(0)2673

PLZ: D-56820

Weinhaus Lenz, Moselstr. 11, Tel. +49/2673/1659; DZ ab 100 Euro. Hotel und Restaurant am Moselufer, mit Terrasse. www.weinhaus-lenz.de

Beilstein

Keine halbe Stunde Fußmarsch von Briedern entfernt liegt Beilstein. Der Ort mit seinen gut 100 Einwohnern steht komplett unter Denkmalschutz, was er einer Burgruine, einer barocken Kirche, engen Gassen, alten Häusern und viel Fachwerk verdankt. Als »Dornröschen an der Mosel« haben ihn Touristiker im letzten Jahrhundert zu neuem Leben erweckt.

Wichtigste Sehenswürdigkeit ist die **Burg Metternich**, genauer gesagt ihre Ruine mit dem haushohen Bergfried, von dem der Blick weit über die Mosel reicht. Im Hof der Burg gibt es eine Schenke. Die Burg wurde im Hochmittelalter von Lehensträgern des Kölner Erzstiftes bewohnt. 1362 erbte die Adelsfamilie von Winneburg Beilstein samt Burg, die ihren Besitz aber mehrmals verpfändete, was bewaffnete Konflikte nach sich zog und

Die Burgruine Metternich

1488 Kurtrier zum neuen Herrscher über Beilstein machte. 1652 übertrug Triers Erzbischof das Lehen Beilstein zusammen mit mehr als einem Dutzend anderer Dörfer an die Familie Metternich, die schließlich von Beilstein aus über schätzungsweise 6500 Einwohner regierte und nach der Erhebung in den Reichsgrafenstand noch mehr Einfluss gewann. Prominentester Vertreter des Hochadels der Metternichs, der schließlich gar in den Fürstenstand aufstieg, war der österreichische Staatskanzler Klemens Wenzel Lothar von Metternich (1773–1859). Als Chefstratege auf dem Wiener Kongress organisierte er die Neuordnung Europas. Ebenfalls ein Besuchermagnet ist die barocke **Klosterkirche**. 1635 hatte Triers in Beilstein aufgewachsener Domprobst die Patres der Unbeschuhten Karmeliten, einer kurz vorher in Spanien gegründeten selbstständigen Ordensgemeinschaft, an der Mosel angesiedelt. Sie sollten den Ort rekatholisieren, der während der Reformation protestantisch geworden war. Dafür stellte man den Klosterbrüdern am Moselufer ein Gebäude zur Verfügung, das heutige Hotel und Restaurant **Haus Burg Metternich**, ein massiver Bau mit rundem Treppenturm. Ein halbes Jahrhundert später legten sie den Grundstein für ein Kloster, später auch für eine 1738 geweihte Klosterkirche: ein dreischiffiges, barockes Gotteshaus mit prächtiger Ausstattung. Schönste Schnitzereien zieren Altäre, Beichtstühle und Kanzel. Größte Attraktion in der Klosterkirche aber ist eine **Schwarze Madonna**, die spanische Soldaten im frühen 17. Jahrhundert bei der Eroberung des Ortes im Dreißigjährigen Krieg angeblich nach Beilstein brachten. Am Ende ihrer 14-jährigen Herrschaft jedenfalls sollen die Krieger dem Dorf die höchstwahrscheinlich aus dem Hochmittelalter stammende Marienfigur übereignet haben. 1950 holten die Beilsteiner, deren Patres den Klosterbetrieb nach dem Zweiten Weltkrieg wieder aufgenommen hatten, in großer Prozession auch ihre Schwarze Madonna wieder zurück, die nach der Säkularisation im Trierer Diözesanmuseum gelandet war. Neben der Burgruine und der Klosterkirche ist der **Marktplatz** mit seinen historischen Bauten wie dem **Metternicher Hof**, dem ehemaligen Amtshaus neben der alten Pfarrkirche, das wichtigste Touristenziel. Prunkstück am Markt aber ist das **Zehnthaus**, erbaut Mitte des 16. Jahrhunderts, wo Bauern und Winzer früher ihren Zehnt ablieferten. Heute ist es ein Weinhaus wie viele in der Nachbarschaft. Wer will, kann Beilstein als touristisches Gesamtkunstwerk sehen, das mit der Auflösung des Klosters Anfang des 19. Jahrhunderts im Rahmen der Säkularisation in den Dornröschenschlaf fiel. Schließlich gab es damals nach Beilstein keine großen Straßen, allenfalls ein paar Trampelpfade aus dem Hunsrück. Wer in Beilstein wohnte, war auf die noch heute verkehrende Fähre zum gegenüberliegenden Ufer angewiesen. Auch die im 19. Jahrhundert entlang der Mosel angelegte Eisenbahnstrecke machte um Beilstein einen großen Bogen. Das alles aber sollte sich, wie man heute sieht, als Vorteil erweisen, platzt das Dorf doch inzwischen an vielen Wochenenden aus allen Nähten (→ S. 311).

Ellenz-Poltersdorf

An der Moselschleife gegenüber Beilstein liegt die Doppelgemeinde Ellenz-Poltersdorf. Sie ist mit Beilstein mittels einer Fähre verbunden und so als ideales Quartier geeignet, um das romantische Beilstein zu entdecken; es gibt zahlreiche Übernachtungsmöglichkeiten. Einzige Sehenswürdigkeiten sind in Poltersdorf die spitzbogige **Tordurchfahrt** durch den romanischen Westturm der Kirche, in Ellenz das **historische Rathaus** (Hauptstraße 34) aus der Mitte des 16. Jahrhunderts und die alte, jetzt als Friedhofskapelle genutzte **Martinskirche** (St. Sebastianusstraße) aus dem späten 15. Jahrhundert.

Beilstein und Ellenz-Poltersdorf

Vorwahl: Beilstein +49/(0)7062, Ellenz-Poltersdorf +49/(0)2673

PLZ: Beilstein D-56814, Ellenz-Poltersdorf D-56821

Heimat- und Verkehrsverein Beilstein, Bachstr. 47, Tel. +49/2673/900191. https://beilstein-mosel.de

Touristinformation Ellenz-Poltersdorf, Moselweinstr. 15, Tel. +49/2673/9627227; Do–Sa, Mo–Di 9.30–11.30 Uhr. www.ellenz-poltersdorf.de

Moselfähre Beilstein–Ellenz-Poltersdorf; Ostern–Okt. tgl. 9–18 Uhr.

Hotel Haus Lipmann, Marktplatz 3, Beilstein, Tel. +49/2673/1573; DZ ab 99 Euro. Stilvolle Gästezimmer in einem Fachwerkhaus aus dem 18. Jahrhundert, Café und Restaurant am Moselufer. www.hotel-haus-lipmann.de

Hotel und Restaurant Dehren, Kurfürstenstr. 30, Ellenz-Poltersdorf, Tel. +49/2673/1325; DZ ab 120 Euro. Restaurant mit Sonnenterrasse und Moselblick. www.hotel-dehren.de

Domus Vini, Moselweinstr. 19, Ellenz-Poltersdorf, Tel. +49/2673/1402. Gutsschenke mit Schmalzbroten und Vesperplatten, im Ferienhaus gibt es Zimmer ab 70 Euro. www.domus-vini.de

Kloster-Restaurant und Café Beilstein, Klosterstr. 55, Tel. +49/2673/1674. Gutbürgerliche Küche und hausgemachte Kuchen auf großer Freiluftterrasse mit einmaligem Moselblick. Für Übernachtungsgäste gibt es eine Ferienwohnung (max. 4 Pers.). www.klostercafe-beilstein.de

▶ Karte S. 290

Das Dornröschen an der Mosel

Im Winter ist Beilstein meist menschenleer. Erst ab Ostern kommt Leben in die Gassen, vor allem, wenn die Kreuzfahrtschiffe und Ausflugsboote aus Cochem oder Koblenz eine ihrer Hundertschaften zur Besichtigungstour an Land geschickt haben. An vielen Wochenenden platzt das Dorf aus allen Nähten. Mit der Auflösung des Klosters Anfang des 19. Jahrhunderts fiel Beilstein zunächst in den Dornröschenschlaf. Es gab keine großen Straßen nach Beilstein, allenfalls ein paar Trampelpfade aus dem Hunsrück. Wer in Beilstein wohnte, war auf die noch heute verkehrende Fähre zum gegenüberliegenden Ufer angewiesen. Auch die im 19. Jahrhundert entlang der Mosel angelegte Eisenbahnstrecke machte um Beilstein einen großen Bogen. Das aber sollte sich, wie man heute sieht, als Vorteil erweisen.

Erst im 20. Jahrhundert rückte das Dorf langsam in den Blickpunkt. Dabei kam ihm zugute, dass sich sein Bild seit dem 18. Jahrhundert kaum verändert hatte, auch nicht die Treppe vom Marktplatz zum Kloster mit ihren über 100 Stufen, die schließlich der deutsche Film entdeckte. Als einer der ersten erklomm sie 1936 Heinz Rühmann in *Wenn wir alle Engel wären*, einer Komödie nach einem Roman von Heinrich Spoerl. Rühmanns Partnerin in der amourösen Beziehungsgeschichte war Leny Marenbach, seine spätere Lebensgefährtin. In Beilstein, so erzählen es die Fremdenführer heute gern, hätten sich die beiden ineinander verliebt.

1938 wurde Beilstein zur Kulisse des Films *Das Verlegenheitskind* mit Paul Klinger und Ida Wüst in den Hauptrollen. »Künstlerisch wertvoll« war der Unterhaltungsstreifen dem offiziellen Prädikat nach, in dem es um uneheliche Kinder, Liebe und viel Wein ging. Der Film sollte auch die Sehnsucht nach einer Moselreise entfachen oder wiederbeleben, schließlich karrte die NS-Organisation »Kraft durch Freude« jährlich tausende von Parteigenossen nach Beilstein, um den Absatz des Moselweins zu fördern (→ S. 86). In der nationalsozialistischen Ära wurde Beilstein zum Synonym für deutsche Gemütlichkeit, für den Abstand vom Alltag, den man auch nach dem verlorenen Krieg hier suchte. Mit ihren Filmen hatten Deutschlands Regisseure das schlafende Dornröschen wachgeküsst, das jetzt auch hohen Besuch bekam. So traf sich Bundeskanzler Konrad Adenauer 1952 mit seinem italienischen Kollegen De Gasperie in Beilstein zum Kaffee. Kein Wunder, dass Beilstein den Rahmen für weitere Filme bildete – etwa für die Neuverfilmung von *Wenn wir alle Engel wären*«(1956) mit Dieter Borsche und Marianne Koch. Zwei Jahre später diente die Ruine der Burg Metternich als Kulisse bei der Verfilmung von Carl Zuckmayers Theaterstück *Der Schinderhannes* mit Curd Jürgens und Maria Schell. Und 1960 musste Willy Millowitsch als *Der wahre Jakob* gleich mehrmals die Klostertreppe auf- und absteigen: in einer Verwechslungskomödie im fiktiven Moselörtchen Plünderich.

Wenn es das Wetter zulässt, schenken Beilsteins Wirte auf ihren Terrassen Wein aus – und träumen vielleicht von den goldenen 1950er und 1960er Jahren, als die Musikanten von Tisch zu Tisch zogen. *Schütt' die Sorgen in ein Gläschen Wein*, hieß das populärste Lied, das dem Film *Wenn wir alle Engel wären* entstammte. Die Botschaft brächte heute wohl jeden Gesundheits- und Benimm-Apostel auf die Barrikaden: »Leer' das volle Glas in einem Zug', das ist klug! Schliess' die Augen einen Augenblick. Denk' an gar nicht's mehr als nur an Glück. Und auf eins-zwei-drei wirst du gleich seh'n, wird das Leben wieder wunderschön!«

Bruttig-Fankel

Auffallend sind die Bahndämme im Norden Bruttigs und Reste eines Tunnels, der am Ende des Ersten Weltkriegs entstand, letzte Überbleibsel einer geplanten Bahnverbindung von Bullay nach Treis, die nie verwirklicht wurde. Von 1937 bis 1944 wurden im Tunnel Champignons gezüchtet. In der Endphase des Zweiten Weltkriegs versuchte man, ihn als Rüstungsanlage zu nutzen. Für seinen Ausbau schufteten hunderte von Zwangsarbeitern aus Frankreich und den Benelux-Staaten unter unmenschlichen Bedingungen. Bruttig-Fankel war eine Außenstelle des berüchtigten Konzentrationslagers Natzweiler-Struthof im Elsass. Aufgabe der Gefangenen war es, einen bombensicheren und mehr als zwei Kilometer langen unterirdischen Stollen in die Hunsrück-Ausläufer zu treiben, in dem wichtige Teile zur besseren Bewaffnung der deutschen Luftwaffe produziert werden sollten. Die Zwangsarbeiter hausten in eigens errichteten Baracken, die 1944 geräumt wurden. An die dort verübten Gräuel erinnert ein Denkmal auf dem Friedhof.

So menschenleer ist die Geierlaybrücke selten

▸ Karte S. 290

Bruttigs spätgotischer Ortskern

Eines der bekanntesten Bauwerke von Bruttig ist das **Schunk'sche Haus** (Am Moselufer 6). Es ist ein Prachtbau, der 1659 für den kurtrierischen Schultheißen erbaut wurde und 1831 in den Besitz der namensgebenden Familie Schunk gelangte und auch heute noch in privatem Besitz ist. Ein Meisterwerk der Renaissance-Schnitzkunst ist die Treppe des Hauses.

Wenig weiter, ebenfalls an der Moselfront, steht das 1619 erbaute ehemalige **Rathaus**, ein dreigeschossiger Giebelbau mit rundem Treppenturm. Weitaus jünger ist Bruttigs heutige Pfarrkirche **St. Margaretha**, die Mitte des 19. Jahrhunderts an der Stelle eines spätgotischen Vorgängerbaus errichtet wurde. Davon zeugen noch der Turm, über dessen Portal die Namenspatronin zu sehen ist, und ein in die Chorwand eingelassener meterhoher Sakramentsschrein aus der Vorgängerkirche. Die lebensgroße Holzfigur der heiligen Margaretha stammt wie die Figuren des Petrus und Johannes des Täufers aus der Zeit um 1700. Erwähnenswert ist auch die renovierte alte **Synagoge**, unter der man die Reste einer alten Mikwe gefunden hat.

Architektonisch noch gewichtiger ausgestattet ist der kleinere Ortsteil **Fankel**, vor dem sich eine der größten **Moselschleusen** befindet. Fachwerkhäuser mit kleinen Giebeln und Erkern in den winkligen Gassen laden zum Bummeln. Denn mit der **Brunnenstraße** und dem zum **Rathaus** umgewandelten ehemaligen Zehnthaus besitzt Fankel ein geschlossenes spätgotisches Ensemble. Das Erdgeschoss des Rathauses diente früher als Küche, im 19. Jahrhundert auch als Tenne. Das Obergeschoss nimmt der jetzige Ratssaal mit einem zwei Meter hohen Eisenofen aus dem 17. Jahrhundert ein.

Zu den Sehenswürdigkeiten gehört auch die im Rokokostil ausgestattete mittelalterliche Pfarrkirche **Maria Himmelfahrt** (Brunnenstr. 27) mit ihrem fünfgeschossigen romanischen Turm gleich hinter dem Rathaus. Der Hochaltar zeigt in der Mitte die Himmelfahrt Mariens, das darüber befindliche Ölgemälde die heilige Familie, an der Seite stehen die Heiligen Cosmas und Damian.

Abstecher zur Hängeseilbrücke Geierlay

Zu den touristischen Erfolgsgeschichten der letzten Jahre gehört eine aus dem Hunsrück, wo sich zwischen **Mörsdorf** und **Sosberg** eine 360 Meter lange Hängeseilbrücke über ein tiefes Tal spannt. Sie ist aus Stahl und Holz konstruiert und in nur einem guten halben Jahr von Schweizer Spezialisten errichtet worden. Mittlerweile haben schon über zwei Millionen Menschen die Brücke besucht.

Geschuldet ist die Geierlaybrücke drei Bürgern aus Mörsdorf, die sich vorgenommen hatten, das kleine Hunsrückdorf mit seinen wenigen hundert Einwohnern einmal in den Mittelpunkt der Großregion zu rücken. Die Idee zum Brückenschlag nach dem Vorbild vieler Hängebrücken in der Himalaya-Region hatte man schon 2006 im Rahmen eines Workshops zur Dorferneuerung, aber erst ein halbes Jahrzehnt später wurde im Gemeinderat der Grundsatzbeschluss zum Bau gefasst. Nach einer Machbarkeitsstudie sollte das Projekt bis zu 170 000 Gäste jährlich auf die Brücke und bis zu 50 000 zusätzliche Übernachtungsgäste in die Region locken. Rund 2,5 Millionen Euro erhoffte man sich so im Tourismusgeschäft. Mit 1,2 Millionen Euro öffentlicher Gelder realisierte man schließlich 2015 den Bau des Prestigeobjekts. Seitdem hängt die Brücke an vier starken Tragseilen über dem Tal, gedeckt mit dicken Brettern aus Douglasie. 25 Meter tief stecken die Fundamente der beiden Brückenköpfe im Fels. Die Brücke selbst halten Sicherungen, die Windstärken bis zu 200 Stundenkilometern trotzen sollen.

Zur Brücke führt in gut 20 Minuten ein ausgeschilderter Fußweg vom Besucherzentrum in Mörsdorf. Dort informieren Bildschirme über die Brücke und ihre Entstehung. Außerdem liefert eine Webcam am Brückeneingang Live-Bilder, so dass Besucher schon vorab sehen können, wieviel Menschen unterwegs sind. Wer nur einen Blick auf die Brücke werfen will, ist vor allem am Wochenende und an Feiertagen im gegenüberliegenden Brückenort Sosberg besser aufgehoben, wo der Andrang gewöhnlich deutlich geringer als in Mörsdorf ist.

i Bruttig-Fankel/Geierlay

Vorwahl: +49/(0)2671

PLZ: D-56814

Touristinformation Bruttig-Fankel, Hauptstr. 79, Tel. +49/2671/6056210; April–Okt. Mo und Mi 9.30–11, Fr 14–16, Sa 10–11 Uhr.
www.bruttig-fankel.de

Besucherzentrum Geierlay, Kastellauner Str. 23, 56290 Mörsdorf. Neben dem Besucherzentrum befindet sich eine Tourist-Information (März–Okt. tgl. 10–16 Uhr; Nov.–Febr. Mi–Fr 11–15.30, Sa/So 10.30–16 Uhr).
https://geierlay.de

Campingplatz Bruttig, Am Moselufer, 56814 Bruttig-Fankel, Tel. +49/2671/915429. Campingwiese und Caravanstellplätze direkt am Flussufer.
www.campingplatz-bruttig.de

Ernst

Zu Füßen Valwigerbergs liegt Ernst. Es wirbt mit dem Slogan »Ernst ... macht Spaß!« Wahrzeichen des Ortes ist die Pfarrkirche **St. Salvator** aus der Mitte des 19. Jahrhunderts, die innen reichlich mit älteren Werken ausgestattet ist – unter anderem mit einer Anna selbdritt aus dem späten 15. Jahrhundert. Die meisten Menschen aber besuchen Ernst wegen des **Mosselland-Museums**, das auf vier Etagen auf rund 1600 Quadratmetern die Geschichte der 1950er und 1960er Jahre dokumentiert: mit vielen alten Traktoren, komplett eingerichteten Wohnräumen und einem Klassenzimmer, einer Schusterwerkstatt und einer Schmiede. Nostalgie wird hier großgeschrieben!

Valwig

Weiter moselabwärts liegt Valwig. Senkrecht zum Fluss verlaufende Straßen mit oft alten Häusern prägen den Winzerort. Der heilige Sebastian und eine Muttergottesfigur aus dem 15. Jahrhundert schmücken die neoromanische **Martinskirche**. Hoch über der Mosel thront die **Marienkirche** in Valwigerberg. Sie stammt aus dem 13. Jahrhundert, wurde aber im 16. Jahrhundert umgestaltet. Einmalig ist ihre Lage, die sie auch als Wallfahrtsstätte prädestinierte.

Der Apollofalter ist selten geworden und wird daher streng geschützt

▶ Karte S. 290

■ Apolloweg

Beeindruckende Ausblicke, schroffe Felsen zwischen terrassierten Weinbergen und eine seltene Pflanzen- und Tierwelt an sonnigen Südhängen bietet der Apollo-Rundweg zwischen Valwig und Valwigerberg. Seinen Namen verdankt er einer sehr gefährdeten Schmetterlingsart, dem Apollofalter. Hobby- und Tierfotografen lockt er ebenso wie Naturfreunde. Wer den Falter sehen will, kommt am besten im Juni, wenn das Tier zwischen seinen Lieblingsfutterplätzen, der Weißen Fetthenne, der Flockenblume, Disteln und Geiskraut, unterwegs ist. Der Apollofalter fällt durch seine roten und schwarzen Flecken auf den weißen Flügeln auf. Außerdem flattert er weit weniger schnell und hektisch als andere Schmetterlinge durch die Landschaft.

Der knapp sechs Kilometer lange Rundwanderweg ist bestens ausgeschildert und beginnt an der Bushaltestelle in Valwigs Moseluferstraße. Dann geht es durch das Dorf, vorbei an schiefergedeckten Häusern und der Martinskirche. Eine kleine Straße führt in Serpentinen Richtung Valwigerberg zu den ersten Weinbergen. Bei der ersten großen Kehre zweigt ein Kreuzweg ab, der später dem Rückweg dient. Weiter bergan geht es zur nächsten Serpentinenkehre. Hier verlässt der Apolloweg die Straße und führt in die Weinberge. Dort trifft er auf den Moselsteig, ehe er durch einen kleinen Laubwald und dann am oberen Rand der Valwiger Weinberge entlang schließlich Valwigerberg mit seiner sehenswerten Wallfahrtskirche erreicht. Wer will, kann hier kurz einkehren – und dann über den schon erwähnten Kreuzweg am Moselhang entlang zurück nach Valwig laufen.

Ernst und Valwig

Vorwahl: +49/(0)2671
PLZ: Ernst 56814, Valwig D-56812
Touristinformation Ernst, Moselstr. 46, Tel. +49/2671/916748; April–Okt. Mo/Di und Do–Sa (im Aug. und Okt. auch Mi) 9.30–11.30 Uhr.
www.ernst-mosel.de

Alte Winzerstube, Bachstr. 4, Valwig, Tel. +49/2671/7330; Ostern–Anfang Nov., Ferienwohnungen und Gästezimmer ab 90 Euro. Weingut mit Weinstube in einem Fachwerkhaus aus dem frühen 17. Jahrhundert. www.weingut-steuer.de
Gästehaus Mosel Apollo Valwig, Moselweinstr. 12, Valwig, Tel. +49/2671/1245; DZ ab 72 Euro. Gästehaus und Ferienwohnungen mit Moselblick und Sonnenterrasse.
www.mosel-apollo.de

VinoForum Ernst, Moselstr. 12–13, Ernst, Tel. +49/2671/9171777. Vinothek am Ortseingang Richtung Cochem.
www.vinoforum-ernst.de

Moselland Museum, Weingartenstr. 91, Ernst, Tel. +49/2671/6078377; Ostern–Okt. Mi–So 11–18, Nov.–Ostern Fr–So 11–18 Uhr. Wer will, kann hier auch einen Traktor für eine Spritztour in die Umgebung ausleihen.
www.mosselland-museum.de

Cochem

Die kleine Stadt mit der großen Burg zählt zu den beliebtesten Zielen an der Mosel. Enge Altstadtgassen, ein mittelalterlicher Marktplatz, eine breite Uferpromenade, urige Weinlokale und gemütliche Cafés haben Cochems Ruf als Ferienort gefestigt. Die Stadt ist groß genug, um einiges zu entdecken, aber auch so klein, dass man ihr Zentrum in einem guten Stündchen durchbummelt hat. Wichtigste Sehenswürdigkeit ist die **Reichsburg,** zu der im Sommer auch ein Shuttlebus verkehrt.

Der Martinsbrunnen auf dem Marktplatz

Bis zum Ende der Kurfürstenstaaten gehörte Cochem jahrhundertelang zum Kurfürstentum Trier. Im Dreißigjährigen Krieg war die Stadt belagert, wurde aber nicht erobert. Erst 1689 brannten Truppen Ludwigs XIV. im Rahmen des Pfälzischen Erbfolgekrieges die Stadt nieder und jagten die Reichsburg mit Sprengstoff in die Luft. Den nächsten großen Schicksalsschlag brachte der Zweite Weltkrieg, als Bomben große Teile der Altstadt zerstörten.

Altstadt

Heute kann sich Cochem wieder sehen lassen. Vieles wurde saniert und neu aufgebaut. Drei größere Tore erinnern an die ehemalige Stadtmauer. Eines ist das **Balduintor**, das Triers geschäftiger Kurfürst Balduin 1332 im Norden Cochems errichten ließ, ein anderes das noch vollständig erhaltene **Enderttor**, vor dem sich einst die in Postkutschen Reisenden nach Köln und Frankfurt zur Abfahrt trafen. Wie sehr die Stadt seitdem gewachsen ist, erkennt der Besu-

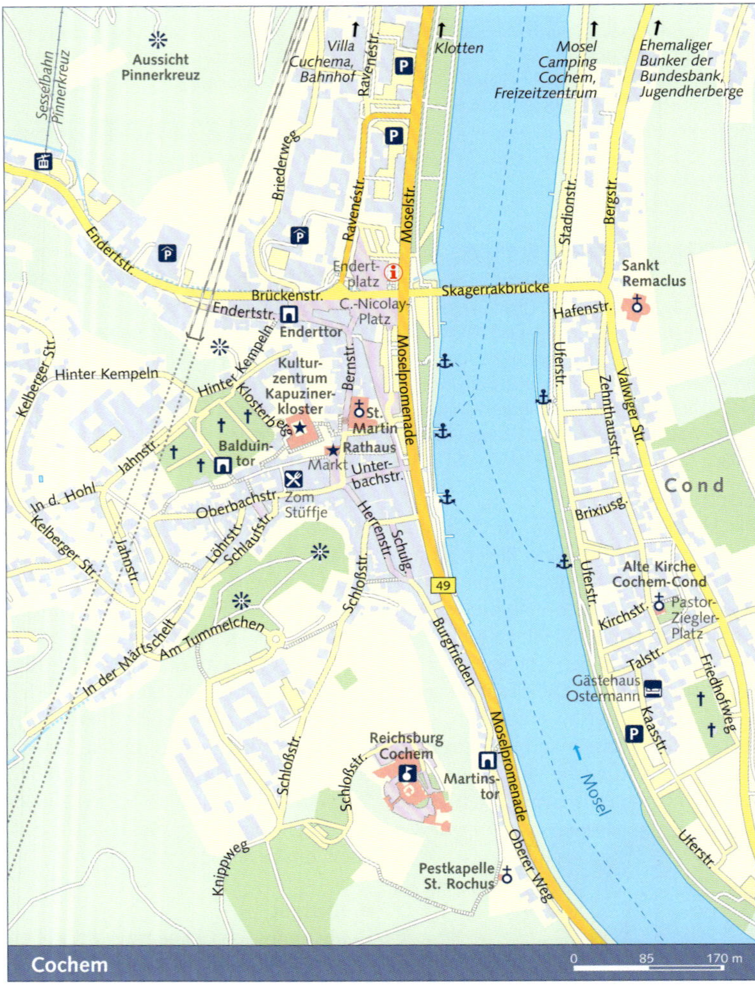

cher daran, dass das Enderttor sich jetzt mitten in Cochems Fußgängerzone findet. Um das Tor rankt sich übrigens eine Sage, nach der die Stadt im späten Mittelalter von den Truppen Franz von Sickingens (1481–1523) angegriffen wurde. Als sie das Tor aufbrachen, seien ihnen leere Weinfässer entgegengerollt, welche die Moselaner zum Schutz ihrer Stadt hinter dem Tor deponiert hatten. Daraufhin, so heißt es, zogen die Angreifer schnell weiter, weil sie glaubten, in einer Stadt mit leeren Weinfässern sei keine Beute zu machen.

Zentrum Cochems ist der **Marktplatz** mit Brunnen und barockem Rathaus. Und nicht zu übersehen ist die **Martinskirche**, Cochems ältester Kirchenbau. Die

Chronik erwähnt eine St. Martinuskirche schon in der ersten Hälfte des 12. Jahrhunderts, der älteste Teil der heutigen Kirche aber entstammt dem 15. Jahrhundert. Wichtigster Kirchenschatz ist eine mit Topasen, Saphiren und Rubinen verzierte Reliquienbüste des heiligen Martin aus dem Mittelalter. Angeblich hat sie Kaiser Maximilian I. (1493–1519) bei einem Zwischenstopp während einer Moselreise hier hinterlassen. Sehenswert ist auch der hinter dem Altar befindliche Gnadenstuhl aus der Mitte des 15. Jahrhunderts.

Ihren besonderen Reiz entfaltet die mittelalterlich anmutende Altstadt vor allem nachts. So führt ab Ostern samstagabends ein Nachtwächter mit Hellebarde, Horn und Laterne Besucher durch die alten Gassen. Besuchermagnet bei gutem Wetter ist die **Sesselbahn**, von deren Bergstation einem Cochem zu Füßen liegt. Den schönsten Blick hat man vom sogenannten **Pinnerkreuz**. Sein Name verweist auf einen Hirten, der eines seiner Schafe vor dem Absturz bewahren wollte und dabei selbst ums Leben kam.

■ Bundesbank-Bunker

Jüngste Touristenattraktion ist ein ehemaliger Bunker der Bundesbank im Stadtteil Cond auf der rechten Moselseite. Zur Zeit des Kalten Krieges lagerten dort Banknoten im Wert von 15 Milliarden Mark als Teil einer Notstandswährung, wie man sie etwa nach einem Atomkrieg einsetzen wollte. Heute können Besucher die knapp 20 Fußminuten vom Bahnhof entfernten unterirdischen Anlagen besichtigen, zu denen von Mai bis Oktober auch ein Shuttlebus verkehrt.

■ Reichsburg

Hoch über der Stadt thront die Reichsburg auf einem mehr als 150 Meter hohen Bergkegel. Alt sieht sie aus, doch ihre heutige Gestalt fand sie erst im 19. Jahrhundert, als ein reicher Berliner Kaufmann das im Pfälzischen Erbfolgekrieg 1689 zerstörte Gemäuer wieder aufbaute. Neueste Forschungen gehen davon aus, dass die Burg der Wende vom 11. ins 12. Jahrhundert entstammt und ihr Bauherr nicht hundertprozentig ausgemacht werden kann. Sicher ist nur

Die imposante Reichsburg stammt aus dem 19. Jahrhundert

eine Urkunde aus dem März 1130, die von Schiffszöllen berichtet, die vor der von einer kreisrunden Mauer umgebenen Burg erhoben wurden.
Anfangs war die Burg im Besitz der Pfalzgrafen, deren Erben man aber ihren Besitz streitig machte. Die Immobilien-Rangeleien beendete der Staufer König Konrad III., der die Burg schließlich gewaltsam eroberte und sie zum Verwaltungssitz für das umliegende Reichsgut machte. Von da ab gehörte Cochem zu den Reichsburgen. So werden Anwesen genannt, die einem König oder Kaiser qua Amt gehörten, also kein Privatbesitz waren. Mit dem Tod Konrads III. ging die Cochemer Reichsburg so auch nicht an seine Erben über, sondern an seinen Amtsnachfolger. In dessen Auftrag wurde die Burg schließlich wie üblich von sogenannten Burgmannen oder Reichsministerialen verwaltet, die man vorwiegend Burggrafen nannte. Die Reichsburg war vor allem Geld wert, wenn man sie verpfändete, so wie das König Adolf von Nassau machte, der das Bauwerk samt 50 Ortschaften ringsum dem Trierer Erzbischof zum Pfand gab, um sein aufwändiges Leben zu finanzieren. Weil sein Nachfolger aber die Burg nicht mehr auslösen konnte, ernannte er den Trierer Erzbischof zum ewigen Burggrafen. Bis zum Untergang des Trierer Kurfürstenstaates blieb Burg Cochem im Besitz des Erzbistums. Anfang des 19. Jahrhunderts fiel die Ruine dem preußischen Staat zu. Der verkaufte sie schließlich an einen Berliner Großkaufmann, der die Burg als Sommersitz im neogotischen Stil herrichten ließ. Es war eine mehrjährige Arbeit, die sein Sohn fortsetzte. Und da es damals keinen strengen Denkmalschutz gab, entstand eine Art Märchenschloss, ein Ort für große Feste, den man auch mit der neuen Eisenbahn bequem aus Preußens Metropole erreichen konnte. 1942 wurde die Burg an den Staat zurück verkauft, der sie ein Jahr später zur Schulungsstätte für Juristen machte. Nach dem Zweiten Weltkrieg fiel sie dem Land Rheinland-Pfalz als Rechtsnachfolger zu, das auf dem Bergkegel eine Verwaltungsschule einrichtete. Seit 1978 gehört die Reichsburg der Stadt Cochem, die sie von einer GmbH verwalten lässt.

Blick von der Reichsburg auf Cochem

▲ Karte S. 316

Regelmäßige **Führungen** erlauben den Zutritt zu den im Stil der Neorenaissance und des Neobarock gestalteten Räumen mit ihren Möbeln, Teppichen, Gemälden, Tapisserien und Rüstungen. Freitags und samstags lädt der Gewölbekeller der Reichsburg zum mehrstündigen Rittermahl. Am ersten Augustwochenende lockt ein Mittelalterfest Gaukler und Händler, im Advent die »Cochemer Burgweihnacht«, bei der historisch gewandete Schauspieler die Weihnachtsgeschichte aufleben lassen – mit einer großen Krippe, um die sich Maria und Josef mit dem Christkind und die Hirten mit ihren Tieren scharen. Auf alle Fälle ist die Burg ein gelungenes Beispiel für den von der Romantik bestimmten historisierenden Kunstgeschmack Mitte des 19. Jahrhunderts. Dazu gehörten steinerne Kreuzgratgewölbe und barocke Holztonnengewölbe ebenso wie neogotische Kamine, Buntglasfenster und Möbel aus der Renaissance. Ältestes Bauwerk der Burganlage ist übrigens der viergeschossige **Achteckturm** mit dem heiligen Christophorus an der Nordseite.

Kaiser-Wilhelm-Tunnel

Mehr als ein Jahrhundert war der nach dem damaligen preußischen Kaiser benannte Kaiser-Wilhelm-Tunnel mit 4205 Metern Deutschlands längster Bahntunnel. Mit reinen Baukosten von fast zehn Millionen Mark war er zudem bis dahin eines der teuersten deutschen Bahnprojekte. Der in den 1870er Jahren von Cochem und Eller aus vorangetriebene Tunneldurchbruch war das Ergebnis zeitsparender und kostengünstiger Streckenplanung. Statt die Schienen am sogenannten Cochemer Krampen, also dem Bergrücken, entlang zu verlegen und Krümmungen mit kleinen Tunnelbauten aufzufangen, entschied man sich, einen schnurgeraden Tunnel durch den gesamten Berg zu schlagen und so die Bahnstrecke um viele Kilometer zu verkürzen. Das alles machte kaum Probleme. Wohl aber die Dampflokomotiven, die schließlich durch den Tunnel fuhren und deren Rauch wie Propfen in der Schienenröhre hängen blieb – vor allem, als der Zugverkehr zur Jahrhundertwende immer weiter zunahm und die Lokomotiven immer größer wurden. Heizern, Lokführern und Streckenläufern machte die fehlende Entlüftung gesundheitlich schwer zu schaffen. Rauchgase und Wasserdampf nagten zudem am Gleiskörper. Ab 1904 sollte eine Entlüftungsanlage Abhilfe schaffen: zwei kräftige Ventilatoren mit 3,5 Meter langen Flügeln, die pro Sekunde 200 Kubikmeter frische Luft von Cochem aus in den Tunnel drückten. Das alles aber half so gut wie gar nicht, zumal der meist herrschende Westwind den entlüfteten Rauch in Eller wieder zurück in die Schienenröhre drückte. So entschied man sich schließlich zum Bau eines Entlüftungsschachtes gut einen Kilometer vom Ellerer Tunneleingang entfernt, also dort, wo der Rauch festhing. Ein Schacht, den man vom Bergrücken 230 Meter in die Tiefe bohrte, sollte die Abgase wie durch einen Schornstein zum Himmel schicken. Dadurch aber änderten sich die Druckverhältnisse im Tunnel, so dass der Rauch der Lokomotiven sich in die Tunnelmitte verzog. Auch ein neben der Schachtanlage 1917 installierter Ventilator brachte keine große Verbesserung. Mit steigendem Zugverkehr in den 1930er Jahren war deshalb eine neue Lösung des alten Problems gefragt. Die sollten zehn Hochleistungs-Schraubenlüfter bringen, die man hinter dem alten Tunnelportal in Cochem, das seitdem wie ein Ehrenmal frei vor dem Tunnel steht, in ein neues Tor montierte. Von den zehn Turbinen waren gewöhnlich vier in Betrieb, die riesige Mengen

Viel besucht ist der Wild- und Freizeitpark Klotten

Frischluft in die Schienenunterführung bliesen. So kräftig übrigens, dass man zeitweise den Schotter ans Gleisbett kleben musste. Liefen sieben Ventilatoren gleichzeitig, heißt es in Cochem, konnte keiner mehr im Tunnel stehen. Erst 1976 waren die Entlüftungsprobleme vorbei. Mit der Elektrifizierung der Moselstrecke hatten die Dampfloks ausgedient. Schon während der durch die neue Oberleitung bedingten Tieferlegung der Tunnelstrecke um rund 60 Zentimeter wurden die Dampfzüge von Dieselloks durch den Tunnel geschoben, um die Bauarbeiter keinen Gesundheitsgefahren auszusetzen.

Wegen des wachsenden Güterverkehrs entschloss man sich schließlich, den Cochemer Tunnel mit einer zweiten Röhre zu versehen, die nach erneuter Sanierung der mit ihr durch Querstollen verbundenen alten Röhre ab 2017 den zweigleisigen Betrieb auf der Moselstrecke erlaubt. Schon vorher hatte man den alten Tunnel mit einer Löschwasserleitung versehen, die das Vorhalten von gefüllten Wassertankwagen in den Bahnhöfen Cochem und Ediger-Eller überflüssig machte.

▸ Karte S. 316/290

Klotten

Klotten heißt der nächste Ort moselabwärts. Eine Fähre verbindet ihn mit Cochem. »Die Pont« nennen sie die Einheimischen liebevoll. Einzige Sehenswürdigkeit ist neben der **Ruine Coraidelstein** hoch über dem Dorf, die im Privatbesitz und deshalb nicht zu besichtigen ist, die Pfarrkirche **St. Maximin**. Romanisch ist ihr Turm, spätgotisch das Kirchenschiff mit wertvollem Interieur. Dazu gehören die der Gottesmutter und den Heiligen Nikolaus und Hubertus gewidmeten Altäre aus dem frühen 17. Jahrhundert und eine steinerne Kanzel, deren Wangen die vier Evangelisten säumen.

Eigentliche Besucherattraktion Klottens aber ist der **Wild- und Freizeitpark** rund drei Kilometer landeinwärts auf den Eifelhöhen. Von Cochem erreicht man ihn am besten per Sesselbahn. Auf 300 000 Quadratmetern gibt es dort Spiel und Spaß für die ganze Familie. Publikumsmagneten sind Wildwasser- und Achterbahn. Für die Kleinen gibt es Hüpfburgen, Schaukeln, Rutschen jeder Größe und eine ungewöhnliche Pferdereitbahn, bei der keiner vom Ross fallen kann. Im Tiergehege begegnet man unter anderem Braunbären, Emus, Straußen, Schafen, Hirschen, Steinböcken, Alpakas und Vögeln. Die Greifvögel präsentieren sich in einer eigenen Flugschau.

Naturfreunden sei eine Wanderung ins angrenzende **Dortebachtal** empfohlen, einem Naturschutzgebiet, in dem sich eine interessante und seltene Tier- und Pflanzenwelt findet. Ein mit einer Eidechse versehenes Logo führt vom Wanderparkplatz an der Mosel an einem Wasserfall vorbei über Serpentinen zum Bergplateau. Von dort geht es über Streuobstwiesen zum Kasteschkopp, der einen schönen Panoramablick ins Moseltal bietet, ehe Serpentinen nach rund zwei Stunden Gehzeit zurück zum Startpunkt im Tal führen.

Cochem und Klotten

Vorwahl: +49/(0)2671
PLZ: Cochem D-56812, Klotten D-56818
Tourist-Information Ferienland Cochem, Endertplatz 1, Tel. +49/2671/60040; April–Okt. Mo–Fr 9–17 (Juli–Okt. auch Sa 9–17 und So 10–15 Uhr), Nov.–März Mo–Fr 9–13 und 14–17 Uhr.
www.ferienland-cochem.de

Sesselbahn Cochem, Talstation Endertstr. 44, Tel. +49/2671/989065; Fahrzeit: Mitte März–Mitte Nov. tgl. ab 10 Uhr.
www.cochemer-sesselbahn.de

Villa Cuchema, Ravenéstr. 34, Cochem, Tel. +49/2671/910224; DZ ab 130 Euro. Boutiquehotel in einer Gründerzeitvilla, Fahrrad- und Motorradkeller.
www.villa-cuchema.de
Gästehaus und Ferienwohnung Ostermann, Kaasstr. 11, Cochem, Tel. +49/2671/1601; DZ ab 65 Euro. Einfache Zimmer am Moselufer in Cond.
www.gaestehaus-ostermann.de
Moseltal-Jugendherberge Cochem, Klottener Str. 9, Cochem, Tel. +49/2671/8633; DZ ab 65 Euro. 156 Betten in allen Zimmergrößen, Halb- und Vollpension.
www.diejugendherbergen.de/jugendherbergen/cochem
Ferienwohnung Brigatt, Im Weingarten 28, Klotten, Tel. +49/2671/916734; DZ ab 70 Euro. Ferienwohnung am Ortsrand (2 Pers.).
www.ferienwohnung-brigatt.de

Mosel Camping Cochem, Stadionstraße, Tel. +49/2671/4409. Großer Platz mit Biergarten. https://mosel-camping-cochem.de

Restaurant Zom Stüffje, Oberbachstr. 14, Tel. +49/2671/7260. Gutbürgerliche Küche mit Moselspezialitäten in altdeutscher Weinstube. www.zomstueffje.com

Martinskirche, Moselpromenade 8; tagsüber geöffnet.
www.kirche-cochem.de
Reichsburg Cochem, Schlossstr. 36, Tel. +49/2671/255; Mitte März–Okt. tgl. 9–17, in den Wintermonaten 10–15 Uhr. Vom Busbahnhof am Endertplatz verkehrt von Juni bis Oktober ein Shuttlebus zur Burg. www.reichsburg-cochem.de
Bundesbank-Bunker, Am Wald 35, Tel. +49/2671/9153540; April–Okt.; Führungen tgl. 11–15 Uhr zur vollen Stunde, im Winter eingeschränkte Öffnungszeiten. Spezialführungen in Geheimgänge zu Sonderpreisen.
www.bundesbank-bunker.de

Cochem Radsport Schrauth, Sehler Anlagen 3, Tel. +49/2671/7974. Im Sommer täglch geöffneter Radverleih, der auch Tandems und Pedelecs anbietet.
www.fahrradverleih-cochem.de

Freizeitzentrum Cochem, Moritzburger Str. 1, Tel. +49/2671/97990. Frei- und Wellen-Hallenbad, Saunen und mehr.
www.moselbad.de

Moselrundfahrten bieten in Cochem die Firma Kolb und die Weiße Flotte der Köln-Düsseldorfer. Eine knappe Stunde dauern die kleinen Schnuppertouren, die großen Ausflüge, auf denen man auch die eine oder andere Schleuse kennenlernt, den halben oder ganzen Tag.
www.moselrundfahrten.de
www.k-d.com

Wild- und Freizeitpark Klotten, Wildparkstr. 1, 56818 Klotten, Tel. +49/2671/605440; gewöhnlich geöffnet von Ostern bis Okt., im Hochsommer 9.30–16.30 Uhr, sonst 10–16 Uhr.
www.klotti.de

Zwischen Cochem und Pommern: die Mosellandschaft in ihrer ganzen Schönheit

Pommern

In Pommern, dem kleinen Dorf links der Mosel, reklamieren die einheimischen Winzer den längsten Südhang an der Mosel für sich. Dass gute Weine zu marktgerechten Preisen Geld bringen, sieht man Villen und Fachwerkhäusern in den engen und steilen Gassen manchmal an. Zu den stattlichsten Bauten freilich zählt das **Pfarrhaus** neben der Stephanskirche (Zehnthofstraße 5), ein im Kern spätgotischer, bis in die Barockzeit immer wieder erweiterter Bau mit einem zum Gotteshaus passenden klassizistischen Portal.

■ Archäologiepark Martberg

Dass man es sich in Pommern schon sehr früh gut gehen ließ, beweisen die rekonstruierten Bauten aus der ersten Hälfte des ersten Jahrtausends auf dem Martberg hoch oben zwischen Pommern und Karden. In der Antike war dort eines der religiösen und politischen Zentren der Treverer, dem einflussreichsten keltischen Stamm an der Mittel- und Untermosel. Die Treverer hatten das Bergplateau mit einer rund fünf Kilometer langen Pfostenschlitzmauer versehen: einer drei Meter hohen Trockenmauer, die senkrecht stehende Holzbalken stabilisierten. Zentrum ihres sogenannten Oppidums, einer rund 70 Fußballfelder großen Siedlung, war ein Versammlungsplatz, auf dem vermutlich Rechtsstreitigkeiten geklärt und militärische Aktionen besprochen wurden.

Im Lauf der Zeit wurde aus dem keltischen Oppidum mit seinen Holzbehausungen ein gallo-römischer Kultort mit Bauten aus Stein, von denen man den einen oder anderen auf den antiken Grundmauern inzwischen wieder aufgebaut hat. Prächtige Wandmalereien zeugen von einem reichen kultischen Leben bis weit ins 5. Jahrhundert. Wie populär die Tempelanlagen auf dem Martberg waren, beweisen die zahlreichen Funde von Münzen und Schmuck, welche die Pilger zu Ehren ihrer Götter mit an die

▲ Karte S. 290

Mosel brachten. Dazu gehörten später auch kleine Gefäße aus Keramik, die es in den Töpfereien zu Cardena, dem heutigen Karden, zu kaufen gab und deren Scherben sich noch heute in den Wiesen und Äckern auf dem Martberg finden lassen.

Pommern und Karden verbindet der gut fünf Kilometer lange **Lenus-Mars-Weg**. Sein Name verweist auf den römischen Gott Lenus Mars, der dem Martberg den Namen gab. Schon unterwegs bereitet er den Wanderer auf den Besuch der rekonstruierten Tempelanlage vor. Lebensgroße Holzskulpturen verkörpern die damaligen Epochen. So steht ein Kelte mit Schild für die vorrömische Zeit, in der der Martberg als Bergfestung ausgebaut wurde. Eine feine Römerin verkörpert die antike Blütezeit der Moselregion. Der heilige Castor in einer Mönchskutte schließlich erinnert an die Christianisierung, die den Beginn des Mittelalters und das Ende der Antike markierte. Die Strecke ist mit dem Logo eines aufgemalten Tempels gut ausgeschildert und führt, gleich ob man in Pommern oder Karden startet, automatisch zur Tempelanlage.

Pommern

Vorwahl: +49/(0)2672
PLZ: D-56829

Hotel Onkel Otto, Lindenstr. 13, Tel. +49/2672/2407. Hotel mit Restaurant und Biergarten, DZ ab 91 Euro. www.onkel-otto.com

Campingplatz Pommern, Moselweinstr. 12, Tel. +49/173/5708148; Stellplätze ab 15 Euro. Schön an der Mosel gelegene Freizeitoase mit Restaurant und Schwimmbad. https://moselwunder.com

Archäologiepark Martberg, Martberg, Tel. +49/2672/9149513; Gelände ganzjährig zugänglich, Tempelanlage mit Café Mai–Okt. Sa/So 11–17 Uhr. Von Pommern führt eine ausgeschilderte Straße zu einem Wanderparkplatz, von dem es noch eine rund 15 Min. Fußweg zur Tempelanlage sind. www.martberg-pommern.de

Treis-Karden

Treis und Karden sind durch eine Brücke verbunden und gehören seit 1969 zusammen. Das auf der Eifelseite liegende Karden war ein römisches Straßendorf mit vielen Töpfereien, in dem die Pilger zum Martberg ihre keramischen Opfergaben kauften. Einige dieser Becher sind heute im **Stiftsmuseum** zu sehen, das sich neben der **Castorkirche** findet. Mit ihren romanischen, gotischen und barocken Stilelementen gehört sie zu den kunsthistorisch bedeutsamsten Sakralbauten der Großregion. »Moseldom« nennen die Einheimischen deshalb das Gotteshaus.

Treis auf der Hunsrückseite wurde bei der Bombardierung der Moselbrücke im Zweiten Weltkrieg stark zerstört, so dass ihm die alte Bausubstanz weitgehend fehlt. Ausnahme ist die katholische **Pfarrkirche Johannes der Täufer**, eine neogotische Hallenkirche voller Eleganz. Neben dem Eingang zur Treppenhalle steht ein eindrucksvolles Vesperbild aus dem 16. Jahrhundert. Aus der Vorgängerkirche, deren Chor man im Rathaus verbaut hat, stammen unter anderem Bilder der Kirchenpatrone Katharina und Castor.

Etwas außerhalb auf einem Bergrücken liegen zwei Burgruinen. Von der **Burg Treis**, einer mittelalterlichen Wehranlage, haben nur ein Teil der Befestigungsmauern und ein quadratischer Bergfried aus dem 12. Jahrhundert überlebt. Von der auf dem gleichen Grat gelegenen, eben-

Treis und Karden mit der Castorkirche

falls mittelalterlichen **Wildburg** blieben Teile der Zwingmauer und des Bergfriedes erhalten – und der zweigeschossige romanische Palas.

Castorkirche Karden

Vor einem knappen halben Jahrhundert stieß man bei Umbauarbeiten auf Reste der aus karolingischer Zeit stammenden ersten Kirche: auf eine 25 Meter lange und fast 15 Meter breite Apsis, die allerdings nur im Rahmen von Führungen zugänglich ist. Die Urkirche stand, wie Ausgrabungen bewiesen haben, auf dem Gelände eines merowingischen Friedhofs, dessen älteste Gräber die Wissenschaft ins frühe 6. Jahrhundert datiert.

Auf den Fundamenten der ersten Kirche wurde höchstwahrscheinlich ab dem späten 11. Jahrhundert die heutige Kirche errichtet, deren älteste Teile die unteren fünf Geschosse des Westturms sind. Rein romanisch zeigt sich hier der Bau, während das später entstandene Langhaus schon deutlich frühgotische Züge trägt. Das sechste Geschoss des Westturms wurde Ende des 17. Jahrhunderts aufgesetzt und mit einer damals modischen Haube gekrönt. In den letzten Jahrzehnten musste man immer wieder die Fundamente der kreuzförmig angelegten Pfeilerbasilika sichern, die durch die Anhebung des Grundwasserspiegels bedroht waren, die von der Kanalisierung der Mosel herrührte.

Vielfältig sind die Kunstschätze im Inneren der Kirche, vom spätromanischen **Taufstein** bis zum größten Juwel der Kirche, dem **Hochaltar**. Sein spätgotischer Altarschrein mit filigranem Maßwerk besticht mit einer Dreikönigsszene aus dem frühen 15. Jahrhundert, den Apos-teln Petrus und Paulus, und dem heiligen Castor mit dem Modell der Kirche im rechten Arm. Was dieses Kunstwerk, dessen Gestalter unbekannt ist, so einmalig macht, ist seine Fertigung aus gebranntem Ton. Aus dem 17. Jahrhundert stammen die beiden Seitenaltäre, die unter anderem die Auferstehung Christi und die Steinigung des heiligen Stephanus zeigen. Ein wahres Schmuckstück ist auch der nach dem Diebstahl einer Figur wieder komplette und gründlich renovierte

▶ Karte S. 290

Reliquienschrein des heiligen Castor im nördlichen Nebenchor. Er wurde Ende des 15. Jahrhunderts aus Tannenholz gefertigt, vergoldet und mit zahlreichen Figuren wie Christus, Maria, Petrus und Castor geschmückt. An der Nordwand des Langhauses findet sich ein Heiliges Grab und im südlichen Querhaus ein Gemälde, das Christus als den »Wahren Weinstock« präsentiert, beide aus dem 17. Jahrhundert.

Da Karden schon Ende des ersten Jahrtausends Sitz eines sogenannten Chorbischofs war, entstanden rund um die Stiftskirche bemerkenswerte Bauten, die noch heute zu sehen sind. Im **Haus Korbisch** (St.-Castor-Straße 1), einem romanischen Wohnturm, lebte der Chorbischof ab dem frühen 13. Jahrhundert. In der Kerngasse findet sich die einstige **Schule des Stiftes**, deren gotische Fresken unter anderem die Sage von Heinrich dem Löwen illustrieren – und das ehemalige **Wohnhaus der Stiftsherren**. Am Moselufer steht die 1318 gestiftete **St. Georgskapelle**. Nach der Auflösung des Stiftes Anfang des 19. Jahrhunderts diente sie zeitweise als Pferdestall, ehe sie evangelische Kirche wurde. Ihre alten Maßwerkfenster wurden damals mit Glasfenstern versehen, die unter anderem Luther und Calvin zeigen.

Buchsbaumpfad Karden–Müden

Ganz im Zeichen des Buchsbaumes steht ein Wanderpfad zwischen Karden und Müden. Von Friedhöfen kennen die meisten den kultivierten, immergrünen Baum oder Strauch, der hier an den Hängen der Mosel auf einer Fläche von mehreren hundert Quadratmetern wild wächst. Es ist das größte Vorkommen im Norden Europas. Das liegt am milden Klima entlang der Untermosel, das mit dem am Mittelmeer vor allem in Zeiten des Klimawandels durchaus mithalten kann. Schon

Der Reliquienschrein des heiligen Castor

in keltischen Gräbern fanden Wissenschaftler angeblich Reste der alten Kulturpflanze, deren Zweige in katholischen Kirchen traditionell am Palmsonntag gesegnet werden. Anschließend nimmt sie das Kirchenvolk mit nach Hause, um sie dort zur Abwehr von Blitz und Donner aufzuhängen.

Der gut vier Kilometer lange Buchsbaumpfad mit seinen 270 Höhenmetern führt meist über schmale Weinbergs- und Felspfade. Deshalb sind festes Schuhwerk und Trittsicherheit gefordert. Man kann den gut ausgeschilderten Weg von beiden Einstiegspunkten aus begehen, also von Müden und Karden aus. Zweimal passiert der Weg, der großteils mit dem Moselsteig identisch ist, Bachschluchten, in deren Unterwuchs sich der Buchsbaum besonders wohl fühlt.

Der Weg ist abwechslungsreich, führt an Schluchten und Felshängen vorbei und eröffnet immer wieder phantastische Blicke auf die Mosel, besonders nachmittags, wenn die Sonne im Rücken steht. Steile Stellen an Felskanten sind mit Halteseilen gut gesichert. Wer will, hat unterwegs

Auf dem Buchsbaumpfad

Gelegenheit zu einem Abstecher zur Burg Eltz. Beste Wanderzeiten sind Frühjahr und Herbst, wenn die Landschaft ihr schönstes Farbenkleid angelegt hat. Im Frühjahr, während ihrer Blüte, duften die Buchsbäume übrigens besonders.

Müden

Eine römische Siedlung keltischen Ursprungs gab es auch im Karden benachbarten Müden. Seine **Pfarrkirche** liegt ganz im Tal, was in dieser Moselregion wegen der häufigen Hochwasser ungewöhnlich ist. Das könnte daran gelegen haben, dass ihre Vorgängerbauten – allen voran der Turm als ältester Teil – der Sicherung einer Furt durch die Mosel dienten. Geweiht ist die heutige Kirche, deren Inneres meist dem Barock entstammt, dem heiligen Stephan. Und wie die meisten Moseldörfer nennt auch Müden eine größere Zahl von Fachwerkbauten sein eigen. Die schönsten sind die **Halfenhäuser** am Moselufer, in der früher die Treidelschiffer übernachteten. Heute sind es Touristen, die hier Unterkunft finden. In einem der Fachwerkhäuser wohnten die Großeltern des bekannten Publizisten Joseph Görres (1776–1848), der 1814 in Koblenz den »Rheinischen Merkur« gegründet hatte, bis Anfang des Jahrtausends noch Sprachrohr des katholisch-rheinischen Bürgertums.

Treis-Karden

Vorwahl: +49/(0)2672, **PLZ**: D-56253
Tourist-Information Treis-Karden, St.-Castor-Str. 87 (im Bahnhof), Tel. +49/2672/9157700; Mai–Okt. Mo–Fr 9–12 und 14–17, Sa 9–12, Nov.–April Mo–Do 9–12 und 14–16, Fr 9–13 Uhr. www.vgcochem.de

Schloß-Hotel Petry, St.-Castor-Str. 80, Tel. +49/2672/9340; DZ ab 136 Euro. Hotel mit Restaurant, Saunen und Ruheräumen. www.schloss-hotel-petry.de
Hotel, Restaurant und Weinhaus Am Stiftstor, St.-Castor-Str. 17, Tel. +49/2672/1363; DZ ab 88 Euro. Hotelrestaurant mit einfachen Zimmern und guter Hausmannsküche. www.hotel-stiftstor.de

Knaup's Weinstube, Am Rathaus 6, Tel. +49/2672/2446. Familienbetrieb, Weinstube mit großer Sommerterrasse und moselländischer Hausmannskost, auch einige Gästezimmer. www.knaup.eu

Campingplatz Mosel Islands, Am Werth, Tel. +49/2672/2613. Großer Campingplatz auf einer mit einer Brücke verbundenen Moselinsel. Restaurant, Bootshafen, Spielplätze und vielfältige Unterkunftsmöglichkeiten, vom Zelt bis zum Schlaffass. www.mosel-islands.de

St. Castor, Lindenplatz 2; im Sommer 9–17.30, im Winter 10–16.30 Uhr.
Stiftsmuseum, St.-Castor-Str. 2, Mai–Okt. Fr–So 15–17.30 Uhr.

▸ Karte S. 290

Sankt Castor: Der Heilige von der Mosel

Über das Leben des heiligen Castor weiß man nicht viel. Eine der wenigen Quellen ist eine erst Jahrhunderte später erschienene Biografie. Sie erklärt Castor zu einem Schüler des Trierer Bischofs Maximin von Trier, der ihn auch zum Priester geweiht haben soll. Der Legende nach lebte er mit einigen Gefährten im späten 4. Jahrhundert an der Mosel, wo er eine Klostergemeinschaft gründete, die bis ins Jahr 1802 bestand. Ende des 8. Jahrhunderts wurden angeblich seine sterblichen Überreste gefunden und in die Stiftskirche nach Karden überführt. Mitte des 9. Jahrhunderts übertrug man einen Großteil seiner Reliquien, zu denen auch der Kopf gehörte, in die damals neu erbaute Kastorkirche in Koblenz, wo Castor heute Stadtpatron ist. Die restlichen Reliquien wurden weiter in der Stiftskirche zu Karden in einem kunstvollen Holzkasten aus dem 15. Jahrhundert aufbewahrt. Allerdings ist sein Inhalt seit Ende des 18. Jahrhunderts verschollen. Heute füllen ihn einige Partikel aus dem Koblenzer Schrein, die Anfang des 19. Jahrhunderts den Weg zurück nach Karden fanden. Direkt vor der Stiftskirche erinnert ein Brunnen mit der Statue Castors an den Heiligen, den man an der Mosel hauptsächlich aus Erzählungen kennt. Eine berichtet, wie Castor eines Tages Moselschiffer mit Salz aus Lothringen an Bord um ein bisschen Gewürz zur Haltbarmachung seiner Schlachtungen gebeten habe. Als die ihn verspotteten und weiterfahren wollten, erhob sich plötzlich ein Sturm, der ihren Kahn fast zum Kentern brachte. In ihrer Not flehten die Schiffer den Gottesmann um Hilfe an. Kastor sei daraufhin auf die Knie gegangen und habe gebetet, bis der Sturm sich legte. Die heidnischen Schiffer seien durch dieses Wunder zum Christentum bekehrt worden. Für ihre Rettung dankten sie Castor mit reichen Salzgeschenken, die früher fast so wertvoll wie Gold waren.

Die Stiftskirche in Karden mit Castor-Denkmal

Abstecher zur Burg Eltz

Burg Eltz gilt als eine der populärsten Ritterburgen Europas. Umschmiegt vom Elzbach, dem Namensgeber für eine der ältesten Adelsfamilien Deutschlands, ist die Burg seit mehr als 30 Generationen Stammsitz der Grafen und Edlen Herren von und zu Eltz. Bis zu 35 Meter hohe Wohntürme mit Erkern und Dächern prägen das Bild der Burg, das viele Besucher auch von Briefmarken und Geldscheinen kennen.

Die Geschichte der Burg wurzelt im Mittelalter. So tauchte der Name Eltz erstmals 1157 in einer Schenkungsurkunde Friedrich Barbarossas auf, in der von einem »Rudolphus de Elze« die Rede ist. Aus dieser Zeit stammen der spätromanische Bergfried und Reste des romanischen Wohnhauses. Um Erbauseinandersetzungen zu vermeiden, wurde die Anlage im 13. Jahrhundert unter drei Nachkommen aufgeteilt, aber als Gemeinschaftserbe weitergeführt. Jede Familie – sie hießen mit Ritternamen »Eltz vom goldenen Löwen«, »Eltz vom silbernen Löwen« und »Eltz von den Büffelhörnern« – konnte daher innerhalb der Burg neu bauen, was man ihr an den vielen Türmchen und Erkern noch heute ansieht. Anfang des 14. Jahrhunderts erlebten die Burgherren ihre schwierigsten Zeiten, als sie mit dem Trierer Erzbischof aneinandergerieten, der sie mit Kanonen attackierte und ihnen den Ausgang versperrte. Zwei Jahre konnten die Eltzer Ritter den Angreifern trotzen, dann aber gaben sie auf, weil sie Hunger litten. In den folgenden Jahrhunderten blieb die Burg von Kriegen verschont. Dank einer geschickten Familienpolitik und kluger Diplomatie gelang es der Familie, die in Europa bestens vernetzt war, immer wieder, mögliche Angreifer zu besänftigen. Während des Pfälzischen Erbfolgekrieges Ende des 17. Jahrhunderts etwa überzeugte einer der Burgherren, der im französischen Heer als hoher Offizier diente, die Franzosen, auf die Zerstörung der Burg zu verzichten. Marodierende Truppenteile, die sich nicht an die offiziellen Absprachen hielten, lockte man in ein reifes Kornfeld, das man in Brand setzte.

Im Jahr 1815 erwarben die Grafen und Edlen von und zu Eltz alle Anteile des

So sollte eine Ritterburg aussehen: Burg Eltz

▲Karte S. 290

Gemeinschaftserbes, das sie von da an allein verwalteten. Von Mitte des 19. Jahrhunderts an steckten die neuen Burgherren auf heute umgerechnet Millionensummen in die umfangreiche Renovierung der Burg. Behutsam wurden auch in den letzten Jahrzehnten mit staatlicher Hilfe Dächer und Fenster erneuert, Mauern ausgebessert, Fachwerkfassaden aufgemöbelt und sanitäre Anlagen geschaffen.

Vor allem ausländische Touristen kommen noch immer in großen Scharen, um zu sehen, wie die Geharnischten einst lebten. Von morgens bis nachmittags geleiten Führer so die Massen durch ausgesuchte Räume, in denen über Jahrhunderte zusammengetragene Einrichtungsgegenstände zu bestaunen sind. Martialische Waffen, von der Turnierlanze bis zur Hellebarde, gibt es zu sehen, aber auch ein kuscheliges Himmelbett aus dem Mittelalter. Salon und Schlafgemach, Kinderzimmer und Küche samt Tuffsteinofen und Hauklotz aus Eiche stehen auf dem Rundgangprogramm ebenso wie ein Besuch im **Rittersaal**, den anfangs alle drei Familienstämme gemeinsam zum Essen und Feiern nutzten. Bis heute zieren ihn ein alter Wappenfries und ein paar Narrenköpfe, welche einst die Redefreiheit versinnbildlichen sollten. Flämische Tapisserien verleihen den Räumen Gemütlichkeit.

Zu den Prunkstücken auf Burg Eltz gehören das Ölgemälde **Madonna mit Kind und Weintrauben** von Lucas Cranach dem Älteren und Tafelbilder aus der Kölner und Sächsischen Malerschule. Mit über 500 Ausstellungsstücken aus dem 12. bis 19. Jahrhundert ist die **Schatzkammer** in den Untergeschossen gefüllt, die man auf eigene Faust entdecken kann. Dazu zählen Gold- und Silberschmiedearbeiten wie eine meterhohe Statue des Brückenheiligen Nepomuk, feinstes Porzellan, Uhren, filigran gestaltete Jagdflinten, Tabakdosen, prunkvolle Gefäße und sakrale Gegenstände wie Monstranzen, Messkelche und Reisealtäre. Besonders interessant ist ein um 1600 gefertigter Trinkbecher, der während der Bankette mechanisch den Tisch entlangfuhr und dort geleert werden musste, wo er stehen blieb.

Stilmischmasch im Hof der Burg Eltz

Burg Eltz, Burg Eltz 1, 56294 Wierschem, Tel. +49/2672/950500, www.burg-eltz.de; April–Okt. tgl. 9.30–17.30 Uhr. Die rund 40-minütigen Führungen starten gewöhnlich jede Viertelstunde, bei großer Nachfrage auch häufiger. Hunde haben keinen Zutritt zu den Innenräumen. Zum kostenpflichtigen Parkplatz an der Antoniuskapelle gelangt man von Wierschem über die Burg-Eltz-Straße, von dort führt ein meist schattiger Fußweg in 15 bis 20 Minuten zur Burg, zu der während der Öffnungszeiten vom Parkplatz auch ein Linienbus fährt. Bus 365 fährt täglich mindestens

Christus-Darstellung am Alten Rathaus

jede Dreiviertelstunde von Hatzenport an der Mosel zur Burg und zurück. Unterwegs macht er in Münstermaifeld und Wierschem Halt. Für das leibliche Wohl der Burgbesucher sorgen zwei Restaurants.

Moselkern

Wo der die Burg Eltz in einer Schleife umrundende Elzbach in die Mosel fließt, liegt Moselkern. Ihm gegenüber liegt der mächtige **Druidenstein**, ein Felsmassiv mit Siedlungsspuren aus der Eisenzeit. Die beiden wichtigsten Sehenswürdigkeiten des Ortes liegen eng beieinander: das älteste Rathaus an der Mosel (Oberstraße 47) und ein Steinkreuz vor der Pfarrkirche St. Valerius (Oberstraße 57), das an die christlichen Anfänge an der Mosel erinnert und kunsthistorisch noch immer Rätsel aufgibt. In der Pfarrkirche mit ihrem romanischen Turm zeigt sich der Kirchenpatron rechts neben dem Chorraum als Bischof mit Mitra, Krummstab und einem Buch in der Hand.

Das renovierte **Rathaus** aus dem Jahr 1535 ist eines der schönsten weit und breit. Zeitweise diente es als Schule, Kloster oder Kindertagesstätte, heute aber ist es mit seinem markanten Erker wieder Rathaus. An der Außenwand im Erdgeschoss ist ein Eisenring eingelassen, in dem bis zur Französischen Revolution angeblich Rechtsbrecher angekettet und dem Gespött des Volkes preisgegeben wurden. Ein Denkmal voller Rätsel ist das **Merowingerkreuz** vor der Valerius-Kirche, dessen Original sich heute im Rheinischen Landesmuseum Bonn findet. Die 80 Zentimeter hohe und 45 Zentimeter breite Steinstele wurde einst im Erdreich des Friedhofs gefunden und entstammt dem Übergang von der Spätantike zum frühen Mittelalter. Mit seiner Deutung aber tut sich die Wissenschaft bis heute schwer. Angeblich lässt die Stele auf der Vorderseite im oberen Feld eine menschliche Figur erkennen. Außerdem schmücken sie mehr als ein Dutzend verschiedene Kreuze. Um die Flut all dieser Zeichen zu entschlüsseln, hat die Wissenschaft den so kunstvoll bearbeiteten, aber doch arg verwitterten Stein aus dem 7. Jahrhundert mit ähnlichen frühmittelalterlichen Darstellungen verglichen. Heute will man in der Stele eine »Geometrisierung der Kreuzigung« sehen, ein auf Gedanken reduziertes Heilsbild.

▶ Karte S. 290

Rhein-Mosel-Land

In Koblenz mündet die Mosel in den Rhein. Zuvor fließt sie durch die Verbandsgemeinde Rhein-Mosel. Die entstand 2014 aus dem Zusammenschluss von 18 Gemeinden, deren Zentrum und größte von allen Kobern-Gondorf ist. Hunsrück und Eifel begleiten den Fluss auch auf der Schlussetappe. Auffallend auf der letzten Strecke sind die vielen Burgen. Nach mehr als 500 Kilometern schließlich hat die Mosel ihr Ziel erreicht: **Koblenz** (→ S. 343), wie viele Städte an ihren Ufern ebenfalls eine Gründung der Römer. Heute ist das einstige Confluentes eine geschäftige Großstadt mit vielen Sehenswürdigkeiten.

In **Burgen** beginnt die Mosel ihre letzte Etappe. Schon der Name Rhein-Mosel, unter dem sich die Moselorte flussabwärts bis Koblenz in einer Verbandsgemeinde zusammengeschlossen haben, signalisiert, dass der Rhein nicht mehr weit sein kann. Zielstrebig streckt sich der Fluss erst einmal Richtung Norden, ehe er in **Dieblich** nach Osten abknickt. Noch einmal zieht er eine seiner vielen Schleifen, um mit Winningen seine letzte Station vor Koblenz zu erreichen, dessen Vororte wie Lay oder Güls ihn schon früh in Empfang nehmen. Burgen und Weinberge sind auch auf den letzten Kilometern die Begleiter der Mosel, Ikonen einer Flusslandschaft, die erst auf den letzten Kilometern, wo sie immer wieder Straßen- und Eisenbahnbrücken überspannen, noch einmal großstädtische Gestalt gewinnt. Am **Deutschen Eck** in Koblenz schließlich, zu Füßen der Festung Ehrenbreitstein, nimmt Vater Rhein seine Tochter Mosel aus Frankreich auf, nur ein paar Fußminuten von der ersten Moselschleuse entfernt, mit deren Bau die Kanalisierung der Mosel als Großschifffahrtsstraße ihren Anfang nahm.

Burgen

Burgen liegt rechts der Mosel und wartet mit einem Paradies für Wanderer auf, dem Baybachtal. Es ist ein wildromantisches Flusstal mit Felsen und Wasser-

In Gondorf führt die Bundesstraße an der Mosel mitten durch ein altes Schloss

fällen, das wegen seiner Enge auch als »Grand Canyon des Hunsrücks« bekannt ist und in dem einst fast drei Dutzend Mühlen klapperten. Eine ist die **Schmausemühle**, in der schon der berühmt-berüchtigte Räuberhauptmann Schinderhannes, den Carl Zuckmayer literarisch verewigte, genächtigt haben soll. Heute ist die Mühle ein Ausflugsrestaurant samt Gästezimmern, dessen Forellen aus hauseigener Zucht ebenso geschätzt werden wie das selbstgebackene Brot.

■ Baybachklamm

Insgesamt gibt es fünf sogenannte Traumschleifen, also Rundwege, die das Baybachtal und seine Schönheiten erschließen. Die für die meisten interessanteste ist die **Traumschleife Baybachklamm**, eine mehr als zehn Kilometer lange und anspruchsvolle Route, bei der es gut 400 Höhenmeter zu absolvieren gilt. Ihre gefährlichsten Stellen sind mit Stahlseilen gesichert. Die Tour ist vom Deutschen Wanderinstitut zertifiziert (www.wanderinstitut.de/premiumwege/rheinland-pfalz/baybachklamm). Idealer Einstieg ist die Schmausemühle, wo man die Runde dann mit Hunsrücker Küche beschließen kann. Für Abenteuerlustige gibt es inzwischen bei Vollmond geführte Touren durch die Klamm, bei der die Stirnlampen auch gern einmal ausgeschaltet werden, um der natürlichen Romantik der Gegend besonders nahe zu sein.

■ Burg Waldeck

Nostalgiker kennen mit Sicherheit die in der Mitte des Baybachtals gelegene Burg Waldeck. Deren Sternstunden schlugen in den 1960er und 1970er Jahren, als sich dort tausende junger Leute aus ganz Deutschland, darunter der Autor dieses Buches, zum Festival »Chanson Folklore International« trafen. Waldeck wurde so zur Wiege einer neuen deutschen Songkultur, die Liedermacher wie Franz-Josef Degenhardt, Reinhardt Mey, Hannes Wader, Hanns-Dieter Hüsch oder auch Wolfgang Niedecken, den Gründer der Kölsch-Rock-Band BAP, vereinte.

Die Waldeck ist eine der vielen mittelalterlichen Ritterburgen im Hunsrück, deren Eigentümer immer wieder wechselten, ehe auch sie im Rahmen des Pfälzischen Erbfolgekrieges von französischen Truppen zerstört und Mitte des 18. Jahrhunderts zu einem Jagdschloss umgebaut wurde, wozu man die mittelalterlichen Reste gern nutzte. Anfang des 19. Jahrhunderts aber verfiel die Burg immer mehr. Retter in der Not war schließlich der »Nerother Wandervogel«, eine Jugendorganisation, die am Lagerfeuer zur Gitarre Lieder sang und sich um den Erhalt der Burgruine kümmerte. Sie schuf Schlafplätze und Räume zu gemeinsamen Treffen. Unter nationalsozialistischer Herrschaft wurde der Wandervogel aufgelöst, seine inhaltlichen Gestalter kamen ins Konzentrationslager. Einige Wandervögel, die den Zweiten Weltkrieg überlebten, kehrten in den Nachkriegsjahren zu geselligen Treffen auf die Waldeck zurück. Allerdings zerstritten sie sich schnell über den weiteren kulturellen Kurs, so dass sich auf der Waldeck bald zwei inhaltliche Richtungen zeigten: eine eher christlich-national orientierte und eine international ausgerichtete Gruppierung, die 1964 das erste Waldeck-Festival unter dem Titel »Chanson Folklore International« organisierte. Kritiker etikettierten es schnell als »deutsches Woodstock«. Zehn Jahre später wurde auf der Waldeck die AG Song aus der Taufe gehoben, eine Arbeitsgemeinschaft von Liedermachern. Auch wenn es heute keine großen Festivals auf der Waldeck mehr gibt, treffen sich über Pfingsten noch immer Song-Interessierte auf der Burg im Baybachtal.

▸ Karte S. 290

Burgen

Vorwahl: +49/(0)2605, **PLZ**: D-56332
Tourist-Information Burgen, Baybachstr. 6, 56332 Burgen, Tel. +49/2605/953488; Mai–Okt. Mo–Sa 12–18 Uhr.
www.burgen-untermosel.de

Hotel und Restaurant Schmausemühle, 56283 Gondershausen, Tel. +49/6745/270; DZ ab 104 Euro, Mai–Nov. tgl. geöffnet, sonst diverse Ruhetage.
www.schmausemuehle.de

Knaus Campingpark Mosel/Burgen, Am Bootshafen, Tel. +49/2605/952176; April–Okt. An der Mosel, mit Freibad, Bootshafen, Minimarkt, Bistro mit Biergarten.
www.knauscamp.de

Burg Waldeck, Waldecker Weg, 56290 Dorweiler. Tagungszentrum, gelegentlich öffentliche Veranstaltungen.
www.burg-waldeck.de

So fing alles an: Festival Chanson Folklore International auf Burg Waldeck 1968

Hatzenport

Nördlich von Burgen und auf der anderen Moselseite liegt Hatzenport. Seinen Namen verdankt es dem Lateinischen »Hattonis porta« (»Tor des Hetti«), was auf einen Hafen des Trierer Erzbischofs hier verwies.

Wahrzeichen des Ortes ist der am Moselufer unübersehbare **Fährturm**. Schon im Mittelalter setzte man in Hatzenport per Fähre über den Fluss, um von der Eifel in den Hunsrück zu gelangen. Der Fährturm wurde 1863 errichtet und diente der Professionalisierung der Moselquerung. Er war Teil einer Fähre, die an Seilen über den Fluss gezogen wurde. Eines der Enden war am Turm befestigt, das andere an einem Felsen auf dem gegenüberliegenden Ufer. Mit einem Ladegewicht von 24 Tonnen war sie eine der größten Fähren an der Mosel. Nach dem Bau der Brücke von Löf nach Alken Anfang der 1970er Jahre aber rentierte sich der Fährbetrieb nicht mehr, so dass man ihn aufgab.

Der Fährturm von Hatzenport

Die Johanniskirche in Hatzenport

Über dem Ort steht die Ende des 13. Jahrhunderts erbaute katholische **Johanneskirche**. Ihren spätromanischen Turm ziert noch immer eine der ältesten funktionierenden Turmuhren Deutschlands. Allerdings hat der im späten 16. oder frühen 17. Jahrhundert gefertigte Zeitmesser nur einen Zeiger. Der markiert die Stunden, die im Leben der Menschen damals wichtiger als Minuten waren. Im spätgotischen Kircheninneren zeigt eine wertvolle Glasmalerei über dem barocken Seitenaltar die Kreuzigung Christi. Eine Besonderheit ist der terrassierte **Friedhof** um die Kirche, aus dem man einen Kräutergarten gemacht hat. Dort finden sich Heilkräuter und mediterrane Gewürzpflanzen und Bäume, die von der sonnenverwöhnten Lage profitieren. Ganz im Süden von Hatzenport, gegenüber der Ortschaft Burgen, liegt die **Burg Bischofstein** auf einer nach drei Seiten schroff und steil abfallenden Felskuppe.

▶ Karte S. 290

Auf ihrer oberen Terrasse erhebt sich der 30 Meter hohe mittelalterliche Bergfried. Am Felsrand auf der Südecke steht die Burgkapelle, an die eine Wohnanlage grenzt. Um die gesamte Burg, die heute als Schullandheim und zur Übernachtung größerer Gruppen genutzt wird, zieht sich eine Ringmauer.

Hatzenport

Vorwahl: +49/(0)2605
PLZ: D-56332

Burg Bischofstein, An Burg Bischofstein, Tel. +49/151/54774747. Die Burg bietet Gruppen wie Schulklassen ab 20 Personen in vier Schlafräumen preiswerte Übernachtungsmöglichkeiten.
https://burgbischofstein.org

Campinginsel Sonnenwerth, Hatzenporter Werth 1, Tel. +49/2605/2151. Auf einer durch einen Steindamm mit dem Festland verbundenen Moselinsel sind Zeltplätze ebenso vorhanden wie Abstellplätze für Wohnwagen und Wohnmobile.
www.campinginsel-hatzenport.de

Weinhaus Ibald, Moselstr. 34, Tel. +49/2605/2043. Weinhaus mit Winzerküche und Gästezimmern ab 100 Euro.
www.weinhaus-ibald.de

St. Johannes, Friedhofsweg 2, Tel. +49/2605/3708; Besichtigung gewöhnlich nur So 13–17 Uhr.
www.hatzenport.de

Brodenbach

An der Mündung der beiden Flüsschen Brodenbach und Ehrbach liegt das Dorf Brodenbach, heute staatlich anerkannter Erholungsort und Paradies für Wanderer. Das mittelalterliche Brodinsheim, lange Zeit Lehen eines Kölner Klosters, sollte mit seiner Burg im Ehrbachtal eigentlich den gefahrlosen Aufstieg in den Hunsrück sichern. Statt dessen zeigten sich die dortigen Ritter zum Unmut vieler Reisenden häufig als Anführer räuberischer Banden. Die **Ehrenburg**, rund eine Stunde Fußmarsch vom Moselufer entfernt und hoch über dem Ehrenbachtal gelegen, ist eine der schönsten Burgen an der Untermosel – vor allem, weil sie relativ gut erhalten ist. Im frühen 12. Jahrhundert wurde sie auf römischen Mauern errichtet. Ihr heutiges Gesicht aber erhielt sie erst Jahrhunderte später. Juwel der Anlage ist der doppeltürmige Bergfried aus dem 14. Jahrhundert. Wehrtechnisch interessant ist der sogenannte Rampenturm, in dem sich eine breite Auffahrt für den Transport von Kanonen windet. Heute ist die als Hotel und Restaurant genutzte Burg eine Art Abenteuerland, in der vor allem an Feiertagen und dem Wochenende das Mittelalter immer wieder neu Gestalt gewinnt. Töpfer und Schmiede demonstrieren dann ihr altes Handwerk und Musik und Tanz lassen die Ritterromantik – oder das, was wir darunter verstehen wollen – neu aufleben.

Die Ehrenburg

Löf

Schräg gegenüber Brodenbach, auf der linken Moselseite, liegt Löf. Seiner zentralen Lage verdankt das kleine Dorf jährlich tausende von Übernachtungen: Nach Koblenz ist es von Löf genau so weit wie nach Cochem, nämlich rund eine halbe Autostunde, die sehenswerten Burgen Thurant, Ehrenburg und Eltz können zu Fuß erwandert werden. Richtig sehenswert ist nur der Ortsteil **Kattenes**, der schon in seinem Wappen auf seinen Schatz hinweist: das **Tal der 13 Mühlen**. Entlang einer sehr steilen Straße ballen sich historische Getreide- und Ölmühlen samt Wohn- und Wirtschaftsgebäuden. Bis in die 1930er Jahre waren viele noch in Betrieb. Aufwändig renoviert, geben sie dem engen Tal einen bunten Anstrich, den man in seiner ganzen Fülle von der Höhe des anderen Moselufers am besten wahrnimmt.

Mit einer Besonderheit wartet auch die der heiligen Anna geweihte **Kirche** in der Oberdorfstraße in Kattenes auf, die zwar dem letzten Jahrhundert entstammt, innen aber einen Altar aus dem 17. Jahrhundert besitzt: einen der letzten Europas, der aus einem einzigen Steinblock gehauen wurde. In der **Luziakirche** von Löf sind ein gotisches Kirchenfenster mit einem betenden Ritter und eine spätgotische Monstranz von Interesse.

Alken

Über eine Brücke ist Löf mit Alken verbunden, dem mittelalterlichen Alkana, das zu den ältesten Orten an der Untermosel gehört. Ein **Wehrturm** an der Moselstraße, heute Teil eines Hotels, ist Teil der ehemaligen Stadtbefestigung. Zahlreiche Fachwerkbauten und ein ehemaliges Hospital zieren den Ort. Das renovierte **Malteserhaus**, heute in Privatbesitz, entstammt dem späten 11. Jahrhundert. Einmaliges Schmuckstück ist die **Michaelskapelle**, 1015 erstmals urkundlich erwähnt. Heute gilt sie nicht nur den Moselanern als romantischer Hochzeitsort. Ihr Blickfang ist der als Freitreppe gestaltete **Kreuzweg**, sicher einer der schönsten an der Mosel. Seine Stufen enden vor einem fast lebensgroßen Schmerzensmann aus dem späten 16. Jahrhundert, neben dem sich ein Beinhaus voller Knochen und Schädel hinter einem Gitter öffnet.

Kreuzweg in Alken

▲ Karte S. 290

Burg Thurant

Im Inneren der Kapelle, deren Turm und Langhaus noch romanisch ist, beeindrucken die renovierten gotischen Fresken und eine ebenfalls gotische Marienfigur aus der Mitte des 14. Jahrhunderts.

Burg Thurant

Populärste Sehenswürdigkeit Alkens ist die Burg Thurant. Pfalzgraf Heinrich hatte die Festung einst zur Sicherung seines Herrschaftsgebiets bauen lassen, um die Besitzansprüche seines Bruders, Kaiser Otto IV., an der Mosel zu sichern – zum Missfallen der Erzbischöfe von Trier und Köln, die das massive Bauwerk mit ihren Truppen schließlich nach rund zweijähriger Belagerung einnahmen. In einem Sühnevertrag, der als eines der ältesten deutschen Schriftstücke gilt, verzichtete die Kurpfalz schließlich auf die Burg samt dem zugehörigen Ort Alken zugunsten der beiden Erzbistümer. Weil die sich aber nicht über eine gemeinsame Nutzung einigen konnten, wurde die Burg geteilt und durch eine Mauer getrennt. Zwei Burggrafen wurden die neuen Herren, die beide Festungsteile neu gestalteten. Der Burg sieht man das bis heute an, verfügt sie doch rechts und links über jeweils eigene Wohn- und Wirtschaftsgebäude samt einem Bergfried, heute als Trierer und Kölner Turm bekannt.

Mit Beginn der Neuzeit verfiel die Burg mehr und mehr, auch weil die Eigner sie als Steinbruch für einen Schlossneubau unten in Alken nutzten. Den Todesstoß versetzte Burg Thurant letztlich der Pfälzische Erbfolgekrieg Ende des 17. Jahrhunderts, in dem die Anlage bis auf die beiden Bergfriede und ein Wohnhaus zerstört wurde. Inzwischen ist die Burg weitgehend wieder aufgebaut, hat man zuletzt etwa ihre Ställe rekonstruiert. Auf der Terrasse des ehemaligen Zoll- und Signalturms wird heute Landhausküche serviert, und wer will, kann auf der Burg auch übernachten.

Brodenbach, Löf und Alken

Vorwahl: +49/(0)2605, **PLZ**: D-56332

Tourist-Info und Kiosk Brodenbach, Moselufer 19, Tel. +49/2605/2384; April–Okt. Mo–Sa 8–12, Di–Fr 15–18, Sa 14.30–18 Uhr; Nov.–März Mo–Sa. 8.30–12, Di. und Do. 15–17, Mi und Fr 15–18, Sa 8.30–12 und 14.30–16.30 Uhr.
www.brodenbach.de

Tourist-Information Sonnige Untermosel, Moselstr. 7, Alken, Tel. +49/2605/847 2736; April–Okt. Mo–Fr 9–17, Sa/So 9–13 Uhr, Nov.– März Mo und Fr nach Vereinbarung und Mi 10–16 Uhr.
www.sonnige-untermosel.de

Ehrenburg, Brodenbach, Tel. +49/2605/3077; April–Anfang Nov. Mo–Sa 11–17, So 11–17 Uhr. Burggastronomie und Hotel (DZ ab 145 Euro). Vor der Burg stehen »mittelalterliche Reisewagen« ohne Bad und Dusche, in denen man im Sommer für 55 Euro pro Person unterkommen kann.
www.ehrenburg.de

Burg Thurant, Tel. +49/2605/2004, Alken; März/April und Okt.–Mitte Nov. 10–17 Uhr; Mai–Anfang Okt. 10–18 Uhr.
www.thurant.de

Michaels-Kapelle, Von-Wiltberg-Str. 18, Alken, Tel. +49/2605/8360, Ostern bis Allerheiligen So 14–17 Uhr.

Moosemannumzug in Alken. Historisches Fest am dritten Fastensonntag.

Oberfell

Wie das benachbarte Alken war auch Oberfell Teil des Kurfürstentums Trier und Köln. Neben einigen Fachwerkhäusern prägt die katholische Pfarrkirche **St. Nikolaus** (Koblenzer Weg) das Dorf. Von der im 14. Jahrhundert erbauten Kirche ist nur noch der romanische Turm erhalten. Der neogotische Kirchenneubau ist erst gut 100 Jahre alt. Sehenswert im Inneren sind der Altaraufsatz des rechten Seitenaltars mit den Heiligenfiguren von Nikolaus, Petrus und Paulus, die Kanzel und Teile des Chorgestühls aus der Zeit um 1700. Beachtenswert sind Darstellungen der Apostel Petrus und Paulus in der Turmhalle aus der zweiten Hälfte des 17. Jahrhunderts.

Die Nikolauskirche in Oberfell

Auf dem Bergplateau hoch über Oberfell liegt die populäre **Wallfahrtskirche auf dem Bleidenberg**. Sie entstammt einer der Mutter Gottes geweihten romanischen Kapelle, die im Rahmen der Eroberung der Burg Thurant durch die Truppen der Erzbischöfe aus Trier und Köln zerstört wurde. Die Kurfürsten ließen die Marienkapelle aber schnell wieder aufbauen und stifteten als Dank für die Eroberung der Burg eine Prozession, die noch heute am Dreifaltigkeitssonntag (erster Sonntag nach Pfingsten), dem Weihetag der Wallfahrtskirche, von Oberfell zum Bleidenberg führt.

▸ Karte S. 290

Die Kirche, mit dem Auto über eine Stichstraße von der Landesstraße am Oberfeller Bach erreichbar, steht über den Eingang auf der Nordseite fast das ganze Jahr über offen.

Themenweg »Zeitreise«

Zu den interessantesten Wanderungen an der Untermosel gehört der Rundweg von Oberfell nach Alken und zurück. Am besten startet man die wegen ihrer Höhendifferenz von fast 500 Metern nicht einfache Tour an der Pfarrkirche in Oberfell. Von dort geht es zu einem Kneippbecken, wo ein kleiner Weg zum Plateau des Bleidenbergs abzweigt. Oben trifft der Wanderer auf die ersten Zeitzeugen der Region: einen mit einem Speer bewaffneten Mann vor einer Hütte – zusammen mit einer Frau, die dabei ist, Feuer zu machen. Ein riesiger Waldelefant und ein Wollnashorn beäugen das Paar. Zwei Tiere, von deren Fleisch die beiden hier vor rund 800 000 Jahren lebten. Mensch und Tier in Oberfell sind aus wetterfestem Baustahl und erinnern plastisch an die altsteinzeitlichen Bewohner der Region, an den Waldelefanten mit seinen drei Meter langen Stoßzähnen und einer Schulterhöhe von 4,30 Meter oder an das Wollnashorn, das mit seinen meterlangen Hörnern ebenfalls Respekt einflößte und das sich in den eiszeitlichen Steppenregionen wie hier besonders wohlfühlte. Vor allem aber an den Homo Erectus, der sich in den vielen hunderttausend Jahren seiner Existenz immer wieder dem Klima anpassen musste. Archäologisch wird es wenig höher noch interessanter. Dort steht ein einfaches Mauerstück. Es ist die **Rekonstruktion eines Walls aus der Eisenzeit**, dessen Reste Wissenschaftler vor Jahren sorgsam ausgegraben haben. Die Bruchstücke des rund 400 Jahre vor Christi Geburt angelegten Ringwalls gehörten zu einer Siedlung des Stamms der Treverer und waren Teil einer sogenannten Pfostenschlitzmauer. Der Name verweist auf die damalige Bautechnik, bei der eine trocken gesetzte Mauer alle paar Meter mit vertikalen Schlitzen versehen war, vor die man mächtige Holzpfosten als Stütze setzte.

Zeitzeugen der Altsteinzeit auf dem Plateau über Oberfell

Weiter führt der Weg zur **Wallfahrtskirche auf dem Bleidenberg**, die eine wichtige Pilgerstation auf dem sogenannten Mosel-Camino ist, einem Fußweg von Koblenz nach Trier (→ S. 200). Von hier oben hat man sicher auch den besten Blick auf das mächtige Gemäuer der Burg Thurant über Alken. Über die **Sieben Fußfälle**, einen im 17. Jahrhundert angelegten Kreuzweg, der zwar als Klettersteig markiert ist, aber bei trockenem Wetter gut zu begehen ist, führt die Route steil bergab. Wer will, kann noch einmal zur Burg Thurant aufsteigen. Die anderen laufen direkt am Moselufer zurück nach Oberfell.

Die Matthiaskapelle überrascht mit ihrer Innenausstattung

Kobern-Gondorf

Einen Zwischenstopp an der unteren Mosel verdient auf alle Fälle Kobern-Gondorf. Mit Niederfell ist es über eine Brücke verbunden. Sowohl Kobern als auch das südlicher gelegene Gondorf verfügen über eine Ober- und Unterburg. In Koberns Kirchstraße 1 reklamiert man außerdem das älteste datierte Fachwerkhaus an der Mosel für sich, den **Mergener Hof** von 1320. Dazu kommt eine Kirche, die auch heute noch jedem Besucher Bewunderung abringt: die **Matthiaskapelle** in Kobern. Auf kleinstem Raum trifft der Besucher hier auf einen ungewöhnlich reichen Formenschatz. Mit ihren schwarzen Säulen, den vielen schönen Kapitellen und dem Bodenmosaik mutet die Kapelle ein bisschen orientalisch an. Das liegt an ihrer Geschichte, war sie doch als Reliquienschrein für das Haupt des Apostels Matthias gedacht, das der Kreuzritter Heinrich von Kobern-Isenburg Anfang des 13. Jahrhunderts von einem Kreuzzug nach Jerusalem und Ägypten mitgebracht haben soll. Zurück an der Mosel jedenfalls ließ er für sein »Souvenir« eine **Kapelle** bauen, die stilistisch an die Grabkapelle in Jerusalem angelehnt war, einen sechseckigen, anderthalb Geschosse hohen kleinen Bau mit einer Apsis im Nordosten. Glanzlichter setzen die plastischen Kapitelle, deren Fratzen den sakralen Raum zum Teil konterkarieren. Eines zeigt einen sogenannten Tatzelwurm, ein Fabelwesen aus der merowingischen Zeit. Der Tatzelwurm mit gerolltem Schweif und großen Tatzen findet sich auch als Brunnenfigur auf Koberns Marktplatz. Das Haupt des Apostels Matthias wurde schon Mitte des 14. Jahrhunderts aus Sicherheitsgründen ausgelagert, ehe es in der Benediktinerabtei St. Matthias in Trier eine neue Bleibe fand. Nachdem sie ihren Ruf als Wallfahrtsstätte verloren hatte, verfiel die Kapelle im Lauf der Jahrhunderte, so dass man gar ihren Abriss erwog. Retter in der Not waren schließlich die neuen Eigner der Kapelle, das Land Preußen, deren späterer König Friedrich Wilhelm IV. die Komplettrenovierung anordnete und den nur noch in Resten erhaltenen Mosaikfußboden vervollständigen ließ. Neugestalter war Johann Claudius von Lassaulx, ein in der Gegend vielbeschäftigter preußischer Architekt, der zuvor auch die Koberner Pfarrkirche **St. Lubentius** erbaut hatte, die im Inneren zwei Gemälde aus der Künstlergruppe der Nazarener zeigt.

Neben der Matthiaskapelle findet sich der Rest der 1195 erbauten **Oberburg**, ein schöner Bergfried. Koberns Unterburg, ebenfalls aus dem 12. Jahrhundert, liegt auf dem gleichen Bergsporn etwas unterhalb. Kunstfreunde sollten auch die gotische **Dreikönigskapelle** auf dem Koberner Friedhof im Auge behalten, deren Wandmalereien aus dem frühen 15. Jahrhundert unter anderem die Huldigung der Heiligen Drei Könige an der Krippe zeigen.

▲ Karte S. 290

Im Ortsteil Gondorf steht die Oberburg nicht auf der Höhe, sondern direkt am Moselufer. Deshalb auch ist sie als **Schloss Gondorf** bekannt. Der Stammsitz des Geschlechts von der Leyen, der Mitte des 16. Jahrhunderts schlossartig ausgebaut wurde, liegt **Niederfell** gegenüber, einem kleinen Moseldorf mit barocker Kirche, die heute unter Denkmalschutz steht. Den hätte Schloss Gondorf früher dringend gebraucht, als man beim Bau der Moseleisenbahn die Vorburg vom Hauptbau abtrennte - und vor einem guten halben Jahrhundert, als man die neue Bundesstraße einfach unter dem alten Renaissancebau als Tunnel durchführte. Heute haben in dem stattlichen Gebäude gleich zwei Museen Platz: ein **Weinmuseum** mit alten Kelter- und Küferanlagen und ein **Heimatmuseum**, das unter anderem ein altes Klassenzimmer und einen nostalgischen Friseursalon zeigt. Einige hundert Meter flussabwärts liegt Gondorfs Niederburg, heute als **Schloss Liebieg** bekannt. Neben der eigentlichen Schlossanlage ragt der romanische Wohnturm des 13. Jahrhunderts auf, den der Kölner Dombaumeister Mitte des 19. Jahrhunderts mit den Ruinen der alten Burg zu einem neoromanischen Wohnsitz für den Baron Theodor Freiherr von Liebieg verschmolz. Der reiche Textilfabrikant hatte damals in das Weingut, dem die Ruine gehörte, eingeheiratet. Deren Umfeld sollte sich schnell als Schatzkammer erweisen. So grub man im Auftrag der Frau Baronin mehr als 1000 römische Gräber aus, deren Beigaben, vor allem Münzen, an Museen verkauft wurden. Andere Kunstschätze, welche die Familie Liebieg im Lauf der Zeit zusammengetragen hatte, landeten beim Kölner Kunstmäzen Wilhelm Hack, der damit ein nach ihm benanntes Museum in Ludwigshafen ausstattete.

i Kobern-Gondorf

Vorwahl: +49/(0)2607
PLZ: D-56330
Büro für Touristik und Kultur Kobern-Gondorf, Lennigstr. 12–14, 56330 Kobern-Gondorf, Tel. +49/2607/1055. www.koberngondorf.de
Matthiaskapelle, Tel. +49/0261/66750; Palmsonntag–Allerheiligen So 11–17 Uhr. https://kulturerbe-eifel-mosel.de
Historisches Weinmuseum und **Heimatmuseum**, Von-der-Leyen-Platz 1A, Tel. +49/2607/4460; Mai–Okt. Sa 11–14, So 14–16 Uhr. https://kultur-heimatverein-gondorf.de

Winningen

Vorbei am letzten großen Moselbogen in Dieblich, an dessen Hängen heute mehr Kirschen als Trauben reifen, liegt Winningen. Dazwischen überquert die Autobahn von Bingen nach Köln auf einer 136 Meter hohen **Talbrücke** die Mosel. Die fast einen Kilometer lange stählerne Balkenbrücke sitzt auf fünf mächtigen Pfeilern und kostete rund 40 Millionen D-Mark. Das flussabwärts der Brücke gelegene Winningen, in dem sich schon die Römer wohlfühlten, ist der letzte Moselort vor Koblenz und eine evangelische Enklave im katholischen Umland. Das liegt daran, dass die umliegenden Dörfer einst zum katholischen Kurtrier gehörten, Winningen aber protestantisch gesinnter badisch-pfälzischer Herrschaft unterstand. Weltoffener als die Katholiken aber waren auch die Winninger Protestanten nicht. So gab es in ihren Kirchen an der Mosel sogenannte Hurenstühle, auf dem noch Mitte des 18. Jahrhunderts ledige Mütter so lange sitzen mussten, bis der Vater ihres Kindes sie heiratete. Funde aus mehreren Jahrtausenden lassen darauf schließen, dass die

Der Weinhexbrunnen in der Winninger Altstadt

Region schon seit der Altsteinsteinzeit besiedelt war. Davon zeugt ein beim Ausbau des Regionalflughafens gefundener Faustkeil, den die Archäologen auf ein Alter von rund 800 000 Jahren schätzen. on der Ende des 16. Jahrhunderts vollendeten mittelalterlichen Ringmauer ist nur noch ein Tor, das sogenannte **Horntor**, stehengeblieben. Zum Reiz der Gemeinde zählen eine Reihe restaurierter **Fachwerkbauten** wie das ehemalige **Spital**, das einst Handwerkern auf der Walz und Pilgern Unterkunft bot. Keine deutsche Gemeinde verfügt übrigens über mehr traditionell terrassierte Weinberge. Allein 30 Kilometer an Trockenmauern stehen dort heute unter Denkmalschutz. Winningens Steillagen gehören zudem zu den ältesten Europas, weshalb man sich wünscht, sie irgendwann zum UNESCO-Weltkulturerbe zählen zu können.

Winningens Winzer küren jährlich einen hochkarätigen Riesling für ihre Edition August-Horch. Sie erinnert an den berühmtesten Sohn der Gemeinde, den einer Winzer- und Schmiedefamilie entstammenden August Horch (1868–1951), Gründer der gleichnamigen Firma, die später zu Audi (lateinisch für »Horch!«) wurde. Über sein Leben informiert eine kleine Ausstellung im Winninger **Museum**, in dessen Räumen er einst zur Schule ging. In seinem Klassenzimmer erfährt man so, dass der junge Horch nach seiner Schmiedelehre im väterlichen Betrieb und einer Ausbildung zum Ingenieur die Motorwagenfertigung bei Benz in Mannheim erlernte und mit diesem Wissen 1899 eine erste eigene Firma in Köln gründete. Heute liegt er auf dem Winninger Friedhof begraben. Im Geburtshaus des Automobil-Pioniers, der selber nie einen Führerschein besaß, kann man heute übernachten – wie damals ohne Fernsehapparat. An Horch erinnert auch die sogenannte August-Horch-Edition, der beste in Winningen erzeugte Riesling, den die ortsansässigen Winzer jährlich neu küren.

Winningen

Vorwahl: +49/(0)2606
PLZ: D-56333
Fremdenverkehrsverein Winningen, August-Horch-Str. 3, Tel. +49/2606/2214; Mo–Do 10.30–12.30 und 13–17, Fr 10.30–12 und 13–17 Uhr.

Horchpension, Fährstr. 19, Tel. +49/2606/2284. Pension im Geburtshaus des Automobilpioniers. www.horchpension.de

Klein's Fronhof, Fronstr. 2, Tel. +49/2606/435. Moselländische Küche und großer Terrasse. https://kleins-fronhof.eatbu.com

Weingasthaus Zum Fährhof, Fährstr. 16, Tel. +49/2606/92010. Gasthaus mit 10 Gästezimmern ab 104 Euro. www.faehrhof-winningen.de

Moselfest; Ende Aug./Anfang Sept. Ältestes und mit zehn Tagen auch längstes Weinfest an der Mosel.

▶ Karte S. 290

Koblenz

Schon bei Winningen erreicht die Mosel auf der rechten Uferseite das Stadtgebiet von Koblenz. Noch einmal reckt sie sich notgedrungen, weil es Hunsrück und Eifel so wollen, nach Norden, um dann ein gutes halbes Stündchen Fußweg vor der Mündung schnell Richtung Rhein zu streben. Am Deutschen Eck schließlich mündet die Mosel in den Rhein – ein Zusammenfluss (lateinisch: confluentes), dem die Stadt ihren Namen verdankt.

Stadtgeschichte und Lage sind heute die Pfunde, mit denen Koblenz, inzwischen geadelt mit dem Etikett des UNESCO-Weltkulturerbes, touristisch wuchert. Wo Rhein und Mosel zusammenfließen, zählt das Ambiente und fasziniert die Kulisse. Gotik mischt sich mit Romanik, Barock mit Klassizismus. Längst aber prägen die Stadt auch moderne Museen und Erlebnisräume.

Koblenz ist kein urbaner Moloch wie manch andere Großstadt am Rhein, sondern mit knapp 115 000 Einwohnern für die meisten Menschen überschaubar. Ihr Herz und historischer Kern ist die **Altstadt**. Hier pulsiert seit Jahrhunderten das Leben, hier wird gehandelt und gefeiert. Und hier findet der Besucher auch mit die ältesten Kirchen der Stadt: **St. Kastor**, **Liebfrauen** und **St. Florin**.

Gegenüber dem Deutschen Eck steht eine der größten deutschen Festungen, der **Ehrenbreitstein**. Von der Altstadt ist es mit der Seilbahn nur ein Katzensprung hinauf aufs Bergplateau. Sehenswert im Südosten der Altstadt ist das Koblenzer **Schloss** mit seinem Park, in dem sich Vater Rhein und Mutter Mosel als marmornes Paar im Garten zeigen.

Geschichte

Archäologische Funde belegen, dass schon zur Steinzeit in der Großregion Koblenz Menschen siedelten. Später drückten die Kelten der Landschaft ihren Stempel auf. Aber erst mit den Römern begann die eigentliche Stadtgeschichte. Auf halbem Weg zwischen Mainz und Köln errichteten sie kurz vor Christi Ge-

Wo sich Mosel und Rhein treffen: am Deutschen Eck

burt am Zusammenfluss von Rhein und Mosel ein Lager und schlugen Brücken über beide Flüsse.

Nach dem Zerfall des Römischen Reiches machten die Franken Geschichte. Sie gründeten in Koblenz einen Königshof, den Heinrich II. Anfang des zweiten Jahrtausends dem Trierer Erzbischof vermachte. Es war der Auftakt zur Kurfürstenzeit, die fast 800 Jahre währen sollte. Sie brachte den Bau der Burg und späteren Festung Ehrenbreitstein, die der Trierer Kurfürst immer nutzte, wenn er in Not war. Meist aber regierte er »Covelents« von Trier aus, auch wenn in Koblenz lange Zeit jeder fünfte Bürger in seinen Diensten stand. Erst 1786 machte Clemens Wenzeslaus von Sachsen Koblenz zum Regierungssitz des neuen Kurstaats, dem die französische Revolutionsarmee aber schon ein paar Jahre später ein Ende bereitete. Im Frieden von Luneville wurde der Rhein 1801 zur neuen Staatsgrenze zwischen Frankreich und Preußen erklärt, Coblence zur Hauptstadt des Départments de Rhin-et-Moselle (Departement Rhein-Mosel). Französisch wurde Amtssprache, kirchlicher Besitz weitgehend aufgelöst. In der Schlosskapelle verehrten die Franzosen statt Gott die »Göttin der Vernunft« – und erstmals war jetzt in Koblenz auch Platz für Protestanten. 1803 gründete sich die erste evangelische Gemeinde.

Das Ende der französischen Zeit kam 1814 mit der Besetzung von Koblenz durch russisch-preußische Truppen. Wenig später schlug Klemens Wenzel Lothar von Metternich – gebürtiger Koblenzer und als Außenminister Österreichs damals einer der wichtigsten europäischen Politiker – auf dem Wiener Kongress die Stadt den Preußen zu, die Koblenz zur Festungsmetropole ausbauten.
Erst mit der Niederlegung der alten Stadtmauern Ende des 19. Jahrhunderts war Platz für die Erweiterung der Stadt Richtung Süden, wo ein neuer Bahnhof und viele Villen am Rheinufer entstanden. Mit der Militarisierung des Rheinlandes in der nationalsozialistischen Ära wurde Koblenz zu einem der wichtigsten deutschen Truppenstandorte. Kein Wunder, dass die Alliierten die Stadt im Zweiten Weltkrieg fast flächendeckend bombardierten. Von den knapp 95 000 Einwohnern des Jahres 1943 lebten bei Kriegsende nur noch etwa die Hälfte rund um die Moselmündung. Inzwischen aber ist Koblenz mit 115 000 Einwohnern längst wieder eine Großstadt, die größte an der Mosel, auch wenn ihr Trier gehörig auf die Pelle gerückt ist.

Sehenswürdigkeiten

Deutsches Eck

Das Deutsche Eck ist das unumstrittene Wahrzeichen und der sicher populärste touristische Treff der Stadt. Schätzungsweise mehr als zwei Millionen Menschen machen jährlich am Zusammenfluss von Rhein und Mosel Station. Publikumsmagnet ist neben dem spektakulären Blick auf die Vereinigung der beiden Flüsse das bronzene Reiterstandbild des ersten deutschen Kaisers. Es ist eine Kopie, denn das Original zerschossen amerikanische Soldaten Ende des Zweiten Weltkriegs. Doch weil die Koblenzer auf ihren Kaiser nicht verzichten wollten, schenkte ihnen der Verleger der Lokalzeitung schließlich ein neues Reiterdenkmal.
Seitdem thront Wilhelm I. wieder in Generaluniform mit Hermelinmantel hoch zu Ross über dem Deutschen Eck – in der rechten Hand den Marschallstab, in der

Kaiser-Wilhelm-Denkmal am Deutschen Eck

anderen die Zügel seines Pferdes. Zu seiner Linken trägt eine weibliche Figur die Reichskrone und ein Kissen mit Lorbeerkranz. »Wilhelm dem Grossen«, heißt es auf dem Relief, das die Vorderseite des Denkmalsockels schmückt und den preußischen Adler mit ausgebreiteten Flügeln über einer vierköpfigen Hydra und am Boden liegenden Kolossen zeigt. Auf dem untersten Sockel steht eine rechteckige Pfeilerhalle mit der Aufschrift: »Nimmer wird das Reich zerstört, wenn ihr einig seid und treu«.

Wie viele Denkmäler im Kaiserreich war auch das von monumentalen Granitsteinen umrahmte Monument auf der künstlich aufgeschütteten Landzunge zwischen Mosel und Rhein Ausdruck des Zeitgeistes, ein Symbol nationaler Großmannssucht. So trägt der Kaiser, wie ein Lokalhistoriker ausgerechnet haben will, Schuhgröße 226. Kein Wunder, dass das Reiterstandbild noch immer die Meinungen spaltet. Viele freuen sich über das Riesenross mit dem Kaiser, andere haben dafür nur Spott übrig. So wie der Schriftsteller und Journalist Kurt Tucholsky, der 1930 in einer Reportage für die linke und später von den Nationalsozialisten verbotene Wochenzeitung »Die Weltbühne« das Kaiser-Wilhelm-Denkmal einen atemraubenden »Faustschlag aus Stein« nannte: »Das Ding sah aus wie ein gigantischer Tortenaufsatz und repräsentierte jenes Deutschland, das am Kriege schuld gewesen ist ...«, notierte der Moselreisende Tucholsky damals. »Oben jener, auf einem Pferd, was: Pferd! auf einem Roß, was: Roß! auf einem riesigen Gefechtshengst wie aus einer Wagneroper, hoihotoho! Der alte Herr sitzt da und tut etwas, was er all seine Lebtage nicht getan hat: er dräut in die Lande, das Pferd dräut auch, und wenn ich mich recht erinnere, wallt irgend eine Frauensperson um ihn herum und beut ihm etwas dar. Aber da kann mich meine Erinnerung täuschen ... vielleicht gibt sie dem Riesen-Pferdchen nur ein Zuckerchen. Und Ornamente und sich bäumende Reptile und gewürgte Schlangen und Adler und Wappen und Schnörkel und erbrochene Lilien und was weiß ich ... es war ganz großartig ...«

▲ Karte S. 344

Die Idee, den deutschen Kaiser Wilhelm mit einem Denkmal zu ehren, entstand schon bald nach seinem Tod im Jahre 1888. Bei der Suche nach einem geeigneten Standort fiel die Wahl auf die Moselmündung, wo man den dortigen Hafen zuschüttete und damit Platz für das fast 64 Tonnen schwere Denkmal schuf. 1897 weihte es Kaiser Wilhelm II. ein. 1945 zerschossen es die Amerikaner, die für die Verherrlichung des deutschen Kaiserreichs kein Verständnis hatten.

Der Plan der französischen Militärregierung, das Denkmal ganz abzureißen und durch ein neues »Denkmal für Frieden und Völkerverständigung« zu ersetzen, scheiterte am Geld. Schließlich machte man 1953 den Sockel des Denkmals zum »Mahnmal der Deutschen Einheit«. Ein Flaggenstock mit der Bundesflagge an Stelle des zerstörten Reiterbilds hielt seitdem den Gedanken der deutschen Wiedervereinigung wach.

Viele Koblenzer aber wollten ihren Kaiser Wilhelm wieder haben – allen voran der Zeitungsverleger Werner Theisen, der mit seiner Gattin letztlich die Finanzierung einer Kopie des alten Denkmals übernahm. Zwar wehrte sich Anfang der 1990er-Jahre die damals SPD-geführte rheinland-pfälzische Landesregierung gegen die Wiederaufstellung des Reiterstandbilds, die noch unter der CDU-Vorgängerregierung vereinbart wurde. Schließlich aber verschenkte das Bundesland das Deutsche Eck an die Stadt Koblenz und übertrug so die endgültige Entscheidung den Politikern an Mosel und Mittelrhein. Damit war der Weg für den alten Kaiser endgültig frei, der seit 1993 wieder auf seinem angestammten Platz thront.

Altstadt

Weitgehend autofrei zeigt sich die Koblenzer Altstadt. Neben alten Kirchen prägen sie vor allem ein paar schöne Plätze. Zu den größten und beliebtesten gehört der **Josef-Görres-Platz**. In seiner Mitte erzählt eine **Brunnensäule** in eindrucksvollen Bildern Koblenzer Geschichte. So verweist ganz unten ein mit Weinfässern beladenes Schiff auf die römische Siedlung Confluentes. Weiter oben werden fränkische Königszeiten und kurfürstliche Ära lebendig, Dreißigjähriger Krieg und Französische Revolution. Ganz oben zeigt sich das Koblenz von heute, die Stadt zwischen Tradition und Moderne. Seinen heutigen Namen erhielt der Görresplatz erst 1946 in Erinnerung an den in Koblenz geborenen Publizisten und Historiker Joseph Görres, dem auch ein großes Denkmal am Rheinufer vor dem Kurfürstlichen Schloss gewidmet ist. 1827 eröffnete Karl Baedeker (1801–1859), der die Bewertung von Reisezielen mit Sternchen erfand, an dem Platz eine erste Verlagsbuchhandlung.

Nicht weniger Leben herrscht auf dem **Münzplatz.** Er verdankt seinen Namen den einst hier stehenden Gebäuden der kurfürstlichen Münzfabrik, in denen ab dem 11. Jahrhundert Geld geprägt wurde. Im **Haus Metternich** (Münzplatz 8) wurde Klemens Wenzel Lothar von Metternich (1773–1859) geboren. Der spätere Staatsmann war wesentlicher Gestalter der Neuordnung Europas im Rahmen des Wiener Kongresses (1814–1815).

Der vielleicht schönste Platz in der Altstadt ist der **Jesuitenplatz**. Ihn rahmen Bauten aus Renaissance und Frühbarock. In seiner Mitte findet sich ein Denkmal für den Koblenzer Forscher und Anatomen Johannes Müller (1801–1858), einen der großen deutschen Naturphilosophen. Die am Platz liegende **Jesuitenkirche** – heute meist Citykirche genannt – beherbergt ein Gnadenbild der Muttergottes, dem heilende Kräfte unter anderem gegen Kopfschmerzen nachgesagt werden. Es ist eine um 1500 entstandene sehenswerte Skulptur. Neben der Kirche steht das **Rathaus** mit dem **Schängelbrunnen**. Es ist das für gebürtige Koblenzer eigentliche Wahrzeichen der Stadt und ist dem Mundartpoeten Josef Cornelius (1849–1943) gewidmet, der zum Karneval 1914 das Schängellied schrieb, die Koblenzer Stadthymne. Sie glorifiziert »dat Kowelenzer Schängelche«. Heute ist es die Dialektbezeichnung für alle in der Stadt Geborenen. Anfang des 20. Jahrhunderts, als der Begriff entstand, waren damit vor allem Buben gemeint, die in der Zeit der französischen Besatzung als Kinder deutscher Mütter und französischer Väter

Historiensäule am Görresplatz

Der Schängelbrunnen

in Koblenz zur Welt kamen. Ein solcher Lausbub steht heute frech auf der Spitze eines Brunnens. Ein übermütiger Bursche, der im Sommer alle paar Minu-ten Wasser spuckt – in der Regel weit über den Brunnenrand hinaus.

Am Altstadtrand findet sich die **Balduinbrücke**, der älteste noch bestehende Moselübergang aus dem Mittelalter. Der Brückenname verweist auf den Trierer Kurfürsten und Erzbischof Balduin, der ihren Bau in Auftrag gab. 1429 war der dank kräftiger Finanzhilfen des Papstes abgeschlossen. Immer wieder nämlich gewährte der Pontifex Ablässe zur Finanzierung der Brücke, die vor allem den wachsenden Pilgerverkehr entlang des Rheines erleichtern sollte. Heute verbindet die Balduinbrücke den Stadtteil Lützel mit der Koblenzer Altstadt, vor deren Mauern sich die Anleger der Ausflugs- und Kreuzfahrtschiffe ballen.

Florinskirche

▶ Karte S. 344

Die Florinskirche ist ein heute evangelisches Gotteshaus. Ursprünglich war sie eine der Muttergottes geweihte Stiftskirche im Erzbistum Trier, die unter anderem als Basis für die Missionierung des Westerwaldes diente. Richtig greifbar wird die Geschichte der inzwischen gründlich renovierten Kirche um das Jahr 1100 mit dem Bau einer dreischiffigen Pfeilerbasilika. 1803 wurde das katholische Stift im Rahmen der Säkularisierung aufgehoben, die Inneneinrichtung verkauft und manches Denkmal zerschlagen. 1807 schenkte Napoleon die Kirche der Stadt, die dort ein Schlachthaus einrichten wollte. Soweit aber kam es dann doch nicht, weil die Preußen das Gebäude 1818 der neuen evangelischen Gemeinde übertrugen.

Im Inneren der mächtigen Kirche sind die Glasfenster aus dem 14. Jahrhundert von hohem kunstgeschichtlichen Wert. Zu den ältesten Originalteilen der Kirche gehören Reste von Altären und mittelalterliche Wandmalereien im südlichen Seitenschiff. Besonders gut hat sich dort eine gotische Darstellung der heiligen Agatha erhalten, der man bei ihrem Martyrium angeblich die Brüste mit Zangen zerriss.

Der **Florinsmarkt** vor der Kirche mit seinen gotischen Prachtbauten wie dem **Kauf- und Danzhaus** (Florinsmarkt 15) war einst das Herz der mittelalterlichen Stadt. Kaufleute, deren Schiffe am Mo-

Wandmalerei der heiligen Agatha in der Florinskirche

selufer ankerten, boten im Keller des Hauses ihre Waren an. Im ersten Obergeschoss wurden gern Feste gefeiert – daher auch der Name Danzhaus. Unter der Turmuhr ist der »Augenroller« zu sehen, der Betrachtern regelmäßig die Zunge rausstreckt. Der Legende nach verkörpert er den Raubritter Johann Lutter von Kobern, der vor seiner Hinrichtung seinen Richtern angeblich die Zunge rausstreckte.

■ Liebfrauenkirche und Umgebung

Im Zentrum der Altstadt, hochwassersicher an deren höchster Stelle, steht die katholische Liebfrauenkirche. Vom Spätmittelalter bis zur Französischen Revolution war die der Mutter Gottes geweihte Kirche das wichtigste Gotteshaus der Stadt. Ihre Wurzeln reichen in die römische Spätantike, als man einen profanen Saalbau zum ersten Versammlungsort der Koblenzer Christen gemacht hatte. Ende des 12. Jahrhunderts schließlich entstand eine spätromanische Pfeilerbasilika. Ein Jahrhundert später kamen die beiden Türme hinzu, die noch heute das Stadtbild prägen.

Seit 1702 thront die Muttergottes über dem Eingang. Zu sehen ist die Kirchenpatronin Maria als Himmelskönigin. Doch auch sie konnte nicht verhindern, dass man Anfang des 19. Jahrhunderts aus baulichen Gründen den Abriss des Gotteshauses erwog. Mit der Erneuerung des Dachs 1808 aber ließ man diese Idee fallen und machte stattdessen den Weg für eine Generalsanierung im neuromanischen Stil frei.

■ Basilika St. Kastor

Die Kastorkirche, wie man die Basilika meist nennt, ist die älteste Kirche der Stadt. Schon im Mittelalter schrieb sie Geschichte, als sich Kaiser und Könige in Koblenz die Klinke in die Hand gaben.

Muttergottesstatue an der Liebfrauenkirche

Die Teilung des Frankenreichs zum Beispiel, anno 843 im Vertrag von Verdun endgültig festgeschrieben, wurde hier ausgehandelt. Auch familiäre Streitigkeiten unter den Karolingern wurden gern in St. Kastor geschlichtet. So wie zu Pfingsten 860, als Karl der Kahle, Ludwig der Deutsche und Lothar II. in der Sakristei der Kirche zusammenkamen, um Differenzen hinsichtlich ihrer Herrschaftsansprüche auszuräumen. Und 1138 ließ sich Konrad III. aus dem Geschlecht der Staufer in der Kastorkirche zum deutschen König ausrufen.

Die ehemalige Stiftskirche, deren Bau im 9. Jahrhundert wurzelt, gilt als eines der wichtigsten Bauwerke mittelrheinischer Romanik – auch wenn nur die wenigsten Steine noch aus dieser Zeit stammen. Das Gotteshaus ist dem heiligen Kastor geweiht, der im 4. Jahrhundert die Menschen an der Mosel missionierte. Im Lauf der Zeit wurde die Kirche im-

Die Frontseite der Kastorkirche

mer größer – bis sie mit dem Einzug eines gotischen Gewölbes an Stelle eines Flachdaches Ende des 15. Jahrhunderts ihre heutige Gestalt gefunden hatte. Sofort ins Auge fallen dem Betrachter die stämmigen Pfeiler des Langhauses aus der ersten Hälfte des 13. Jahrhunderts und das gotische Gewölbe mit seinen schönen Schlusssteinen. Zu den wichtigsten Schmuckstücken gehört die auf das Jahr 1625 datierte und reich verzierte **Sandsteinkanzel**. Im nördlichen Seitenschiff findet sich der neugotische **Reliquienschrein der seligen Rizza**. Sie ist angeblich eine Tochter Ludwig des Frommen und heute die Koblenzer Stadtpatronin. Besonders einladend ist der sogenannte **Paradiesgarten** an der Nordseite der Kirche, ein kleiner Park wie aus dem Bilderbuch.

▸ Karte S. 344

■ Ludwig-Museum

Schwerpunkt der Museumssammlung mit ihren rund 300 Objekten sind Werke aus der zweiten Hälfte des 20. Jahrhunderts, als überall in Europa eine Generation gesellschaftlich engagierter Künstler ihre Arbeiten zu politischem Protest nutzte. Dazu zählten Gruppen wie die Nouveaux Réalistes, zu denen Künstler wie der französische Bildhauer César Baldaccini (1921–1998) zählten, dessen berühmter goldfarbener Daumen (»Le Pouce«) vor dem Museumsgebäude steht. Dazu kommen Arbeiten der Kunstgattungen Fluxus, Surface und Concept Art. Zu Aushängeschildern des Museums gehören Robert Rauschenberg, Pablo Picasso, Max Ernst, Man Ray, Jasper Johns, Jean Dubuffet, Niki de Saint Phalle und Andy Warhol. Mit einem Audioguide werden ausgesuchte Arbeiten ganz neu lebendig, wenn etwa auf Bildern zu sehende Figuren plötzlich zu sprechen beginnen. Neben der ständigen Sammlung präsentiert das Museum jährlich fünf Sonderausstellungen, die ihren Betrachtern fast ausschließlich zeitgenössische Kunst verschiedenster Formate zeigt.

Haus des Deutschen Ordens, heute Ludwig-Museum

Alte Burg

Der mittelalterliche Großbau (Burgstraße 1) prägt die Moselfront der Altstadt. Heinrich von Finstingen (1260–1286), Triers Erzbischof und Kurfürst, ließ ihn einst als Zwingburg anlegen, die auf drei Seiten von einem von der Mosel gespeisten Wassergraben und einer Ringmauer umgeben war. Nach Ende der Kurfürstenzeit wurde die Burg unter anderem als Fabrik, Sparkasse und Archiv genutzt.

Wegen ihrer gelungenen Mischung aus Spätgotik, Renaissance und Barock gilt die Burg noch immer als eines der interessantesten Koblenzer Baudenkmäler, das auch Goethe während seiner Moselreise beeindruckt hatte. »Als wir gegen die Moselbrücke zufuhren«, notierte er in »Dichtung und Wahrheit«, »stand uns dieses schwarze, mächtige Bauwerk kräftig entgegen; durch die Bogenöffnungen aber schauten die stattlichen Gebäude des Tals hervor«, mit denen er die Festung Ehrenbreitstein auf der rechten Rheinseite meinte.

Festung Ehrenbreitstein

Keramikfunde aus der Zeit der Karolinger lassen auf dem Ehrenbreitstein schon im 8. oder 9. Jahrhundert eine mittelalterliche Befestigung vermuten. Die erste nennenswerte Burg namens Ehrenbreitstein, vermutlich der Bau eines Grafen, kam Anfang des 11. Jahrhunderts in den Besitz der Trierer Erzbischöfe, die sie im Lauf der Jahrhunderte weiter zur Festung ausbauten. Richard von Greiffenklau zu Vollrads (1467–1531) stellte schließlich eine neun Tonnen schwere und fünf Meter lange Kanone auf den Ehrenbreitstein. »Der Greiff heiß ich. Simon goß mich. Meinem gnädigsten Herrn von Trier dien' ich. Wo er mich heißt gewalden, da will ich Dorn und Mauern zerspalten«, steht auf dem Bronzemantel der Kanone, die heute zu den Prunkstücken der Festung zählt.

Im Kampf wurde die Festung nie eingenommen. Wenn ihr Besitz wechselte, dann meist nur nach längerer Belagerung, mit der die Angreifer die Burgbesatzung aushungerten. Nach dem Wiener Kongress baute Preußen die Ehrenbreitstein als Schutzwall gegen die Franzosen aus. Koblenz wurde damit einer der wichtigsten Brückenköpfe entlang einer Verteidigungslinie vom rheinischen Wesel ins badische Rastatt. Zwar blieb die Festungsanlage noch bis zum Ersten Weltkrieg einsatzbereit, militärisch aber spielte sie kaum noch eine Rolle.

In der Zeit nach dem Zweiten Weltkrieg waren auf der Ehrenbreitstein hunderte von Flüchtlingen untergebracht. Wegen des konstanten Klimas hinter den oft meterdicken Mauern nutzte zudem das Bundesfilmarchiv lange Jahre die Festung, deren Gelände gewöhnlich auch heute noch frei zugänglich ist. Anders als die Bauten des **Landesmuseums Koblenz**: In vier Ausstellungshäusern zeigt es Dauer- und Wechselausstellungen zu den Themen Fotografie, Archäologie, Wein-

Mauern der Festung Ehrenbreitstein

bau und Genuss. Schwerpunkt sind die Wirtschafts- und Kulturgeschichte der Region. Besonders beliebt sind die aufwändigen Ausstellungen für Kinder samt spannender Begleitprogramme und eine Greifvogelschau im Sommer.
Zur Festung fährt vom Koblenzer Rheinufer eine **Seilbahn**, die ihr Dasein der Bundesgartenschau 2011 verdankt. Deren Planer suchten damals nach einer umweltschonenden Verbindung zwischen dem rechten und linken Rheinufer. Ergebnis war Deutschlands erste Dreiseilumlaufbahn, die an frei über den Fluss gespannten Seilen schwebt. Allerdings erlischt ihre offizielle Betriebserlaubnis im Jahr 2026. Ginge es nach der UNESCO, müsste sie dann verschwinden, sehen die internationalen Kulturhüter doch das Bild der zum Weltkulturerbe »Oberes Mittelrheintal« gehörenden Landschaft durch die Gondel getrübt. Ganz anders sieht das ein Großteil der Koblenzer, die lieber auf das weltweite Gütesiegel als auf ihre Seilbahn verzichten wollen. Mit einer neuen Talstation, die weniger wuchtig das Ufer prägt, hätte eine Seilbahn aber auch in den Augen der UNESCO vielleicht Bestand. Das jedenfalls hofft man in Koblenz, das 2029 erneut die Bundesgartenschau ausrichten wird.

Entwurf für das Kaiser-Wilhelm-Denkmal im Mittelrhein-Museum

▶ Karte S. 344

■ Forum Confluentes mit Mittelrheinmuseum

Das Forum Confluentes, ein architektonisch eindrucksvoller moderner Zweckbau, markiert die neue Mitte der Stadt. Er vereint Deutschlands drittälteste Kulturstiftung, das **Mittelrhein-Museum**, die Koblenzer **Stadtbibliothek** und die **Touristeninformation**.
Rund 1200 Gemälde, über 8000 Grafiken samt Handzeichnungen und Aquarellen, etwa 250 künstlerische Fotografien, rund 700 Holz-, Metall- oder Steinobjekte, 230 Skulpturen und viele hundert alte Münzen, dazu kunsthistorisch Wertvolles aus Porzellan, Keramik, Eisenguss und Metall, Holz und Textilien birgt die Sammlung des Mittelrheinmuseums. Gezeigt aber wird davon nur ein kleiner Teil: mehr als 400 Gemälde und mehr als 100 Grafiken und Skulpturen, zu denen auch der dreidimensionale Entwurf des Kaiser-Wilhelm-Denkmals am Deutschen Eck zählt. Ausgesuchte Kirchenkunst präsentiert die Schatzkammer.
Schwerpunkt der Ausstellung sind vor allem Gemälde, die einen Bogen von Mittelalter über das Barock und Klassizismus bis hin zu zeitgenössischer Kunst spannen. Besonders ins Auge fallen die zahlreichen Ölgemälde rheinischer Landschaften mit vielen Stadtansichten. Da kommen Freunde der Romantik auf alle Fälle auf ihre Kosten!

■ Kurfürstliches Schloss

Glanz und Glorie der Kurfürstenzeit verkörpert das Kurfürstliche Schloss. Den frühklassizistischen Prachtbau ließ sich Triers Kurfürst Clemens Wenzeslaus von

Das Kurfürstliche Schloss

Sachsen (1739–1812) Ende des 18. Jahrhunderts am Rhein errichten. Später wurde das Schloss Residenz des preußischen Königshauses, in dem der spätere Kaiser Wilhelm I. mit seiner Gattin Augusta fast ein Jahrzehnt lang als Militärgouverneur residierte.

Schließlich diente das Schloss den Nationalsozialisten, deren Generäle im Schloss zum Teil den Russlandfeldzug planten. Im Zweiten Weltkrieg weitgehend zerstört, wurde der Bau schließlich wiederhergestellt. Heute beherbergt das Schloss in den Seitenflügeln Büros und im Hauptbau repräsentative Säle, die für Tagungen und Familienfeiern genutzt werden. Schauseite des Schlosses mit seinen mächtigen Säulen ist die Rheinfront, die ein Relief mit dem Wappen des Erbauers ziert. In der prächtigen **Gartenanlage** steht das Denkmal von Vater Rhein und Mutter Mosel, das die Gemahlin des Prinzen Wilhelm von Preußen, die spätere Kaiserin Augusta, Mitte des 19. Jahrhunderts dort aufstellen ließ (→ S. 355). Inspiriert wurde das Denkmal, das Johann Hartung schuf, angeblich von einer Zeitungsillustration, die Zeus, den Göttervater, mit Frau und Schwester Hera zeigte. Für Prinzessin Augusta verkörperte das Duo damals jedenfalls jene Liebe, die sie in ihrer Ehe nicht gefunden hatte.

Moselschleuse mit Museum Mosellum

Nur wenige hundert Meter unterhalb ihrer Mündung findet sich die erste große Schleuse an der Mosel, zu der auch ein Wasserkraftwerk gehört. Mosellum heißt ein kleines Museum am Schleusenrand, das über die Geschichte der Anlage und das Innenleben der Mosel informiert. Fenster unter Wasser erlauben Einblicke in die Welt der Moselfische. Die meisten sind angeblich im Frühjahr zu sehen, wie die Mitarbeiter des Museums berichten, das keinen Eintritt kostet. Eine Fischtreppe erlaubt den Wassertieren das gefahrlose Passieren der Schleuse.

Moselvororte

Lay ist der südlichste Koblenzer Moselvorort und seit 1970 eingemeindet. Ein typisches Weinbaudorf mit einer spätromanischen, dem heiligen Martin geweihten Pfarrkirche (Pastor-Simon-Straße 6). Zu ihren Schätzen zählt ein romanischer Taufstein und ein Kreuz aus dem frühen 14. Jahrhundert. Auf der linken Moselseite schließt sich **Güls** mit der romanischen Pfarrkirche St. Servatius (Gulisastraße 40) an.

In den flussabwärts folgenden Stadtteilen **Rauental** und **Metternich**, die eine Straßenbrücke vereint, wird es langsam großstädtischer und touristisch uninteressant. Hier ballen sich neben der Universität Koblenz vor allem medizinische Dienstleister wie das Bundeswehrzentralkrankenhaus und Ämter wie eine oft nur »Beschaffungsamt der Bundeswehr« genannte Behörde.

Koblenz

Vorwahl: +49/(0)261
PLZ: D-56068
Tourist-Information, Zentralplatz 1 (im Forum Confluentes), Tel. +49/261/1291610; tgl. 10–18 Uhr. www.visit-koblenz.de

Koblenz liegt an der Bahnlinie Köln–Mainz, die tagsüber stark frequentiert ist. Gewöhnlich alle Stunde verkehrt vom Hauptbahnhof zudem eine Regionalbahn Richtung Trier und ein Regionalexpress nach Luxemburg.

Einen gut ausgebauten Nahverkehr in der Stadt und in die nähere Umgebung unterhalten die Koblenzer Verkehrsbetriebe. Streckennetz und Fahrplan: www.koveb.de

Seilbahn Koblenz, Talstation Konrad-Adenauer-Ufer, Tel. +49/261/20165850; Ostern–Okt. tgl. 10–19 Uhr, Nov.–Ostern: Sa/So 10–19 Uhr. In die Kabinen können auch Fahrräder und Hunde mitgenommen werden. www.seilbahn-koblenz.de

G-HOTEL hotel&living, Neversstr. 15, Tel. +49/261/2002450; DZ ab 116 Euro. Modernes Haus direkt am Hauptbahnhof. www.ghotel.de

Kloster Arenberg, Cherubine-Willimann-Weg 1, Tel. +49/261/64013454. Ruhig gelegenes Klosterhotel mit Wellnessanlagen und großem Bildungsangebot im Vorort Arenberg. www.kloster-arenberg.de

Jugendherberge Festung Ehrenbreitstein, Tel. +49/261/972870. Einmalig gelegene Jugendherberge in den Festungsanlagen hoch über der Stadt. www.diejugendherbergen.de

Knaus Campingpark RheinMosel/Koblenz, Schartwiesenweg 6, Tel. +49/261/82719. Großes Campingareal am linken Moselufer mit Fähre in die Altstadt, über 200 Stellplätze.www.knauscamp.de

SauBar, Münzstr. 16a, Tel. +49/261/98862266, Gutbürgerliche Frischeküche inmitten der Altstadt. http://saubar-koblenz.de

Gerhards Genussgesellschaft, im Blumenhof Esther-Bejarano-Str. 3, Tel. +49/261/91499133. Restaurant mit gehobener Küche unweit des Deutschen Ecks mit großer Terrasse. www.gerhards-genussgesellschaft.de

Cafe Einstein, Firmungstr. 30, Tel. +49/261/9144999. Täglich ganztägig geöffnetes Restaurant, Café und Bar – für Frühstücksgäste ebenso wie Cocktailfreunde. www.einstein-koblenz.de

▶ Karte S. 344

Galestro, Jesuitenplatz 1, Tel. +49/160/90729090. Beliebte Espressobar mit Terrassenplätzen auf einem der schönsten Plätze der Stadt. www.galestro.com

eGeLoSIa, Braugasse 6, Tel. +49/261/1334264. Populärer Eisladen mit 34 Sorten im Angebot.
www.egelosia.de

Festung Ehrenbreitstein und **Landesmuseum Koblenz**, Tel. +49/261/66750; April–Okt. 10–18 Uhr, Nov.–März 10–16 Uhr.
https://tor-zum-welterbe.de

Ludwig Museum, Esther-Bejarano-Str. 1, Tel. +49/261/1292406; Di–Sa 10.30–17, So 11–18 Uhr. www.ludwigmuseum.org

Mittelrhein-Museum, Zentralplatz 1, Tel. +49/261/1292520; Di–So 10–18 Uhr.
www.mittelrhein-museum.de

Moselum, Peter-Altmeier-Allee 1, Tel. +49/952/34030; Do–So 10–16.30.
www.mosellum.de

Liebfrauenkirche, An der Liebfrauenkirche 16; tgl. 8.30–17 (im Sommer bis 19) Uhr.
www.liebfrauen-koblenz.de

Basilika St. Kastor, Kastorhof 4; tgl. 9–18 (Nov.–März 10–16) Uhr.
www.sankt-kastor-koblenz.de

Florinskirche, Florinsmarkt 23; Mitte Mai–Anfang Okt. tgl. 10.30–17.30 Uhr.
https://koblenz-mitte.ekir.de

Rhein in Flammen, Großfeuerwerk und Illuminationsspektakel, Anfang August.

Rhein Bike, Löhrstr. 139, Tel. +49/261/98303686. Radverleih in Bahnhofsnähe.
www.rhein-bike.de

Vater Rhein und Mutter Mosel, Skulptur von Johann Hartung am Koblenzer Schloss

Reisetipps von A bis Z

Anreise mit dem Auto/Autofahren

Die meisten Moselreisenden kommen mit dem Auto. Das ist problemlos, weil sich zwischen Nancy und Koblenz immer eine Autobahn in Flussnähe findet, die Richtung Westen via Frankfurt, Ludwigshafen/Mannheim oder Straßburg ebenfalls mit Autobahnen angebunden sind. Ins Quellgebiet führen von Norden und Süden gut ausgebaute, zum Teil mehrspurige Nationalstraßen. Meist ist es sinnvoll, die An- und Abreise mit Hilfe eines im Internet kostenlos verfügbaren Routenplaners zu planen, um Fahrzeit und eventuelle Mautgebühren auf französischen Autobahnen zu kalkulieren.

Dokumente: Mit zu den Reisedokumenten gehört die **Grüne Versicherungskarte**, die noch immer Pflicht ist – auch wenn sie nicht mehr kontrolliert wird. Von Vorteil ist auch ein sogenannter **Auslandsschutzbrief**, also ein Versicherungsdokument, das im Schadensfall den Rücktransport des Fahrzeugs und eventuell anfallende Übernachtungskosten übernimmt.

Tanken: In Frankreich heißen die bleifreien Superbenzine *sans plomb 95* oder *sans plomb 98*. Diesel firmiert unter *gazoil* oder *gazole*. Autogas gibt es unter *GPL*, Erdgas unter *GNV* und Flüssig-Erdgas unter *GNL*.

Oft hilft auch eine Fähre wie in Beilstein, die Anreisezeit zu verkürzen

Unterschiedlich sind die Kraftstoffpreise in den drei Ländern. Am teuersten ist das Tanken in Frankreich, das oft nur Tankautomaten anbietet, die deutsche Kreditkarten nicht akzeptieren. Besonders preiswert sind Diesel und Benzin in Luxemburg, das keine hohen Spritsteuern kennt. Unter Frankreichs und über Luxemburgs Preisen rangiert Deutschland. Das gilt es vor allem im Dreiländereck zu beherzigen, wo man beim Tanken kräftig sparen kann! Wissen sollte man, dass die Ausfuhr von Kraftstoffen in Behältern aus Luxemburg verboten ist. Die aktuellsten Sprit-Preise finden sich unter www.adac.de/verkehr/tanken-kraftstoff-antrieb/ausland/spritpreise-ausland.

Elektroautos finden immer häufiger eine Ladestation. In Frankreich heißen die *bornes de recharge pour voitures électriques*. Aktuelle Ladestationen samt Routenplaner unter https://de.chargemap.com.

Pannenhilfe leisten Notdienste. Auf französischen Autobahnen ist ein Notdienst im Fall einer Panne nur über die Polizei (Tel. 17) oder über eine der orangefarbenen Notrufsäulen zu erreichen, sonst ruft man die Notrufnummer eines der Pannenhilfsdienste der Automobilclubs an – etwa den ADAC, der über die Nummer +49/89/222222 rund um die Uhr zu erreichen ist. Österreicher wählen den ÖAMTC (+43/1/2512000), Schweizer den TCS (+41/58/872220).

Parken: Kostenlose Parkplätze gibt es heute meist nur weit abseits der Sehenswürdigkeiten. In den großen Städten ist es deshalb ratsam, gleich ein Parkhaus oder eine andere ausgeschilderte Parkgelegenheit anzusteuern, statt lange nach einem freien Platz an einer Straße zu suchen. In Frankreich markieren durchgezogene gelbe Linien am Bordstein ein absolutes Halte- und Parkverbot. Unterbrochene gelbe Linien am Fahrbahnrand oder ein Schild mit einem durchgestrichenen P verweisen auf ein Parkverbot. Blaue Markierungen (*zones bleues*) signalisieren: Hier kann man für eine begrenzte Zeit und meist kostenpflichtig parken. *Payant*, in großen Lettern auf den Boden geschrieben, heißt ebenfalls, dass das Parken hier kostenpflichtig ist. *Parking* heißt im Französischen soviel wie Parkhaus oder Parkplatz. Besonders hohe Strafen drohen in Frankreich übrigens allen, die ihr Fahrzeug auf einem Bürgersteig oder Fahrradweg abstellen, in unmittelbarer Nähe eines Hydranten oder auf einer Busspur.

Vorschriften und Bußgelder: Freie Fahrt auf Autobahnen gibt es nur in der Bundesrepublik. In Frankreich und Luxemburg ist das **Tempo** begrenzt und wird dort auch streng überwacht. So gilt auf Frankreichs und Luxemburgs Autobahnen eine Höchstgeschwindigkeit von 130 km/h, bei Regen 110 km/h. Maximal Tempo 110 gilt auf Frankreichs Autobahnen auch für alle, die ihren Führerschein noch nicht länger als drei Jahre haben. Auf Landstraßen sind in Frankreich 80 km/h erlaubt, in Luxemburg 90 km/h. Nur in Ortschaften ist das Tempolimit in allen drei Moselstaaten gleich. Wer in Frankreich als Raser erwischt wird, hat zudem keine Chance, sich später mit dem Satz »Ich bin nicht selbst gefahren« herauszureden. Anders als in Deutschland und Luxemburg gilt bei den Franzosen die Halterhaftung, nicht die Fahrerhaftung.

In allen Moselanrainerstaaten gilt eine **Promillegrenze** von 0,5, bei Fahranfängern in Frankreich und Luxemburg 0,2 Promille, in Deutschland sogar 0,0 Promille. Die Strafen für Alkoholfahrten sind in Luxemburg und Frankreich deutlich höher als in der Bundesrepublik. Übrigens: In Frankreich winken Autofahrern auch Bußgelder, wenn sie zu laute Musik hören, was nach Behördenansicht Warnsignale überhören lässt. Auch wer mit Flip-Flops oder Sandalen am Steuer angetroffen wird, darf sich über ein Bußgeld nicht wundern.

Urlauber, die in Frankreich oder Luxemburg einen **Strafzettel** erhalten haben, sollten ihn am besten zügig und wenn möglich gleich an Ort und Stelle begleichen. Das ist die billigste Art, das Problem loszuwerden. Zudem gibt es in Frankreich Rabatte auf

Hohe Tankstellendichte im luxemburgischen Grevenmacher

Bußgelbescheide, wenn sie innerhalb von maximal 46 Tagen bezahlt werden. Wird ein Knöllchen nicht bezahlt, übergeben die ausländischen Behörden die Angelegenheit gewöhnlich an das Bundesamt für Justiz in Bonn, das für die nachträgliche Eintreibung von Bußgeldern in Deutschland zuständig ist. Obwohl in der Regel nur Bußgelder ab 70 Euro eingetrieben werden, ist diese Grenze mit Mahngebühren und Aufwandsentschädigungen schnell erreicht. Wer wegen eines Auslandsknöllchens einen Mahnbescheid oder gar eine Nachricht vom Gerichtsvollzieher erhält, sollte sich schnell um juristischen Beistand bemühen. Gut zu wissen ist, dass im Ausland verhängte **Fahrverbote** immer nur in dem Land gelten, in dem sie festgesetzt wurden. Bei einem Schreiben französischer Behörden in Sachen Bußgeld ist ein Blick auf die Webseite www.antai.gouv.fr hilfreich, hinter der sich die »Nationale Agentur für die automatischen Prozesse von Verstößen« verbirgt.

Anreise mit dem Flugzeug

Der zur Moselquelle nächstgelegene Flughafen ist der **EuroAirport Basel-Mulhouse-Freiburg** (EAP). Metz und Nancy sind über den Pariser Flughafen **Charles de Gaulle** (CDG) angebunden, Trier über den **Aéroport de Luxembourg** (LUX). Die nächstgelegenen Flughäfen zur Moselmündung sind **Frankfurt** (FRA) und **Köln/Bonn** (CGN).

Anreise mit der Bahn

Die wichtigsten Eingangstore für Moselreisende wie Koblenz, Trier oder Metz haben einen Bahnanschluss mit meist schnellen Verbindungen. Leider liegt der französische TGV-Halt Lorraine – vom Bahnhof in Straßburg knapp 40 und vom Pariser Flughafen Charles de Gaulle gut 70 Minuten entfernt – weit außerhalb von Metz (27 km) und Nancy (37 km) in Louvigny. Von dort verkehren regelmäßig Shuttlebusse, sogenannte *Navettes*, nach Metz und Nancy. Die Quelle der Mosel ist per Schiene nicht zu erreichen, allenfalls Remi-remont, das via Nancy an die Bahn angeschlossen ist.

Wer nicht an einen bestimmten Termin gebunden ist, nutzt den Sondertarif **Super Sparpreis Europa** (ab 19,90 Euro, ideal für grenznahe Bewohner) oder **Sparpreis Europa** (ab 33,90 Euro) der Deutschen Bahn für die Reise nach Frankreich. Noch preiswerter kann es auf der Fahrt nach Luxemburg sein. Allerdings ist Wasserbillig, auf etwa halbem Weg von Trier nach Luxemburg, die einzige luxemburgische Bahnstation an der Mosel.

Radreisende sollten wissen, dass sie in vielen Zügen, vor allem in den schnellen, keine Räder mitnehmen dürfen. Auch müssen in den französischen Eisenbahnen aus Sicherheitsgründen alle größeren Gepäckstücke gut sichtbar mit Vor- und Nachnamen des Reisenden versehen sein.

Fahrplanauskunft Deutsche Bahn (DB): Tel. +49/1806996633 (gebührenpflichtig)

Fahrplanauskunft Französische Staatsbahn (SNCF): Tel. +33/892353535

Fahrplanauskunft Luxemburgische Bahn (CFL): +352/24892489

Weitere Informationen:
www.bahn.de
www.sncf.com
www.cfl.lu

Baden

Baden und Schwimmen in der Mosel ist grundsätzlich nicht verboten. Das wissen auch die vielen Stand-up-Paddler, die wegen der geringen Strömung gern auf dem Fluss unterwegs sind.

Trotzdem sollte man die Gefahren im schiffbaren Teil der Mosel nicht unterschätzen. Sie gehen für Schwimmer vor allem von den **Schleusenanlagen** aus, in deren Umfeld (Radius 300 Meter) deshalb Baden verboten ist. Auch die von den Schiffen ausgehende **Sogwirkung** ist den meisten Urlaubern nicht bewusst.

Das Eisenbahnviadukt bei Pünderich

So lässt es sich an einem heißen Sommertag aushalten

Schwimmverbote gelten übrigens auch oberhalb und unterhalb von Schiffsanlegern, Fähren und Häfen.

Gefahrloser ist das Baden in den neben der Mosel liegenden **Kies- und Baggerseen** wie in Frankreich oder Luxemburg.

Die **Wasserqualität** der Mosel ist in den letzten Jahren deutlich besser geworden. Sie gilt heute als nur noch gering belastet. Aufgrund des Klimawandels machen allerdings auch in der Mosel zunehmend Blaualgen den Badenden zu schaffen. Es sind Bakterien, die sich massenhaft verbreiten, wenn die Wassertemperatur ansteigt. Die können zu Quaddeln auf der Haut, Bindehautentzündung, Reizung der Schleimhäute, Übelkeit, Durchfall und Erbrechen führen. Wer mit Blaualgen angereichertes Wasser trinkt, kann lebensgefährlich erkranken.

Sichere Alternative jedenfalls ist ein Besuch im **Schwimmbad**, von denen es auch an der Mosel genügend gibt. Einige sind in den Ortsbeschreibungen dieses Buches registriert. Bei der Suche helfen folgende Websites: www.guide-piscine.fr/guide-des-piscines

www.visitluxembourg.com/de/erleben/sport-freizeit/schwimmen-wellness

www.mosel.de/freizeit/schwimmbaeder

Barrierefreiheit

In den letzten Jahren wurden in allen Moselanrainer-Staaten große Anstrengungen unternommen, Museen, Restaurants, Hotels und öffentliche Verkehrsmittel barrierefrei zu gestalten. Trotzdem gibt es noch immer zahlreiche, vor allem denkmalgeschützte Ziele, die etwa für Rollstuhlfahrer nicht zugänglich sind. Auch gepflasterte Altstadtgassen bilden für Menschen mit körperlichem Handicap noch Hindernisse. Wichtig zu wissen ist auch, dass der deutsche Behindertenparkausweis in Frankreich nicht anerkannt wird. Deshalb ist es notwendig, sich vor Reiseantritt einen **EU-Behindertenparkausweis** zu besorgen. Menschen mit Handicap erhalten auf den größeren Bahnhöfen Hilfe beim Ein-, Aus- oder Umstieg, allerdings müssen sie diese Hilfeleistungen vorher anmelden. In Deutschland wird er über die **Mobilitäts-service-Zentrale** (MSZ) der Deutschen Bahn organisiert. In Frankreich heißt der Dienst **Access Plus**, der mindestens 48 Stunden vor der Fahrt per e-mail (accesplus@sncf.fr) beantragt werden muss.

www.bahn.de/service/individuelle-reise/barrierefrei

www.accessibilite.sncf.com

Auf der Suche nach barrierefreien Unterkünften, Restaurants und Freizeitangeboten hilft die Seite www.reisen-fuer-alle.de

Botschaften

Botschaften in Luxemburg:
Deutsche Botschaft
20–22, av. Émile Reuter
L-2420 Luxembourg
Tel. +352/4534451
https://luxemburg.diplo.de
Österreichische Botschaft
3, Rue des Bains
L-1212 Luxembourg
+352/471188
www.bmeia.gv.at/oeb-luxemburg
Schweizer Botschaft
25 A, Boulevard Royal
L-2449 Luxembourg
Tel. +352/2274741
www.eda.admin.ch/countries/luxembourg/de/home/vertretungen/botschaft.html
Botschaften in Frankreich
Deutsche Botschaft
13–15 av. Franklin D. Roosevelt
F-75008 Paris
https://allemagneenfrance.diplo.de
Tel. +33/1/53834500
Deutsches Generalkonsulat in Strasbourg
6, Quai Mullenheim
F-67000 Strasbourg
+33/3/88246700
https://allemagneenfrance.diplo.de
Österreichische Botschaft
6 rue Fabert
F-75007 Paris
Tel. +33/1/40633090
www.bmeia.gv.at/oeb-paris
Schweizer Botschaft
142 rue de Grenelle
F-75007 Paris
Tel. +33/1/49556700
www.eda.admin.ch/countries/france/de/home/vertretungen/botschaft.html
Schweizer Generalkonsulat in Strasbourg
23 rue Herder
F-67000 Strasbourg
Tel. +33/3/88350070
www.eda.admin.ch/strasbourg

Camping

Entlang der Mosel finden sich zahlreiche Campingplätze, die meist internationalem Standard entsprechen. Viele sind ganzjährig geöffnet und bieten Platz für Wohnwagen, Wohnmobile, Zelte und Reisemobile. Viele sind in diesem Reiseführer unter den Ortschaftsnamen gelistet. Für weitere Recherchen empfehlen sich folgende Websites:
www.visitmosel.de/gastgeber-arrangements/campingplaetze
www.camping.info/de/beliebte-region/mosel
www.eurocampings.de/deutschland/mosel
www.campingfrance.com/de/suchen-sie-ihren-campingplatz/grosser-osten/moselle

Einreise und Zollbestimmungen

Auch wenn die Grenzkontrollen abgeschafft sind: Ein Pass oder Personalausweis ist immer mitzuführen. Das gilt auch für Babys und Kinder, die ein eigenes Reisedokument brauchen. Nicht-EU-Bürger sollten prüfen, ob sie eventuell ein Visum für den Grenzübertritt brauchen. Auch der sogenannte **Warenverkehr** innerhalb der Europäischen Union unterliegt Freigrenzen. Dazu zählen 800 Zigaretten, ein Kilo Tabak, zehn Liter Spirituosen, zehn Kilo Kaffee und 90 Liter Wein. Die Freigrenzen sollte man nicht überschreiten, denn der Zoll in Frankreich kontrolliert gern auch im Hinterland Touristen, um Tabak-, Alkohol- oder Kaffeeschmugglern das Handwerk zu legen.
Auch bei der Rückkehr sollte man darauf achten, nicht mehr in die Bundesrepublik, die Schweiz oder Österreich mitzunehmen, als gesetzlich erlaubt ist. Das gilt vor allem für Schweizer Staatsbürger, die nicht den EU-Regeln unterliegen und sich beim Kauf von Souvenirs entsprechend auf mögliche Grenzkontrollen einstellen sollten. Bei der Bemessung der Freigrenzen immer hilfreich ist die Webseite https://europa.eu/youreurope/citizens/travel/carry/index_de.htm.

Feiertage

Die Feiertagsregelung in den drei an die Mosel grenzenden Staaten unterscheidet sich nur wenig voneinander, da auch in den Départments Vosges und Moselle anders als im übrigen Frankreich Karfreitag und Zweiter Weihnachtsfeiertag arbeitsfreie Feiertage sind. Allerdings sind im Département Meurthe-et-Moselle diese beiden Tage kein Feiertag. Umgekehrt ist in Rheinland-Pfalz im Gegensatz zu Luxemburg, dem Saarland und Frankreich Mariä Himmelfahrt kein Feiertag.

Dazu kommen als nationale Feiertage in Luxemburg der Europatag am 9. Mai, sein Anlass war die Vorlage der Pläne Robert Schumans zur Gründung einer Europäischen Gemeinschaft 1951, und der Nationalfeiertag am 23. Juni. Frankreich feiert am 8. Mai mit dem »Tag des Sieges« das Ende des Zweiten Weltkriegs und am 11. November den Waffenstillstand im Wald von Compiègne am Ende des Ersten Weltkriegs. Französischer Nationalfeiertag ist der 14. Juli. Die Bundesrepublik feiert ihren Nationalfeiertag am 3. Oktober.

Neujahr: 1. Januar
Karfreitag (nicht im Département Meurthe-et-Moselle)
Ostersonntag und **Ostermontag**
Tag der Arbeit: 1. Mai
Tag des Sieges: 8. Mai (Frankreich)
Europatag: 9. Mai (Luxemburg)
Christi Himmelfahrt
Pfingstsonntag und **Pfingstmontag**
Fronleichnam (nur im Saarland und Rheinland-Pfalz)
Nationalfeiertag Luxemburg: 23. Juni
Nationalfeiertag Frankreich: 14. Juli
Mariä Himmelfahrt (kein Feiertag in Rheinland-Pfalz)
Nationalfeiertag Deutschland: 3. Oktober
Allerheiligen: 1. November
Ende des Ersten Weltkriegs: 11. November (Frankreich)
Erster und **Zweiter Weihnachtsfeiertag**

Gesundheit

Die ärztliche Versorgung entlang der Mosel ist in allen drei Anliegerstaaten gut bis bestens. In allen größeren Städten gibt es mindestens ein **Krankenhaus** (französisch *hôpital*), manchmal wie in Koblenz, Trier oder Metz auch mehrere. Sie versorgen medizinische Notfälle (französisch: *urgences*) rund um die Uhr.

Gesetzlich Versicherte nutzen auf ihren Reisen die **Europäische Krankenversicherungskarte** (EHIC), die ihnen ihre Krankenkasse ausstellt. Bei ihrer Vorlage wird man in Frankreich in akuten Notfällen behandelt. Privat Versicherte zahlen ihre Arzt- und Apothekenrechnungen direkt und reichen die Quittungen anschließend bei ihrer Kasse ein. Mehr als zufriedenstellend ist auch die Versorgung mit **Apotheken**. Sie sind in der Regel tagsüber werktags geöffnet. Abends und an den Wochenenden gibt es einen Apothekennotdienst, *Pharmacie de garde* heißt der in Frankreich. Über die Notdienst-Apotheken informieren:

Deutschland: www.aponet.de
Luxemburg: www.wort.lu/de/service/emergencies
Frankreich: www.pharmacie-de-garde.net/grand-est

Zecken: Noch ist die Mosel kein großflächiges Zeckengebiet, auch wenn immer öfter Fälle von Erkrankungen gemeldet werden. Nach langen Wanderungen oder Aufenthalten in Wiesen und Wäldern ist es allerdings ratsam, den Körper nach Zecken abzusuchen und mögliche Schädlinge mittels einer Zeckenzange zu entfernen. Auf keinen Fall sollte man das Tier zerquetschen. Schnelles Handeln ist wichtig, da die Übertragung der Erreger der Borreliose erst nach acht bis zwölf Stunden stattfindet.

Haustiere

Sein Haustier mit an die Mosel zu nehmen, ist kein Problem. Dazu genügt der vom Tierarzt ausgestellte **EU-Heimtierausweis**. Die auch bei der Durchreise geltenden Einreisebestimmungen für Hunde und Katzen sind in allen EU-Staaten gültig. Das heißt, dass jedes Tier eine Mikrochip-Kennzeichnung oder wie besonders alte Tiere eine kennzeichnende Tätowierung haben muss. Dazu kommt eine mindestens 21 Tage zurückliegende Impfung gegen Tollwut.

Welpen dürfen frühestens mit einem Alter von 15 Wochen ins Ausland mitgenommen werden. Problematisch ist dann aber, dass die meisten Hunde dann noch nicht stubenrein sind. Vor jeder Reise sollte man auf alle Fälle klären, ob der Vermieter ihren Vierbeiner auch akzeptiert.

Kinder

Wer mit Kindern unterwegs ist, sollte auf die vielen Vergünstigungen achten, die ihn bei Eintrittspreisen in Museen und Vergnügungsparks ebenso erwarten wie bei den Tickets im öffentlichen Nahverkehr oder auf Schiffsausflügen. Auch Hotels offerieren häufig sogenannte Familienzimmer mit drei und mehr Betten oder stellen für kleine Kinder gern noch ein Zusatzbett in die gebuchten Räume.

Mehr und mehr auf die jüngsten Besucher haben sich zudem die **Naturschutzzentren** eingestellt, die kindgerechte Führungen ebenso bieten wie Barfuß- oder Entdeckungspfade. Auch die **Museen** haben zum Teil auf Kinder zugeschnittene Programme. Besondere Attraktionen sind **Funparks** mit Fahrgeschäften oder kleinen Streichelzoos. Deren Besuch aber kann schnell ins Geld gehen, wenn neben dem Eintritt noch der eine oder andere Extra-Obolus fällig wird.

Nutz- und Haustierbegegnung

Für Tierfreunde: Schmetterlingsgarten Grevenmacher (→ S. 205), Greifvogelpark Saarburg (→ S. 218), Wild- und Freizeitpark Klotten (→ S. 320)
Für Entdecker: Baumwipfelpfad Saarschleife (→ S. 216), Burg Eltz (→ S. 328), Hängeseilbrücke Geierlay (→ S. 313), Besucherbergwerk Fell (→ S. 245)
Für Sportliche: Wassersportzentrum Wam Park (→ S. 133), Sommerrodelbahn Saar-Rodel (→ S. 218), Wassersportzentrum Riol Triolago (→ S. 246), Kletterparks (→ S. 249, 366)

Klima

Entlang der Mosel herrscht gewöhnlich Binnenklima. Es ist von größeren Schwankungen der Tages- und Jahrestemperaturen geprägt. Neben einer niedrigen Luftfeuchtigkeit gehört auch ein geringer Jahresniederschlag zu seinen Merkmalen. Im allgemeinen bedeutet das warme oder gar heiße Sommer und manchmal auch kalte Winter. Kein Wunder, dass man im Quellgebiet der Mosel zum Jahresanfang Skifahren oder Schneeschuhwandern kann, wenn sich die weiße Pracht an den Westhängen der Vogesen türmt.

Meist liegen die sommerlichen Höchsttemperaturen in Lothringen – statistisch über längere Zeit betrachtet – über der 20-Grad-Marke. Dafür muss man im Winter nachts und früh morgens manchmal mit Frost rechnen. Etwas wärmer ist es an der Mosel zwischen Trier und Koblenz, die im Sommer nicht selten mit bundesrepublikanischen Höchsttemperaturen aufwartet. Hinzu kommt, dass der Fluss dort tagsüber konzentriert die Wärme speichert und erst abends wieder abgibt. Zudem schirmen die oft steilen Talhänge die Ortschaften auf den letzten knapp 200 Moselkilometern gegen kalte Winde ab, was dem Klima ebenfalls zugute kommt.

Notfälle

Ansprechpartner bei Verkehrsunfälllen, Diebstählen und anderen Formen der Kriminalität ist in Deutschland die **Landespoli-**

Baumwipfelpfad bei Orscholz an der Saarschleife

zei, in Luxemburg die **Police Grand-Ducale** und in Frankreich die **Police nationale** oder **Police municipale**, die im ländlichen Raum von der Gendamerie unterstützt wird. Beim Verlust von Personaldokumenten wie Pass oder Personalausweis wenden sich Betroffene an die zuständigen diplomatischen Vertretungen (→ S. 360).

Notrufnummer in Deutschland, Frankreich, Luxemburg: 112 (Festnetz und Handy)
Polizei Luxemburg: 113
Polizei Frankreich: 17
Feuerwehr Frankreich: 18 (Handynutzer wählen in Frankreich die 0033 vor)
Hat man seine Kredikarte verloren, wählt man aus dem Ausland:
Sperrnotruf Deutschland: +49/116116
Sperrnotruf Österreich: +43/12048800
Sperrnotruf Schweiz: +41/844888111

Öffnungszeiten

Die Ladenöffnungszeiten in den drei Mosellländern unterscheiden sich wenig. Gewöhnlich haben die Geschäfte zwischen 7 und 20 Uhr geöffnet. Das heißt aber auch, dass viele erst um 10 Uhr öffnen und nicht wenige auch schon um 18 Uhr schließen. Kleinere Läden machen häufig über Mittag zu. Montags lassen die Franzosen viele Geschäfte geschlossen, in Luxemburg öffnen die Läden montags häufig erst am Nachmittag. Dagegen sind in allen Staaten sonntagmorgens die Bäcker offen, in Frankreich und Luxemburg meist auch die Supermärkte. Post und Banken haben variierende Öffnungszeiten, Museen sind in der Regel einen Tag in der Woche geschlossen, meist montags.

Post und Telekommunikation

Was in Deutschland die Post, ist in Frankreich *La Poste*, in Luxemburg *Post Luxembourg*. Postkarten und Standardbriefe ins europäische Ausland frankiert man in Luxemburg mit 1,40 Euro, in Frankreich mit 1,80 Euro und in Deutschland mit 1,10 Euro. In Frankreich gibt es Briefmarken auch in den Tabac-Läden.

Die **Vorwahl** nach Luxemburg lautet +352 (00352), die nach Frankreich +33, Anrufen aus dem Ausland nach Deutschland stellt man die +49 vor. Kein Problem ist gewöhnlich die Nutzung des Mobiltelefons in allen drei Ländern. In der Regel kann man dabei zu den gleichen Konditionen wie im Inland telefonieren.

Bei der **Adressierung** von Post gilt es bestimmte Regeln zu achten. So wird in Deutschland die Hausnumner direkt an den Straßennamen gehängt. In Luxemburg wird die Hausnummer, getrennt durch ein Komma, vor den Straßennamen gestellt. Ebenso in Frankreich, wo man das Komma aber meist weglässt.

Moselradweg bei Pünderich

Radfahren

Wegen ihrer oft gut ausgebauten Radwege rechts und links des Flusses und ihrem moderaten Gefälle ist die Mosel bei Radwanderern besonders beliebt. Das liegt auch an der Möglichkeit, Teilstrecken bequem per Bahn oder Schiff zu absolvieren. An der deutschen Mosel verkehren zudem einige **Buslinien** (www.radbusse.de), die sich auf den Transport von Radfahrern spezialisiert haben. Sie fahren in der Regel aber nur an den Wochenenden zwischen Mai und Oktober und nehmen keine Kinderanhänger, Tandems, Liegefahrräder oder Fatbikes mit. Die Königsstrecke der Radler ist der **Mosel-Radweg**, der dem Lauf des Flusses auf eigenen Routen folgt. Zahlreiche Brücken kommen Individualisten entgegen, die nicht unbedingt den von den Touristikern ausgewiesenen Hauptrouten folgen wollen. In Frankreich ist die Strecke noch nicht durchgängig ausgebaut, es gibt noch immer einige Abschnitte, auf denen man reguläre Straßen nutzen muss. Sportliche Radler haben vor allem entlang der deutschen Mosel immer wieder Gelegenheit zu lohnenden Abstechern in Hunsrück und Eifel. Bis ins Detail über den Streckenverlauf samt alternativen Routen informieren die beiden **Bikeline-Radtourenbücher Mosel-Radweg Frankreich** (Von der Quelle zum Dreiländereck) und Mosel-Radweg (Von Metz an den Rhein). Insgesamt bieten sie fast 600 Kilometer Strecken an, dazu passende Karten im Maßstab 1 : 50 000. Ausführlich informieren sie zudem über Fahrradvermieter, Radwerkstätten, E-Bike-Ladestationen, abschließbare Abstellanlagen und Unterkunftsmöglichkeiten.

Rauchen

Dass die Zeiten für Raucher in den letzten Jahrzehnten härter wurden, liegt nicht nur an den gestiegenen Preisen für Zigaretten und Tabak. Vor allem in Frankreich und Luxemburg sollten sich Besucher auf verschärfte Auflagen für Raucher einstellen. So ist es dort verboten, im Beisein von Kindern oder Jugendlichen zu rauchen, gleich ob man im Auto oder auf einer Bank am Spielplatz sitzt. Das gilt in Luxemburg auch für E-Zigaretten.

Generelles Rauchverbot herrscht in Zügen, Bussen, auf Bahnhöfen, in Geschäften, Hotels, Restaurants und Cafés. Ausnahmen sind separate Raucherräume.

Wegen unterschiedlicher Tabaksteuern variieren die Zigarettenpreise an der Mosel erheblich. Sie sind in Frankreich doppelt so teuer wie in Luxemburg.

Reiseveranstalter

Es gibt viele Möglichkeiten, die Mosel als Pauschalreisender zu erobern – ganz gleich ob per Rad, Bus, Schiff oder mit Bus oder Bahn. Einige Veranstalter haben sich zudem ganz auf die französische Mosel und andere Sehenswürdigkeiten in Lothringen konzentriert.

Hanseat Reisen
Langenstr. 20
D-28195 Bremen
Tel. +49/421/160568787
www.hanseatreisen.de
Mehrtägige Mosel-/Rheinkreuzfahrten.

La Cordée Reisen
Wir sind Frankreich GmbH
Scheffelstr. 53
D-76135 Karlsruhe

Tel. +49/721/967040
www.lacordee-reisen.de
Verschiedene Lothringen-Reisen.
Leitner Reisen
Am Spitalwald 2
D-90584 Allersberg bei Nürnberg
Tel. +49/9176/98600
www.leitner-reisen.de
Rad-, Bus- und Schiffsreisen.
Mainka Reisen
Winterleitenweg 65b
D-97082 Würzburg
Tel. +49/931/53141
www.mainka-reisen.de
Kunstreise durch Lothringen.
Mit Sack und Pack
Neustr. 1
54340 Detzem
Tel. +49/6507/703381
www.mit-sack-und-pack.de
Betriebsausflüge und Klassenfahrten.
Radweg-Reisen
Fritz-Arnold-Straße 16a
D-78467 Konstanz
Tel. +49/7531/819930
www.radweg-reisen.com
Radreisen an Mosel, Saar und Rhein, Kombitour Rad und Schiff.
SZ-Reisen
Ostra-Allee 20
D-01067 Dresden
Tel. +49/800/2500000
www.sz-reisen.de/mosel
Mehrtägige Moselkreuzfahrten, Busreisen.

Schiffsausflüge

Vielerorts entlang der Mosel erlauben Ausflugsschiffe die Erkundung der Umgebung. Zu den Offerten gehören Rundfahrten, Schlemmer- oder Tagestouren. Besonders groß ist das Angebot an Eventfahrten mit Live-Musik oder besinnliche Adventsfahrten. An Silvester lockt manches Moselschiff mit einem Galabuffet. Einige Anbieter wie Phönix-Reisen bieten sogar mehrtägige Kreuzfahrten.

Anbieter von Schiffstouren:
Entente Touristique de la Moselle
10, route du Vin
L-6794 Grevenmacher
Tel. +352/758275
www.entente-moselle.lu
Linienfahrten zwischen Schengen und Trier, Themenfahrten.
Köln-Düsseldorfer Deutsche Rheinschiffahrt GmbH
Frankenwerft 35
D-50667 Köln
Tel. +49/221/2088-318
www.k-d.com
Ausflugsfahrten auf Rhein und Mosel.
La Compagnie des Bateaux de Metz
17 Quai Paul Vautrin
F-57000 Metz
Tel. +33/645/959810
http://bateaux-gd-vacances.com
Rundfahrten in Metz.
Metz Vedette Solaire
Quai des Régates (plan d'eau)
F-57000 Metz
Tel. +33/771/757294
www.metz-bateau-solaire.com
Rundfahrten mit dem Solarboot.
Moselrundfahrten
Personenschifffahrt Gebr. Kolb
Brunnenstr. 4
D-56820 Briedern
Tel. +49/2673/1515
www.moselrundfahrten.de
Verschiedene Schiffstouren ab Trier, Bernkastel und Cochem.
Navitours
1, route du vin
L-5549 Remich
Tel. +352/758489
www.navitours.lu
Rund- und Themenfahrten ab Remich.
Phoenix Reisen
Pfälzer Str. 14
D-53111 Bonn
Tel. +49/228/92600
www.phoenixreisen.com
Mehrtägige Moselkreuzfahrten.

Spartipps/Touristenpässe

Touristenpässe: Einige Städte haben für Touristen spezielle Pässe aufgelegt. Sie gewähren zum Beispiel die kostenlose Nutzung von Bussen und Straßenbahnen, freien Eintritt in Museen und Rabatte beim Besuch von Veranstaltungen oder kommunalen Einrichtungen wie etwa Schwimmbädern. Manchmal sind auch Rabatte bei Restaurantbesuchen oder andere Vergünstigungen inkludiert.

Empfehlenswert ist auch die **Luxembourg-Card**, die es für 1, 2 oder 3 Tage gibt (www.luxembourgcard.lu, 13/20/28 Euro) und die freien Zugang zu mehr als 60 Museen und touristischen Attraktionen im Land gewährt.

Eifrige Museumsgänger profitieren von Pässen wie dem **Museums-Pass Musées** (Jahrespass 123 Euro), der in rund 350 Museen in der Schweiz, Frankreich und Deutschland gültig ist.
www.museumspass.com

Viele Vorteile bringt auch der **Citypass** in **Nancy** (18 Euro) und **Metz** (18 Euro), erhältlich in den Touristikbüros der Städte oder online, die auch für zwei oder drei Tage angeboten werden.

Tanken: Am teuersten ist das Tanken in Frankreich, besonders preiswert in Luxemburg, preislich dazwischen Preisen rangiert Deutschland. Vor allem im Dreiländereck kann man also beim Tanken kräftig sparen.

Nahverkehr: Viel Geld lässt sich auch bei der Nutzung des öffentlichen Nahverkehrs

Paddler auf der Mosel

sparen. Gruppen und Familien sollten Gruppenfahrscheine oder Familienkarten nutzen. Die Nutzung des öffentlichen Nahverkehrs ist in Luxemburg seit 2019 kostenlos!

Kostenlose Stadttouren: Sogenannte Greeter führen Besucher kostenlos durch ihre Städte, etwa in Metz und Nancy. Allerdings sehen es die Greeter gern, wenn ihre Gäste sie zum Dank für ihre Führung in ein Café oder Restaurant einladen, auch Trinkgelder lehnen sie nicht ab. www.greeter.fr

Museen: Manche Museen in Frankreich bieten am ersten Sonntag im Monat freien Eintritt – etwa das Stadtmuseum in Metz oder das Musée des Beaux-Arts in Nancy. Sparfüchse sollten deshalb die Websites der Kulturorganisationen genau unter die Lupe nehmen.

Restaurants: Zahlreiche, vor allem gehobene Restaurants in allen drei Ländern bieten werktags oft einen preiswerten Mittagstisch. Meist genügt eine kurze Internetrecherche.

Sport und Freizeit

Die Mosel ist der ideale Ort für **Kanuten** und **Paddler**. Sie bietet sowohl Anfängern als auch Fortgeschrittenen ideale Möglichkeiten, den Fluss aus einer ungewohnten Perspektive neu zu entdecken. Über örtliche Möglichkeiten zur Kanumiete finden sich Informationen im allgemeinen Reiseteil dieses Buches. Über ausgewiesene Stellen, um Boote ins Wasser zu lassen, informiert www.outdooractive.com.

Auch Abenteuerurlauber kommen an der Mosel auf ihre Kosten. Für **Gleitschirmflieger** gibt es in Burgen, Ürzig/Erden, Graach, Klüsserath, Maring-Noviand und oberhalb des Klosters Machern die passenden Startplätze. Nervenkitzler sind zudem die vom **Fallschirmsportclub Trier** (http://web.fallschirm-trier.de) angebotenen Tandemsprünge aus 4000 Meter Höhe. Voraussetzung ist eine Körpergröße von mehr als 1,40 Meter und ein Körpergewicht unter 90 Kilo.

Mosel-Adventure Forest (www.adventureforest.de) nennt sich ein Kletterpark in Traben-Trarbach, der von April bis Oktober auf den Ruinen der Festung Mont Royal seine Pforten öffnet. Neben einem klassischen Waldseilgarten mit mehr als 240 Kletter-Elementen bietet er 14 Parcours aller Schwierigkeitsgrade, für Einsteiger und Profis. Für Kinder gibt es eigene Kletterstrecken, an deren Ende Seilrutschen zu Boden führen.

Trinkgeld

Im allgemeinen gibt man rund zehn Prozent Trinkgeld. Rechnungen in Restaurants und Cafés in Frankreich enthalten bereits eine Servicepauschale von 15 %, die meist am unteren Rand der Quittung vermerkt ist. Das heißt jedoch nicht, dass damit die Trinkgeldgabe ausfällt. War man mit dem Service zufrieden, kann man ruhig nach dem Bezahlen noch einen kleinen Betrag auf dem Tisch liegen lassen.

Unterkünfte

Wer an der Mosel übernachtet, hat die Qual der Wahl. Genau so groß wie das Angebot ist übrigens die Skala der Preise. Hotels, Hostels und Motels konkurrieren mit Jugendherbergen, Ferienhäusern und -wohnungen oder kleinen B & Bs. Gut aufgehoben ist man auch bei vielen **Winzern**, die ihre Häuser immer öfter für Übernachtungsgäste öffnen oder im Hof Stellplätze für Camper anbieten.

Meist ist es direkt an der Mosel etwas teurer als im Hinterland. Immer mehr Gemeinden erheben zudem eine **Übernachtungsabgabe** – sie ist entweder pauschaliert oder orientiert sich prozentual am Übernachtungspreis. Am besten ist es, direkt beim Anbieter zu buchen, nicht über eines der vielen Buchungsportale.

Architektonisch interessante Quartiere wie eine alte Kirche in Bernkastel-Wehlen oder die Winzerhäuschen des Stararchitekten Mattheo Thun finden sich auf der Webseite www.urlaubsarchitektur.de/de/map. Wer im Weinfass schlafen will, kann dies inzwischen auf einigen **Campingplätzen** wie in Traben-Trarbach, Alf, Riol oder Konz. Trier, Cochem und Koblenz warten mit zum Teil sehr schön gelegenen **Jugendherbergen** auf. Regionaltypisches Flair verbreiten mit dem Logo »Mosel Faszination Urlaub Gastgeber« gekennzeichnete Betriebe.

Familienurlauber sind in **Ferienparks** wie in Cochem, Leiwen oder Kröv gut aufgehoben.

Wer **Barrierefreiheit** sucht, schaut auf die Webseite der rheinland-pfälzischen Touristiker www.rlp-tourismus.com/de/erleben/barrierefreies-reisen.

Campingplatz bei Sennheim

Literatur

Belletristik

Andres, Stefan: Der Knabe im Brunnen. Roman, Wallstein-Verlag, Göttingen 2011

Decimus Magnus Ausonius, Mosella. Lateinisch-deutsch. Tusculum Studienausgaben. Artemis und Winkler, Düsseldorf 2004.

Binding, Rudolf G.: Moselfahrt aus Liebeskummer – Novelle einer Landschaft. Frankfurt am Main 1932.

Viebig, Clara: Die Goldenen Berge. Roman, Rhein-Mosel-Verlag, Zell 2012.

Geschichte, Kunst und Kultur

Anhäuser, Uwe: Die Ausoniusstraße. Ein archäologischer Reise- und Wanderführer. Rhein-Mosel Verlag, Alf/Mosel 2006.

Barme, Stefan: Nacktarsch, Viez und Ledertanga – Ausflüge in die Kulturgeschichte des Mosellandes. Stephan Moll Verlag, Kordel 2012.

Cüppers, Heinz/Collot, Gérard/Kolling, Alfons/Thill, Gérard (Red.): Die Römer an Mosel und Saar. Zabern-Verlag, Mainz 1983.

Deru, Xavier, Die Römer an Maas und Mosel. Zabern-Verlag, Mainz 2010.

Freckmann, Klaus: Die Mosel. Ein Kunstreiseführer. Michael Imhof Verlag Petersberg 2012.

Thon, Alexander/Ulrich, Stephan: Burgen und Schlösser an der Mosel. Schnell und Steiner, Regensburg 2007.

Vogel, Ludwin: Deutschland, Frankreich und die Mosel. Europäische Integrationspolitik in den Montan-Regionen Ruhr, Lothringen, Luxemburg und der Saar. Klartext, Essen 2001.

Rad-, Natur-, Wander- und Weinführer

Apelt, Hans-Wilhelm: Weinkompass Mosel, die 50 besten Straußwirtschaften und Gutsschänken. Leinpfad Verlag, Ingelheim 2016.

Die neue Mosel, Von Weinen und Winzern. Verlag Mondo, Heidelberg 2017.

Holler, Astrid: Outodoor regional, Luxemburg 25 Wanderungen, Conrad Stein Verlag, Welver 2021.

Kompass Fahrrad-Tourenkarte: Moselradweg, Kompass Verlag, Innsbruck 2022. Reiß- und wetterfeste Leporello-Karte

Mosel-Radweg Frankreich, Von der Quelle zum Dreiländereck. bikeline Radtourenbuch, Verlag Esterbauer, Rodingersdorf 2019.

Mosel-Radweg, Von Metz an den Rhein. bikeline Radtourenbuch, Verlag Esterbauer, Rodingersdorf 2022.

Mosel mit Traumpfaden und Moselsteig-Seitensprüngen, 50 Touren mit GPS-Tracks. Bergverlag Rother, München 2020.

111 Tiere und Pflanzen an der Mosel, die man kennen muss, Emons Verlag, Köln 2019.

Sprache

Conrath, Karl: Spitznamen wie Maulschellen. Über 600 moselfränkische Schimpfnamen. Wilhelm-Schmitz-Verlag, Gießen 1978.

Moselfränkisches Wörterbuch. Wilhelm-Schmitz-Verlag, Gießen 1990.

Die Mosel im Internet

www.tourismus-lothringen.de
Offizielles Tourismus-Portal Lothringens.
www.mosl-tourisme.fr
Tourismus-Seite des Departements Moselle.
www.visitluxembourg.com
Offizielle Tourismusseite Luxemburgs.
www.visitmoselle.lu
Spezielle Informationen für alle Besucher der luxemburgischen Moselregion.
www.saarschleifenland.de
Tourismusseite der saarländischen Moselregion.
www.visitmosel.de
Internetportal der deutschen Urlaubsregion Mosel.
www.tourenplaner-rheinland-pfalz.de
Umfangreicher, nicht kommerzieller Tourenplaner für den deutschen Moselabschnitt

Über den Autor

Günter Schenk ist überzeugter Europäer. Als Journalist arbeitete er viele Jahre als rheinland-pfälzischer Landeskorrespondent bei einem der größten deutschen Fernsehsender. Nicht nur bei Hochwasser oder Weinlese waren seine Reportagen von der Mosel gefragt, sondern auch zu anderen Zeiten. Über Jahrzehnte lernte er so die Moselaner kennen – auch ihre ihnen gern nachgesagte Dickköpfigkeit, der er aber meist gute Seiten abgewinnen konnte. Aber auch Luxemburg, Lothringen und die junge Mosel bereist er noch immer gern. Nancy und Metz gehören zu seinen Lieblingsstädten. Mit diesem Buch hat er sich zum Ziel gesetzt, die Mosel dem interessierten Leser als kulturelle Achse Europas näher zu bringen.

Kartenregister

Übersichtskarten

Stadtpläne

* = Verwendung von Daten von OpenStreetMap-Mitwirkende/www.openstreet map.org

Bildnachweis

Alle Bilder von Günter Schenk, außer:
Jan Bruns: S. 10, 15, 56, 59, 63, 67, 76, 96, 197, 198, 204, 215, 220, 231, 281u., 293, 300, 312, 317, 331, 335, 340, 342, 356, 359
Bernd Chill: S. 13, 14, 88, 225, 230, 318, 322, 367
Reinhold Essing/Wikimedia: S. 314
Uli Fielitz/Visit Luxemburg: S. 209
Ulrich Holzhausen: S. 200, 301
Dietrich Hub/Visit Luxemburg: S. 208
Jergen/Wikimedia: S. 333
Mirdsson2/Wikimedia: S. 333
www.moselbild.de/Heinz. M. Mueller: »Feuerzauber vor Alf«, S. 103
www.moselbild.de/Peter Mendgen: »Moselapollo im Doppel«, S. 314
U.S. Air Force photo by 2nd Lt. Stephani Schafer/Wikimedia: S. 227
Wikimedia Commons: S. 50, 61, 64, 210, 254
www.neumagener-weinschiff.de: S. 254

MEHR WISSEN.
TRESCHER VERLAG
FLUSSKREUZFAHRTEN RHEIN
Zwischen Basel und Amsterdam
Mit Mosel zwischen Koblenz und Trier
Annette Lorenz
TRESCHER VERLAG
ODER
Von Neißemünde bis zum Stettiner Haff
Kristine Jaath
TRESCHER VERLAG
WESER
Von Hann. Münden bis nach Bremerhaven
Mit Bad Pyrmont und Steinhuder Meer, Wurster Nordseeküste und Cuxhaven
Hinnerk Dreppenstedt
TRESCHER VERLAG
Sabine Herre
DIE DONAU
Vom Quellgebiet bis nach Passau.
Mit Ulm, Donauwörth, Regensburg, Straubing, Passau
TRESCHER VERLAG
KREUZFAHRTEN DONAU
Von Passau zum Schwarzen Meer
Hinnerk Dreppenstedt
TRESCHER VERLAG
Ernst Paul Dörfler
DIE ELBE
Vom Elbsandsteingebirge bis nach Geesthacht

Kartenlegende

- Autofähre
- Bahnhof
- Bank
- Bar
- Brunnen
- Burg/Festung
- Burgruine
- Busbahnhof
- Café
- Campingplatz
- Denkmal
- Dorfkirche
- Fähre
- Flughafen
- Hafen
- Höhle
- Hotel
- Internetcafé
- Kino
- Kirche
- Kloster
- Klosterruine
- Krankenhaus
- Leuchtturm
- Markt
- Moschee
- Museum
- Naturschutzgebiet
- Oper
- Parken
- Parkhaus
- Post
- Restaurant
- Ruine/Ausgrabungsstätte
- Segeln
- Sehenswürdigkeit
- Seilbahn
- Strand
- Supermarkt
- Synagoge
- Theater
- Tor
- Touristeninformation
- Turm
- Zoo
- Sehenswürdigkeit
- Burg
- Kirche
- Friedhof
- Zeltplatz
- Berggipfel
- Seilbahn
- Autobahn
- Schnellstraße
- Hauptstraße
- sonstige Straßen
- E 65 Europastraße
- A 65 Autobahn
- 243 Bundesstraße
- Eisenbahn
- Grenzübergang
- Staatsgrenze
- Hauptstadt
- Stadt/Ortschaft

Zeichenlegende

- Touristeninformation, allgemeine Informationen
- Flughafen, Flugverbindungen
- Anreise mit dem Auto
- Bahnhof, Bahnverbindungen
- Busbahnhof, Buserbindungen
- Taxiruf
- Seilbahn
- Hotel
- Jugendherbergen, einfache Unterkünfte
- Campingplatz
- Wohnmobilstellplatz
- Restaurant
- Café
- Weingut, Verkostung
- Bar
- Geschäft
- Museen, Ausstellungen
- Feste, Veranstaltungen
- Fahrradverleih, Routen
- Schwimmbad, Therme
- Strand
- Segelbootverleih
- Bootsverleih
- Sport allgemein
- Hinweise für Angler
- Fähren, Schiffsausflüge
- Ausflüge
- Zoo
- Krankenhaus

TRESCHER VERLAG
BESSER REISEN.
TRESCHER VERLAG
Joost Ouendag
FLUSSKREUZFAHRTEN
FRANKREICH
Seine, Rhône, Saône, Garonne, Dordogne, Gironde und Loire
TRESCHER VERLAG
MEHR WISSEN. BESSER REISEN.
HAVEL
Natur und Kultur zwischen Müritz und Havelberg
Mit Mecklenburgischer Seenplatte, Oberhavel-Gebiet, Berlin, Potsdam und Havelland
Manfred Reschke
TRESCHER VERLAG
Joost Ouendag
FLUSSKREUZFAHRTEN
NIEDERLANDE
BELGIEN
Mit Amsterdam, Rotterdam, Antwerpen, Gent, Brügge und Brüssel
TRESCHER VERLAG
MEHR WISSEN. BESSER REISEN.
KREUZFAHRTEN
NIL
Von Abu Simbel über Assuan, Luxor und Minya nach Kairo
trescher-verlag.de

TRESCHER VERLAG
MEHR WISSEN. BESSER REISEN.
ALTMARK
TAGESTOUREN BRANDENBURG
BRANDENBURG
EIFEL
LAUSITZ
RÜGEN HIDDENSEE STRALSUND
SAARLAND
TIROL
FELDBERGER SEENLANDSCHAFT
USEDOM WOLLIN
GRÜNES BAND DER NORDEN
trescher-verlag.de